教科書に書かれなかった戦争 PART42

中国撫順戦犯管理所職員の証言

写真家新井利男の遺した仕事

新井利男資料保存会 編

梨の木舎

教科書に
書かれなかった戦争
PART 42

中国撫順戦犯管理所職員の証言

写真家 新井利男の遺した仕事

新井利男資料保存会編

梨の木舎

まえがき

新井利男が中国と関わりを持つようになったのは、一九七四年、新聞紙上で「生き別れた者の記録」という中国残留孤児の存在を知ったことでした。自分と同世代の人たちが歩んできた道に無関心ではいられなかったのでしょう。その後、何回も中国へ足を運び、また孤児たちが身元確認の調査で来日されたときには代々木の宿舎にカメラを持って通いました。

一九八四年秋、さらに新聞紙上で「中国侵略戦争の元日本人戦犯が、自分たちを『鬼から人間』に生まれ変わらせてくれた指導員の先生方を恩返しのため日本に招待」という記事を読み、また新たな衝撃を受けました。その後、今は亡き中国帰還者連絡会の富永正三さん、矢崎新二さん、三尾豊さんをはじめ大勢の方々の体験をお聞きし、撫順戦犯管理所の取材をはじめました。

頑固で自分が気に入ったことにはとことんのめりこむ人で、全てのことにこだわる職人気質の人でしたが、仕事の面ではさらに徹底していました。どんな仕事にも手を抜きませんでしたので、新井の仕事を気に入ってくれた人も多く、コマーシャル写真の世界では認められ、堅いスポンサーがついていました。しかし、バブルが崩壊してスポンサーの企業自体も経営が低迷し、宣伝費の削減にともなって撮影の仕事は極端に減ってきました。収入もみるみるうちに減ってきました。でも彼は中国取材はやめようとせずお金を工面しては出かけ、借金は膨れ上がる一方でした。

東京都台東区の検診で肺ガンが発見されました。二〇〇〇年六月でした。医師からの「今すぐ手術すれば五年は大丈夫」という告知に本人は簡単には納得しませんでした。手術、抗がん剤、放射線を一切拒否し、自分なりの治療法で克服しようとしたのです。それが結果としては死期を早めることになりました。

秋からは、四国八十八ヵ所霊場の秘仏の写真を撮りはじめました。一六カ所ほど回ったでしょうか、翌年二月になると左半身から少しずつマヒが始まり、撮影も志半ばで断念せざるを得なくなりました。五月に入ると内臓機能も働かなくなり、ついに入院しました。周囲の友人たちが見るに見かねて、カンパを募り個室に移してくれました。

すでに手の施しようのない状態になっていましたが、ただ痛みを緩和し人工的に消化機能を助けるだけの治療に本人は非常に不満でした。どうしたら根本から治すことができるか毎日模索をつづけていました。家族にとっては辛い日々でした。担当医から余命一カ月と宣告され、本人に気づかれないように緩和ケア病棟に移しました。その病棟では先生はじめ看護婦さんたちが精神的な面までケアしてくれたので、穏やかな気持ちで日々を過ごせるようになっていきました。亡くなるまでの一カ月は多くの知人が遠方よりお別れのお見舞いに来てくださいました。本人は涙を流して喜んでいました。彼の一生のうち一番うれしい時間だったような気がします。二〇〇一年六月一七日、息を引き取りました。一八歳だった娘が逝って一〇年目の、日曜日の朝でした。安らかな最期を看取ることができたことが家族にとって何よりも救われたことでした。

新井の中国取材はほとんど元撫順戦犯管理所長の金源先生のご協力によって実現しました。北京滞在時は先生のお宅に泊めていただき、取材の車はご子息が運転をしてくださり、現地での折衝から通訳まで金源先生との共同作業でした。中国全土八〇カ所に戦犯たちの罪業の跡をたずね、太行山脈の奥深い村で日本軍に性的虐待された女性たちに会い、語る人も聞く新井も、通訳する金源先生もともに涙をおさえられなかったということもありました。出版のためにご指導いただきたかったその金源先生も今年三月他界されました。私たちは金源先生から「世々代々の日中友好」と「新井と一緒に取材した本の出版の実現」を遺言として受け取りました。この証言集を出版するにあたり、金源夫人の鄭英順さんのご協力を得て不明な箇所を解決しました。

新井は生前、長年つづけてきた中国取材の集大成を刊行するための計画をもっていました。目次だけでＡ４判一二枚にもなる大冊でした。新井はこれら全てを「一冊にしないと全体像がつかめない」と言っておりましたが、現実的には不可能です。この本に収録できなかった部分は順にまとめて出版の道を探りたいと思っています。心を残しながら逝った金源先生や新井の遺志に報いたいと思います。

この本を、元撫順戦犯管理所職員の皆様、中国帰還者連絡会の皆様、そして天国の金源先生、新井利男に捧げます。

新井とも子

二〇〇二年十二月

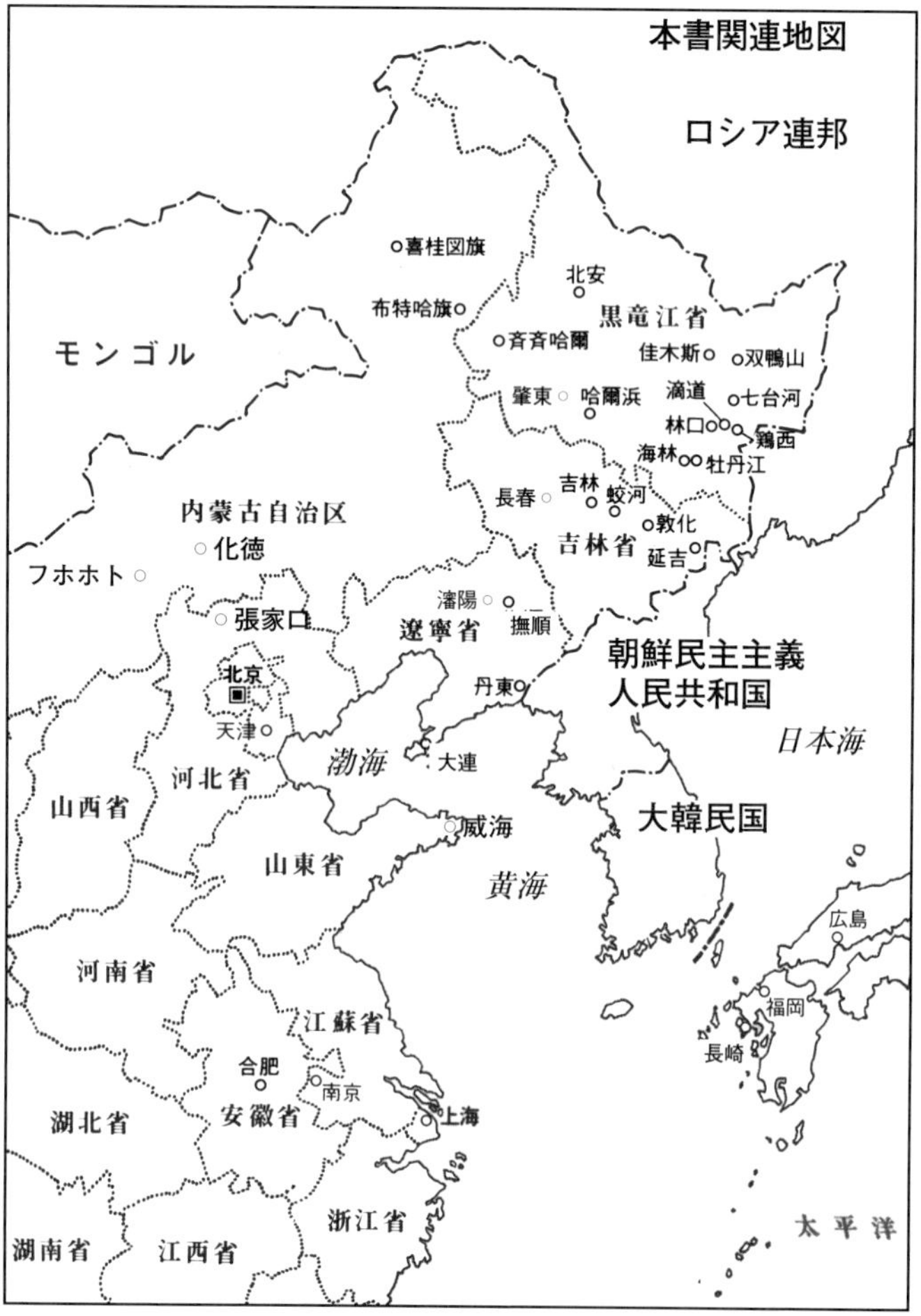
本書関連地図
ロシア連邦
モンゴル
喜桂図旗
布特哈旗
北安
黒竜江省
斉斉哈爾
佳木斯
双鴨山
肇東
哈爾浜
滴道
七台河
林口
鶏西
海林
牡丹江
長春
吉林
蛟河
敦化
吉林省
延吉
内蒙古自治区
化徳
フホホト
張家口
瀋陽
撫順
遼寧省
朝鮮民主主義
人民共和国
北京
丹東
天津
大連
渤海
日本海
河北省
山西省
威海
大韓民国
山東省
黄海
広島
河南省
福岡
江蘇省
長崎
合肥
南京
上海
湖北省
安徽省
太平洋
浙江省
湖南省
江西省

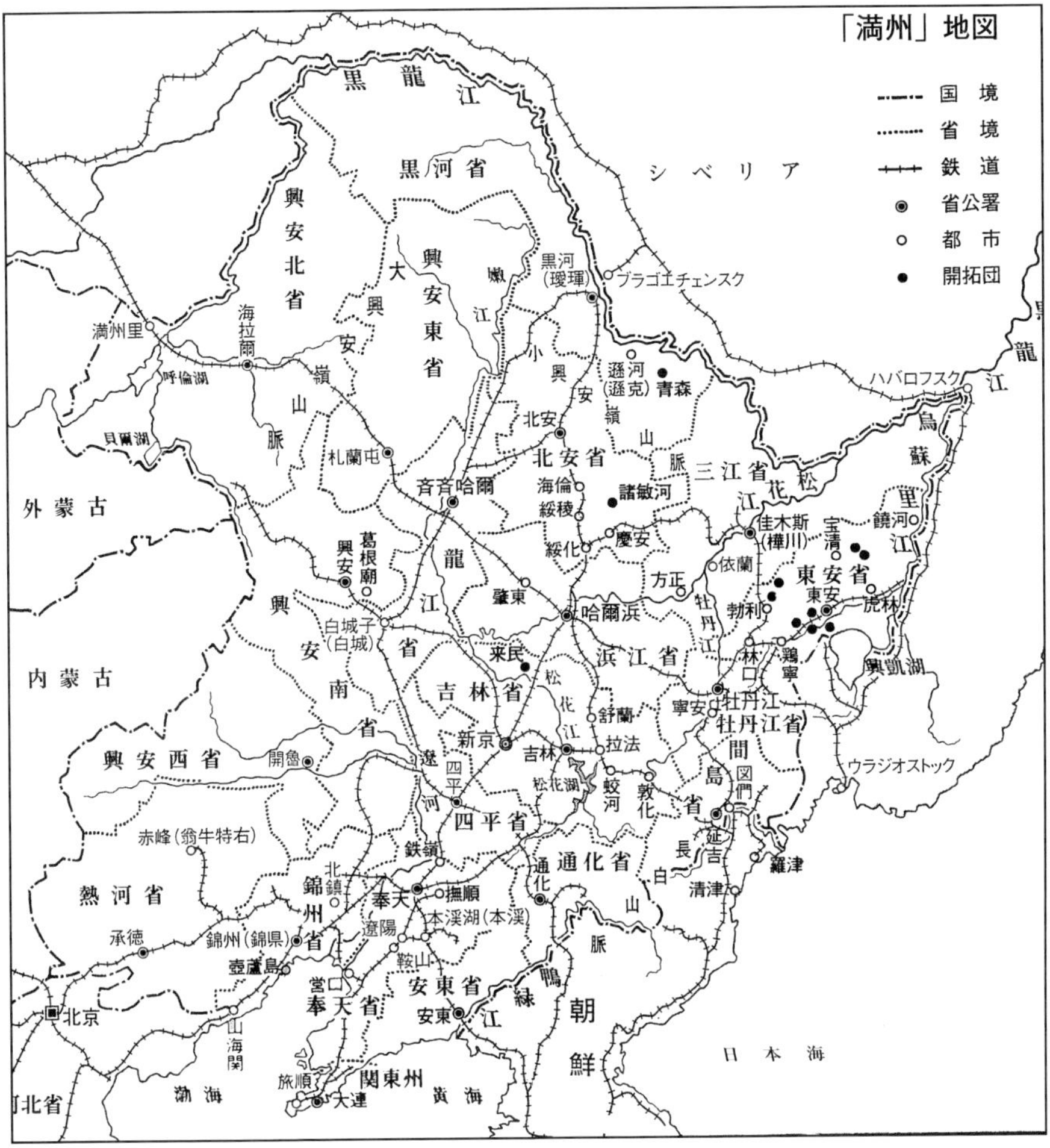
「満州」地図
国境
省境
鉄道
省公署
都市
開拓団
黒龍江
シベリア
黒河省
興安北省
大興安嶺山脈
興安東省
嫩江
黒河（璦琿）
ブラゴエチェンスク
満州里
海拉爾
呼倫湖
貝爾湖
小興安嶺山脈
遜河（遜克）
青森
北安
北安省
札蘭屯
斉斉哈爾
海倫
綏稜
諸敏河
三江省
松花江
綏化
慶安
佳木斯（樺川）
宝清
饒河
東安省
依蘭
方正
外蒙古
葛根廟
興安
龍江省
肇東
哈爾浜
勃利
東安
虎林
白城子（白城）
興安南省
来民
浜江省
牡丹江
林口
鶏寧
興凱湖
内蒙古
吉林省
舒蘭
寧安
牡丹江省
新京
吉林
拉法
興安西省
開魯
遼河
四平
松花湖
蛟河
敦化
間島省
図們
ウラジオストック
ハバロフスク
烏蘇里江
四平省
赤峰（翁牛特右）
鉄嶺
通化省
延吉
羅津
長白山脈
北鎮
錦州省
奉天
撫順
通化
清津
熱河省
本渓湖（本渓）
遼陽
承徳
錦州（錦県）
鞍山
壺蘆島
営口
安東省
鴨緑江
朝鮮
北京
奉天省
安東
山海関
日本海
渤海
旅順
関東州
黄海
大連
河北省

教科書に書かれなかった戦争 PART 42

中国撫順戦犯管理所職員の証言 写真家 新井利男の遺した仕事

目次

序　中国の戦犯政策とは何だったのか

新井利男

上：中ソ国境にあるトンネル
中：戦犯が管理所内に建てた謝罪碑
下：新井利男の取材風景（3枚とも）

中国の戦犯政策とは何だったのか

新井利男

はじめに

戦争は、善良で平凡な人たちに人間性を失わせる。無抵抗の人民に残虐非道の限りをつくし、あらゆる物を焼きつくし、奪いつくすという罪を犯させる。

三〇年ほど前、私がはじめて『三光　日本人の中国における戦争犯罪の告白』（中国帰還者連絡会著、光文社、一九五七年）を手にした時の衝撃はそのことであった。同時に驚き感動したのは、戦争犯罪者として中国の戦犯管理所に収監されていた一〇〇〇人余りの日本人が、強制によってではなく、一人一人が自らの内面に踏みこんで、自らが犯した罪を追及し、告白し、記述したという事実であった。

戦犯たちは釈放された後も、後の世代に過ちを繰り返させまいと、自らの、国家の、そして天皇の戦争責任を追及しつづけた。その行為は、被害者や遺族から「赦されること」を目標とした認罪の実践でもある。思えば満州事変（一九三一年九月一八日）以後、一五年戦争の期間に一〇〇〇万人以上の日本人がアジア各地で生活をしていた。敗戦時には七〇〇万人（軍と民間人が約半数）の日本人が海外にいた。その多くは死線をさまよい辛酸をなめた。国内でも米軍の空襲を受け、広島、長崎に原爆が落とされ悲惨を経験した。

しかしながら、生き残った日本人のほとんどがその戦争を問うことをせず、「戦争は誰が計画し、命令して、どのように進めていったのか」、そしてまた「戦争中、自分は何をしてきたか」、これらの追及を欠落させていた。そのような戦後日本、日本人の中で、元戦犯たちの後半生の行動は特筆すべきものといえよう。半世紀に及ぶこの人たちの「戦争克服」の行動が、日本のみならず海外の人々にも驚きと感銘を与えたことは、いまさら言うまでもあるまい（✦一）。

今年（二〇〇〇年）は、中国が遼寧省撫順市に「撫順戦犯管理所」（以後、管理所と略す）が設置

上:1950年12月21日スターリン70歳誕生祝賀大会。
左から2人目が師哲(眼鏡の人)、右へ毛沢東、ブルガーニン、スターリン、ウルブリヒト、ザイテンバー、フルシチョフ

下:綏芬河駅構内の風景

されて五〇年目にあたる。そして「戦争の世紀」を振り返ろうとする節目の年でもある。この人たちを生み出した管理所の政策、すなわち中国の戦犯政策とは何だったのか、そのことを検証し、そこから学び得るものは何か、あらためて考えてみたい。

捕虜移管

旧ソ連のシベリアから中国への捕虜移管は、「中ソ友好同盟相互援助条約」の会談の中でスターリンと毛沢東によって決められたといわれてきた。しかし、どちらからどのような目的で提案されたのかは不明だった。

そのことが明らかになったのは一九九〇年代に入ってまもなく、中国の戦犯政策を長年にわたって研究している紀敏・撫順市文史資料委員会主任が、中国外交部史料から当時の記録文書を発見したことによる。一九九五年、紀敏氏はその内容を私に次のように語ってくれた。

一九五〇年二月五日午前二時頃、当時のソ連外相ヴィシンスキーが、スターリンの提案を携えてモスクワ郊外に滞在していた毛沢東を訪れました。ヴィシンスキーは毛沢東を四回訪ねていますが、捕虜の話を持ち出したのは三回目の時でした。スターリンがなぜ捕虜移管の提案をしたのか、ヴィシンスキーは次のように言っています。

中日戦争や国共内戦の中でスターリンが蒋介石を支持し、中国共産党の戦略に介入して迷惑をかけた。スターリンはあなたがた政府を大変高く評価している。そこでなんとかあなたがた政府の国際的地位を高めたいと考えている。中国は現在、北京と台湾の二つの政権があり、世界はどちらに主権があるのか注目している。北京政府がその主権を示せば諸外国がそれを認め、国連の承認を得ることもできる。そのために、シベリアに残っている約二五〇〇人の日本人捕虜の中から、中国で重い罪を犯した者、「満州国」人捕虜、合わせて一〇〇〇人を送るからその処理を行ったらどうか、と。

その提案に毛沢東はとてもいいと賛意を表わした後、目下、中国人民の怒り、恨みは国民党に対してある。国民党戦犯に対する処理に全中国人民が集中していて二月までかかる。日本人、「満州国」人捕虜の移管はその後にして欲しい。具体的作業は外交部と進めて欲しい、と言っています。

上:1956年春頃、庭に集まった戦犯たちを前に、認罪学習で得たことを話す第59師団長中将の藤田茂

下:法廷で、「満州国」国務院総務庁次長の古海忠之(右端)の犯罪について証言する溥儀(眼鏡をかけている)と「満州国」大臣たち

その後私は、幸いにもスターリン・毛沢東会談やスターリン・周恩来会談など、中ソの数々の重要会談の通訳を務めた重要な人物とめぐり会うことができた。毛沢東側近で、ロシア語通訳として一八年間携わった師哲氏（✦二）である。一九八六年に脳血栓を患い歩行は困難であったが記憶力は鮮明で、一九九五年二度にわたり、当事者にしか知り得ない中国現代史を語ってくれた。

私は四〇年間、中ソの外交問題に携わってきた関係から、自分の仕事について話すことができなかったんです。しかし、中ソ関係も正常化した現在は自由に話すことができます。

中ソ会談の毛沢東とスターリンの会談の中では、日本人、満州国人捕虜の話は一切ありませんでした。毛沢東、周恩来は第二次大戦後の西側との戦略問題として、ソ連との友好同盟条約を結ぶことが大問題だったからです。新中国が誕生してまもなく、国家の主要人物が二カ月近く国を離れモスクワに滞在したのはそのためでした。私は最初から最後まで毛沢東とスターリンの通訳を務めましたので、捕虜問題の話が出なかったと断言できます。

しかし、条約以外の外相レベルの問題については、ヴィシンスキーを通して話が交わされたことはありました。毛沢東をはじめ私たち中国代表団が滞在していたシストラ川畔のスターリンの第二別荘に、ヴィシンスキーが何度か訪ねてきたことを憶えています。その時は必ず通訳のコワリョフを伴い夜おそくやってきました。毛沢東は昼間寝て、夜に仕事をする習慣でしたから。私は毛沢東とスターリンの会談の専任通訳でしたからそれには同席していません。外相レベルの会談は外交部の者が通訳していました。おそらく捕虜問題はヴィシンスキーが持ってきたのでしょう。

私が日本人捕虜の中国移管を知ったのは、一九五〇年春のソ連タス通信の情報からです。中国側

図❶ 1950〜1956年
戦犯政策組織図
（撫順戦犯管理所の場合）
金源、孫世強作成（1994年）

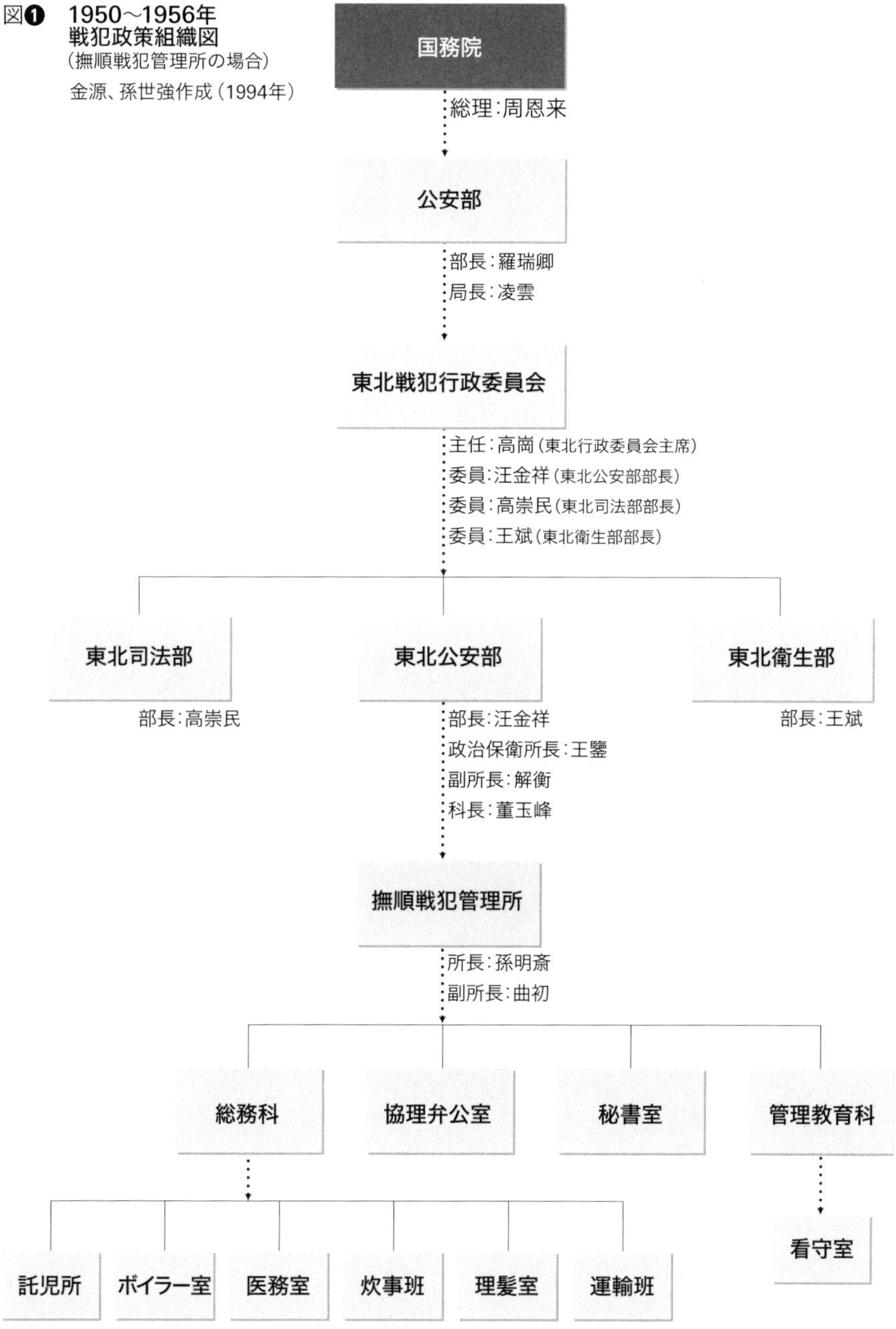

からの発表が何もなかったことから捕虜移管の提案はソ連からでしょう。

師哲氏は、中ソ会談に日本共産党の岡野進（野坂参三）も出席していて、スターリンと日本人捕虜について話したことをつけ加えた。

スターリンが岡野に「日本人捕虜を利用して日本共産党が何かできることはないか」とたずねました。つまり、日本共産党に利益をもたらそう、名を上げさせようと考えたのです。

岡野はしばらく黙っていましたがこう言いました。「戦争が終わって日本共産党員は、ようやく監獄から解放されたばかりで何もできない。困難な時期だ。力を発揮できる状態ではない」。そのようなことを繰り返しました。アメリカに占領されていた日本の状況からみれば無理もないことです。スターリンはそれ以上なにも言いませんでした。でも、スターリンの近くにいたブルガリア共産党員のディミトロフは怒鳴りつけるように岡野に言いました。「東欧諸国をみてみろ。数十万人のシベリアにいた日本人捕虜を利用すれば何かできるはずだ」。ディミトロフは何かできると単純に考えていたようです。岡野は黙って何も答えませんでした。

スターリンの日本人捕虜を利用するという考えは、中国側に提案した内容と重なると師哲氏は語った。

中国の戦犯政策

一九五〇年三月四日、モスクワから北京にもどった毛沢東と周恩来は、まもなく司法部長の史良女史を呼んで、司法部が戦犯政策を総括して進めてほしいと頼んだ。史良（✦三）は、戦犯は判決を受けていないので司法部で管理するのは困難であるとの意見をだして、公安部にまかせることになったのである。総指揮は戦時中から国民党捕虜、日本人捕虜の取扱いに熟知していた周恩来があたることになった。公安部の責任者は部長の羅瑞卿です。羅瑞卿は延安の抗日軍政大学副校長として日本人捕虜の取扱いに関する規律の整備を訴えてきた人物です。戦犯の思想教育や裁判での寛大処理は、彼の一九三八年の講義録を具現化したものに他ならない。

それでは中国の戦犯政策とは何か。中国政府の日中十五年戦争及び国内戦争における戦争犯罪者の処理政策のことである。特徴として、連合国各国が行なった「勝者の裁き」にみられる報復的「断罪」とは異なり、「改造」という中国独自の政策にもとづいて行いました。そして裁判はその一環にすぎなかった。「改造」とは、罪を犯した者を人道的に取扱い、教育によって新しい人間に甦生させるということである。

その考え方の基になったのは、毛沢東が講話で「人間は変わる。正しい考え方・思想を正しい方法で教育すれば、人間は変わる」と語ったことに端を発している。その方針は中国共産党（以後、中共と略す）の指導者によって研究され、中共・紅軍時代の「捕虜優遇政策」や、抗日戦争時期の八路軍・新四軍時代の「敵軍瓦解工作」の捕虜政策（✦四）で実践されてきた。

具体的には厳しい軍の規律を定め、武装解除した敵は殺してはならない。人格を尊重し、侮辱、虐待を加えてはならないとし、捕虜の生活上の待遇に気を配り、傷病者には親身になって治療を施した。

こうした捕虜取扱いは毛沢東思想（✦五）の中にあり、敵軍兵士の大部分は貧しい労働者か農民であって、搾取階級ではない。ほとんどが支配階級の間違った教育を強制され戦場に連れてこられた人たちで、もともとは自分たちと同じ階級の者である。したがって、道理を話せば必ず理解できる。辛抱強く教育すれば新しい人間に生まれ変わることができる。このような考えから出発している。

ここで、「人間は変わる」ということについて、スターリンはどのような考えをもっていたのか。一五年間ソ連に滞在し、スターリンとも何度か接してその思想を熟知している師哲氏に尋ねてみた。

一定の社会的地位にいる人間が、その地位の教育をうけ、その環境で長く生活して思想が固まった場合、その人間の思想は変わらない。欧米のある一定の地位の者をみるとわかる。スターリンはそのように強調しました。

毛沢東は「改造」教育で実践し、階級が違っても正しい考え方を正しい方法で教育すれば人間は変わると言っています。そしてレーニンはこう言っています。無産階級の者が自発的に共産主義思想を持った人間になるのではない。共産主義の教育を受けて、理解して共産主義者になる。つまり人間は、教育によって変わると。

延安の労農学校にいた日本人捕虜、戦犯管理所にいた日本人戦犯、彼らはみな不正義な侵略戦争に自分が参加していたことを充分に理解したから彼らは変わったんです。

延安の労農学校が、抗日戦争時期の日本人捕虜を優遇し、教育を行い反戦兵士を作りあげた背景は、武器を捨てて平和を愛し、侵略戦争に反対する者は、被抑圧者、被搾取階級を解放する同じ目的をもった国際的友人であるとした国際主義があった。(✦六)

新中国の戦犯「改造」政策は、この捕虜政策の延長上で行われたものである。しかし、その目的は前述した戦時中の「戦略政策」とは異なり、国内外に示す「政治政策」であったといえよう。

国内的には、日本の中国侵略に力を貸すことになった偽満州国戦犯、偽蒙古政府戦犯、国内を分裂し人民を混乱に陥れた国民党戦犯に対して社会復帰の道を与え、共に新国家を建設していくことを人民に示した政策であった。

外国日本に対しては、早期国交を回復して中日両国の友好を発展、深めたいと希望する中国政府の姿勢を、寛大な戦犯処理を通して伝えた対日外交政策であった。さらに新国家の大きな目標は、スターリンの提案にあったように中国の主権は北京政府にあることを世界に認知させ、国連の承認を獲得することであった。中国はそれらを戦犯政策＝終戦処理で示そうとした。

そのことを裏づけるように、戦犯「改造」政策は新中国の重要「国家政策」として位置づけられたのである。国家指導者の周恩来が直接指揮をとることになったのはそうした理由による。

政策は一九五〇年から七五年までの二五年にわたって行われ、捕虜政策の精神が引継がれ「改造」教育が行われた。その教育においては、戦犯自らが学習し過去の犯罪行為を認め告白することが心からの反省につながるとして、あくまでも本人の自白を尊重し、決して強制はしなかった。

この期間の戦争犯罪容疑者を整理すると次のようになる。

一、日本人（一一〇九名　撫順と太原）
二、偽満州国皇帝溥儀および大臣たち（六一名　撫順）
三、偽蒙古連合自治政府主席デムチュクドンロブ＝徳王、および軍総司令官李守信など（計一〇名張家口・呼和浩特）
四、国民党軍司令官黄維など主要人物（九二六名　そのうち約三〇〇名は撫順、それ以外は北京、上海、南京など約一〇カ所の監獄）

あわせて二一〇六名であったが、一人の死刑、一人の無期刑もなく全員釈放された。裁判が行われたのは外国人の日本人のみで、国内の戦犯は特赦によって順次釈放となった。表❶でわかるように、中共の戦犯処理＝「改造」政策が他国といかに異なるか理解できるであろう。

日本人戦犯

本題に入る前に、新中国の日本人戦犯について少し触れておきたい。

日本人戦犯は、その性質から二カ所に分けて勾留されていたのである。一つは本稿の課題である「撫順戦犯管理所」で、ここに収容されたのは、敗戦後、中国や朝鮮でソ連軍の捕虜となり、シベリアへ抑留となった後、前述したようにスターリンの提案によって移管された九六九名である。

もう一つは、山西省の「太原戦犯管理所」で、ここは一九四八年から五二年までの間に捕虜になり逮捕された一四〇名が収容されていた。うち一二八名は、敗戦後、国民党軍に協力・参戦し、中共・人民解放軍と交戦した人たちである。

太原の戦犯は、どのような経緯で太原に送られたか不明な点が多い。しかし、管理所に収容されてからの処遇や学習、裁判までの過程は撫順と同じであった。中国政府は撫順に政策の力点を置いた。人数もさることながら、「満州国」高官や高位の軍人が多数含まれていたからである。

撫順戦犯管理所

周恩来が指揮することになった戦犯の政策方針は、瀋陽に設置された「東北戦犯行政委員会」（以後、行政委員会と略す）に戦犯の接収と管理を指示した時から「捕虜政策の精神の継承」で一貫していた。（図❶）

モスクワから帰国してまもなくの三月下旬、周恩来は行政委員会に電報で戦犯収容所の建設計画を早く進めるように指示し、その中で、戦犯であっても人間である、戦犯の健康を配慮した収容所にするように要求している。

行政委員会は、東北地方（旧満州）のいくつかの監獄を視察した結果、建物の造りが良くて大きく、管理委員会から四五キロという近距離にあることから、撫順市の東北司法部直轄監獄に決めた。この監獄は「満州国」時代の一九三六年、日本が造ったといわれている（完成年は撫順戦犯管理所の資料による。『満州国史』や「満州国」資料を調べたが、完成年を記述したものは見あたらなかった）。

岸信介の後任として「満州国」国務院総務庁次長を務め、シベリア抑留から管理所に移管され、裁判で刑期一八年を言い渡された古海忠之は管理所について次のように回想している。（✦七）

撫順。それが運命というか、おもしろいんですね。三七、八年に治外法権撤廃というのを撫順でやったんです。それまで日本人は治外法権を持っていまして、これは条約によって決められていたので、向こうの法律に日本人は全然従わない。これでは困るという主張をしました。そしてとうとう治外法権を撤廃させたんです。そして法律も六法をつくり、監獄も日本人が入れるような監獄を奉天と撫順に造ったんです。それは私たちが金を出して造ったんですが、こんどは撫順の監獄にこっちが入れられたんです。こんなことになるのなら、もっとりっぱなものにしておいたらよかったと思いました。

また、一九三七年一一月二九日に公布され、一二月一日から実施された「満州国」の「監獄法」は、監獄会計については国民の納める税金を当てにせず、囚人作業の収益によって賄うとした。（✦六の

『満州国史』参照）

監獄には日本人、朝鮮人も投獄されたが、大多数は中国人である。「満州国」時代の司法部司法矯正総局長だった中井久二、ハルビン高等法院次長の横山光彦の自筆供述書がそのことを明らかにしている（『侵略の証言』藤原彰　新井利男編　岩波書店　一九九九年）。

中井は、撫順監獄より、一九四二年春から一九四三年五月三一日までの間、毎日四〇〇名〜八〇〇名の既決犯収容者を撫順炭鉱に送り、同年六月一日から一九四五年八月一五日までの間、毎日約一〇〇〇名を製材、鉄工業、農業、印刷、石鹸製造などの企業へ出役させたと記している。収益増加を図るために常時一日一〇時間の労働を課して苦痛を与えたとも述べている。

囚人とされた中国人の大部分は、「満州国治安維持法」による反満抗日活動家およびその関係者と疑われて逮捕された者などであった。一九四三年春に公布施行された「保安矯正法」では、前科者、起訴猶予者、刑の執行猶予者、失業中で路上に浮浪する者を、犯罪を起こすおそれある者として「合法的」に逮捕、拘置した。拘置期間は二年だが延長は自由にできた。

司法部は行政と結託して炭鉱、ダム、山林地域に「矯正輔導院」を設置し、逮捕した者を収容して企業に貸しだし、労賃を企業から得て収益をあげていた。一九四一年頃から全満州の監獄にいる既決、未決の収容者は約二〇万人でしたが、一九四二年一年間の監獄内での死亡者は約一万六〇〇〇人、うち死刑は約一〇〇人。同じく一九四四年の死亡者は約二万人、うち死刑は約一〇〇人。

この数字は監獄の劣悪な状態を示している。充分な食料や医療を与えられず、そのうえ過酷な労働を課せられ拷問や虐待を受けた。中国人は牛馬以下に取扱われたのである。そうした「満州国」統治下の戦争犯罪を知っている官吏、軍人、憲兵、警察などの日本人たちが中国の人道的な戦犯取扱いにどれほど感銘を受けたか、充分に察することができる。

表❶　国別および判決別にみたB·C級戦犯の人数

国名	裁判期間	死刑	無期	有期	無罪	その他	計
アメリカ	1945.11〜1949.9	140	164	872	200	77	1453
イギリス	1946.12〜1948.3	223	54	502	133	66	978
オーストラリア	1945.2 〜1951.4	153	38	455	269	24	939
オランダ	1946.8 〜1949.1	226	30	713	55	14	1038
中国(国民政府)	1946.5 〜1949.1	149	83	272	350	29	883
フランス(サイゴン)	1946.2 〜1950.3	63	23	112	31	1	230
フィリピン	1947.8 〜1949.12	17	87	27	11	27	169
合計		971	479	2958	1049	238	5690
中華人民共和国	1956.6 〜7	0	0	45	1017 (有罪寛大釈放)	0	1062

出典:『共和国特赦戦犯始末』任海生編著　華文出版社

表❷　主な日本軍人戦犯

氏名	出生年	職務	刑期	釈放年月	備考
鈴木啓久	1890年	陸軍第117師団師団長·中将	20年	1963年6月	満期前釈放
藤田茂	1889年	陸軍第59師団師団長·中将	18年	1957年9月	満期前釈放
上坂勝	1892年	陸軍第53旅団旅団長·少将	18年	1963年8月	満期前釈放
佐々眞之助	1893年	陸軍第39師団師団長·中将	16年	1959年死亡	
長島勤	1888年	陸軍第59師団第54旅団旅団長 兼済南防衛司令官·少将	16年	1959年末	満期前釈放
船木健次郎	1897年	陸軍第137師団375聯隊聯隊長大佐	4年	1957年5月	満期前釈放
鵜野晋太郎	1920年	陸軍第39師団第232聯隊本部 俘虜監督軍官兼情報宣撫主任·中尉	13年	1958年8月	
榊原秀夫	1908年	陸軍関東軍第731部隊第162支隊 (林口支部)支隊長·少佐	13年	1957年5月	満期前釈放

戦犯は七月中旬に中国に移管されるとの連絡を受け、行政委員会は五月から急ピッチで獄舎の大改造を行なった。国民党の兵舎、厩舎に使われ荒れはて汚れていた全ての壁は白く塗りかえた。零度以下になる冬に備えてボイラー室をつくり、部屋、廊下に暖房用パイプを設置した。日本人は風呂好きということで大浴場をつくった。理髪室、医療室も設けた。大きな炊事室には、一〇〇〇人分の炊飯釜とうどんを作る機械を備えた。工事は約二カ月で終わった。

行政委員会が最も重要視したのは、「改造」教育を進める幹部と職員をどのように集めるかであった。東北地方は一四年間日本に支配され、ほとんどの者がなんらかの被害を受け苦しみを味わっている。日本人と聞いただけで憤り、顔を見たくないというに違いない。日本人戦犯と向きあっても、個人的感情をおさえ政府の政策を理解して、その使命を果たす人間を探すことは容易ではなかった。

行政委員会は、東北各地の公安部、司法部、衛生部の幹部の中から最も有能な一〇〇人を選び出した。所長は抗日戦争の経験がある撫順市公安局副局長の孫明斎。副所長は旅大地区関東高等法院労働改造所長の曲初。大部分の者は管理所に着いてはじめて日本人戦犯の「改造」教育に従事することを知らされた。党の命令は絶対拒否することはできなかった。中には、積年の恨みを国が果たすのだ、と思いちがいをして、その処理に自分が選ばれたことを光栄に思って喜んだ者もいた。

戦犯接収

戦犯の接収にあたった中国側は総勢一四〇人余り。主な内訳は、ロシア語通訳二人、日本語通訳三人、医師一人、看護婦三人、看守二二〜二三人、そして団の代表として行政委員会とハルビン市公安局から一人ずつ、解放軍一個中隊である。

行政委員会は、戦犯たちに中国側の受け入れが決して厳しいものではない、恐れることはないとい

表❸　「満州国」官僚・憲兵・特務・警察の戦犯

氏名	出生年	職務	刑期	釈放年月	備考
武部六蔵	1893年	「満州国」国務院総務庁長官	20年	1956年 7月	病気で釈放
齋藤美夫	1890年	「満州国」憲兵訓練所長・少将	20年	1964年 3月	満期前釈放
古海忠之	1900年	「満州国」国務院総務庁次長	18年	1963年 2月	満期前釈放
中井久二	1897年	「満州国」司法矯正局総局長	18年	1963年 9月	満期前釈放
三宅秀也	1902年	「満州国」奉天省警務庁庁長兼奉天省地方保安局局長	18年	1963年 4月	満期前釈放
杉原一策	1899年	「満州国」司法部刑事司司長	18年	1963年 9月	満期前釈放
佐古龍祐	1892年	「満州国」牡丹江鉄道警備旅団旅団長・少将	18年	1961年 8月	満期前釈放
横山光彦	1901年	「満州国」ハルビン高等法院次長兼特別治安法廷裁判長	16年	1961年 8月	満期前釈放
原弘志	1895年	「満州国」鉄道警護軍参謀長・少将	16年	1957年 9月	満期前釈放
今吉均	1906年	「満州国」警務総局警務所長	16年	1961年 8月	満期前釈放
田井久二郎	1903年	「満州国」チチハル市警察局特務科科長	16年	1957年 5月	満期前釈放
木村光明	1906年	関東軍第三特別警備隊隊付憲兵・少佐	15年	1957年 5月	満期前釈放
岐部與平	1895年	間島省省長、「満州国」厚生会理事長	15年	1959年12月	満期前釈放
島村三郎	1908年	「満州国」三江省警務総局特務所調査科科長兼中央保安局第二科科長	15年	1959年12月	満期前釈放
鹿毛繁太	1899年	「満州国」錦州市警察局警務科科長	15年	1960年 7月	満期前釈放
筑谷章造	1894年	「満州国」吉林省警務庁兵事主任	15年	1960年 7月	満期前釈放
柏葉勇一	1890年	「満州国」撫順警察局局長	15年	1960年 7月	満期前釈放
溝口嘉夫	1910年	「満州国」ハルビン高等検察庁検察官	15年	1959年12月	満期前釈放
吉房虎雄	1897年	平壌憲兵隊長・中佐	14年	1957年 5月	満期前釈放
藤原廣之進	1897年	「満州国」新京日本憲分兵隊分隊長・少佐	14年	1959年 8月	
野崎茂作	1898年	「満州国」懐徳県警務科科長	14年	1960年 1月	
宇津木孟雄	1895年	「満州国」ジャムス日本憲兵隊隊長・中佐	13年	1958年12月	
上坪鉄一	1902年	「満州」四平日本憲兵隊隊長・中佐	12年	1957年 8月	
蜂須賀重雄	1896年	「満州国」奉天鉄道警護団上校団長	12年	1957年 9月	
堀口正雄	1901年	「満州国」錦州日本憲兵隊隊長・中佐	12年	1957年 8月	
志村行雄	1902年	関東軍第一特別警備隊教育隊隊長・中佐	12年	1957年 8月	
小林喜一	1895年	「満州国」興安日本憲兵隊隊長・少佐	12年	1957年 8月	
西永彰治	1899年	「満州国」ハルビン道里憲兵分隊分隊長・少佐	12年	1957年 9月	

うことを示すために、心ある食物を考えた。ハルビンのロシア人が経営している会社から白い食パン数千斤（一斤は約五〇〇グラム）、ソーセージ数百斤、あひるのゆで卵一〇〇〇個ほどを購入した。七月一六日、中ソ国境の町綏芬河に到着した代表団は、ソ連からの連絡で戦犯は七月一八日に来ることを知った。猛暑で大量の食料はそれまでもたない。持ってきた食料は綏芬河公安局が全部受けとって、新たに調達したのである。

一八日の夕方、ソ連の貨車に積みこまれた日本人捕虜が綏芬河駅に到着した。戦犯引渡し事務手続きがすぐに行われ、ソ連代表団から中国側に戦犯名簿と罪状調書が手渡された。当時シベリアには二五〇〇人の日本人捕虜が残っていたといわれているが、九六九人（実際には九七一人だったが、移管直前に病死一人、重病一人で二人減った）がどのように選定されたかは現在も明らかになっていない。

引渡し作業は翌一九日の朝九時から行われ、一名ずつ名前を呼ばれ確認されたあと、ソ連の貨車から中国の客車に移された。この時から日本人は「捕虜」から「戦犯」の身分で取扱われることになった。排泄物と一緒の蒸し風呂のようなソ連の貨車で運ばれ、疲れ果てていた戦犯たちは、白い座席カバーの客車に座り表情をやわらげていった。しばらくして白米の飯（白い食パンだったと証言する者もいる）、肉とジャガイモの炒めもの、野菜のスープが配られた。ソ連ではわずかな黒パンと塩漬け魚、違いすぎる待遇に戸惑いをみせた者が多かった。

接収の代表団に、周恩来は次の指示を与えていた。「戦犯の人格を尊重し、侮辱したり殴ったりしてはならない。一人の死亡者、一人の逃亡者も出してはいけない」。代表団はその指示に従って行動した。日本語通訳の職員を伴って、「病有没有（病人、気分の悪い人はいませんか）」とやさしく声をかけ車内を歩く若い看護婦の姿に、心動かされた戦犯は少なくない。二一日午前三時、列車は炭鉱の町・撫順に着いた。一般住民に気づかれないように、また万が一の暴徒のことを考えて夜中に移送し

表❹　「国民政府・軍参加」戦犯

氏名	出生年	職務	刑期	釈放年月	備考
富永順太郎	1895年	陸軍特務機関「富永機関」主事、蒋介石国防部中校副支台長	20年	1964年 3月	満期前釈放
城野宏	1914年	国民党太原綏靖公署教導総隊少将副隊長兼所長	18年	1964年 3月	満期前釈放
相楽圭二	1916年	国民党太原綏靖公署教導総隊少将団長	15年	1963年 9月	満期前釈放
菊地修一	1915年	国民党太原綏靖公署教導総隊参謀長砲兵団団長	13年	1962年 2月	満期前釈放
永富博道	1916年	国民党太原綏靖公署教導総隊上校団長	13年	1963年 9月	満期前釈放
大野泰治	1902年	国民党太原綏靖公署中校教官	13年	1963年 9月	満期前釈放
住岡義一	1917年	陸軍独立歩兵第14旅団歩兵第244大隊第４中隊長、閻錫山部隊上校団長	11年	1959年12月	
笠實	1906年	山西省壺関県政府顧問閻錫山部隊少校軍需	11年	1961年12月	
神野久吉	1908年	国民党大同保安総隊少校部付情報主任	8年	1957年 4月	

図❷　撫順戦犯管理所平面図

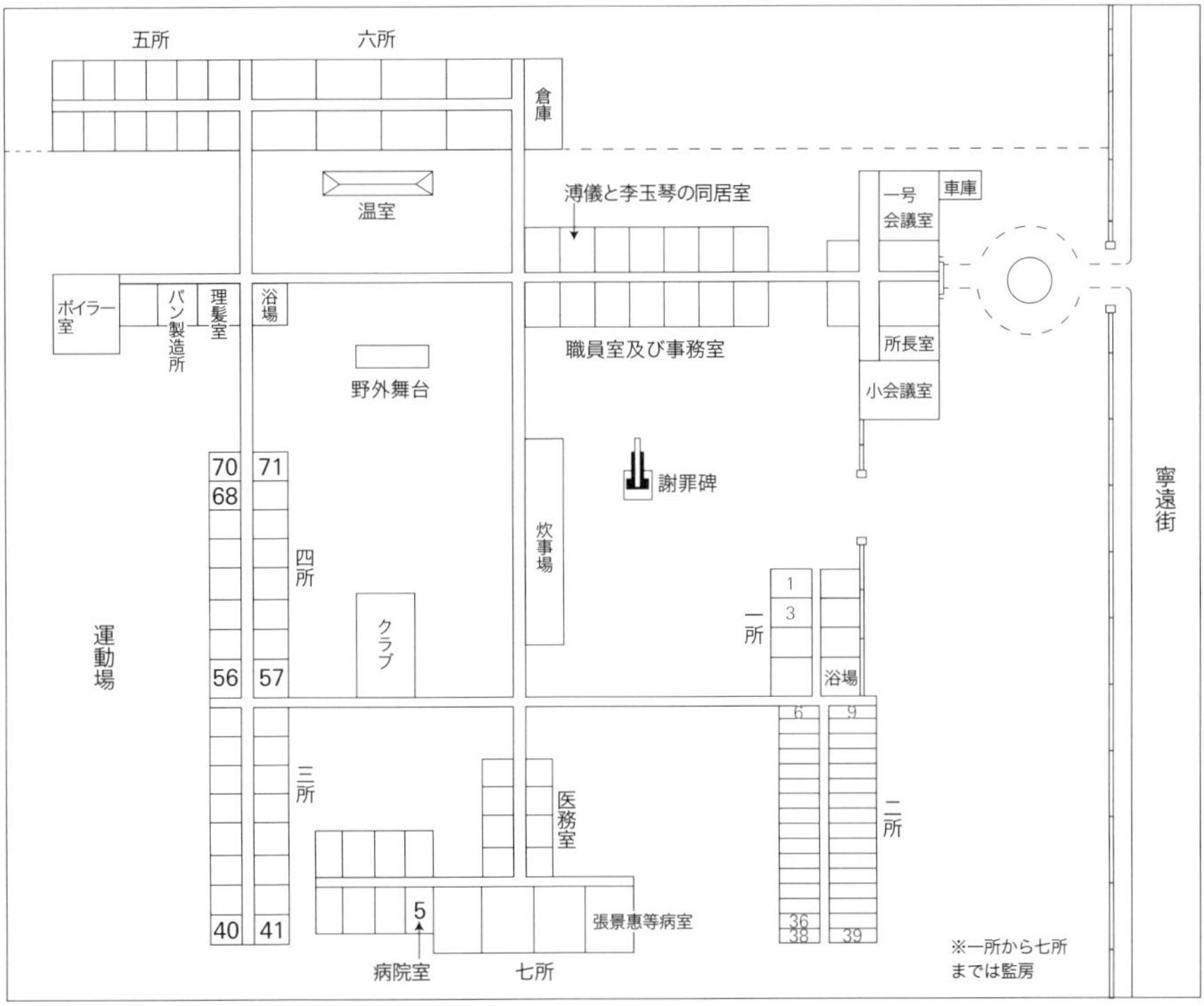

たのである。

管理所に勾留された戦犯の内訳は、満州国司法行政関係二九名、満州国軍関係二五名、満州国警察関係一一九名、満州国鉄路警護軍四八名、関東州庁関係その他三三名、関東軍憲兵関係一〇三名、関東軍隷下部隊五八二名である。(一九五四年一〇月二二日発表の「日本侵華戦争罪犯名冊」を参照した。この時点では九六九名のうち三四名が死亡、太原から移監された七三一部隊関係者四名が含まれている。従って撫順には九三九名が勾留されていた)

戦犯

収監された戦犯たちは、監房の壁に貼られた監房規則の中に「戦犯管制所」(数日後に管理所に変えた)の文字を見つけると、一部の戦犯からさっそく抗議の声が挙がり、国際法に基づいて捕虜として取扱うように激しく要求した。しかし、管理所側は受け入れなかった。そうした中で、元満州国警察局警務科の鹿毛繁太が所長に面会を求めて、自分たちは捕虜で戦犯ではない。国際法を守ってすぐに取り消すようにと主張した。所長は次のように答えた。「あなたは国際法を知っていますか。戦時中あなたたちは国際法を守りましたか」

鹿毛は言葉につまり、反論できなかったという(✦八)。中国側は、収監された日本人に対し、戦争中自分は何をしたか、人道に背くような戦争犯罪を起こさなかったかを問うたのである。つまり「戦犯」の文字から戦争犯罪人かどうかの自覚をうながしたのであった。

その後管理所は戦犯をどのように管理教育していったか、戦犯はどのように変わっていったか、紙幅に限りがあるのでここでは詳述しない。概略だけを次に記したい。(詳細は『侵略の証言』および『覚醒　撫順戦犯管理所の六年』中国帰還者連絡会訳編　新風書房　一九九五年)

管理所は、「改造」教育の方針に基づいて、戦犯が反抗しても罵ったり殴ったりせずに人間的に接した。病気の者は手厚く看護し、難病の者には高価な薬を投与し命を救った。日本人の生活習慣にそった食事もつくった。そうした環境の中で戦犯たちは、十五年戦争中の日本および自分の行為と管理所の取扱いを重ね合わせて考えるようになった。中国人を捕らえるとひどい拷問を加え、時には殺した、その記憶が蘇り、中国人被害者の痛みを感じるようになった。管理所職員・中国人に対する蔑視の感情が消えて、尊敬の念を抱くようにもなった。学習や討論が活発に行われるようになった。

上:管理所で働いた中国人職員の記念撮影。 1956年8月22日

中:法廷の場に立つ「満州国」戦犯たち

下:裁判で陳述する中国人弁護人（右の二人）

「自分たちは正義の戦争だと思って命をかけて戦ったが、本当は何の戦争だったのか」
「なぜ俺たちはあんな残虐行為をしたのだろう」
「すべては上官の命令でなされた。それは即ち天皇の命令であった。天皇とはいったい何なのか」
「中国人を虐待、虐殺した自分たちがなぜこんなによい待遇を受けているのだろうか」

こうした学習の中で、戦犯たちは不正義の戦争に参加した自分の過ちに気づいたのである。中国人や朝鮮人、他のアジア諸国の人たちを蔑視していた思想も知ることになった。五三年の秋には、程度の差こそあれ尉官以下のほとんどが「罪の自覚」に到達したのである。それはすなわち、被害者の痛みを思いやる人間としての感情の回復、良心を取り戻すことができたのである。

罪状調査

中国政府は、戦犯のこうした反省の態度をみて、「罪の自覚」から「罪の自白」、罪状調査を進めることになった。それは戦犯処理の最終章、裁判のための調査でもあった。周恩来は調査団を作るように指示し、団長は調査の専門家、最高人民検察院副検察長・譚政文を指名した。

一九五四年二月、調査団を編成するために、検察庁と公安庁を中心に全国から罪人取扱いの経験豊富な者および日本語通訳あわせて七〇〇名を北京に集めた。そして約一カ月間、戦犯政策の方針、「改造」教育の考え方、進め方を教育・訓練した。この七〇〇名と管理所関係二〇〇名、総勢九〇〇名が二月下旬管理所に集められ、「最高人民検察院東北工作団委員会」(以後、検察団と略す)が設置された。

二月二七日から戦犯の審問が開始され、戦犯は供述書を書くように命令された。戦犯たちは反省の態度は表わすものの、自らが犯した残虐行為、凌辱行為を告白する勇気はもっていなかった。しかし一九五四年四月、戦犯の罪行告白の突破口となる出来事が起きた。第三九師団第二三二連隊第一大隊中隊長・宮崎弘が「坦白」（すべての罪をさらけ出し告白すること）したのである。中庭で戦犯全員を前にして、体をよじり泣きながら残虐行為を告白したことが、戦犯たちに衝撃を与え罪行告白を作りだしていった。

そしてもうひとり、戦犯たちの告白に影響を与えたのは古海忠之である。「満州国」の実権を握り傀儡皇帝溥儀を操っていた彼は、戦犯の代表といえる立場にあった。五月に行なわれた佐官クラス以上の集会で彼が坦白したのである。「満州国」の悪法を次々と制定、執行し、物資略奪、現地民からの搾取、反「満」抗日活動家への弾圧など、「満州」植民地支配、中国侵略を具体的に告白したのである。そして最後に極刑にしてくださいと泣き崩れたのであった。この出来事は戦犯たちに伝わり、特に頑固に口を閉ざしていた佐官、将官クラスの者に影響を与え、罪行を告白させることになった。その時書かれたのが「自筆供述書」である。（✦九）

検察団は調査を進める上で、審問対象を将官・佐官クラスと尉官クラス以下の二つに分けた。将官・佐官クラスは個別審問を行なうために、審問室を三つに分け、第一審問室は軍隊・憲兵、第二は司法・行政、第三は特務・警察とした。尉官クラス以下は特別な部屋を設けずに、日常的雰囲気の中で会話が進められた。

最初の供述ではほとんどの者が国や軍の命令に従っただけだとして、自己責任を曖昧にした。検察団は次のような告知をした。「坦白する者には軽く、逆らう者には重くのぞむ」「罪行は事実のみを正確に記すこと、拡大しても縮小してもいけない」

審問は「改造」教育の方針に沿って決して強制せず本人の自白を待った。その時期には中国各地の被害者、遺族から告訴状が検察団に続々と届いていた。署名、指印、捺印された告訴状には、事件の一部始終と日本軍部隊名、中には隊長名が記されているものもあった。

検察団は、調査組を作って戦犯の罪行調査を進めていった。調査組は、日本が残していった記録文書や新聞、写真などを分析する内部調査班と、犯罪現場へ行って調査する外部調査班の二つに分けられた。当時の劣悪な交通事情の中でも数回の現地調査を実施して、日本軍が侵略した山岳地帯や農村へと出向いた。被害者や目撃者から証言を取り、犠牲者の遺骨発掘、科学調査団による殺戮鑑定、毒ガス筒など物的証拠の収集などを綿密に行った。

尉官クラス以下の罪行が固められると、それを動かしがたい証拠として佐官、将官クラスの罪行を追及していったのである。自筆供述書は事件の日時、場所、人名、民家焼却数、略奪物資、人民殺害の方法と人数、強姦、誘拐人数などが実に詳しく記されている。戦犯たちは自分の記録だけでは正確さを欠くために、師団、部隊、憲兵、警察、司法などに所属した者がグループをつくり、調査班が集めた戦時中の資料を参照したり、当時を語りあったりし、つきあわせをし、事実に近づこうとした。

人間が人間であるために
人は努力しないと
人間になり得ない
（『同朋新聞』）

この時期の戦犯たちは、自分のすべてをさらけ出し、傷つき、死刑を覚悟し、自殺を考えるなど、誰もが苦しい自己との闘いの連続であった。

「鬼から人間に」、過ちの思想と行動を理解し、新しい人間に生まれ変わろうと努力したのである。

自筆供述書のほとんどはこの時期（一九五四年春から秋）に書かれた。その自己闘争の時を、戦犯たちは「認罪学習」とか「認罪運動」と呼んだ。

裁判の準備

一九五五年秋、審問と調査を終えた検察団は裁判に向けての起訴状作りにとりかかった。検察団は国家最高検察院と最高法院に対し、調査結果の報告と戦犯処理の意見「要請案」を提出することになった。そこで、確固たる証拠資料にもとづいて作られた起訴案は極刑七〇人であった。その年の暮れ、検察団と管理所の代表二人が北京に行って周恩来と会った。二人の報告を聞いた後、周恩来は次のように述べた。

日本人戦犯の処理については、一人の死刑もあってはならず、また一人の無期刑も出してはならない。有期刑もできるだけ少数にすべきである。起訴状は基本罪行をはっきり書くべきで、罪行が確実でないと起訴できない。普通の罪の者は不起訴である。これは中央の決定である。

代表二人が撫順に帰り、検察団全員にこの報告をした。寛大すぎる、納得できない、という意見にまとまった。二人は再び北京に行った。周恩来は諭すように語った。

日本人戦犯に対する寛大な処理については、二〇年後に君たちも中央の決定の正しさを理解できるようになるだろう。侵略戦争で罪行を犯した人が充分に反省し、その体験を日本の人々に話す。我々中国共産党員が話すよりも効力があると思わないかね。日本の人民もきっと納得する。

再び集会が開かれ、二人は周恩来の話をそのまま伝えた。誰からも反論はなかった。しかし、心の中で「先のことはわからない」「寛大すぎる」と思っていた者は少なくなかったという。(✦一〇)

翌年三月一四日、全国政治協商会議第二回大会第一九次会議が北京で開かれた。その会議で周恩来が日本人戦犯、国内戦犯の問題について中央の考えとして話した。(✦一一)これは、その後の戦犯処理を決定づけるきわめて重要なものとなった。その内容を要約して次に記したい。

日本人戦犯裁判は、国際法にもとづくが国際法廷には属さない。国内の軍事法廷にもとづいて裁判し処理する。裁判を行なう理由としては、中国は日本と平和条約を結んでいない。国交も回復していないので戦争状態である。

日本の敗戦後、国共内戦の中で果たせなかった日本人ＢＣ級戦犯の、終戦処理として考えていたことがうかがえる。

最高検察院は、人民法院、公安部、外交部、外交学会と討議した。それによると刑罰の人数を多くし、死刑も考えるべきだと主張した者もいた。このことについて討議を重ねた結果、寛大な処理をとることにする。罰を科すべき者は五一人で、一〇年から二〇年の懲役を与えてもいい。重罪を犯した者はそれ以上でもいい。その他大多数は三回に分けて釈放するつもりである。毛主席が寛大に処理するとコメントしているように、寛大な処理をとるほうがいい。

起訴される戦犯は五一人と、この時点で決まっていたとみられる。裁判の行方、判決までも具体的に示している。起訴免除された者の帰国についてまで触れている。

戦犯を釈放したら日本に大きな影響を与えるだろう。戦犯たちが帰国したら向こうの旧軍人にいろいろ説明するだろう。旧軍人がもし見学に来てくれれば、日本で我々の影響を広めるのに効果があるだろう。

刑罰を受けた五一人の戦犯も、立派な言行を示せば将来きっと減刑か恩赦を受けるだろう。全人代常務委員会の決議にこのような内容を明記すべきである。

国内の戦犯に対しても寛大処理を行う、と述べている。

この会議の前、毛沢東は周恩来か羅瑞卿と会って日本人戦犯に対して次のように話した。(◆一二)

戦犯を長く監禁してもしょうがない。永遠に監禁することもできない。豚なら食えるが戦犯は人間だから肉にして食うことができない。教育も一定期間行えばいい。彼らを共産主義の指導者にするための教育をして、日本に帰して政権を打倒するのが目的ではない。日本の軍隊は徹底した教育をして規律が厳しい。だから他の者からの指導を受けても、簡単には納得できないだろう。もう釈放して帰したらいい。

四月二五日、全国人民代表大会常務委員会第三四回会議が開かれ、日本人戦犯の処理について発表した。(資料❶)これは中国がはじめて公式に日本人戦犯処理について明らかにしたものである。その内容は、一月四日の会議で周恩来が話した意向が反映されたものとなった。裁判前の「寛大な処分」である。

中央の指示に従って管理所は、戦犯全員に決定書の内容を伝え公布した。寛大処理に感激して涙を流す者、声をあげて泣く者、申し訳ないと死刑を願いでる者もあらわれた。運よく職員に発見されて助かったが、シーツを引き裂きひもにして集団自殺を図った者たちもいた。心配した管理所は、裁判までの一カ月余り、「罪を認め法に服する」教育を行なった。

検察団は最終的に、撫順三六人、太原九人の合計四五人の起訴状を作りあげた。四五人は次のように決められた。

犯罪の性質から「軍人」「司法行政」「憲兵・特務・警察」の三つに分け、それぞれの典型的犯罪と代表人物・責任者を選んだ。将校や高官が中心であるが、重大な罪を犯した者は身分が低くても訴追している。起訴状は自筆供述書の中から代表的な罪行を選び出し、証言や証拠が充分であるものでつくられた。したがって起訴された罪行は、被害のほんの一部の罪行である。(✦一三)

第一一七師団師団長・中将の鈴木啓久の犯罪は、国際法の準則と人道を踏みにじった典型的なものであった。そうした重大な犯罪を起訴するために、周恩来は起訴状作りを慎重に行った。法律面からの検討は、東京裁判の中国代表判事の梅汝傲があたり、日本文の作成は周恩来と日本語研究者が行った。(✦一四)

被告一人一人に弁護人がついた。弁護人は法廷で何を弁護するか、約一カ月にわたって罪状調書、告訴状、証拠品、証拠資料などを丹念に検討した。その結果、何を弁護していいか困った。罪状は精密な調査で、反論の余地がなかったからである。さらに被告本人が全ての罪を認め異議申したての姿

勢を示さなかったからであった。弁護人同士で話しあった結果、ようやく弁護の二つの方針を見つけることができた。（✦一五）

一、被告の罪行は否定できない重大なものである。しかし客観的に見ると、当時の日本は軍国主義一色であって、被告は命令に反対することは不可能だった。そうしたことを考えると、被告は日本の侵略戦争の被害者でもあった。

二、被告の罪悪思想は変わった。現在は改悛の情を深くして心から反省している。

開廷の九日前、最初の法廷に立つ「軍人」八名に日本文の起訴状が手渡された。被告たちは罪状一つ一つに目を通したが、弁護人に異議を申しでる者は一人もいなかった。第五三旅団旅団長・少将の上坂勝など四名は、自己の罪行は世人周知の事実であるとして、法廷での弁護人はつけなくてもよいと申しでた。

瀋陽の法廷は、日中十五年戦争の終戦処理、歴史的裁判の意義を考慮して「九・一八」事変（満州事変）の起点となった柳条湖の近くにある劇場を改修して行われた。

戦犯裁判――中国は何を裁いたか

「中華人民共和国最高人民法院特別軍事法廷」は、一九五六年六月九日から七月二〇日まで瀋陽と太原で行なわれた。新中国で初めて行われるＢＣ級戦犯裁判、しかも中国人民に多大な損害と甚大な被害を及ぼした日本人戦犯裁判である。誰もが深い関心を寄せた。傍聴席は政治協商会議全国委員会代表、各民主党派・人民団体の代表、瀋陽市の学校・工場などの代表、中国国内の新聞社の記者など一四〇〇名余りで埋まった。その中には自らも戦争中被害を受け、肉親を失った人たちがたくさんいた。中国政府は、この傍聴人たちにも法廷での規則、心がまえを事前に厳しく教育した。したがって裁判中に怒声をあげたり、妨害になるような行為は一切なかった。中国人被害者・証人は瀋陽と太原で合わせて九五人であった。検察団は裁判の四カ月前から撫順に彼らを招集し、裁判が国家政策にもとづき厳正に行なわれることを強調した。法廷は個人の恨みをはらす場ではない、個人的感情をおさえ事実のみを話すように徹底した教育が行われたのである。

裁判では犯罪事実そのものについて争われることはなかった。徹底した「改造」教育によって、戦犯たちが罪を認め深く反省するという「認罪」に達していたからである。戦犯の誰もが罪を認め謝罪した。証人として出廷した被害者の前で涙を流して頭を垂れる者、傍聴席に向かって土下座し極刑を求める者など、東京裁判、ニュルンベルク裁判では見られない光景であった。

中国はこの裁判で何を裁こうとし、何を明らかにしようとしたのか。
それは四五人を次の三つの案件に分けて裁判を進めていったことで知ることができる。

一、「軍人」八名（瀋陽）表❷
国際法の準則と人道の原則から、日本の天皇制侵略戦争の戦争犯罪を明らかにした。（主な人物とその犯罪を次に記す）

藤田茂
起訴された罪状は一九三八年から四五年までの主要な罪状七件。最も問われた罪行は「討伐」による「三光」（焼きつくし、殺しつくし、奪いつくす）。四五年五月から六月の「秀嶺作戦」では、住民六〇〇余名を殺害、民家一万八〇〇〇余軒を焼き払い、食糧五〇〇余トンおよび家畜一六万余頭を略奪、地雷排除のため住民に強制的に踏ませ六〇余名を爆死させた。さらに部下が六〇余名の婦人を強姦するのを放任、一名は輪姦され死亡。兵士の「度胸だめし教育」のために、住民や捕虜を標的にし刺突させた。「捕虜は戦場で殺し、これを戦果に計上すべし」と命令した。これらの犯罪に関して三八人の告訴、中国人四二人、被告の部下・司令部参謀少佐村上勇二など二二八名の証言、調査訊問記録八部、写真一七枚が提出された。

藤田は法廷ですべてを認めた。一五日の最終陳述では天皇の戦争責任も述べた。供述書では「自分に罪行を犯さしめたる裕仁に対し、心よりの憎恨と闘争を宣言せんとするものであります」と記した。四五人の中で、天皇の戦争責任に言及したのは藤田だけである。

鈴木啓久

一九四一年から四五年まで罪状八件。鈴木の罪行も「三光」であるが、藤田より規模が大きく現地民の被害は甚大だった。四二年四月「豊潤大討伐」を命令し、河北省「魯家峪虐殺事件」をひきおこした。民家一九〇〇余軒を焼き払い、斬り殺す、焼き殺す、毒ガスを放つなどで住民二二〇余人を殺害した。毒ガスを投げこまれたため、穴から這い出た一八歳の娘を輪姦して死亡させた。強姦に抵抗した妊婦が腹を切り裂かれ胎児をえぐり出され殺された。

同年一〇月、河北省潘家戴庄において、民家一〇〇〇余軒を焼き払い、一二八〇余名を銃剣で突く、生き埋めなどで殺害、六三人の妊婦が殺されたが、その多くは強姦され腹を裂かれ胎児をえぐり出された。一九人の嬰児が母親の手からもぎ取られ地面にたたきつけられ殺された。

同年九月から一二月までの間、長城線に沿って長さ二九〇キロの遮断壕と多数の望楼を構築、六〇〇余万人を強制労働させ大勢の犠牲者を出した。また同地域に「無住地帯」をつくり、餓死及び凍死一七二人をだし、二三〇人を殺害し、民家一万五七〇〇余軒を焼き払った。

鈴木の証人は中国人被害者四名、日本人は部下で副官の一人。被害者四人は、背中に銃弾の傷跡が生々しく残っている者、脇腹から背中にかけて大きなやけどの跡を残す者、左腕が拷問で変形した者など誰もが深い傷を負っていた。鈴木は涙を流して謝罪した。

起訴されなかったが、鈴木は、軍命によって慰安所設置と中国人および朝鮮人女性を拉致、誘拐して慰安婦にさせたと供述している。人道上の問題を犯罪として認識したことに注目する。

上坂勝

罪状は四件で、主な罪行は四二年五月に行なった「冀中作戦」の毒ガス虐殺事件である。国際法に違反した重大事件として中国は注目した。

河北省北疃村を襲撃した際、地下道に避難した住民に毒ガスを投げこんで八〇〇余名を殺した。婦人三五名を強姦し、三名をその後殺した。一家全滅は二三世帯。民家三六軒も焼き払った。

最終陳述で上坂は、国際法規に違反したとはっきり述べ、深々と頭を下げた。

榊原秀夫

七三一部隊の細菌戦が問われた。

一九四二年から四五年まで、関東軍第七三一部隊に所属し、細菌を培養して、細菌兵器を製造した。ジャムス、林口地区で現地民に強制してネズミを捕らせ、細菌部隊に提供させた。専門員を訓練してペスト、発疹チフス、コレラ、赤痢などの細菌を大量に培養させ、七三一部隊に送り人体実験に使用させた。

軍人八人の裁判は六月九日から一五日まで、判決は六月一九日に行なわれ、一三年から二〇年の禁固刑が言い渡された。

二、「満州国官僚（司法・行政）、憲兵、特務、警察」二八名（瀋陽）表❸

「満州」植民地支配の犯罪を明らかにした。日本帝国主義は「満州帝国」を作りあげ、政治、経済、文化の各分野にわたり東北地方人民を支配し、資源の略奪、開拓政策という名の領土略奪、人民の奴隷化と搾取、反「満」抗日人民に対する弾圧などを行なった。

裁判は七月一日から二〇日まで行われた。

古海忠之

罪状は五件であるが、どれも重い。

「満州国」の政策、法令、措置の画定、制定は国務院総務庁長官、同次長、各部次長の、すべて日本人によって行なわれた。その黒幕である政策決定機構が「火曜会」である。「満州」支配の犯罪政策、悪法はこの「火曜会」で企画され制定された。古海は「火曜会」の中心的人物。そして「満州国」政府を操って、中国の国家主権を奪い取ったのである。

古海の犯罪については、皇帝溥儀と「満州国」各大臣が出廷し、自分たちには全く実権がなく「火曜会」で作られ制定された数々の悪法によって、東北人民が搾取され困窮し、奴隷のように酷使されたことを証言した。

犯罪政策と悪法を次々に制定、満州の重要資源を大量に略奪した。徴兵を強行し、強制労働に狩り立て酷使、虐待した。

アヘン政策で中国人民を衰退させ奴隷化させた。開拓政策の名で日本農業移民を「満州」に送りこみ、現地農民の土地と家屋を強制的に占用した。

古海は最終陳述で、自分の犯罪によって多くの中国人民に被害、損害を与えたことを述べ、極刑に処して欲しいと体を折るように謝罪した。

斎藤美夫

「憲警統治」の満州国支配、犯罪が明らかになった。

「治安粛正」「防諜」「思想対策」など、人民を弾圧する活動に従事した斎藤は、一九三五年から四五年までの憲兵在職期間中に六万三七一三人もの抗日救国活動家や一般人を逮捕した（✦一六）。斎藤は関東憲兵隊司令部治安課長の三五年から人民弾圧の仕事を積極的に進め、その年から翌年までの五カ月間に、「満州国」警察、憲兵機構を指導して拉致、逮捕させた抗日救国者、一般人は八六五五人である。そのうち五七八人は殺された。

また、三六年四月から三七年二月までの七カ月間に、三万八五七七人を拉致、逮捕した。そのうち四三三六人が殺された。

斎藤は、日本の「満州」支配＝統治を支援し、その行為は国際法の規範と人道主義の原則をふみにじった犯罪である。

七月二〇日判決が下り、二八人に対し一二年から二〇年の刑が言い渡された。

総務庁長官の武部六蔵は、二度の脳出血で病床にあり、病室に判事、弁護士、書記、通訳などが出むいて審問が行なわれた。七月二〇日、武部に対し禁固二〇年の判決を言い渡した。しかしその翌日、仮釈放が武部に伝えられた。武部はベッドで子供のように顔をくしゃくしゃにして大声で泣いた。勾留期間中の態度がよかったことと医師の判断による。七月下旬、興安丸で帰国の途についた。

三、「日本降伏後、山西省で国民政府・軍に参加、協力した特務および軍人」九名（太原）表❹

日本が降伏したにもかかわらず、なぜ国民政府に加わり中共の解放戦争を妨害および交戦したのか。また「満州国」時代に何をしたのかを明らかにした。

太原組の裁判は六月一〇日から二〇日まで行われたが、富永順太郎だけ独立して最初の二日間に実施した。他の八名は閻錫山軍に所属したが、富永は彼らと違っていたからである。

一九四六年三月、富永は国民政府国防部第二庁北平第二工作隊（後に北平電信支隊と改称）に徴用され中校副工作隊長（後に副支台長）となった。彼が太原で裁かれたのは、国民政府に協力したことでは同じだからである。

富永順太郎

一九三二年から特務の仕事に携わりスパイ活動を組織し、後継の指導も行った。活動の中で中国人民を拉致、逮捕、拷問し、また奴隷のように使役して虐殺するなどの行為を行った。

日本降伏後は、日本軍国主義の復活を企んで再び中国に潜伏し、蒋介石国民党の特務組織と結託、スパイ活動を行った。中国人民の解放事業を妨害、破壊するなど「満州国」時代と日本敗戦後の二重の罪が問われ裁かれた。

六月一九日、富永には最高刑の二〇年が言い渡され、他の八名は翌日の二〇日、八年から一八年の有期刑判決を受けた。

四五人の判決は表❷〜❹に示したように八年から二〇年で、死刑、無期刑はなかった。ソ連の五年、中国の管理所生活六年が算入され、ほとんどが満期前に釈放された。

六月二一日、四五人を除いた一〇一七人に対しては、「主要でない日本戦争犯罪者、あるいは改悛の情がわりあいに著しい日本戦争犯罪者に対しては、寛大に処理し、起訴を免除することができる」と判決した。一〇一七人は不起訴即時釈放となり、五六年の六月、七月、八月の三回に分けて帰国した。最終的には病死者四五人、自殺者三人であった。

記憶と継承

個人の罪行と日本国の戦争犯罪を明らかにし、「戦争責任」を果たした一〇一七人の帰国の第一歩を印象づけたのは、肉親との涙の邂逅であった。と同時に、帰還者たちが強調した「侵略戦争反対・日中友好」を「十人一色総懺悔」「洗脳」という言葉で片付けたマスコミの報道姿勢であった。

中国からの帰還者に対するマスコミをはじめとした日本人の偏見は、現在もほとんど変わっていない。それは大多数の日本人に内在する「帝国意識」(✦一七)日本人の戦争における個人の罪の意識の欠落、天皇制侵略戦争の貧しい歴史認識、日本政府の戦争犯罪の隠蔽と逃避に対して容認しつづけている日本の現実、などから知ることができるであろう。

一九五七年、帰還者たちは「中帰連（中国帰還者連絡会）」を結成した。会の基本精神は、「中国に対する侵略戦争に参加して、幾多の罪業を犯した者が人道的反省の上に立って侵略戦争に反対し、平和と日中友好に貢献する」ことであった。

帰還者たちは生活安定に一生懸命だった。そうした中で、公安や警察がソ連、中国の情報を求めて自宅を訪れたり、会社、職場、隣近所に現われたりしては本人の思想調査を行った。「洗脳」された者と吹聴され「アカ」や「過激分子」のレッテルが貼られ、職を失った者も少なくない。

そのような困難な中でも、積極的な人たちは日中国交回復を実現しようとし、日本の侵略戦争の歴史的事実を明らかにするために、自らの罪行を勇気をもって語っていったのである。

彼らの行動は管理所で「洗脳」されたからではなく、誰からの強制でもない。徐京植氏（◆一八）が言うところの、国家や何らかの権威から強制されて守る規範ではなくて、人間が本来持っているはずの自分自身の力によって倫理的な力にまで高めるという自立性、「自立的な倫理」を、帰還者たち一人一人が獲得したからであろう（ＮＨＫ・ＥＴＶ２０００「破滅の20世紀」より）。

最初の活動は、日本に強制連行されて亡くなった中国殉難者の遺骨発掘・送還作業であった。次は、北海道の炭鉱に強制連行され、虐待と飢えに耐えかねて脱走、北海道の山中を一四年間も逃走して発見された劉連仁さんを中国へ無事帰国させることだった。日中友好協会など他の団体と行なったそうした活動が中国に伝わって、中帰連は中国人民から「赦し」を得て「和解」を手にすることができた。自分たちの人生・歴史の汚点を正すことができたと同時に、彼らにとって何よりも嬉しかったのは、戦犯の管制者であった管理所の元職員から、平和を構築していく同志として永遠の友情が結ばれたことであった。平均年齢八〇歳を超えた中帰連の人たちの活動は、現在もつづいている。

それにしても、中国の戦犯政策や中帰連のことはほとんど知られていない。戦争の加害者と被害者が互いに努力して理解を深め、民族蔑視、憎悪、敵愾心、不信感などを克服し「和解」したこの奇跡的出来事は、人類の遺産として「記憶し継承」していかねばならない。

現在、アジアをはじめ日本の天皇制侵略戦争によって被害を受けた人々が、日本政府に謝罪と補償を求めている。それにどう答えるか、私たち日本人が問われていることを忘れてはなるまい。中国の戦犯政策＝「改造」教育と中帰連の「認罪」の実践は、私たちに何をしたらいいのかを教えてくれる。

（季刊『中帰連』14号二〇〇〇年九月刊より）

資料❶

目下勾留中の日本の中国侵略戦争中における戦争犯罪者の処理についての中華人民共和国全国人民代表大会常務委員会の決定

目下わが国に勾留中の日本戦争犯罪者は、日本帝国主義のわが国にたいする侵略戦争中に、国際法の準則と人道の原則を公然とふみにじり、わが国の人民にたいして各種の犯罪行為を行ない、わが国の人民にきわめて重大な損害をこうむらせた。かれらの行なった犯罪行為からすれば、もともと厳罰に処して然るべきところであるが、しかし、日本の降伏後十年来の情勢の変化と現在おかれている状態を考慮し、ここ数年来の中日両国人民の友好関係の発展を考慮し、また、これら戦争犯罪者の大多数が勾留期間中に程度の差こそあれ改悛の状を示している事実を考慮し、これら戦争犯罪者にたいして、それぞれ寛大政策にもとづいて処理することを決定する。ここに、目下勾留中の日本戦争犯罪者にたいする処理の原則とこれに関する事項をつぎのとおり定める。

一、主要でない日本戦争犯罪者、あるいは改悛の情がわりと著しい日本戦争犯罪者にたいしては、寛大に処理し、起訴を免除することができる。

罪状の重い日本戦争犯罪者にたいしては、各自の犯罪行為と勾留期間中の態度におうじて、それぞれ寛大な刑を科する。

日本降伏後さらに中国の領土で他の犯罪行為を行なった日本戦争犯罪者にたいしては、その犯罪行為を併合して処置する。

二、日本戦争犯罪者にたいする裁判は、最高人民法院が特別軍事法廷を組織して行なう。

三、特別軍事法廷で用いる言語と文書は、被告人の理解できる言語、文字に訳すべきである。

四、被告人は自分で弁護を行ない、あるいは中華人民共和国の司法機関に登録した弁護士に依頼して弁護をうけることができる。特別軍事法廷はまた、必要とみとめたばあい、弁護人を指定して、被告人の弁護にあたらせることができる。

五、特別軍事法廷の判決は最終判決である。

六、刑を科せられた犯罪者が、受刑期間中の態度良好のばあいは、刑期満了前にこれを釈放することができる。

✦一　季刊『中帰連』創刊第三号、七四～七八ページ。

✦二　師哲氏（一九〇五～一九九八）一九四八年政治秘書室主任となり、一八年間毛沢東の側近として仕事をした。『毛沢東側近回想録』新潮社、一九九五年がある。

✦三　史良　一九〇〇年生れ。江蘇省出身。一九三六年、国共内戦を止め一致抗日を提唱し国民党政府に投獄された「七賢人」の一人。弁護士として活躍、中華人民共和国初代司法部長。一九八五年死去。

✦四　捕虜政策　羅瑞卿「八路軍の捕虜政策について」抗日軍政大学講義（季刊『現代史』一九七四

年八月二五日発行・夏季特別号、八六～九〇ページ）による。
✦五　毛沢東思想　✦四および毛沢東『毛沢東語録』平凡社、一九九五年、二三五～二三八ページ。
✦六　国際主義　毛沢東『毛沢東語録』平凡社、一七四～一七五頁。および姫田光義「中国共産党の捕虜政策と日本人戦犯」藤原彰・新井利男編『侵略の証言』岩波書店、一九九九年、三〇一ページ。
✦七　『昭和史探訪　⑤終戦前後／夢なりし王道楽土「満州国」』（角川文庫、一九八五年）、『満州国史　各論』（満州国史編纂刊行会編）によれば、同時期に完成した奉天（現、瀋陽）第二監獄の場合、「監獄長以下職員のほとんどは日系で、その大半は日本から招聘した刑務官である」と記述している。監獄の管理、運営は日本人が行なっていたとみていいだろう。
✦八「撫順戦犯管理所」二代目所長金源氏のインタビュー記録から。
✦九「最高人民検察庁東北工作団委員会」検察員李放氏のインタビュー記録から。
✦一〇　前掲✦八
✦一一　中共中央文献研究室および中央檔案館編『党的文献』中央文献出版社、一九九五年（2）（周恩来「全国政治協商会議第二回大会第一九次会議（拡大）一九五六年三月一四日、一九～二一ページ」）
✦一二　前掲✦二
✦一三　前掲✦九
✦一四　同右。
✦一五「中華人民共和国最高人民法院瀋陽特別軍事法廷」弁護人韓鳳路氏のインタビュー記録から。
✦一六　群衆出版社・長城文化出版公司編『覚醒』日本戦犯改造紀実、一九九一年、一〇一ページ。
✦一七　帝国意識「自らが、世界政治のなかで力をもち、地球上の他民族に対して強力な支配権をふるい影響力を及ぼしている国、すなわち帝国の『中心』国に属しているという意識である。『八紘一宇』を掲げた日本の場合、それは『万世一系』の天皇の『赤子』として、軍事力を背景とする日本国家の一員であることを過剰に意識し、『脱亜入欧』の思想的基盤のもとに強いアジア蔑視観をもち、同時に、それと表裏の関係にある『日本民族』の優越意識によって支えられていた。そして何よりも、日本の『帝国意識』は、徹底した自己中心主義、利益中心主義のとりことなって、被支配・被植民者を『モノ』として扱い、それに同情を寄せないばかりか、人間としての痛みを感じることができなかった」尹健次『孤絶の歴史意識』岩波書店、一九九〇年、による。

✦一八　徐京植氏　一九五一年京都市に生まれる。『分断を生きる』影書房、一九九七年、『徐兄弟獄中からの手紙』岩波書店、一九八一年、などがある。

《参考文献》

◉藤原彰・新井利男編『侵略の証言』岩波書店、一九九九年

◉中国帰還者連絡会訳編『覚醒──撫順戦犯管理所の六年』新風書房、一九九五年

◉香川孝志・前田光繁『八路軍の日本兵たち』サイマル出版会、一九八四年

◉任海生編著『共和国特赦戦犯始末』華文出版社、一九九五年

◉『正義の裁判』人民法院出版社、一九九一年

◉内海愛子・高橋哲哉責任編集『戦犯裁判と性暴力』緑風出版、二〇〇〇年

〈インタビュー記録〉

◉「撫順戦犯管理所」元職員三一名

◉「東北戦犯行政委員会」一名

◉「最高人民法院特別軍事法廷」検察員一名および弁護人一名

中華人民共和国最高人民法院瀋陽特別軍事法廷の審理風景

第一章

こうして歴史は動いた

管理所の指導的役割を担った人々

毛沢東のロシア語通訳として

師哲

師哲……シー・ヂャー
一九〇五年六月生れ。陝西省出身。一九二五年ソ連キエフ士官連合学校入学、コミンテルンの活動に参加。一九四〇年帰国。一九四八年中国共産党政治秘書室主任。一九四九年の中ソ会談における毛沢東の通訳。

中ソ会談と日本人戦犯問題

私は毛沢東のロシア語通訳として外交問題に携わっており、中ソ関係、ソ連との関係があって四〇年間、自分のやってきた仕事について話すことはできませんでした。しかし今は自由に話すことができます。

中ソ会談の時、日本人岡野進（野坂参三）も私たちと同席していました。スターリンが野坂に「日本人捕虜に対して日本共産党が何かできることはないか」と尋ねましたが、野坂は何も答えませんでした。スターリンは日本人捕虜を利用して日本共産党が何かできることがあれば日本共産党の名が上がる、何か利益をもたらせてあげようと考えたのでした。しかし、野坂は「戦争が終わって日本共産党はようやく監獄から解放されたばかりで何もできない、困難な時期だ」と答えていました。野坂がそう言ったのは無理もありません。

私は一九四五年、モスクワにいた時シベリアを視察したことがあります。日本語が分からないので日本人と話すことはできませんでした。視察目的は、日本敗戦と同時に「満州国」側にいた者や、国民党軍関係者がたくさんシベリアに逃亡していたので、その状況を調査することでした。日本の捕虜とあわせると相当の数の中国、日本の人間がいたことになります。ソ連は戦争が終わって間もない時

師哲

期で、国民全部が食糧難に陥っており、その中から食糧を減らしてこれらの人々に与えていました。この困難な問題に対してソ連は大変悩んでおり、シベリアの日本人捕虜を早く日本に返したいと考えていました。だから、日本人戦犯の中国移管はソ連から提案されたのではないかと思います。

しかし、このような日本人捕虜問題は、中ソ会談で正式議題として取り上げられてはいません。毛沢東、周恩来は第二次世界大戦後の大きい戦略問題として、この会談でソ連との友好同盟条約を締結することをめざしていました。新中国が誕生した直後に三カ月もの間自国を離れてモスクワに滞在した目的はここにありました。私は常に毛沢東の側にいたのではっきりと言えますが、スターリンとの会談で日本人捕虜問題が出たことはありません。毛沢東は日本人戦犯問題などのような細かい問題は全くといっていいほど考えていません。もっと大きな国の政策を考えていました。

しかし、下のレベルの外相同士の会談などで話し合われたかも知れません。毛沢東はモスクワ郊外のスターリンの別荘に滞在していました。ヴィシンスキー（後の外相）は毛沢東を何回も訪ねています。その時の通訳はコワリョフです。毛沢東はいつも昼寝て、夜仕事をする習慣でした。ヴィシンスキーが訪ねてきてそのような話が交わされた可能性はあります。しかし私は日本人戦犯の話は知りません。一九五〇年春、ソ連がシベリアにいる日本人戦犯を中国に移管することを決定したということを聞きました。中国側から発表はしないことから見てソ連提案で決まったと思います。

毛沢東は一九五六年春頃だったと思いますが、周恩来か公安部のだれかにこう言ったことがあります。

「戦犯を長く監禁してもしようがない。永遠に監禁することもできない。豚なら食えるが戦犯は人間だから食えない。教育も一定期間行えばいい。彼らを共産主義の指導者にするための教育をして、日本に帰して政権を打倒するのが目的ではない。日本の軍隊は徹底した教育をして規律が厳しい。だから他の者からの指導を受けても簡単には納得できないだろう。もう釈放して帰したらいい」

コミンテルン時代の思い出

当時は抗日戦争の最中であり、ほとんど中国問題が会議で論議されました。ディミトロフが主宰し、岡野も同席していました。ディミトロフはある時、岡野が発言しようとすると、「中国に発言権がある、お前は黙っていろ」と押さえました。ディミトロフは「私たちは中国の抗日戦争に同情している、日本軍国主義の侵略に反対しているのだ」と言って、伊田助男が中国東北の抗日連軍に弾丸を満載したトラックで乗り込んだが、力尽きて自殺した例をあげました。ディミトロフは「それは日本兵士当人のことで、お前たち日本共産党の力ではない」と反論しました。彼は、日本人だけでなく中国人に対しても傲慢でした。

日本共産党の代表は岡野ではなく片山潜（✦一）でした。

一九四〇年、コミンテルン（✦二）にいた私は周恩来とともに帰国することになり、岡野と、インドネシア共産党代表の二人も同伴することになりました。岡野の夫人はソ連に残りました。ソ連から中国へ入る国境で岡野に中国の名前をつけました。延安で岡野は労農学校（✦三）を作り日本人捕虜の教育をしました。労農学校の日本人捕虜の生活待遇はわれわれ中国人より上でした。中国共産党は労農学校に深い関心をもっていたので、物資、食糧の不足の中でできるだけのことをしました。毛沢東は「私たちは今着る物がない、食べるものがない、履く靴がない、夜に明りをとる油がない。手をつかねて死を待つのではなく、経済を発展させ、供給を保障すべきだ」とよびかけました。根拠地の自給のための大生産運動（✦四）がはじまりました。労農学校ができた頃はこういう時期でした。

労農学校では岡野が校長、李初梨が通訳になりました。李初梨は日本留学の経験があって日本語ができました。彼は後に中国共産党対外連絡部の副部長をつとめましたが、郭沫若と同じように文化水準のたかい人で、人々から評価され尊敬されていました。岡野は労農学校を卒業した者をあつめて「反戦同盟」をつくり、日本軍に対して反戦の呼びかけを行いました。一九四五年、岡野は延安から中国東北へ行き日本に帰国しました。

レーニン、毛沢東とスターリンの考え方

スターリンは「人間は一定の社会的地位におれば、その地位で教育され、イデオロギーが決まる。長くその環境で生活しておれば、フランス、アメリカなど欧米の例をみてわかるように、社会的地位が変わっても考え方はなかなか変わらないし、急に変わることはできない」と考えました。毛沢東は「人間は一定の社会的地位にあっても、教育されれば変わることができる」と考えました。レーニンは「労働者は自然発生的に共産主義思想を身につけるのではない、共産主義の教育を受け、理解して共産主義者になる」と考えました。

労農学校や戦犯管理所では「日本軍は不正義の侵略戦争を行い、日本の将軍、兵士たちに対してはこれに参加したのだ」ということを自覚させる教育を行いました、彼らは理解してすぐに思想が変わりました。

◆一　片山潜　明治以来の日本の社会主義運動の指導者。ロシアのプレハーノフとともに日露戦争に反対し、第二インターナショナルの会議で握手した。後にコミンテルンの執行委員となり日本共産党の結成と闘争を指導した。

◆二　コミンテルン　共産主義インターナショナルのこと。一九一九年、レーニンが組織した共産

主義者の国際組織。各国の共産党はその支部を構成した。一九四三年解散。

◆三　労農学校　一九四一年、中国共産党の援助をうけて延安につくられた、日本軍捕虜を教育する学校。野坂参三が校長。多くの反戦活動家が養成されて、八路軍、新四軍とともに前線で日本軍の切り崩し工作を行う。在華日本人反戦同盟、日本共産主義者同盟の母体。

◆四　大生産運動　中国共産党が一九四二年、日本軍の三光作戦、国民党の経済封鎖を打破するために展開した、抗日根拠地と八路軍、新四軍の自給自足の生産運動。毛沢東は当時の情勢を「夜明け前の暗闇」といい、極度にきびしい物質面の困難は、抗日戦争が最後の段階に入ったからだと説明した。延安からはじまった運動は前線にまで広がった。

歴史は不断に変化する

孫明斎

孫明斎……スン・ミンヂー
一九一三年一一月生れ。山東省出身。一九五〇年六月撫順戦犯管理所長に着任、一九五九年転職。一九八八年病没。

深まりゆく戦犯との友誼

歴史は不断に変化し、時には自分自身さえその歴史の中に没して、自分が信じきれなくなることもあります。私は「日本を打倒し、中国を救え」の目標を抱いて抗日戦争に参加し、日本侵略者を国家と個人の仇敵とみなしていました。ところがのちに、私は意外にも日本人戦犯を改造する管理所の所長になりました。

一九八四年一〇月、私は彼らが帰国後設立した「中国帰還者連絡会」の招待により、以前の撫順戦犯管理所の職員の身分で日本を訪問し、これら日本の友人たちとその家族の方々の心のこもった情け深い接待を受けました。その忘れ難い一〇日間に、私が至る所で目にしたものは、歓待の気持にあふれた笑顔であり、耳にしたものは、心のこもった感動させられる話でした。溝口嘉夫さんは感激して私に言いました。

「私どもは、管理所生活を振り返ってみて、先生が十数年にわたる貴重な青春の時期を、私どものために傾注してくださったことを思うと感激と申し訳ない気持でいっぱいであります。先生方、本当にありがとうございました」

私たちの訪問が終わり帰国する時、七八歳の高齢で半身不随の三田正夫さんは、娘さんに支えられ

孫明斎（管理所長時代）

て自ら空港まで見送りに来てくれました。彼は私の手を固く握って「どうもありがとうございました。ありがとうございました。日中友好、日中友好」と言い、また九〇歳の岐部与平さんは、喜び勇んで感想の言葉を述べました。これらの情け深い心のこもった言葉を耳にし、このように心から感激する人々を見ていて、感動しない人がいるでありましょうか。

これら日本の友人は、過去を思い起こすたびに、戦犯管理所の職員を「恩師」とよび、管理所を「再生の地」だとみなしています。その実、私たち管理所職員がはたした作用は、取るにたらない微々たるものでありましたが、この中で出現した一切の「奇蹟」は、すべて中国共産党が決定した正確な政策によって得られたものです。

特殊任務を受ける

一九五〇年初めのある日、私は東北公安部からの一通の公文書を受けとり、速やかに東北公安部に出頭するよう命ぜられました。東北公安部に行くと、政治保衛所の所長王鑒と副所長の解衡の二同志は、私を椅子に掛けさせてから、真剣で厳粛に私にこう話しました。

「中ソ両国政府の協議に基づき、日本人戦犯と『満州国』皇帝溥儀を含む『満州国』戦犯が近くわが国に移管される。このため中央では、東北戦犯管理所を設立することを決定し、これにあわせて東北の公安部、司法部、衛生部と公安三師（✦一）より、一部の同志を選抜して組織の編成を行うことにした。部内ではあなたを撫順戦犯管理所に派遣して、指導業務を担任するように決定した」

この突如降ってわいたような話に、私は愕然としました。私は心の中で、日本人戦犯、「満州国」戦犯、それに「満州国」皇帝たちは皆、一般の人物ではない、私にこれらの人を管理することができるだろうか、もしも管理がうまくいかない時には、党の事業の達成に損失を与えるだけではなく、国際的にもよくない影響を生み出すことになる。この責任は私にとって実に重すぎると思いました。しかし、二人の指導者の面前では、できませんとは言えず、任務を引きうけました。

撫順に戻ってから、私の気持は安らかではなく、思わず日本帝国主義が中国を侵略したあの忘れがたい歳月を思い出しました。

私の故郷は山東省の海陽県で、家は焼かれ、物は奪われ、村人たちは殺され、叔父は日本の軍用犬にかみ殺されました。またある英雄的な母親は日本兵の銃剣で突き殺され、心臓を抉り出され食われてしまったなど、悲惨な場面を思い出したのです。それなのに、これら極悪非道の強盗を意外にも今、私に管理の責任を持てという。私は彼らをどのように扱ったらいいのだろうかと考えました。

続いて私は東北公安部へ着任報告に行きました。部長の汪金祥同志が事務室に私を呼び、「孫同志、どうですか、仕事に自信がありますか」と問いかけました。彼は私の言葉が曖昧で自信がなさそうなのを見て取って、中央の指示に基づいてあらゆる方法を講じて戦犯の管理がうまくやれるように、私に多くの道理を話しました。彼は、「魯迅先生はこう名言している、『本来地上には道がなかったが、通る人が多くなったので道ができたのだ』と。日本人戦犯の管理教育も先人の例はなく、現在の人にとっても模範例がない。党はこれらの戦犯の改造任務を我々に与えた。このことは即ち、我々がこれらの戦犯の管理教育をうまくやることができると信じているということです」と諭されました。汪部長のこの話は、私に明るい指針を与え、同時に私の自信と勇気も強まりました。

私は急いで撫順戦犯管理所へ行き着任しました。間もなく、私は日本人戦犯、「満州国」戦犯の改造はたしかに一つの特殊任務であると痛感したのです。ある日、一人の職員が私に不満げに、「孫所長、私はこれまで過ちを犯したことがないのに、なぜこれらの殺人狂の看守を私にさせるのですか」と質問しました。もう一人の山東出身の職員はカッカして、大声で「畜生め、この一群の悪魔には憎たらしくて歯がむずむずする。あいつらが来たら、おれが機関銃で何人かの心臓へ弾をぶちこんじゃいけないのですか」と叫びました。ある一人の日本語のできる同志は、気分が悪そうに「本当に考えられない。私は元の職場では仕事もよくやっていたのに、私を騙してここへ転勤させて、日本鬼子（✦二）の通訳をさせ、それで光栄に思えだなんてあんまりだ」と言いました。

当時、管理所の幹部と職員は、皆、臨時に選抜されて転勤してきた人で、ほとんどの人は仕事に不安感を持っていました。上意下達の任務遂行を保障するためには必ず思想を統一し、皆の気持ちを安定させなければならない。そこで、私と副所長の曲初、そして王楓林、張実の所務会（✦三）のメンバーは、それぞれに分かれて下部組織に深く入りこみ、小会合を開いたり、個別に腹を割って話し合う方式で、多くの政治思想の工作（✦四）を行いました。所内の職員の大多数は、戦争での試練と鍛練を経ているので、政治的自覚は高く、私たちの指導と教育を通じて、急速に認識は向上し、必ず職務を全うして党と人民の期待に背かぬようにしなければならない、と全員が一致して表明しました。

特に所内の全職員が参加した最初の大会で、私が周恩来総理と東北公安部の指導者同志の指示を伝達してから、職員たちのやる気は一層高まりました。私は大会の最後に一言、「どうですか、質問がありますか」と言って会場の同志たちの様子を見ると、皆はやる気にあふれているので、私は声を高くして、「よろしい、問題がなければ私たちはそれぞれの任務をやっていこう」と強く訴えました。

「やるぞ」。この言葉は当時、所内で流行した一句で、この中には団結と信念と力があふれていました。

日本人戦犯の入所

一九五〇年七月二一日の午前三時、日本人戦犯を護送した専用列車が撫順城駅に到着しました。これらの戦犯は九六九名で、三日前にソ連政府から綏芬河駅でわが国に移管されたものです。

これらのファシストが撫順に来た当初は、ある者は依然として傲慢で、その上とりとめもない思考を巡らし、懸念がだんだん重くなって、自分は処刑されるだろうといつも心配していました。そのため所内にボイラー室を建設して、彼らが冬を暖かく過ごせるように準備していると、彼らは「死刑部屋」を作っているのだと疑い、また所内に医療施設を備え、彼らの健康診断や治療をしてやろうとすると、彼らは細菌の「実験」に利用されるのではないかと思ったりしました。所内で彼らに登録をしてもらうために、関係事項をありのまま記入してもらおうとすると、彼らはいよいよ死が目前に迫ったと考えたりしたのです。「満州国」国務庁長梅村円次郎と撫順警察局長柏葉勇一などは、あえて実名を記入せず、自分は「会社役員」であると偽って報告しました。

戦犯たちのこのような故意で悪辣な騒ぎに直面すると、一部の職員は単純に考えて、勾留している戦犯を優遇している私たちの党の政策がますますわからなくなってきました。ある看守長は、七人の家族を日本侵略者に虐殺されたので、日本を打倒し家族の仇を打つために八路軍に参加しました。今、彼が仇を打とうとしている下手人が戦犯として勾留されているのを目の前にしているにもかかわらず、上級は、彼らを殴ってはいけない、彼らと話す時は態度を温和にしなければならないと要求している。彼は腹立たしさのあまり全身をぶるぶる震わせ、思わずベッドに泣き伏したことがありました。ある炊事員は、戦犯の食事を作る気になれず、時には米を洗わずに釜に入れ、野菜も洗わずに刻んだこともありました。食事を運ぶ看守員も気が立って、各監房の入口に置いた食器（食事を入れた大きな缶で、戦犯は「食缶」と呼んだ）をわざと足で蹴ったこともたびたびありました。

直面した状況は複雑で、多方面にわたっていきました。しかし私は、日本と「満州国」の戦犯を管理し、改造任務を担ってゆくために、まずやらなければならないことは、職員の思想認識問題をきちんと解決することだと思いました。そのために、私たちは職員を組織して、上級の指示と方針、政策を真剣に学習し、批判と自己批判を展開して出てくる問題の原因を分析して、解決する方法を繰り返し研究することにしました。みんなが一つ一つの問題をテーブルの上に並べて分析、研究して、戦犯の管理教育を良くすることは、党が私たちに与えた光栄でしかもきわめて困難な任務であり、個人の恨みや憎しみとは切り離して、すべてを党の利益に置き、戦犯の人格を尊重し、感情に走らず、厳格に党の政策に基づいて工作しなければならないという共通の認識に至るまで研究しました。それからは、炊事員は衛生に注意をはらい、米をきれいにとぎ、野菜もきれいに洗い、その上食事も味良く口に入るように作るようになりました。看守員が食事を運ぶ時にも、言動に注意し、戦犯を教育感化して彼らがおいしく飲み食いができるようにしました。

私たちは、日本人戦犯に対して革命的人道主義の原則を堅持し、実行すると同時に、真っ向から理論闘争を行うことも堅持しました。副所長の曲初同志から戦犯に対して、監房内で挑発的に騒ぎ立てること、大声で喧嘩すること、連絡をとりあうことなどを厳禁する監房規則と規律が厳粛に宣布されました。初歩的でしたがさまざまなやりとりの結果、日本人戦犯は中国政府の厳粛な立場と人道主義の原則を感じ取り、すぐには処刑されそうにないことを見て取るようになりました。それからは彼らの気持も落ち着きはじめ、あのような苛立ちや不安もなくなりました。

北へ移動する

一九五〇年一〇月、朝鮮戦争の拡大により、中央政府がすべての戦犯をハルビンへ移動させることを決定した時、日本人戦犯の心境は異常に混乱し、ある者はおそらく朝鮮戦争が緊迫したので、中国共産党は移動に名を借りて自分たちを殺戮し、後顧の憂いを消し去ろうとしている、と極端に考えていました。また幾人かの戦犯は、中国は力不足で支えきれず、再びソ連へ渡すだろうと推測しました。いろいろな憶測を抱いたままこれらの戦犯たちは、一九五〇年一〇月一八日と一九日、二グループに別れ、護送列車で北へ向かって行きました。

ハルビンに到着したあと、私たちは当時の朝鮮戦争の形勢と戦犯たちの思想状況に照らして、真正面から彼らに必要な情勢教育をしました。松江省公安庁長趙去非、東北公安部の董玉峰などの同志は、戦犯たちに情勢を報告しました。また時を同じくして戦犯を組織して、『人民日報』の社説「アメリカ帝国主義の侵略戦争は必ず引き続き失敗する」や「目前の国際情勢について、スターリンが『イズベスチャ』の記者に対して発表した談話」などの重要文献を学習し、合わせて適時補習と討論を行いました。管理所職員たちは、戦犯たちに事実を並べて道理を説明し、帝国主義の侵略的本質を解剖分析して、不正義の戦争は必ず恥ずべき失敗にあうと指摘しました。

一九五一年の元旦、戦犯の一人、有田香は所長の私に一通の長文の手紙を書き、中国政府と中国人民が戦犯に対して寛大であり、管理所の人道主義の待遇に対して感謝を示し、引き続き学習に努力し、心から自分の罪悪を懺悔しますと述べました。同年二月、福島巳之進など七名は、日本の吉田政府が松川事件の中で、鈴木信氏など二〇名前後の進歩人士を迫害したことに抗議文を提出しました。

もちろん、依然として反動的立場を堅持する一部の戦犯もいて、勾留中の改造に不満で、機に乗じては挑発していました。このような人に対しては、私たちは厳しい立場を堅持し、道理を踏まえて彼らの誤った理論に反論し、真っ向から対決してその反動思想を改めるように促しました。

ある日本人戦犯は、「満州国」時代の警正で警務科長でした。この人は管理所に来て以来管理に従いませんでした。朝鮮戦争勃発後、彼はいつも私たち職員に挑発的で、大声で怒鳴ったり叫んだりして、非常に悪い影響を与え、一部の戦犯は「大和魂の模範だ」とか、「ずば抜けた民族の英雄だ」などとおだてていました。

ある日私が中庭を巡視していた時、この戦犯がげんこつを振り回し、物凄いけんまくで職員に怒りをぶつけていました。私は聞いて知ったことですが、この戦犯は以前から監房内で手で鉄格子を猛打したり、大声で「俺たちを自由にしろ、国へ返せ」「俺たちをみんな釈放しろ」と叫んだりして、室内の一部の戦犯も掛け声を上げて彼に声援を送っていたそうです。

職員は彼を教育室に連れていき教育しました。そして彼の名前を尋ねると彼は大声をあげて「馬鹿野郎！　お前に俺の名前を聞く資格なんかない」と罵りましたが、職員はカッとしないで心を落ち着かせて、人を罵ることは間違いであると指導しました。しかし、この戦犯は全く聞こうとせず、しまいにはヒステリックになって「俺は日本の平民だ、中国の治安維持を手伝うために来たのだ。お前たちはどうして俺を勾留するのだ」と叫びました。

この状況はやりきれない気持でしたが、この戦犯は罪悪が累積していて、私たちの寛大政策に感激せず恩もわからず、こともあろうにこのように敵対し、ほしいままにしているのだと心の中で思い、感情で事にあたるのを避けるために私は極力気持を落ち着かせて、この戦犯をじっと見ていました。

このとき、室内は静まり返って吐く息の音さえ聞こえました。この戦犯は私の厳しい目つきを避け、そこに立ったまま口をつぐんでなにも言いませんでしたが、依然として頭を上げ胸を張って、屈服なんかするものかという態度をとっていました。私はちょっと考えてから、平常と違った固い口調で彼の名前を呼びました。すると彼は、突然の刺激を受けて、条件反射で一礼して、日本語で「はいっ」と答えました。私は少し声を高くして「あなたは、さきほどとった態度がどんな行為かわかっているのですか」と尋ねました。彼は質問にも答えず、またも彼の使い古した論調で「俺は中国の治安維持を援助するために来たのに、お前らはどうして俺を勾留するのだ。なぜ帰国させないのか」と繰り返しました。私は椅子から立ち上がり、彼の面前に行き声を高くして、「中国人民はいつあなたに治安維持の援助に来て下さいと要請しましたか」と問いつめました。彼はその質問に対して明確な回答ができず、いくらか緊張していましたがやはり承服せず、「俺は天皇の命令を奉じて来たのだ」と答えました。私は反駁して、「天皇は日本の人です。あなたがたの日本の天皇がなんのために中国のことに干渉しなければならないのですか。あなたはまさに侵略戦争の中で、天皇の侵略政策を忠実に執行したために戦争犯罪者となったことを知るべきです」と言い聞かせました。彼は肩をすくめて、なお依然として悪賢く弁解し、「お前らの国家は戦後に成立した新国家だ。俺たちを勾留する権利などない。お前らは国際法に違反している」と怒鳴ったのです。彼が言い出した「国際法」のこの三文字を耳にして、私は腹が立つやらおかしいやら。日本帝国主義は勝手気ままに国際法を踏みにじり、中国の領土で勝手気ままに横暴に振舞い、悪の限りを尽くしました。重大な罪を犯した日本人戦犯が、なんと、ここで国際法を持ち出したのです。全くでたらめにもほどがある。私は極力声を抑えて、「あなたは国際法がわかっていますか、国際法の第何条に一つの国家が他の一つの国家を侵略してもよいという規定がありますか、国際法に違反しているのはあなたたちであって、私たちではないことを知らなければなりません。新中国は人民が主人公の国家で、あなたたちを勾留し処置する権利がありま す。私たちがこのようにすることも、戦後の連合国の協議と国際法に合致しているのです。現在、あなたたちの面前に広がっている唯一の出口は、罪を認め法に服することです。」と彼に言いました。

私は、彼がなにも言うべきことがなくなったと見てとって、根気強くわが国の政策を宣伝し、彼が本当にまじめに管理に服し、教育を受けることが必要であることを、多くの道理をもって説明しました。彼は口を閉じて語りませんでしたが、頭を垂れてハッハッとした荒い息づかいでそこに腰掛けていました。彼に自分の誤りを点検させるために、私は単独勾留を実行することを即決しました。

二日後、その戦犯は再度「所長先生に面会したい」と要求してきました。私は彼の「反省書」を見ましたが、書き方が非常に不真面目で、くにゃくにゃした数一〇の文字が書いてあるだけでした。私は彼に会わずに、再度、深刻に検討するように命令しました。彼はごまかしで関門を抜けることはできないと見てとって、ようやく真面目に四枚書き上げ、自己の本当の思想に触れたので、私は彼が誤りを反省することを公開放送で承認してもらうよう決定しました。彼はこのことを聞き、顔に青筋を立ててハァハァあえいで脂汗が落ちそうになりました。同僚や部下の面前で面子を落としては大変だと思ったのです。後に職員の教育を通じて、彼はようやく痛みに堪えて決心し、必ず真摯に検討して心から罪を認めることを明らかにしました。それから七日後、彼はマイクの前で戦犯全員に向かって、自己反省文を読み上げました。その中で彼は、自分は反動的日本軍人であって、かつて数多くの中国人を虐殺した犯罪者であり、その罪業はきわめて重く、今後は必ず管理に従い、学んで新しい人間になることを誓いました。

この態度は、彼自身の心を深く触発しただけでなく、その他の日本人戦犯に刺激と教育の機会を与えました。それ以後、彼らは皆、自己の罪悪をどのようにして認罪すべきか、そして今後どうすべきか、と前途について考えるようになりました。

管理を強める

朝鮮戦争の情勢が好転したことによって、戦犯管理所は、一九五一年三月と一九五三年一〇月、数組のグループに分かれて撫順に戻りました。戦犯たちに徹底的に罪を悔いる教育を進めた結果、彼らの心理状態は以前に比べて穏やかになりました。しかし、長期の勾留によって彼らの体力は低下気味でした。東北公安局の李石生副局長はハルビンを視察した際、この問題を非常に重視しました。さらに彼は、私たちに対して党中央と毛主席の、労働を通じて犯罪者を改造することに関する重要な指示を伝達し、あわせて現実と結合して、戦犯に対して「一人の逃亡者も出してはならない、一人の死亡者も出してはならない」という周総理の指示を全面的に理解すべきだと説明しました。彼はまた管理所の任務は戦犯の改造をよくすることであり、改造して死なせることではない。正常でない死亡を絶対に避け、そしてこの任務を完遂しなければならない。取り巻く問題を解決する鍵は、あらゆる方法を考えて彼らの体力を向上させることである、と言いました。

上級の指示した精神に基づいて、私たちはハルビンにいた時、当地の政府と協議して、そこにある工場のために紙小箱の糊付け作業をすることになり、そのための作業場を作りました。撫順に戻ってからは瓦工場を造り、戦犯をできる範囲での生産労働に参加させ、それで得た収入は全部彼らの生活を改善するのに当てました。大多数の日本人戦犯、特に年が若く、身体強健で、軍隊では中、下級の地位にあった人々は進んで生産労働に参加しました。戦犯の思想改造を有利にし、彼らの労働の情熱を鼓舞激励するために、管理所は彼らを組織して模範労働者を評価選抜する活動を展開しました。各生産者グループの統括と評定を経て、最後に一〇名の模範労働者を決定し、管理所では彼らに一着ずつ半袖のユニホームを贈って表彰したのです。評価活動を展開したことは、彼らに深い影響を与えました。彼らはもとより労働に参加することは、罪の償いと体を少し鍛えるくらいのことだとしか考えていなかったのに、労働の中で態度のよい者が、中国当局の表彰と激励を受けたことは彼らが思ってもみなかったことでした。ただし、この期間、一部の「衣服がくれば手を伸ばし」、「飯がくれば口を開ける」だけという生活を長い間過ごしてきた上級の地位の者は、逆に労働を嫌悪していました。彼らは「囚人」の身であるにもかかわらず、依然として「官僚」振りを捨てず、ある者はさまざまな口実を作って病を装い、頭が痛いとか腰が痛いとか言っていました。「満州国」ハルビン高等法院次長の横山光彦は、この労働期間の中で仮病を使って仕事に出ず、退屈にまかせてとんでもない考えを巡らして労働から逃れようとしました。彼はもともと法学を研究したことがある人で、戦犯は命令で使用することはできるが、戦争捕虜に対してはできない、という国際法の規定を思いついたのです。ある日、突然管理教育科職員に対して「俺たちに労働をさせるのは自願か、それとも上級の命令なのか」と質問を出してきました。その時管理所職員は質問の意図がわかりませんでしたが、労働は身体にとって有益であると考え、決然として「命令です」と答えると、横山光彦はこれを聞いて目をぱちくりさせてなにも言わず、お辞儀してすぐ仕事に出ていってしまいました。彼がなぜこの質問をしたのかを調査したところ、彼は撫順戦犯管理所に来て以来、自分は戦犯なのかそれとも捕虜であるのか、ずっとはっきりしなかったので、労働に参加するのが命令なのかあるいは自願方式であるのかを質問して、私たちの態度を探ったことが、私たちにようやくわかりました。

図らずも管理所の職員の回答はきわめてきっぱりしていたので、彼は私たちが明確な態度を決めているのだと見てとり、労働に参加しないわけにはいかなくなったのです。このため私は、彼の所へ行き話をして、自分の罪を認め罪を悔いることに精力を注ぐべきであって、戦犯かそれとも捕虜であるかの問題についての虜になってはいけない、と教育しました。教育を通して横山光彦は、その他の戦犯と同様に管理所が組織する各種の活動に進んで参加するようになりました。

戦犯の体力を強化するために、私たちはまた各種の体育活動を組織し展開しました。活動の場所がなかったので、私たちは比較的に年の若い戦犯を連れて、管理所内に長年放置されたままの土の小山をシャベルで平らにし、短期間に約一五〇〇平方メートルの運動場を作りました。続いてバスケットボール、バレーボールの球技場も作りました。

まもなく初めての運動会を挙行しました。この運動会は非常に盛会で、関係機関の人々にも参観するよう招請しました。入場式が開始されるや、関勲が指揮するブラスバンドが勇壮な「解放軍行進曲」を吹奏しました。戦犯で編成した隊伍が主宰者席を通過する時には、私たちは皆拍手を送り、彼らも皆、高々と手を上げ、感激して涙を浮かべている者もいました。運動会の開催は、戦犯たちに大きな感化を与え、新たな希望を持たせることができました。

このすぐあと、私たちは戦犯を組織して広場に野外舞台を作り、そこで野外音楽会もひらきました。音楽会が終了すると、私は、引き続き努力して徹底的に罪を悔い、新しい人間になるよう希望すると話しました。私の話が通訳されると、ひとしきり拍手が起こりました。楽団の吹奏が終わり拍手もやんだ時、下級将校の一人が突然立ち上がり発言を求めました。この時会場は異常に静かになりました。彼の発言が終わると、もう一人の者も感激して発言しました。この二人は音楽会に参加して非常に教育を受け、自分が中国で行ったひどい罪悪を思い起こし、その上で中国人民が彼らに与えている人道主義の待遇を考えると、本当に恥ずかしくて堪えられないと言い、今後必ず努力して学習し、頭を垂れて罪を認め、悪を改め、実際に行動をもって中国人民の恩情に報いなければならないと話しました。音楽会解散後、多くの戦犯は頭を垂れ、ある者は涙を流し、ある者は声を立てて泣き、ある者はむせび泣いていました。彼らは今、逆の立場で物事を考え、自ら悩み、自分がどのようにして過去の思想から抜け出し、改めて新しい人間となるかを考えていたのです。

罪を悔い罪を認める

罪を悔い罪を認める教育を展開し、計画的に方針を立ててずっと進めてきましたが、一九五一年の春、周総理が「これら戦犯に対して罪を悔いる適切な教育を行う」ということを関係部門に指示しました。その後、朝鮮戦争の戦局は好転し、尉官クラス以下の大部分の戦犯は撫順へ戻りましたが、ハルビンに残留している将官・佐官クラスの戦犯と撫順へ戻った尉官クラス以下の戦犯に対して、同時に罪を悔い認める教育をより深く展開しました。手順としては基本的に三段階に分けました。
一、反省学習の段階。先に低いところから高く積み上げていく。点から面へ、期間を区切り分割して戦犯を組織し、『帝国主義論』（✦五）、『日本資本主義発達史』（✦六）などの理論書を学習して、彼らが自覚的に基礎から反省していけるように指導しました。
二、罪業を自白する段階。戦犯の反省学習を基礎に、彼ら自身がなぜ日本天皇の犠牲になったか、突っ込んだ討論をするよう組織しました。政策に感動して大多数の戦犯は深い教育を受け、罪を認める態度を示し、大量の罪業を正直に告白するようになりました。
三、尋問の段階。管理所は戦犯が正直に告白した材料を系統的に整理して、尋問の重点を定める一方、他方では将官・佐官クラスおよび尉官クラス以下の戦犯に引き続き教育を行い、認罪・告発運動を深く展開して行くように促しました。将官・佐官クラスと尉官クラス以下の戦犯の教育を分けて行うのと同時に、あわせて警察、憲兵、特務およびその他の高級将校に対しては、専門の取調べ班を組織し、内と外から調査を進めて、犯罪の告発を促す方法をとった結果、尉官クラス以下の戦犯は次々と罪業を自白し、高級戦犯も前後して頭を下げて認めるようになりました。
下位の者たちは教育を通して、自覚的に自分が中国侵略期間中に犯した犯罪を自白しただけでなく、さらに進んで、面と向かって彼らの上官の罪業を告発しました。次のような論争があったのを覚えています。ある元中尉が、ある会場で、彼の上官であった元少佐に、「俺は侯補生のとき、少佐の訓練を受けたことがある。当時お前は訓練大隊の副官で、俺たちを指揮して捕虜を生きた標的として刺突訓練をさせた。それなのにいまだに、お前はなぜ自ら進んで罪を認めようとしないのか」と言うと、少佐は睨みつけて「なにを言うか、全く覚えのないことだ、貴様なんか全く見覚えもない」と反問しました。この中尉は「少佐の頭がいまだにこんな頑固だなんて思ってもみなかった。お前たちが指揮してあんなに大勢の人を刺し殺したではないか。それでも覚えがないと言うのか、それでも良心があるのか」と言い、続いて彼は中国人を刺殺した当時の日時、地点と参加者などを言いました。そして最後に彼は涙を流しながら、「被害者の中国人民がこのように寛大に扱い、俺たちが一日も早く新しい人間に生まれ変わるよう心から期待してくれている。それなのにお前はなんだ。もしお前が本当に自分が教官だった責任を負わなければならないと感ずるならば、当然自ら進んで罪を認め、中国人民に処罰を申し出て、部下である俺たちに罪を悔い罪を認める模範を示すべきである」と言いました。この少佐は中尉の言っている一言一句を事実と認め、深く心に触れ、これ以上言い逃れや黙否を続けていくことはできなくなったと思い、そこで彼は深く頭を下げ、過去を恥じて「私は有罪です。私は候補生（幹部候補生）たちを使って、捕虜の刺殺訓練をさせただけでなく、私自ら中国人を殺害する模範を示しました」と白状しました。

尉官クラス以下の告白は将官・佐官クラスの軍人と高級文官に非常に大きな影響を与え、彼らを深く教育しました。一部の極悪でいちじるしく重い罪を犯した者は、もしこれ以上固執して悟らず、罪を認めず罪を悔いなければ、確かにかつての部下たちが言っているように、本当に中国政府と中国人民に対して申し訳が立たなくなってしまうと感じたのです。そこで、一部の高官たちも、次々と罪を自白しはじめました。この中で突出した人物は古海忠之でした。

古海忠之の罪を認め、罪を悔いる姿勢は、将官クラスの戦犯の心を大きく動かしました。そして「死んでも悔い改めない」「身を殺して忠誠を尽くす」という精神を抱いている者も、次々と進んで自分の犯罪を告白し、甘んじて中国政府の懲罰を受けることを願いでました。このように戦犯の中に非常に早く罪を認め罪を悔いる動きが盛りあがってきました。

最高人民検察院の東北工作団は戦犯たちの犯罪事実の実情・実態調査を行い、戦犯裁判の準備を整えました。

公正な裁判

一九五二年八月、アメリカを先頭とする「国連軍」が中国・朝鮮の軍隊に散々に打ち負かされ、多くの日本人戦犯が罪を認め罪を悔い始めている頃、最高人民検察院は馬光世、趙維之など九名の同志で組織した「日籍戦犯重点調査小組」を派遣し、以後の裁判の準備として戦犯の罪業調査を開始しました。一九五四年一月、私は撫順戦犯管理所長の身分で北京に行き、最高人民検察院に総括報告を行いました。高克林、譚政文二人の副検察院長から日本人戦犯と「満州国」戦犯に対する裁判を行うという決定が伝達されました。

私は撫順に戻り、ただちに戦犯管理所の職員に中央の指示を伝達しました。しばらくして譚副検察院長が撫順に来て、管理所の職員に動員報告を行いました。三月、最高人民検察院から派遣された東北工作団が撫順にきてから、日本人戦犯に対する内外両面からの全面的な調査がはじまりました。

一九五六年四月二五日第一期全国人民代表大会常務委員会第三四次会議で「目下勾留中の日本の中国侵略戦争中における戦争犯罪者の処理についての決定」が通過しました。当日の晩、管理所は大会を開き、戦犯全員にこの重大な決定を伝えました。

当時戦犯たちの思想状況は次の数種類がありました。

その一つ。一部の戦犯はすでに罪を悔いていて、死んでも罪は拭い切れるものではなく、中国政府のどのような処分も重すぎるものではない、それゆえに甘んじて裁判を受け入れると認識していました。例えば三輪啓一、小山一郎など三〇余名の戦犯は、口頭または書面で、自分を死刑に処してくれるように要求して来ました。

二つには、大部分の者はもともと職務が比較的低く認罪も割合に良い戦犯で、自分は軽い処罰が命じられるだろうと思っていました。しかし中国当局は一体どのように彼らを処分するだろうか、思いいたらず、楽観の中にも焦りを感じていました。

三つには、一部分の罪の重い者、職務の高い軍隊・警察の者たちは、自分の運命について異常に心配していました。彼らも戦犯管理所の生活に満足を感じていましたが、しかし法廷に出て、罪の程度に基づき刑が下されると、死刑かあるいは長期の懲役に処せられることは免れず、長い間待ち望んでいた家族との団欒の日の望みがなくなるか、またはいつの日かわからない遠いものになってしまうだろうと感じていました。心配と不安が彼らの気持の上にすっぽりと覆いかぶさり、一部には絶望の気持からか自殺を企てる者さえ出ました。

戦犯たちが裁判を待っている間に現れてきた問題に基づいて、私たちは適時それを有利に導き、彼らに対してわが党とわが政府の一貫した方針を宣伝し、彼らが罪を認め罪を悔い、日本帝国主義侵略の罪業を告白してこそ寛大な処理を受けることができることを教育しました。そして中国政府の言うことはこれまで一貫して嘘がないことを説明しました。

裁判の準備は厳格に法律に基づく順序で進められました。開廷の九日前、最高人民検察院はまず鈴木啓久など八名の戦犯に起訴状を送り、併せて弁護する弁護人を指定しました。そのうちの上坂勝ど四名の戦犯は、自分の罪業は世人周知であるとして、弁護人の弁護は必要でないと表明しました。

一九五六年六月九日午前八時三〇分、世を挙げて注目している、中国侵略戦争中の日本人戦争犯罪者の公開裁判が、瀋陽に設置した特別軍事法廷で正式に開廷しました。日本侵略者に痛めつけられた中国の二〇あまりの省・市の代表、各民主党派と各人民団体の代表など合計一四〇〇余名が列席し傍聴しました。

この日は永遠に記憶に値する日となりました。これは日本の侵略者に対する中国政府と中国人民の裁判であり、邪悪に対する真理と正義の裁判であり、ファシストの野獣性に対する人類の良識の裁判です。傍聴席の代表たちはみんな目を見開いて、あのかつて「戦闘帽」をかぶり「仁丹髭」を生やし、腰にサーベルをぶら下げ、皮長靴で闊歩し、中国の国土で横暴な振舞いをした「皇軍」たちが、一人一人頭を垂れて被告席に立たされるのを注視していました。ある傍聴人は暗黙のうちに被害にあった自分の親族を慰め、激情のあまり涙を流している人もいました。私も厳粛かつ喜びの眼差しで、これら往時の強盗がそれぞれ裁きの庭に入って来るのを見ました。歴史の発展は、まさに毛沢東主席が「人民は必ず勝利し、侵略者は必ず敗北する。火を弄ぶ者は自ら焼け死ぬであろう」と論断したその通りでした。

裁判はきわめて順調に進められました。法廷で裁判を受けた戦犯の大部分は、中国侵略戦争中の自分の罪業について自白するのを拒まず、懺悔に駆られて泣き崩れて声も失う者もいました。

特別軍事法廷は、彼らの罪業と認罪の態度に基づいて判決したのです。陸軍中将で第五九師団長の藤田茂、第一七師団長の鈴木啓久、少将で第五三旅団長の上坂勝、「満州国」国務院総務庁次長古海忠之など、撫順に勾留中の三六名の戦犯に対しては、それぞれ二〇年以下の懲役に処しました。これ以前に最高人民検察院は、六月二一日に三三五名（うち撫順二九五名）の日本人戦犯に対して起訴を免除し、即時釈放しました。七月一五日には第二回の三二八名（うち撫順二九六名）の戦犯に対して、起訴を免除し、即時釈放しました。八月二一日にはまた、第三回の三五四名（うち撫順三〇六名）の戦犯に対して、起訴を免除し即時釈放することを宣布しました。この一人一人に対する裁判と決定は、勾留されていた日本人戦犯に大きな感動を与えました。彼らは中国政府の判決がこのように寛大で、一人として死刑に処せられないばかりでなく、無期懲役もなく、最長の刑でもたった二〇年で、その上捕虜になった日から起算されるということは、本当に信じられないことであったでしょう。彼らは出所する日まであといく日か、指折り数えて待っていました。すぐにも釈放され帰国できる人に至っては、思いのほかのことで、非常に喜んでいました。毎日毎夜生きて故郷に帰り、家族と団欒を囲みたいという願望が目の前の現実となったのです。そして彼らのうちの少なくない人は、感激して声を挙げて泣き出してしまいました。喜びは感激に変わり、中国政府と中国人民の彼らに対する寛容と人道主義の待遇に感激し、中国共産党の英明な政策が彼らを「鬼」から「人間」に変えさせてくれたことに感激したのです。

釈放されたこれらの日本人が中国を離れる時、いろいろの形で中国政府と中国人民に対して「言葉で表わすことのできない感謝、感激」の気持を表わしたのを覚えています。ある手紙には、「今私たちは故郷に帰り、幼い頃から住み慣れたあの美しい土地で、家族と一緒に団欒の日々をすごそうとしています。しかし、私たちに殺害された中国の人は、それとは反対に、永遠にこの豊かな土地に戻ってこれないし、皆様と一緒に再び語り合ったり、笑うこともできなくなってしまったのです。このことに思いをいたせば、私たちの心の中には恥ずかしさと申し訳ない気持で一杯で、穴があったら入りたい思いです」と書かれてありました。手紙はさらに「中国人民こそが、私たちの再生の恩人であり、命の恩人でもあります。私たちは皆様方から頂いた二つの宝、すなわち新しい命と真理を、後半生の中で人民のため、社会と平和のために捧げて奮闘いたします」と書かれていました。

◆一　公安三師　中国では公安とともに公安軍が組織されており、羅瑞卿は公安部長で公安軍司令員であった。戦犯管理所には、公安軍の第三師（師は日本軍の師団に相当する）から小隊長以上の幹部一〇〇名余が政治工作の任務を持って看守その他の職務についた。なおソ連からの戦犯移管の際には第三師の一個中隊が派遣されて警備に当たった。

◆二　鬼子　外国侵略者に対する罵りの言葉

◆三　所務会　戦犯管理所の所長、副所長、管理教育科長、総務科長、秘書、看守長による職務会議。

◆四　工作　工作は活動と訳すことができるが、政治工作を政治活動と訳すと誤解する。中国の軍隊は共産党の絶対的指導下にあり、軍隊の政治工作とは革命的任務を遂行することである。現在では政治工作は軍隊だけでなく、各分野で社会主義建設を発展させる保障となっている。戦犯管理所の職員を工作員と呼んだのは、全職員が戦犯に対する政治工作を任務としていたからである。

◆五　『帝国主義論』　レーニンの著作『資本主義の最高の段階としての帝国主義』の通称。一九一六年の著作。近代の帝国主義は、資本主義が自由競争段階から独占資本主義段階に転化したもので、帝国主義国間で植民地、勢力圏の再分割が争われ、帝国主義戦争は不可避であるとし、帝国主義とは被抑圧民族の解放闘争、労働者階級の革命による打撃で死滅しつつある資本主義であるとした。

◆六　『日本資本主義発達史』　野呂栄太郎の一九二四、五年ころの著作。日本資本主義を分析した名著。日本ファシズムの台頭と中国侵略を予告し警鐘をならした。

模索しながら一歩一歩、なしとげた永遠の奇蹟

金源

金源……チン・ユエン
一九二六年四月生れ。黒竜江省出身。一九五〇年から一九七八年まで、管理教育科副科長、同科長、管理所副所長、同所長を歴任。

敵対者から友人へ

一九八四年月一〇月二〇日、私は元撫順・太原戦犯管理所工作人員友好訪日団を率いて日本を訪問しました。成田空港に到着した時、中国から釈放され帰国していた元日本人戦犯の組織である「中国帰還者連絡会」（略称中帰連）代表の熱烈な歓迎を受けました。一〇月二一日、日本の『読売新聞』をはじめとして多くの新聞は、「戦犯の管理者が戦犯に招かれて日本を訪問」とか、「獄中の恩を忘れず、抱き合って喜ぶ」とか、「三〇年ぶりの邂逅」とかいろいろな見出しで、わが代表団と「中帰連」会員との感動的な再会の模様を報道しました。私たちの訪日期間中、多くの日本の記者は、どうしても理解できない問題として、次のような質問をしました。「管理者と被管理者、改造者と被改造者、この両者はもともと敵対するものではないか。それが中国ではどうして友人となりうるのか」と。私は一九五〇年から一九七八年の二八年間、日本および「満州国」戦犯の教育と改造に携わって来た経験を持っており、その間、これらの戦犯の教育、改造に関する党中央の一貫した方針、ならびに周恩来総理など中央指導者の具体的指示を実行する立場にあったので、上記の問題に対する解答を示すのにさほど難しさは感じませんでした。

一九六四年、毛沢東主席は外国の賓客を接見した際、中国の日本人戦犯改造の実情を次のように語

りました。

「中国と戦った将軍たちの大部分はソ連軍の捕虜となった。その後わが方に捕虜となった日本人戦犯は、将官・佐官クラスを含めて合計一一〇〇名あまりであるが、それらの者は一名を除き、すべて我々に反抗せず、ついには中国の友人となることができました。彼らは日本国内で独占資本とアメリカ帝国主義に反対して闘っている」

その年、毛沢東主席は戦犯改造の経験を総括した際、次のように前提条件を指摘しました。

「敵が武器を放棄して投降したあとでは、その大部分の者について改造が可能である。ただし、よい方法が必要である。彼らが自覚したうえで改造を進めることが必要で、決して強制したり脅迫したりしてはならない」

日本と「満州国」戦犯の改造に関して行った毛主席の多くの講話は、中国共産党が収めた改造、教育工作の大きい成果を科学的に総括したものです。

撫順戦犯管理所における日本人戦犯の教育、改造工作は、一九五〇年七月から一九六四年三月まで一四年間にわたって行われました。そのうち大部分の者は、わずか六年間の拘禁、改造の後、起訴免除され寛大にも釈放されました。刑を受けた一部の者のみが一四年の拘禁生活を送ったのです。「満州国」戦犯については、元皇帝愛新覚羅溥儀が一九五九年一二月四日の最高人民法院により特赦されたのを除いて、すべて一九七五年までに前後七回に分けて釈放されました。この間、私たちは中国共産党中央の指示に基づき、一貫して、思想改造を第一義的に考え、処罰と寛大、労働による改造と思想教育、政治闘争と革命的人道主義とを結合する政策を実行しました。すべての学習、管理、労働はいずれも戦犯の反動的立場、観点を変えさせるという一点から出発したものでした。きめの細かな思想教育の結果、これらの戦犯はついに中国共産党の政策を理解し、新しい人間に生まれ変わることが

金源　管理所の建物の前で（以下ポートレートについて、ことわりのない場合はすべて管理所で撮ったもの）

できました。

中国共産党は、人類の歴史上かって経験したことのない実践の中で、模索を続けながら、一歩一歩、正確で先進的な独自の犯罪者改造の経験を積み上げていきました。それは、新たに国際戦犯の改造と裁判の歴史を創りだしただけでなく、侵略戦争反対、世界平和の擁護、中日友好関係の促進、さらには戦争の悲劇を繰り返さないためにきわめて大きな貢献をしました。では、わが党の決定したこのような政策と一連の実践とは、どのように形造られ、実現されていったのでしょうか。以下に私の記憶の許す限り記述しましょう。

革命的人道主義の原則

一九五〇年六月二〇日、私が東北公安部幹部学校から撫順戦犯管理所（当時は東北戦犯管理所）に転勤して来た時は、建物の修復作業のまっ最中でした。

一九五〇年五月、中央がこの場所を正式に決定する前に、中央司法部長史良同志は撫順を実地視察しました。この旧監獄を修繕するために、東北行政委員会（✦一）は多くの経費を計上し、わずか三カ月の短期間で、昔の殺人窟を面目一新するよう要求しました。

ソ連政府から移管された日本人戦犯は九六九名でした。また「満州国」皇帝愛新覚羅溥儀を始めとする六一名の「満州国」戦犯も移管されました。その中には「満州国」総理大臣張景恵と、いわゆる八大部（✦二）の大臣一五名が含まれていました。

勾留された日本人戦犯は、日本軍国主義の中国侵略中に各種の罪業を犯した者たちです。たとえば、「満州国」総務庁長官武部六蔵と同次長古海忠之は、「満州国」政権を操り、日本の関東軍と結託して、狂気のごとき侵略政策をおし進め、中国人民に歴史上かつてない深刻な打撃を与えました。また師団長鈴木啓久中将は、部下に命じて「無人区」なる地帯をつくらせ、そのため三万名の人々の生命を奪い、二万余戸の家屋を焼き払ったのでした。

革命的人道主義の原則を実行するために、中央と東北人民政府は一貫した措置と規定を制定しました。戦犯の食事については、その階級に応じて区別するようにとの周総理の指示に基づいて、将官および高等文官二等以上の者に対しては上級食、佐官および同等文官に対しては中級食、それ以下の者に対しては下級食という標準を作りました

周恩来総理の指示と東北公安部の具体的要求に基づき、私たちは日常業務の中で、たえず戦犯の人格を尊重することに意を用い、殴打、罵倒、侮辱といった言動の一切を厳禁し、さらに、戦犯たちが学習するための良い環境を作ることに全力をあげました。彼らに必要な生活条件を保証し、そのうえ彼らの民族的習慣を考慮して彼らの嗜好にあう食物を準備しました。すべての戦犯に対して定期的に入浴、散髪、身体検査を行い、病気になれば可能な限りの治療を行い、歯の悪い者には歯の治療をし、入れ歯を作り、目の悪い者には眼鏡を作り、また足のない者には義足も作りました。戦犯と日本の家族との通信や面接を許可する（「満州国」戦犯も同じ）など、いろいろな面からの便宜をはかりました。そのほか、彼らがいつも健全な文化、娯楽活動や体育活動などができるよう組織も作りました。

戦犯に対する認罪教育の展開

一九五〇年一〇月初め、アメリカ帝国主義の引きおこした朝鮮侵略戦争が鴨緑江に迫り、中国の安全と経済建設に大きい脅威を与えたばかりでなく、中朝国境に近接している撫順戦犯管理所の安全をも脅かすに至りました。このため周総理は、東北行政委員会に特別電報を送り、これらの戦犯たちをできるだけ速やかに北満地区に移すよう指示しました。これに基づいて東北公安部長汪金祥同志は、

一〇月一六日撫順戦犯管理所に対し、ただちに戦犯をハルビンに移すよう命令しました。一〇月一六日午後、撫順戦犯管理所は、全職員にその命令を伝達するとともに、瀋陽鉄道管理局と連絡し、後方勤務要員を組織して夜を徹して、必要な食料を準備させ、一二〇〇着の深藍色の防寒着の購入に当たらせました。それと同時に所内の職員を動員してその家族を軍に従って疎開させるようにしました。東北公安部は、さらに一個連隊の兵力をもって列車護送に当たりました。一六日の午後から準備に入り、一八日、一九日の二回に分けて専用列車で日本と「満州国」の戦犯をハルビンに移動させ、二〇日の早朝には最終の列車がハルビンに到着しました。その間わずか三、四日間を費やしたのみで、全所一丸となり、一人として泣き言を言う者もいませんでした。全員一糸乱れず迅速な行動によって、中央と東北公安部から伝達された、護送中の戦犯の安全を保証せよという任務を、円滑に果たすことができました。あとから考えても奇跡としか言いようがありません。

ソ連から移管された一〇〇〇名に近い日本人戦犯は、管理所に移管された当初は誠に傲慢で、頑固そのものでした。彼らは新生中国を軽蔑し、自分たちの侵略戦争を公然と弁護し、「日本は国土が狭くて人口が多く、また資源が乏しいので、日本民族生存のためには、海外拡張はやむをえないし、また正しいことだ」とうそぶき、「戦争に敗れたのは日本軍隊が弱いのではなく、戦線が長くなりすぎて物資の補給が続かなくなったからであり、戦略上の失敗の結果だ」とか、「大和民族は優秀な民族であり、劣等民族を指導する責任がある」などと言い張っていました。彼らは表面的には大いに気勢をあげ、団結して勾留と改造に反抗していました。しかし、いかんせん彼らは中国人民に収監された犯罪者です。内心では戦々恐々として、果たしてどんな処遇を受けるのか、中国人民が民族的な報復処置を取るのではないか、とびくついていたのでした。そのため常に抗議を行い、国連に請願したりして、帰国を勝ち取ろうと画策しました。反面、彼らは監房規則に違反すれば、より厳しい処罰を受けることを恐れ、あえて馬鹿騒ぎはやめて、唯々諾々とするかと思うと、また強がりに出るという思想状況でした。こんな情況の中で、彼らの一部の者は、反動的な軍国主義の影響を受けて歪曲された民族優越感と強い自尊心をふり回し、また奇想天外とも言うべき「国際法」なるものを引っ張り出し、「我々は捕虜であって戦犯ではない」とか「無条件に我々を釈放すべきである」などと主張しました。「法律」という武器をかざして、私たちと合法的な闘争を行い、戦時捕虜処置の方法を適用させることによって釈放、帰国という目的を勝ち取ろうとしたのです。

これらの戦犯が中国に移管されたのは、朝鮮戦争の戦火が日に日にわが国国境に及んで来た時でもあったので、これが彼らになんらかの希望を与え、第三次世界大戦への野心を燃え立たせました。撫順出発時に、管理所は今回の移動についてその目的と場所をはっきりと知らせていましたが、彼らはやはり疑いと恐怖心とを持っていました。ある者はアメリカ軍が入ってくる前に銃殺されるのではないかと、ある者はもう一度ソ連に送り返されて強制労働をさせられるのではないかと、またある者はなんとかして逃亡できないものかと考えていました。そのため、ハルビンに着いたときには、彼らの反動的気勢はさらに燃え盛り、私たちに新たな困難をもたらしたのです。

一九五二年の春、周恩来総理は、日本と「満州国」の戦犯、とりわけ日本人戦犯が私たちの教育方針や政策を理解せず、認罪をしようとせず、改造を拒絶していることを知ると、これらの戦犯に対し、その罪業を反省させる教育が必要であると指示しました。私は当時管理所の教育科副科長をしていましたが、周総理の指示は誠に急所を突いたものでした。かといって、一体どのようにして戦犯に認罪教育をしたらよいのか、私はすぐには説明できませんでした。その後私たちの仲間全員で一カ月あまり学習を続け、総理の指示要求を完全に実現するには、はじめに戦犯たちに革命の理論学習をさせることからやるべきだ、ということがわかりました。日本に留学したことのある張夢実同志の語るところによれば、日本軍国主義は最初に国内において搾取、圧迫を行い、その後外部に拡張と侵略を実行していった。レーニンの『帝国主義論』で暴露されているように、日本の独占資本家階級は剰余価値の完全な収奪のために、世界分割に手をのばしたのです。日本人戦犯たちの前半生は、この独占資本家階級の手先として、日本軍国主義の対内的抑圧、対外的拡張の道具となり、中国において天も人も許さない大罪を犯すに至ったのでした。従って戦犯たちに対し、『帝国主義論』の学習から取りかかり、彼らの前半生で犯した罪悪とそれとの関係、日本帝国主義の本質を理解させ、逐次その反動的な観点、立場を転換させ、彼ら自身の力で罪を認め、反省するように仕向けるべきだという結論に達しました。そこで九〇〇余名の日本人戦犯の中から、一四名の佐官クラスより下位の比較的貧困な階級出身者を選び出し、一歩進んだ学習を開始しました。毎日学習が始まる前に私と張夢実と王永生の三人で教室に行き、きれいに掃除をしました。私たちはこの教室を戦場と考えていたので、その準備を完全なものにしたかったのです。この一四名の者は『帝国主義論』の学習を通じて、帝国主義の反動的本質と、日本帝国主義の海外侵略における重大な罪業を理解するようになり、きわめて立派な学習の成果を得ることができました。

毛沢東がその著『持久戦を論ず』(✦二) の中で述べている通り、「日本軍の特徴は、そのすぐれた武器にあるばかりでなく、さらにその将兵の教育、その組織性、過去に敗戦したことがないために生まれた自信、天皇や神にたいする迷信、傲慢不遜、中国人にたいする蔑視などにある。これらの特徴は、日本軍閥の多年の武断的教育と日本の民族的慣習によってつくられたものである」。私たちは、日本軍の特徴について毛沢東同志が指摘したこれらの政治的手法に基づき、すべての戦犯を具体的に分析して、上中下および頑迷分子の四クラスに分け、それぞれに応じた、きめ細かい思想工作を行いました。それと同時に、段階をたどって浅いところより深いところへとその認罪を促しました。最初は点から面へ、低いレベルから高いレベルへ段階的に時間を設けて、『帝国主義論』、『日本資本主義発達史』、『日本人民の前途』などの本を学習させ、自覚的に比較対照し反省を促すようにしました。これらのまとまった学習により、彼らは帝国主義の本質と戦争を発動したその根源、さらには日本軍国主義の罪業を初歩的に理解するようになりました。

次の段階は、戦犯たちの学習と反省を深化させる過程で、彼らに自らの意志で罪を認め、反省を促すよう指導することであり、またそれと同時に、彼らの中に普遍的に存在する僥倖心や猜疑心をテーマとして、次のような学習討論を深めることでした。

一、だれが君たちを戦争の罪悪の道に押しやったか。

二、戦争中の天皇をどのように見るべきか。自分自身どのように天皇の犠牲となってきたか。

三、現在の監禁生活を抜けだして新しい人生を始めるには、どうしたらよいのか。

これらを座談形式の討論会で行い、これを通じて大部分の戦犯は、真面目に認罪、反省の道を進んでこそ、中国人民の寛大な処遇を勝ち取ることができるのだということを認識するようになり、次から次へと多くの罪業を告白するようになりました。また戦犯たちのこのような流れの中で、後半期には彼らに対する調査が開始されました。これは戦犯の罪業に対する正面切った調査であるとともに、認罪教育をさらに深める作用も果たしました。

戦犯たちの認罪教育を強めるため、私たちは、彼らの反動思想と立場に関して、特に国際法の教育を行い、関係法規を説明しながら、侵略を受けたいかなる国家も、平和を破壊した罪、戦争を発動した罪、人道に反する罪を犯した者、あるいはそれを二重三重に犯した者に対し、その処理と改造を行う権利を有するのだということを明確に理解させようとしました。それと同時に、彼らに対して科学的社会主義の理論を教育して、重点的に軍国主義に反対し、世界革命の発展の前途や中国革命の経験などの学習を進めていきました。以上のような一貫した教育により、彼らの反動思想には根本的な変化が現われ始めました。朝鮮戦争の戦局が好転したこともあり、一九五一年三月と一九五三年一〇月には、東北公安部の許可を得て、戦犯たちをすべてハルビンから撫順戦犯管理所へ戻しました。

戦犯に対する社会教育

一九五六年春、撫順戦犯管理所は、中央公安部からの通知により、孫明斎所長と私（当時教育科長を担当）を北京での会議に参加させることにしました。私たちが北京に着いたときには、日本人戦犯を勾留している太原戦犯管理所長と国民党戦犯を勾留しているいくつかの戦犯管理所の所長たちも到着していました。当時の公安部一局局長凌雲同志は、会議の席上戦犯たちの参観学習に関する決定を読みあげ、この決定の重大な意義を説明するとともに、周総理の重要な指示を再度伝達しました。周総理の指示の大要は、戦犯たちに参観学習をさせることにより現実的な教育を施し、彼らがかつて罪業を犯した場所が、新中国成立以後いかに変化したかを見せることにありました。周総理は、参観中での彼らの安全に意を用いるとともに、その人格をも尊重するよう要望しました。その会議に出席した者はすべて、中央の決定と周総理の指示が、社会と隔離している古い監獄の在り方を改め、社会大衆の影響力によって犯罪人を教育改造しようという大胆な実験であることを理解しました。周総理の指示の精神に基づき、中央公安部は正式通知を発し、一九五六年二月初めより彼らを三グループに分け、参観学習による実際教育に出発することとなりました。

私たちが中央のこの通知を戦犯たちに知らせたとき、彼らはこれを信じようとせず、ある者は聞き違いだと思っていました。その後の学習と具体的準備の中ではじめて真実だということを信ずるようになり、ある者はこの重大な決定は釈放の前兆だと思って大喜びし、またある者は参観学習の中で被害者に見つかり報復を受けるのではなかろうかと心配していました。ほとんどの者が半信半疑で戸惑っていたのです。もちろん管理所の職員はすべて中央の決定を守り、参観学習によって戦犯たちが獄中では解決しにくかった思想的行きづまりを解決するのに大きな作用を果たし、心の奥深くに巣くっている多くの猜疑心を一掃し、彼らがかつて問題にした中国の社会主義と建設に対する疑いに明確な回答を与えるであろうと確信しました。たとえば、「中国の工業建設は東北地区だけではないのか」「全国の工業化の速度は、新聞で報道されているようにそんなに速いのか」「中国の五億の農民はほんとうに集団化の道を望んでいるのか」「資本家で改造を受け入れているのは、心底からそうなのか」「管理所の幹部は毛沢東直属の特殊な人物であって、中国人民のかつての愚昧さ、後進性にはなんの変化もないのではないか」「新中国は世界で存立しえなくなり、アメリカの侵略を受けてその東方の防壁となるのではないか」などでした。つまり私たちの理論と実際とは一致しているのか、中国人民の言っていることとやっていることとは同じなのかということであり、どうしても戦犯たちに参観学習の実際の中で、回答を求めさせねばなりませんでした。戦犯たちの思想情況に対応して、私たちは参観学習のプログラムを組み、東北地区、関内各地、都市、農村を訪問し、新設工場、増改築企業、科学文化部門、福利事業および名勝旧跡などの参観を行うことにしました。いろいろ検討した結果、日本人戦犯を三グループに編成し、グループごとに参観学習を実施することにしました。まず最初に撫順地区の参観を行い、一九五六年三月から寝台車つき専用列車を仕立てて、全国各地の参観に出発しました。経済収奪の責任者である「満州国」総務庁次長古海忠之は、鞍山製鉄所の新設九号高炉を見て驚きをおさえることができませんでした。彼は、鞍山製鉄所は日本人の指導があってはじめて建設できるものであり、新中国成立後数年もへていないのに、その工業化が「満州国」時代よりはるかに良くなっているとは思いも及ばなかったのです。瀋陽郊外の大青村高級公社を参観した際、農民たちが米の飯を食べているのを見たり、数名の老婆たちが「満州国」時代に味わった数知れない苦しみを語るのを聞くと、古海忠之たちは、その前に土下座して口々に謝罪の言葉を述べました。ある老婆は戦犯たちに、「あなたたちが立派に改造され、真人間になってさえくれれば、中国人民は決して報復などしません」と語りました。天津のある公私合営の仁立紡績工場を参観したとき、一部の戦犯たちが資本家側に一〇数個の質問を出した中に、「新中国はあなたたちに搾取を許しているのですか」という問がありました。資本家側の代表が、「私たちは資本家側代表として工場管理に参加しているのであって、搾取のためではありません。私の子供たちも皆ここで働いて自立していますし、私が養っているわけではありません。そんなにお金を残してなんになるのですか」と答えると、それを聞いた戦犯たちは非常に新鮮なものを感じとり、うなずくのみでした。彼らは、平頂山事件（✦四）記念館、南京大虐殺記念館、およびかつて第三九師団が武漢で行った虐殺現場を訪問したときには、殉難したわが同胞に対し、土下座し泣いて哀悼の意を表しました。撫順炭鉱の幼稚園で、平頂山事件生き残りの方素栄同志の血の出るような訴えを聞いたとき、いあわせた三〇〇名あまりの日本人戦犯はその前に跪いて、中国当局に銃殺刑に処してくれるよう懇願しました。この参観が終わって管理所に帰って来た戦犯たちは、悔悟の念にかられ、看守の持って来た温かいご飯に箸をつけようともせず、「私たちは中国人民にあれほど残虐なことをしてきたのに、今なお生きてこの世にあるとは誠にあいすみません」と言ったのでした。

こうして、北はハルビンから南は長江沿岸に至るまで、彼らはわが国の一一の都市、九九の職場を参観し、至る所で悔悟の涙を流したのでした。

このような実践が証明している通り、戦犯に現実の社会を参観させ、彼ら自身の目で中国の社会主義革命と建設の情況を見せ、その実際を体験させることによって、その認罪を促そうという中央の方針は、実に英明であり、正確なものでした。管理所に帰ったあと、彼らはその感想として「中国政府が戦犯をこの監獄の高い塀から外にだし、参観を許すということは、世界の歴史に例を見ないことである」と言っています。この参観を通じて、彼らのすべては新中国の工農業生産の輝かしい成果に感銘し、またかつて被害を受けた中国の各階層の人々が彼らに示した寛容な態度にも心を打たれたのでした。戦犯たちが自らの罪を認め、その反動的な立場を変え、多くの革命理論の教育を受けたあと、実社会を経験して理性と感性を一致させたことは、改造教育の成果に対する実際的な検証であり、彼らの認罪態度をいっそう深めました。事実、日本人戦犯たちの中国に対する理解が深まれば深まるほどその認罪の態度は真摯なものとなり、中国政府の改造教育に感激すればするほど彼らの反戦平和への決意は堅固なものとなったのです。

一人の死刑もなく、一人の無期刑もなし

一九五四年一月中旬、私は孫明斎所長に随行して北京に出張し、最高人民検察院に、この三年来の日本人戦犯に対する工作状況を報告しました。最高人民検察院副検察院長高克林と譚政文は私たちの報告を聞くとともに、日本人戦犯に対する調査についての周総理の指示を伝え、彼らが中国で犯した主要な罪業を明確にするよう求めました。最高人民検察院の責任者の同志はまた、中央は日本人戦犯と「満州国」戦犯の審査を進めることになったと告げました。一九五四年三月はじめになると、最高人民検察院は東北工作団を管理所に派遣し、戦犯たちを起訴するための準備作業をはじめました。周総理は、この東北工作団の団長に、調査の専門家譚政文を特に指名したとのことでした。この工作団はきわめて強力な集団で、七〇〇名余で構成され（これに管理所の職員および臨時に動員された調査員、通訳、書記などを含めると実質的には九〇〇名余となった）、そのうちの多くの人々は部局クラ

スの幹部でした。この工作団が撫順に入るまでに、中央は遼寧省委員会に対して、工作団に良い工作条件を準備するよう指示しました。それと並行して、私は中国共産党撫順市委員会趙実書記、撫順市の張樹市長、李正南副市長に全般的な報告を行いました。中国共産党撫順市委員会と市政府の責任者たちは、これらの報告を聞くやただちに管理所周辺にあった市の機械工場のクラブ、撫順県公安局、撫順監獄の事務室、森林調査隊などの官舎などを接収することにし、また適時車両を用意したり、事務用品を整えたりして、調査工作の一日も早い完成に万全を期してくれました。

日本人戦犯の審査は、きわめて困難で複雑な任務でした。彼らはいずれも並の犯人ではなく、日本軍国主義思想と武士道精神にこり固まった帝国主義侵略者でした。彼らの犯した罪はわが国の広大な地域に及び、その時期もはるか過去のこととなって証拠物件も消滅しており、その上国籍、言語も違っていて被害を受けた多くの人々も犯罪人の姓名や所属部隊名等を忘れていることから、物証の収集は困難をきわめたのです。また彼らは勾留期間中にお互いに「攻守同盟」を結んで通じあっていたので、彼らにすすんで告白させ、罪を認めさせることは至難のわざでした。にもかかわらず、私たちは中国共産党の正確な指導の下に、広範な人民大衆の支持を受け、新中国の法律関係者の不屈の努力により、わずか一年半の短期間でそれらの困難に打ちかち、一九五六年九月、日本人戦犯に対する尋問と処理を勝利のうちに完了しました。これらの期間に私たちは、個別調査と認罪告発、厳しい尋問と広範な調査、系統的な調査と絶え間ない教育とを同時に並行して行い、それらすべてを「実事求是」（✦五）の精神で貫き、決して「強制的な自白」をさせず、またその口述のみを軽々しく信じないという原則的な態度を変えませんでした。すべては計画的に一歩一歩段階を踏んで、厳しい緻密な審査を行うことによって、彼らの犯罪を追及し、多面的に有力な物証を集めることができたのです。彼らはわが国の主権を侵害し、侵略政策を画策し、実行し、スパイ活動を行い、細菌作戦、毒ガス作戦を敢行し、わが人民を虐殺し、連行し、婦女を強姦し、大量の財物を収奪し、町や村を焼き払い、平和な市民を追い出すなどの罪業を犯しました。その中には、日本投降後蒋介石、閻錫山の反革命集団に加担し、残存勢力を糾合して再起を図り、再度わが国の侵略を企図するなど、二重の罪を犯した者もいました。これらは日本人戦犯中のごく一部の者でしたが、中国人民にはきわめて大きい災難をもたらしました。調査をすませた彼らの罪業のごく大ざっぱな統計から見ても、彼らが関与したもので、焼却・破壊した家屋は七〇〇〜八〇〇カ所、四万四〇〇〇戸、略奪した糧食三七〇〇トン余、同じく石炭二万二〇〇〇トン、同じく鋼鉄などの金属類三〇〇〇トン余で、殺害されたわが国の市民および捕虜は八五万七〇〇〇名余にのぼり、また潘家戴・北疃・巴木東（◆六）などでは大量虐殺事件も行われています。彼らはわが軍の捕虜をその初年兵の刺突訓練の標的として日常的に惨殺したのです。戦犯の一人である住岡義一は、かつて太原競馬場において二回にわたり、中国人三四〇名を刺突訓練と称して全員を惨殺しています。このほかにも、ある戦犯はわが国の同胞をかの七三一部隊に引き渡し、細菌戦の実験用に提供しています。またある者は吸血鬼の如く、中国人を惨殺したあと、その肝と脳味噌を食べたのです。こうした人間性の一かけらもない野獣のような実例は、枚挙にいとまがありません。

総じて言うと、調査期間の過程では、佐官クラス以上の戦犯に対しては厳しい尋問を行い、それ以下の一般戦犯に対しては認罪による告発を促すようにしました。佐官クラス以上の戦犯の中でも、重点的に尋問の対象となったのは一〇七名だったと記憶しています。その者たちの罪業の重大さ、不合法性に鑑み、東北工作団と撫順戦犯管理所は、最高人民検察院と最高人民法院に対し、特に罪の重い七〇名を極刑に処するよう要請しました。一九五五年末、東北工作団と管理所の責任者が北京に報告に行った際、周総理は中南海で直接その意見を聞き、彼らに語ったことは高遠な思慮深い言葉でした。

すなわち「日本人戦犯の処理については一人の死刑もあってはならず、また一人の無期刑者も出してはならない。有期刑もできるだけ少数にすべきである。これは中央の決定である」と。東北工作団と管理所の責任者は、撫順に帰るとこの中央と周総理の指示を工作団と管理所の全幹部に伝達したが、かつて日本人戦犯に苦汁をなめさせられた多くの人々はこの指示を受け入れようとはしませんでした。そこで東北工作団の責任者は、再度この旨を北京の周総理に報告したところ、周総理は穏やかに語って聞かせました。

「部下が受け入れないのではなく、君たちが受け入れないのだろう。君たちの思想をまず直すべきで、それができれば、部下の人たちは自ら受け入れるようになるだろう。日本人戦犯に対する寛大な処理については二〇年後には君たちも中央の決定の正しさを理解するようになるであろう」

東北工作団の責任者は撫順に帰ってくると、高爾山山麓の講堂に九〇〇名あまりの幹部を集めて大会を開き、再度中央の決定をありのままに報告することにより、工作団と管理所幹部の思想の統一を図り、認識を高め、戦犯改造を成功させる確信と責任感を強めるよう努力しました。一九五六年三月だったと思いますが、周総理は最高人民検察院における報告の中で、起訴免除とする戦犯については三回に分けて釈放するよう許可したとのことでした。その後、中華人民共和国全国人民代表大会常務委員会は、一九五六年四月、「目下勾留中の日本の侵略戦争中における戦争犯罪者の処理についての決定」を行い、同年六月九日、最高人民法院はこの「決定」に基づき、瀋陽北陵に最高人民法院特別軍事法廷を正式に開くことになりました。傍聴者は一四〇〇人を数え、中国全国の省および北京、天津の両市から、中央各民主党派および各人民団体の代表が参加しました。

六月九日には陸軍第五九師団長藤田茂中将が最初の裁判を受けましたが、彼はその起訴事実に対してなんらの反対意見も述べませんでした。六月一九日、藤田茂の審理終了に引き続き、陸軍第一一七師団長鈴木啓久中将の審理が開始されました。鈴木被告は法廷の認定した罪業事実を認めました。この軍事法廷において、武部六蔵以下四五名の戦犯に対し、八年から二〇年の刑が決定しました（捕虜になった時から起算される）。裁判終結まで二カ月を要しましたが、その間、判決を受けた戦犯たちは、法廷に対して異を唱えるものは一人もなく、むしろ極刑を要求するありさまでした。

「満州国」国務院総務庁次長古海忠之は、「私は中国において天人共に許すべからざる罪業を犯しました。日本のこれからの人々に対する教育のためにも、私に極刑を与えて下さい」と述べ、また陸軍第三九師団長佐々真之助中将は、「私の罪業は中国全土にわたっており、六億人民の憎悪の的になっております。何回死刑を受けても償うことはできません」と述べました。「満州国」警務総局警務所長今吉均は、「私一人が死のうと、あるいは数百名の日本人戦犯が死のうと、千数百万の中国の被害者の方々の霊を慰めることはできません。中国政府が私の頭を叩き割ろうと私は『日中友好万歳！』を唱えるでしょう」と述べました。その他撫順・太源の一〇一七名の日本人戦犯たちは、最高人民検察院から起訴免除の判決を受け、三回に分かれて釈放帰国することになりました。寛大な釈放が言い渡された戦犯たちは、この「起訴免除の決定」が宣告された瞬間、一人残らず、悔悟と感謝の涙を流しました。この感動的な情景は、「極東軍事裁判」が、一九四六年から二年余にわたって、三〇〇〇名の法律専門家を動員してあらゆる詭弁を弄し、法律の網の目を潜ろうと画策したのに比べて好対照をなしています。傍聴していた一部の外国記者は、判決後次のように論評しました。

「中国の裁判は、検察官と戦犯、被害者と戦犯、証人、判事と戦犯、裁判する者とされる者などいずれもその立場と職責を異にしているが、あの厳粛な法廷において、異口同音に日本帝国主義の限りない罪業を暴露したものであり、誠に国際裁判史上例を見ないものでした」

日本人戦犯のこのような一大転換は、中国の改造工作の大いなる成果を示すものでした。

一九六二年末、周総理は高碕達之助ら五名の日本人国会議員と面談したとき、こう語っています。
「日清戦争以降日本は中国を侵略してきました。特に一九三一年の九・一八事変（満州事変）以降、日本は中国本土内に侵入し、中国人民の生命財産に計り知れない損害を与えました。私たちはこれに対して心より激しい憎しみを持っています。しかし、日清戦争後わずか七〇年しか経っておりません。これは二〇〇〇年の日中友好の歴史からすれば誠に短いものです。私たちは、今この短い時期とその憎しみを忘れ、友好を成し遂げるための努力をしているのです」

中国人民とその指導者は、この偉大なプロレタリアートの思想をもって、近代史における一〇〇年の日中間の対立と憎しみを深く考察し、分析し、対処することによって、新たな友好の歴史を切り開こうとしているのです。

溥儀改造の想い出

溥儀は、一九三二年三月から一九四五年八月まで在位した「満州国」執政並びに皇帝として犯した戦争の罪業によって拘禁されました。彼に対する改造は、彼のすべての反動的立場と思想に対して進められたのです。一〇年近い辛棒強い教育により、彼は一人の売国奴から一人の愛国者に生まれ変わり、世の人々はこれを奇蹟とも言うべきこととして賞賛しています。

溥儀は一九五〇年八月帰国する以前に、ソ連で数回にわたりソ連当局とスターリン元帥に対してソ連に長期居住することを請願し、中国に帰国させないように働きかけました。聞くところによると、溥儀のこの請願書は、ソ連の「プラウダ」紙に掲載されたとのことです。そのためスターリンは、内務省の一官僚を溥儀に会わせ、中国に帰国することへのさまざまな懸念を払拭させようとしました。八月の初め彼が綏芬河から中国に入った時、彼の心は殺されるのではないかという思いで重く包まれていました。中央の指導部では、このことが判明すると、東北行政委員会主席（兼東北戦犯管理委員会主任）高崗と東北公安部長（兼東北戦犯管理委員会委員）汪金祥に指示して、溥儀たちの気持ちを落ちつかせるようにしました。この時の面接時間はあまり長いものではありませんでしたが、彼らの不安な心理をやわらげるものとなりました。

溥儀たちが撫順戦犯管理所に入った後、中央および東北公安部の首脳は、一貫して彼らに対する教育、改造の状況について深い関心を払ってきました。生活面で特別な配慮をしただけでなく、家族との通信も、管理所での家人との面接も許したのです。一九五五年六月初めより、最高人民検察院の許可を得て、「満州国」戦犯と家族との通信や面接が許されてから、溥儀の夫人李玉琴は、前後四回にわたって面会に訪れました。

彼女が最後に訪れたのは、一九五六年一二月二五日のことだったと思います。その日彼女は私に会い、溥儀がいつ釈放されるのかと尋ねました。しかし管理所の責任者としては、この問題に答えるわけには行きません。すると李玉琴は、溥儀と離婚したいのだと言いだしました。私は再三思いとどまるよう説得しましたが、彼女はいっこうに聞こうともしませんでした。管理所の数名の幹部と検討した結果、この問題は単に溥儀と李玉琴との個人的な問題ではなく、溥儀のこれからの改造にもかかわる問題であるとの結論に達しました。というのも、溥儀はこの頃李玉琴のことを最も愛しており、また当時では唯一人の妻でもあったのです。そこで私たちは中央公安部一局の指示を仰ぐことにしました。間もなく公安部一局局長凌雲同志から、羅瑞卿公安部長の回答を伝えてきました。例外ではあるが、溥儀と李玉琴を同房内に住まわせ、彼らの感情を回復させるようにし、軽率に離婚を許さず、李玉琴対策に努力を払うようにとのことでした。私たちは行動を開始し、ある者はダブルベッドの準備に入り、ある者は調理場にはしって彼らの夕食を用意しました。翌日私が溥儀に昨夜の話し合いの様子を聞くと、彼は顔を泣きはらしながら、「私たちは昨夜一晩中話しあいましたが、李玉琴はどうしても離婚したいと言いはるのです」と答えました。そこで溥儀は、同様に勾留されている他の家族たちと相談したところ、皆は彼女の言う通り離婚する以外方法はないとのことでした。そのため、撫順市河北区人民法院を通じて正式の離婚手続きをとることとなりました。

この間、私たちは二つの強い印象に残ることを経験します。一つは、毛主席の指示により戴涛が溥儀に会いに来たことと、もう一つは、周総理の配慮により溥傑（溥儀の弟）が次女の嫮生と通信できるようになったことです。載涛は溥儀の七番目の叔父で、一九五五年五月ごろ、全国人民代表として北京での大会に出席した際、周総理が彼を毛主席に引見させたことがありました。その時毛主席は、「溥儀は撫順で真面目に改造に励んでいるので、あなたも会いに行ったらよい」と言い、それを聞いた周総理は、これを北京市長彭真に伝え、うまく段取りするよう指示しました。彭真市長はすぐに専門家を載涛と溥儀の二人の妹に同行させて撫順に行かせましたが、中央公安部でも特別に所長一名をこれに同行させることになりました。彼らは撫順に来て溥儀の顔を見るや、こう伝えました。「このたびあなたたちに会えるようになったのは、毛主席の指示なんです。周総理は毛主席の意をくみ、彭真市長に指示して、私たちの服を作ってくれました。費用は全部国家の負担です」。載涛の言葉が終らないうちに、彼らは感動して泣き始めました。その時の面会は管理所第一会議室で行われ、最初は孫明斎所長はじめ、私も李福生も同席していましたが、どうも具合が悪い感じがしたので、私たちは席をはずすことにしました。彼らはこの会議室でほとんど午前中を談笑してすごし、午後は管理所が準備した車で載涛の宿泊している撫順東公園専門家招待所を訪問しました。載涛たちは撫順に数日滞在し、溥儀たちと数回面会しました。その後溥儀は非常に感動した面持ちで私にこう言いました。「毛主席と周総理は毎日政務に多忙を極め、国家の大事に心を費やしているのに、私たちごときことにまで配慮してくれるとは、誠に思いも及ばないことです」

また、溥傑の二人の娘、長女の慧生と次女の嫮生とは、二人とも日本の祖母の家に預けられていました。慧生は愛情問題で一九五七年一二月、日本の伊豆半島の天城山で、日本の若者と心中してしまいました。嫮生は、日本から周総理に手紙を書き、父親の行方を捜してくれるよう依頼してきました。その結果、溥傑は妻の嵯峨浩や娘の嫮生と手紙のやり取りができるようになりました。その後一九六〇年一一月二八日に、溥傑は特赦を受け釈放されました。一九六一年五月嫮生は母親とともに北京を訪れ、周総理に会いました。周総理は嫮生がその時日本の若者と愛し合う仲になっており、母親に反対されていることを知り、彼女に次のように語りました。「あなたは日本に帰りたいのですか。もしそうなら日本に帰ってもいいのですよ。いつでもお父さんに会いに来ればいいのです。日本に帰りたくなければ中国に留まってもいいのです。あなたが日本人と結婚してもいっこう差し支えありません。あなたのお母さんは中国人と結婚したでしょう。あなたが日本人と結婚して悪い道理はありません。私はあなたに同情します」。彼女はその言葉を聞くと涙を流して喜び、また溥傑夫人も感謝ひとしおでした。

溥儀たちの勾留中、中央の数名の指導者たちが彼に会いに来ました。私の記憶では鄧小平、李先念、賀龍、聶栄臻、班禅額尓徳尼、劉亜楼、王平などだったと思います。多分一九五五年三月のある朝だったと思いますが、賀龍と聶栄臻が遼寧省の軍の生産情況を視察に来たとき、管理所に立ち寄ったことがありました。管理所の第一会議室で、私たちはこの二人の老指導者に戦犯改造の概略を報告したところ、賀龍から溥儀と張景恵に会いたいとの話があったので、早速二人を呼んで面会させました。賀龍は溥儀の健康そうな様子を見ると、笑いながら質問しました。「昔皇居内で皇帝として食事をしていたときと今とではいかがですか」。溥儀は「私は昔、皇帝として食事は毎回四八種のお菜があり、ときには婉容（溥儀の妻）はさらに二〇数種類のお菜を付け加えさせました。いずれも山海の珍味ではありましたが、食べてもなんの味もありませんでした。今ここでいただいているのは標準食で、昔ほどのご馳走ではありませんが、毎食一斤の包子（中華まんじゅう）を食べることができ、大変おいしくいただいております」と答えました。すると賀龍は「それはあなたが現在規則正しい生活をしているからであって、あなたが進歩した証拠ですよ、昔から皇帝になると長生きする者が非常に少なかったのです」。「満州国」皇帝の話が出てくると、溥儀はすぐに言葉を継いで、「私は罪を犯したのです。党に対しても人民に対しても大変申し訳ないことをしました。必ずしっかり改造したいと思います」。賀龍はこれを聞くと喜んで言いました。「あなたが真面目に改造を受け入れているのは正しいことです。改造がうまくいってこそ、将来市民権を獲得することもできるし、未来もあるのです」。聶栄臻も「よく学習して改造しなさい。あなたはわが国の社会主義建設の現実を、自分の目で実際に見ることができるようになるでしょう」。溥儀は、この指導者の話をまるで宝物のように大事にし、自分の監房に戻ると、数日の間家族たちと何回も何回もそのときの話を繰り返し学習しました。また賀龍は会議室で張景恵に会ったとき、彼の動作がひどくのろいのに気がついて、わざとからかい気味に聞いてみました。「あなたはなかなか進歩しているとのことで、歌も歌えるようになったとか。東方紅も歌えるのかね」。すると張景恵は、すぐに立ち上がって東方紅を歌い始めました。ぶつぶつ口の中で歌っているみたいでよく聞き取れませんでしたが、彼は非常に嬉しそうに真面目に歌ったのでした。

溥儀は勾留期間に党と国家の多くの指導者の激励と教えを受けましたが、新生を得た以後も、党と国家の指導者から多くの配慮を受けたのです。一九五九年末、溥儀が特赦を受けたあと、十二月十四日の午後、周総理は北京中南海西花庁において彼および一〇名の国民党の将軍たちを接見した際、溥儀に次のように話しました。「あなたはこんなに成長された今、この国を愛さずに一体なにを愛しますか。民族問題を例にとっても、溥儀さん、あなたは清朝でわずか数歳を過ごしたにすぎません。あなたはそれには責任を持つ必要はありません。しかし『満州国』については責任がありますよ」。周総理は、心を込めて改造に引き続き努力を払い、常にわが偉大な祖国を愛するよう諭したのです。そのときには、陳毅副総理と習仲勲副総理も同席していました。

一九六一年のある日の午後、毛主席は中南海の自宅で郷土料理を作って、溥儀や章士剣、程潜、仇鼇、王季范たち元「満州国」戦犯の五名の長老をもてなしました。特赦された者の中で、毛主席に面会したのは溥儀一人でした。毛主席と溥儀は食事しながらいろいろ世間話をしましたが、毛主席は溥儀に家庭を持ったほうがよいのではないかと勧めました。食後、毛主席は五名の長老と一緒に記念撮影をしましたが、溥儀はこのときの写真をずっと自分の机の上に置いて大事にしていました。

一九六七年一〇月中旬、溥儀は臨終にあたり、妻の李賢淑に次のように話しています。

「私は、生れてこの方皇帝になり、今は一市民となったが大変幸福だ。私のような人間を改造することは誠に難しいことだった。一人の封建社会の支配者を一市民に生まれ変わらせることは、どんな国家でもなしえることではない。中国共産党によってのみなしえたことだ」

◆一　東北行政委員会　新中国成立当時、中央人民政府は全国を次の六大行政区に分け、それぞれに行政委員会を組織して各省、各市の管轄権を行使した。華北、東北、華東、中南、西南、西北である。東北行政委員会はその一つ。一九五四年に人民政府へ変わる。

◆二　八大部　「満州国」の最高行政機関である国務院（総理・鄭孝胥）の八つの部（総務庁、文教、民政、軍政、財政、実業、交通、司法）のこと。日本降伏時の総理は張景恵。

◆三『持久戦を論ず』　毛沢東の一九三八年の著作。抗日戦争は即決戦ではなく持久戦であり、中国の防御、日本の進攻から、双方の対峙ののち、中国の進攻、日本の防御・敗退にいたる三段階を経て解決すると、この戦争の客観的法則を明らかにした。

◆四　平頂山事件　一九三二年九月一五日、撫順炭鉱を抗日軍・遼寧民衆救国自衛第一一路軍が襲撃した。翌日（中秋節）、日本軍の守備隊は、平頂山住民が支援しているとみて、全住民三〇〇〇余名を集め機関銃と銃剣で全員殺害し、住居を焼き払った。さらに死体を集め焼却して埋め隠蔽した。遺骨は平頂山殉難同胞遺骨館に保存されている。

◆五　実事求是　客観的な事実にもとづいて真理を求めるという唯物弁証法の認識と実践の方法。このことを毛沢東は「調査なくして発言権なし」と強調した。一九四二年いらいの整風運動の中で実事求是は中国共産党の作風として確立した。

◆六　潘家戴・北疃・巴木東　華北と東北で日本軍が行った代表的な殺戮事件。潘家戴庄事件については李渤涛証言、北疃村事件については四二頁参照。巴木東は浜江省（現在黒竜江省）のそれぞれ巴彦、木蘭、東興の三県のこと。一九四三年日本軍は抗日連軍を討伐するために三県で大弾圧を行い、一〇〇〇余名を逮捕、厳しい拷問ののち、木蘭で二五一名中一二五名、東興で一六二名中一二〇名など逮捕者の三分の二を死刑にした。

中ソ国境で日本人戦犯を接収

董玉峰

董玉峰……ドン・ユイフォン
一九一八年生れ。河北省出身。
一九五〇年から一九五四年まで東北行政委員会公安部に所属。
政治保衛所執行科科長、労政所副所長を歴任。

戦犯管理所の開設

一九五〇年三月下旬、北京の中央政府から、東北行政委員会に対してソ連から移管されてくる日本人戦犯と「満州国」戦犯の接収と管理を、中央政府の代わりに責任をもって行うようにと指示がありました。「戦犯を管理する」。この大変重要な任務を受けて、東北行政委員会は東北公安部に実際の任務を遂行するように命じました。それから間もなく周恩来総理から電報が入り、戦犯収容所の建設計画を早く進めるようにとの指示がありました。さっそく私たち東北公安部は、東北地方のいくつかの監獄を視察し、検討した結果、撫順市にある東北司法部直轄監獄（のちに撫順戦犯管理所と改名した）が戦犯収容所にふさわしいと決めました。その理由の一つは、雲行きがおかしくなってきた朝鮮半島で戦争が起こった場合、戦犯の疎開が容易にできるという安全上の見地からです。二つ目は、この監獄は「満州国」時代に日本人が作った監獄で、日本人、朝鮮人の犯罪者も収容していたので、他の収容所よりは基礎がしっかりしていて良かったからです。三つ目は東北行政委員会、東北公安部がある瀋陽から近くて管理所との業務連絡が便利だったからです。

外観や基礎はしっかりしていましたが、内部は国民党軍が兵舎や厩舎として使っていたため、ゴミや馬糞がうずたかく積まれ荒れ放題の状態でした。かなりの補修や改造工事を必要としました。壁の塗装をはじめ、各部屋、廊下に暖房用のパイプ設置、大量の湯を供給するボイラー室や講堂、医務室、浴室の新設、宿舎の増築など作業は三カ月ほどかかり、戦犯を収容する間近の七月はじめに終了しました。

中央政府から指示を受けた後、私たち公安部が最も重要な問題として考えていたのは、国の重大な政策である戦犯の管理教育を進める幹部と職員をどう集めるかでした。中国人民、とりわけ東北地方の人々は一四年間、日本軍国主義の侵略政策によって塗炭の苦しみをなめてきました。日本人と聞いただけで憤りを表し、顔を見たくないという人がほとんどでした。そうした中で、日本人と直接向きあい、個人的な感情をおさえ、中央政府つまり中国共産党の政策を理解し、その使命を果たせる人間を探す、これは容易なことではありませんでした。

私たち公安部は、東北地方の各地の公安部、司法部、衛生部などと連絡をとりあって、看守、炊事係、看護婦、医師、日本語のできる教育係など一〇〇名あまりを、各分野の小隊長以上の幹部の中から最も有能な者を選び出しました。

所長は抗日戦争の経験をもつ撫順市公安局副局長であった孫明斎。副所長はやはり抗日戦争に参加して右足を不自由にした旅大地区関東高等法院労働改造所長をしていた曲初が任命されました。管理所に二名が赴任したのは六月はじめです。七月はじめには管理所の改造工事が終わり、各地から職員が来るのを待つばかりとなりました。そうしたとき、東北公安部の汪金祥部長と東北人民政府所長陸曦同志が私を訪ねてきました。汪部長が、中央から連絡があり、綏芬河に七月一八日は日本人戦犯、八月一日は「満州国」戦犯が到着し接収することになった、そして周総理から次のような指示も受けたと私に言いました。

「一人の逃亡者も出してはならない、一人の死亡者も出してはならない、また戦犯に対しては人格

董玉峰

を尊重して、殴ってはならない、ののしってはならない、捕虜となった戦犯を虐待してはならない」

私たちはその場で、周総理の指示を無事遂行するためにはどうしたらいいのかを話し合いました。陸曦同志は中国を代表して中ソの移管書に署名し戦犯を接収する作業を行う。私は護送の一切を行うことにしました。話し合う中で心配事が出てきました。周総理が命じた「一人の死亡者も出してはならない」ということです。逃亡に関しては警備を厳重にすれば防げるが、死亡者を出さない、これは難しいことです。それというのも、日本人戦犯はだれもが早く帰国したいと考えていました。ソ連で汽車に乗せられるとき、日本に帰れると思ったに違いありません。それが中国に送られると知ったら、戦時中に中国人民におよぼした罪業を思いだし、前途を悲観して汽車の窓ガラスを破り自殺をはかる者も出るかもしれません。また、中国人民が日本人戦犯を目にした場合、積年の恨みをはらそうと暴徒と化して汽車を襲うことも予想されます。そうしたことを心配しました。

そこで、綏芬河から撫順まで戦犯を護送するにはどういう汽車にするかを話し合いました。大勢の解放軍兵士が移動するときの貨車はどうか、缶詰式の貨車を使用するのはどうか、などいくつかの提案がありましたが、汪部長の「いまは真夏で大変暑いから旅客車にした方がいい、戦犯は恐怖心と極度の緊張感を持っているに違いない、そうしたことを考えると、精神を落ち着かせる旅客車がいい」という意見に決まりました。しかし、旅客車にはたくさんの窓があり、貨車よりも逃亡や自殺の危険性があります。そこで窓はしっかりと締め、すべての窓には新聞紙を貼って外からも内からも見えないようにしました。そして、一瞬たりとも警戒をゆるめてはならないと確認しあいました。

綏芬河での戦犯移管

汽車はハルビン鉄路局から一輛の客車と数車輛の寝台車を準備してもらいました、警備兵は解放軍一個中隊約一〇〇名が同行しました。ロシア語通訳は二名で、東北行政委員会外事所とハルビン市公安局から一名ずつ選びました。管理所からは日本語通訳三名、医師一名、看護婦三名、看守二〜三名。警備を指揮する者として東北公安部から幹部三名と部下の隊員五名も加わりました。

私たち中国側の受け入れが決して厳しいものではない、恐れることはないということを示すために、一般に捕虜として考えられるひどい食物ではなく、心のこもった食物を出そうと、食事についても工夫しました。

接収工作隊の幹部三〇名あまりと一個中隊の警備兵は、七月一六日に綏芬河駅に着きました。ソ連側に向ってプラットホーム右側に私たちを乗せた汽車が入り、そこはレールが狭軌でした。一八日の夕方、ソ連の貨車が左側に到着しました。レールは広軌です。陸曦同志と私は、ソ連側団長クライホフ大佐と副団長アウニス中佐を迎え挨拶をした後、綏芬河村政府の応接室で移管手続きを行いました。中ソ双方の代表が、中国語・ロシア語二種類の文字（約二〇〇字）で書かれたそれぞれの移管書に署名をしました。その後、移管される日本人戦犯名簿と各人の罪状調書を受けとりました。

戦犯はそのままソ連の貨車で一夜を明かすことになりました。綏芬河は、真夏でも日中は暑いですが、朝晩は寒いくらいに気温が下がります。しかし、日本人戦犯の乗ったソ連の貨車は通風が悪く、その上一車両にぎゅうぎゅう詰めの状態でしたから、むし暑かったでしょう。車両の周囲には、ソ連側兵士約一〇〇名と中国側警備兵約一〇〇名が戦犯の乗った貨車に背を向け、五メートル間隔で銃を持って一晩中見守っていました。警備兵の主な任務は戦犯の逃亡ではなく中国人民の暴徒の襲撃にそなえてのものでした。一九日朝九時から移管作業がはじまりました。ソ連の貨車から下りてきた日本人戦犯は、だれもが疲れ切ったようすでした。でも、銃を持った解放軍兵士が立ち並んでいるのを見たとたん、緊張した表情に一変したのを憶えています。中国人民を苦しめたことを思い出し、その仕返しを受けると思ったのでしょう。この先どうなるのかという不安と恐怖心が表情に表れていました。それは私たちが予想していたとおりでした。ですから私たちは会議を何度もひらき、そうしたときの対応として緊張をやわらげるために旅客車にし、おいしい食事、そして看護婦を加えての医務班などで応対したのです。戦犯は一名ずつ名前を呼ばれ、ソ連の貨車から中国の旅客車に乗り込んでいきました。本当になんのトラブルもなく移管作業は終えました。ひとつだけ気にかかったことがありました。それは将官・佐官クラスが恐怖心を隠そうとして、うすら笑いを浮かべたり、私たち中国人を見くだしたような傲慢な態度を示していたことです。私たちは九六九名の戦犯を引き受けました。白い布カバーの旅客車の座席に座った戦犯たちは、少しずつ表情がやわらぎ、食事を配るとさらに満足そうな表情になり、隣の者とひそひそと話す者もいました。ソ連との待遇の違いを語り合っていたのだと思います。各車両の前後に二つの座席を設け、私たち幹部と兵士が座りました。発車前、私たちは戦犯に次のような規律を伝えました。「さわがないこと」「煙草を吸わないこと」「外を覗かないこと」「勝手に動かないこと」「二名以上でトイレに行かないこと」「なにか用事があればすぐに連絡すること」などです。

真夏で、しかも長時間の護送で疲労している者、腹の具合の悪い者の事を考慮して、医師と看護婦は一時間おきに各車両をまわっていました。

牡丹江、ハルビン、長春などの大きな駅に着くと、現地の政府が用意していた暖かい食事を配りました。思いもよらない捕虜の扱い、待遇に戦犯のかなりの者が戸惑っていました。「死刑前のごちそうだ」、そう思った者もいるでしょう。前途の不安を考えて心配そうな顔をしている者に対しては、日本語通訳を通じて、中国政府の政策や管理に従って規律を守ってくれれば必ずよい待遇が得られる、安心しなさい、と説明して歩きました。しかし、だれもが半信半疑で目をそらせて聞いていたり、キョロキョロ周囲を見渡したりしていました。中には、どこに連れていかれ、どうなるのか不安で、隣りの者とひそひそ話し合ったり、紙の貼ってある窓の隙間から外をのぞいたりする者もいました。私は護送の責任者でしたので、駅に着くたびに東北公安部に護送中の状況を報告しました。戦犯のなかには八〇歳近い老人や病人などがいたために、撫順の駅には車で出迎えてくれるようにも頼みました。七月二一日午前三時、撫順城駅に到着しました。これは人民が寝ている間、気づかれないように戦犯を管理所に収容しようと計画したものです。ここでも万が一の暴徒のことを考え、警備兵を駅から管理所まで、一〇メートル間隔で外に銃を向けて立たせました。

所どころの民家の上には、前もって移動させておいた警備兵を置き機関銃をすえつけました。駅から管理所までは徒歩で約一〇分、白々と東の空が明るくなった頃、九六九名の戦犯を無事届けることができました。

それから間もなく私はまた綏芬河に行き、八月一日、「満州国」戦犯六一名を引き受けました。ソ連の貨車から下りてきた彼らは、だれもがおびえていて中にはわなわな震えている者もいましたが、傲慢な態度をとる者はだれもいませんでした。「満州国」皇帝溥儀は、顔面蒼白で、会話をしてもろれつが回らずあまり言葉になりませんでした。ソ連の紅河子収容所にいたときつくっていた自治委員会で担当していた「組織部長」「宣伝部長」「文化部長」の腕章をつけた者もいました。ベルトリッチ監督の映画『ラストエンペラー』の中で溥儀が手首の血管を切って自殺をはかるシーンがありますが、そんな事実は全くありません。

八月四日、彼らを乗せた専用列車が瀋陽駅に着くと、待っていた東北公安部政保所長の王鑒同志と溥儀そして諸大臣を列車から下ろし、大型自動車に乗せて東北公安部の汪金祥部長たちに面会させるために、公安部の会議室に連れていきました。テーブルの上には、西瓜、ぶどう、りんごなどの果物と煙草、茶などがいっぱい並んでいました。公安部は、溥儀たちに中国共産党の政策を信じ、真面目に教育を受け自らの過去を反省し、進んで罪業を告白すれば寛大な処置を受けられると話しました。半信半疑で聞いていた様子でしたが、表情はだいぶ落ち着いて見えました。瀋陽から撫順までの列車の中で、溥儀たちが面会したときの様子を他の者に伝えると、皆の緊張した表情がうすらいでいきました。

日本および「満州国」戦犯の接収と護送は、順調に行われ、「一人の逃亡者、一人の死亡者」も出さずに無事、成しとげることができました。

周恩来総理の指示と荒れる戦犯の間で

戦犯の食事については、周総理の指示に基づいて行われ、尉官クラス以下でも主食は白米とメリケン粉製品、おかずは魚、肉、野菜など豊富に入ったもの二種類とスープ。佐官クラス、将官クラスになると肉、魚がもっと豊富で、おかずも三～四種類になりました。尉官クラス以下でも、管理所の所長や私たち幹部の及ばない食事をしていました。

当時中国は、日本との長い戦争と国共内戦がつづいたために、食糧難の状況でした。そういう時期に一〇〇〇名あまりの毎日の食材を入手するのには大変苦労しました。医務室の健康診断が行われたあと、ソ連での栄養失調で病弱な身体になった者、結核、梅毒などの患者も少なくないことがわかってきました。梅毒患者のペニシリン、結核患者のストレプトマイシンは当時中国では作っておらず、アメリカ、ヨーロッパから輸入していた高価な医薬品で、中央の特別な許可をとらないと入手できませんでした。汪金祥部長は周総理から次のような指示が入ったので、私に管理所の所長に伝えてくれと言いました。罪を犯した戦犯といえども人間である、病気で苦しんでいる者がいたら救い、健康を保障しなければいけない。病弱な者にはそれなりの食事を工夫して作るように、民族習慣を尊重した食事をつくるように、また、戦犯がどんなに反抗しようとも、職員は殴ったり、ののしったり、絶対にしてはならない。所長がこのことを充分に理解し、職員が納得できるように話して欲しいということでした。

さっそく医務室からの要望を受けて私は、東北衛生部を通じて北京の中央衛生部に連絡をとり特別な許可をもらって医薬品を入手しました。そうした取り扱いをしていたにもかかわらず、ほとんどの戦犯の態度は横柄で、ことあるごとに帝国主義教育の中で叩きこまれた武士道の精神、大和魂の日本人優越主義を口にして、新中国や私たち中国人を蔑視する言葉をなげかけました。将官クラスの戦犯たちは戦時中と全く思想が変わっておらず、朝には天皇のいる皇居に遥拝し、教育勅語を一人で窓に向かって唱えていました。なにかと看守に難癖をつけて監房で騒いだり、他の戦犯を扇動して大声で叫ぶ者もいました。「我々は戦争の捕虜であって、戦犯ではない」「お前たちは戦後新しく成立した国家であって、我々を収監する権利はなくお前たちは国際法に違反している」「我々を無条件に釈放すべきだ」そうしたことを口々に怒鳴っていました。三〇数名の佐官クラス、将官クラスが連名で「抗議文」を書き、提出したこともあります。

六月二五日に勃発した朝鮮戦争は、九月になると戦火が急速に広がって鴨緑江のあたりまで迫ってきました。中央政府は「抗米援朝」「中国防衛」の立場から中国人民志願軍を朝鮮の前線に派遣しました。そして、朝鮮との国境に近い撫順戦犯管理所の戦犯全員を速やかに松江省（現在の黒竜江省）に移動させるように指示がありました。疎開先をさがすように命じられた私はすぐにハルビン市や周辺の監獄の状況を調査し、急いで瀋陽の公安部に戻り報告しました。十月一八日と一九日、二回に分けて、ハルビンと呼蘭の監獄に護送することに決定しました。

ハルビンに移動したあとも、日本人戦犯の反抗はますます激しくなっていきました。「朝鮮にいるアメリカ軍がそのうちやってきて、我々日本人戦犯を救い出してくれる」——そんなふうにうそぶく者もいました。

管理所の職員たちのほとんどは、日本軍国主義の手先の日本人戦犯に対してはかなり強い恨み、憎しみを抱いていました。その戦犯が目の前で自分たちを馬鹿にした暴言を吐いても、ただ黙って我慢しなければならない。おまけに自分たちより何倍ものうまいものを食べている。職員たちの胸中は相当なものだったでしょう。そうした苦闘の中で、中央の政策を忠実に実行していくことは難しい、もしも政策に違反したら党と国に迷惑をかける、そうした心配からどうか転勤させてほしいと願い出る者が相次ぎました。

私たちは戦犯の管理教育の他にもう一つ、自分たちとの闘いもかかえていたのです。東北公安部は、ハルビンに戦犯が疎開していたとき、松江省公安庁長趙去非に、戦犯管理所管理代理を委託していました。そうした管理所の状況を察して彼は全所の幹部を招集し、党の方針、政策を詳細に説明して、責任を持って指導管理を行うように強調しました。私もまた、全所の指導管理幹部会で次の二点を話しました。

一つは、指導管理をする人たちの思想認識をさらに高め、日本人戦犯の改造教育を歴史的使命として考えること。中央の戦犯改造政策をよく理解し、改造に関する有利な条件や具体的な改造案を研究し、つくり出して指導管理工作の信念を強めていく必要がある。二つ目は、戦犯の反動的思想と観点に正面から対決し、彼らに第二次世界大戦以後、戦争法規や慣例が変化している国際的状況と、国際法の知識を教育する。国際法廷を開くことについては、戦争犯罪を受けた当事国が罪を犯したものを審判する権利を有する。この他に私たちは次のことを確認しあいました。わが国の「抗米援朝」の必然的勝利の考え方を戦犯に理解させていく。騒ぎ立てる者には独房処分とする。「抗議文」を提出した三〇数名に対しては、集会を開き、孫明斎所長に彼らの誤りを指摘、反駁してもらう。もしも彼らが再び不合理な意見を強行に提出した場合は、監房規則により警告する。それまでの戦犯の悪態をただ黙って見ていた管理所の姿勢を改め、独房への厳罰措置もありうるとしたことから、職員の不満もやわらぎ、戦犯の威風、反抗も衰えていきました。なにか問題があればすぐに会議を開き、積極的に解決策を話しあい実行していくという気風が出てきたのはそのときからです。

一九五二年の初めだったと思います。管理所に行き総括報告を聞いたとき、憲兵少佐綾真喜雄が先頭に立って監房内で騒ぎたて、他の戦犯に悪い影響を与えているというのです。私は所長、副所長と話しあい、幹部会議を招集しました。戦犯の思想教育を強化するとともに、看守一人一人が戦犯の挙動を観察し、なにか起これはすぐに報告して事の次第を明確にする必要があると指導しました。戦犯管理所では、戦犯に対して勧告や警告、独房への収監の権利もあることを改めて強調しました。

綾真喜雄が騒いだのは、朝鮮戦争に関してでした。私は所内の有線放送を通じてそのことに関して二時間あまり話をしました。「ある人は、アメリカ帝国主義が中国の国境を侵入して『救い出してくれる』と思っているが、それは実際にそぐわない妄想である。アメリカ帝国主義が発動した朝鮮侵略戦争は不正義なものであり、彼らは至る所に出兵して補給戦線は長く、士気もまた低下し惨めな失敗にあっているが、これは歴史の必然である」。さらに現在の日本の状況についてもつけ加えました。「アメリカ帝国主義はすでに日本の『天皇の親分』になった。日本は数億米ドルをアメリカ軍に出しているばかりでなく、日本の婦女子は常にアメリカ軍兵士に蹂躙されているではないか。日本には六〇万名のパンパン（✦一）と呼ばれる婦女子がいる。日本人民はすでに塗炭の苦しみをなめている。こうした情勢の下で、もし敵を友と認めるならばそれこそ荒唐無稽と言わざるをえないではないか！

私は綾真喜雄に言いたい。中国政府が戦犯に対して人道主義政策を実行しているのは軟弱さの現れではない。いかなる者も認罪もせず法にも服さないなら、必ず出路を失うであろう」

指導管理する職員たちの話では、この放送は、挑発をはかっていた戦犯たちに一種の恐怖を引き起こしたそうです。そして、朝鮮戦場で、世界最強といわれたアメリカが敗退し、中国、北朝鮮の軍隊の勝利のニュースが次々と伝えられることによって、戦犯たちの中国観、中国人観が変わり、管理教育を妨げるさまざまな現象が少なくなっていきました。少しずつですが、過去の自分の罪を反省する者が表れるようになってきました。

一九五一年三月末、朝鮮戦争が中国、北朝鮮軍の有利な情勢で落ち着いてきたので、尉官クラス以下は撫順に戻すことになりました。一九五三年一〇月末には全員が撫順に戻りました。

語りつくすことのできない日本軍の罪業

これまで話してきておわかりでしょうが、私の仕事は東北公安部を代表して、中央の政策を忠実に遂行するように管理所に指示する。また、管理所でなにか問題が起こるとか、困っていることがあれば東北公安部に持ち帰り、重大な問題であれば中央の指示をあおぐ、そうした重要な地位で仕事をしていました。中央の政策を指示するときには、まず私が充分に内容を理解して、管理所の所長はじめ職員に伝えなければなりません。そうしたことで私自身も大変悩み苦しんだことを話しましょう。

私は一九三八年五月、二〇歳のときに抗日戦争に参加して、連隊長をしていました。日本軍とは相当長い間戦いましたが、その間に日本軍が罪もない中国人民を残酷に殺すところをたくさん見てきました。ですから、日本帝国主義教育を受けた残虐な日本軍兵士に対して私は、とても深い恨みをもっていました。河北省のある県で今も語られている事件があります。そこはかなり山奥の農村で三つの村がありました。一つの村の人口は二〇〇名くらいです。静かな、本当に平和な農村でした。ある日突然、その農村は日本軍に襲撃されました。理由は抗日軍と通じてはまずいということでしょう。機関銃部隊が包囲します。そして、農家に火をつけて逃げ出した農民を掃射します。武器も持たない村人たちをまるで虫けらのようにです。女、老人、子供そして泣き叫ぶ赤ん坊たちがバタバタと倒れていきました。目を覆いたくなるような残虐な殺し方です。あっという間に村人の大半が殺され、逃げ出すことができた村人はわずかでした。

そうした日本軍に恨みを抱いた中国人民は、日本軍の軍事施設の破壊や通信用電線の切断などさまざまな抵抗を行いました。電線を切られた日本軍は「切ったのは中国人だ！　中国人を全部殺せ！」そうした指令のもとにその近くの村に行き、村人を一人残らず殺し、さらに首だけを切り落として電柱や電線に数多くの首を吊るしました。その光景を見ただれもが、強い憤りを越えて身震いし、とても恐ろしい夢を見ているようでした。それは人間の仕業とは到底思えない大きな衝撃でした。

私は河北省粛寧県の豊楽という、およそ四〇〇名ほどが住んでいた農村で育ちました。ある時、この村に日本軍がやってきました。それを見て村人たちは一斉に逃げ出しました。しかし、病弱な者、老人、子どもたちは早くは逃げられず七〇名ほどが捕まりました。赤ん坊を抱きかかえ救けてほしいと懇願する母親や老人、泣き叫ぶ子どもたち。いっさいを無視した日本軍兵士はせき立てて一軒の民家に閉じこめました。粟やきびを入口の戸の前に積み上げてガソリンをかけ、火をつけて焼き殺しました。民家の周囲には日本兵が機関銃をかまえ、火の中から逃げ出てくる者を撃ち殺しました。殺された人たちは一体なにをしたというのでしょうか。こうした非人間的な残虐行為が他にあるでしょうか。日本軍が去ったあと、奇跡的に火の海から一名だけが重傷を負いながらも助かり、その事件が明らかになりました。その死者の中に、私の親戚が何名も入っていました。

河北省定県の、ある農村の人たちは日本軍の砲台づくりに男女五〇名ずつが強制労働に狩りだされました。木材を必要とする、そういって数軒の家が壊されました。そして、工事現場に集められた村人たちに日本軍は銃を向け大声で「全員裸になれ！」と命令し、衣類を全部脱がせ、男と女を左右に分けて仕事をさせました。しばらくすると命令がくだり、男と女の場所を変えるといって一列に並ばせ、行進の合図で移動させました。男と女がすれちがう時です。「行進やめ！」の号令がかかり、男女が向き合うように命令が出されました。そしてまた命令です。なんと言ったと思いますか。「互いに笑え！」――「笑え！」です。妻や夫、嫁、息子、娘、隣近所の人たちが裸のまま向かいあい、どうして笑えるでしょうか。

銃を持った何人もの兵隊が近づいて、男、女かまわず殴り倒していきました。それを見て上官たちはニヤニヤと笑い楽しんでいたんです。これは一体なんでしょうか。これは日本軍国主義の兵隊がやった事実です。日本軍が八路軍の兵士を捕まえたとき、どのような扱いをしたでしょうか。私の戦友は日本軍の捕虜になり、水責めの拷問で殺されました。私の部下も負傷したために部隊から離れ、日本軍の捕虜になって、残虐な拷問を受けたあと、銃で撃たれて亡くなりました。日本軍は八路軍の捕虜にこういう取り扱いをしました。こうした捕虜に対する日本軍の罪業は山ほどあります。

私の八年間の抗日戦争の中で起きた日本軍の罪業は、何カ月語っても語りつくすことはできません。そうした悪夢のような日本軍の数々の罪業は、私の脳裏に焼きついて、日本軍への恨みは相当深いものとなっています。こういう気持ちでいますから、もしも私が日本軍兵士を捕虜にした場合、どうしたいかおわかりになるでしょう。

その抗日戦争が終わって間もない時期に、私は日本人戦犯を接収し、管理をすることになりました。その当時の日本人戦犯に対する私の心理は想像してもらえるでしょう。

寛大政策とはなんだったのか

私は中国共産党の古い党員です。中国共産党は「人間を改造し、社会を改造する」という理念を持っています。ですから、誤った教育を受けてきた日本人戦犯も、私たちが改造する義務がある、と常に教育されてきました。党員である私は、党の政策に基づいて仕事をしなければなりません。そのことから私の個人的感情を抑えて、党の政策を実行してまいりました。ですから私は、管理所の所長はじめ職員たちに、自分の心の底の恨みを抑えて、党の政策をきちんと守って仕事を進めるように話しました。

孫所長も大変苦しんでいました。彼も抗日戦争に参加して、日本軍の中国人民に対する残虐な行為をたくさん目にし、多くの友人を亡くしていたからです。そうしたことから「このような国の重要な政策の、しかも責任の重い仕事はとても務まりません。どうか上司の中から適当な人を所長にしてください」と何度か「転勤願」を出しました。

はじめの頃に遡りますが、中央政府から日本人戦犯の思想を改造するという指示を受けたとき、殺人を楽しんでやった、人間の心を持たない殺人鬼の思想を改造するなんてできるだろうか。そうした疑いが私の中にありました。しかし、中央の指導者は、なんの疑問も持たずに戦犯改造政策を決定しました。それは、中国共産党が長征や抗日戦争の中で実施してきたからです。ですから、党の指導者は「できる！　党の政策を君たちが正しく実行できるなら必ずできる！」と言いました。私は党の指導者を信じていましたが、この政策に関しては「できるだろうか」という一抹の疑問を持っていました。でも、私は指導する立場にありましたので、「できる！」と常に自分に言い聞かせていました。

そのころ、こんなことを考えていました。あの鬼のような日本人戦犯も人間である。生まれたときは悪い人間ではなかったはずだ。彼らが幼いときから受けた皇国史観や軍国主義の教育が悪かったに違いない。彼らは支配者の思惑に忠実に従うように教育を受け、戦争に狩りだされて、さらに軍隊で人間性を剝奪されて罪業を犯した。そうした戦犯に対し、今度は私たちが軍国主義教育の誤りと、侵略戦争についてじっくりと話し、理解させる。そして正しい教育を行えば必ず彼らは変わる、と。

一年、二年、三年と時間が経つにつれて、戦犯の目つき、顔つき、態度が変わっていきました。そして、思想も変わり、自分の罪業を反省し、認め、告白するようになりました。それは尉官クラス以下からはじまりました。正直なところ、私が戦犯の思想改造はできる、と確信するようになったのはそのときでした。それまでの私の心の中は、党の政策と個人的感情が常にせめぎあっていたように思います。戦犯を目の前にすると過去の恨みが甦り、またある時は党を信じる心に傾いたりしたのです。

佐官クラス、将官クラスの認罪が急速に速まったのはそれからまもなくでした。私を含め、管理所職員たちも自信を深め、それまでとは違って政治教育、生活面などあらゆる方面から思想改造を積極的に進めるようになりました。そこで私がはっきりと理解できたことは、教育次第で「人間は変わるんだ」ということでした。そして党の政策が正しかったことを改めて認識しました。日本人戦犯は、自分の罪業を深刻に受けとめ、反省し、謝罪しました。それは、私たちが強制したのでは決してありません。私たちは、彼ら自身が変わるようにお手伝いしただけです。そうでなかったら、本当に変わったとは言えないでしょう。

この出来事は私の知る限り、人類の歴史の中ではじめてのことではないでしょうか。こうした政策を実施した中国の目的はなんだったのかという疑問を持たれるかも知れません。それはこういうことです。二千万名あまりの犠牲者と五〇〇億ドルにものぼる損害を受けたわが国が、日本軍国主義の手先となった戦犯を「一人も死刑にしない、一人の無期懲役刑も出さない」、また「賠償請求もしない」、それは不幸な歴史は水に流して将来を見つめて友好関係を築いていこうという中国の原則です。もしも、五〇〇億ドルという多額な損害賠償を日本に要求したら、日本経済の発展を妨げ、日本国民の生活向上に影響を及ぼしたことでしょう。戦犯を処刑し賠償を受けとったとしたら、今日のような中日両国の良好な関係はできたでしょうか。一言でいえばあの政策は、中国と日本が世々代々にわたって深い友好関係を保ち平和を築いていこう、そうした願いをこめた長期的視点をもつ事業であったといえるでしょう。

✦一　パンパン　敗戦後、日本の政府は、占領軍に日本女性を性奴隷として提供したが、当時、人々は彼女たちを蔑視してこのように呼んだ。のちには売春女性全体をさすようになった。現在は使われない。

溥儀が日常使っていた針や糸などの裁縫道具

管理所内監房。各監房にはスチームが完備され、佐官クラスは3～4名、尉官クラス以下は7～8名が共同生活していた左奥の小部屋はトイレである。

上：管理所の塀と監視塔

下：管理所内の廊下

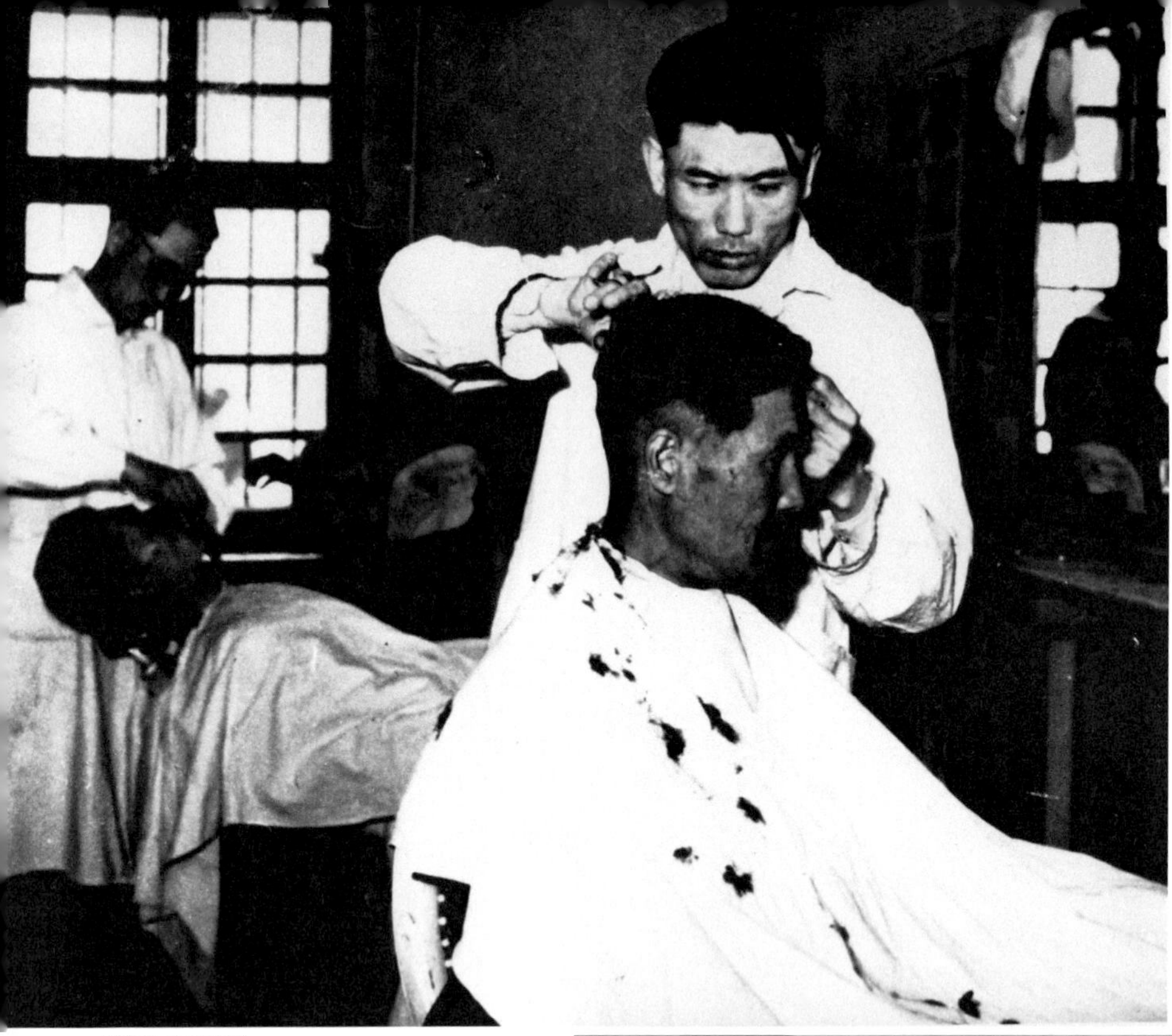

戦犯たちの散髪

歯の治療を受ける戦犯

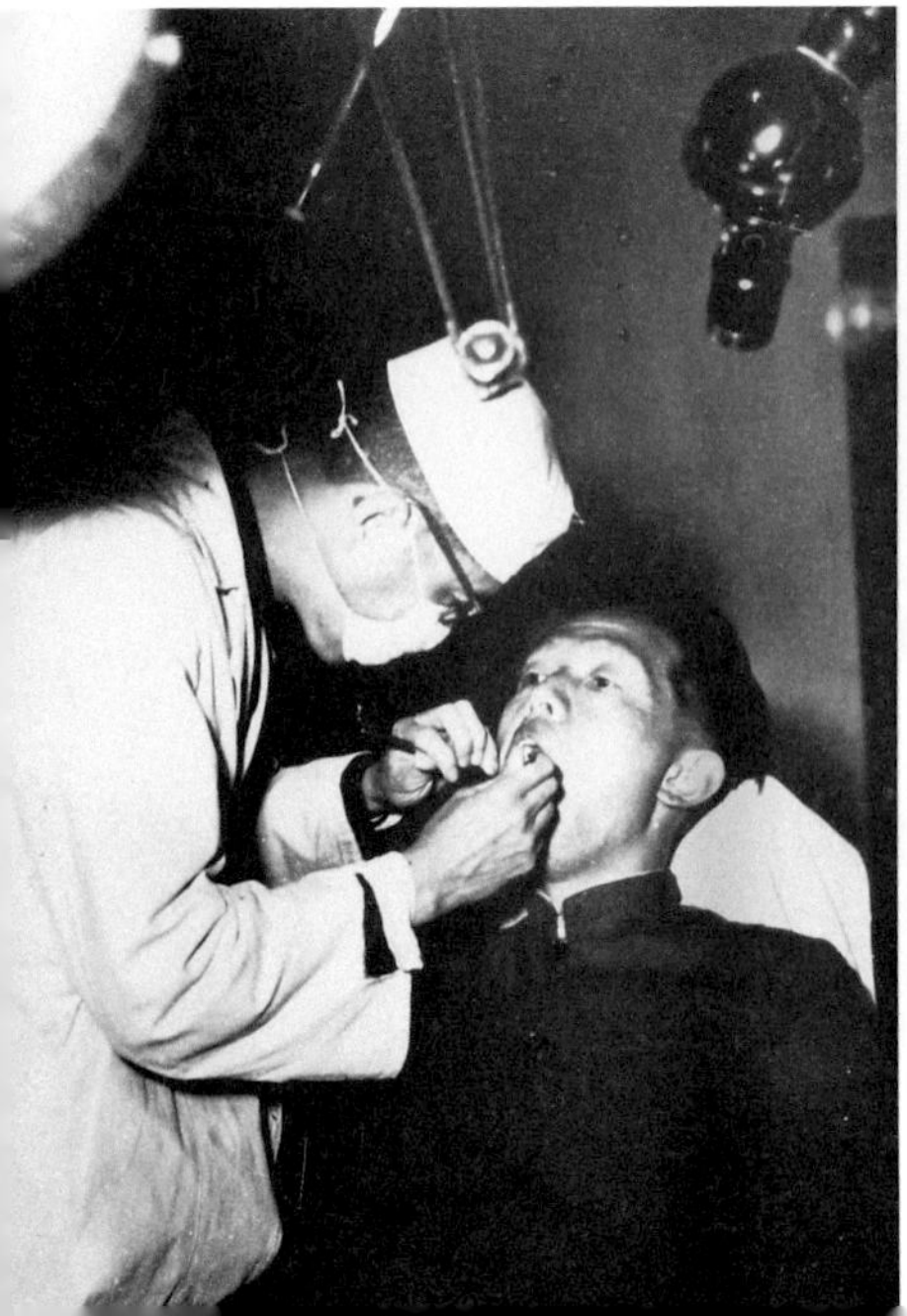

起訴猶予され、釈放される戦犯たちとのお別れ会

1954年ころの将官クラスの学習討論

碁を楽しむ。碁石は戦犯たちがつくった。ご飯を残しておき、白い石は石灰を混ぜ、黒い石は煙突の墨をいれて練った。看守に隠れての作業だったので、同じ大きさにまるめ乾燥させるまでが一苦労だったが、出来上がったものには何も言われなかった。

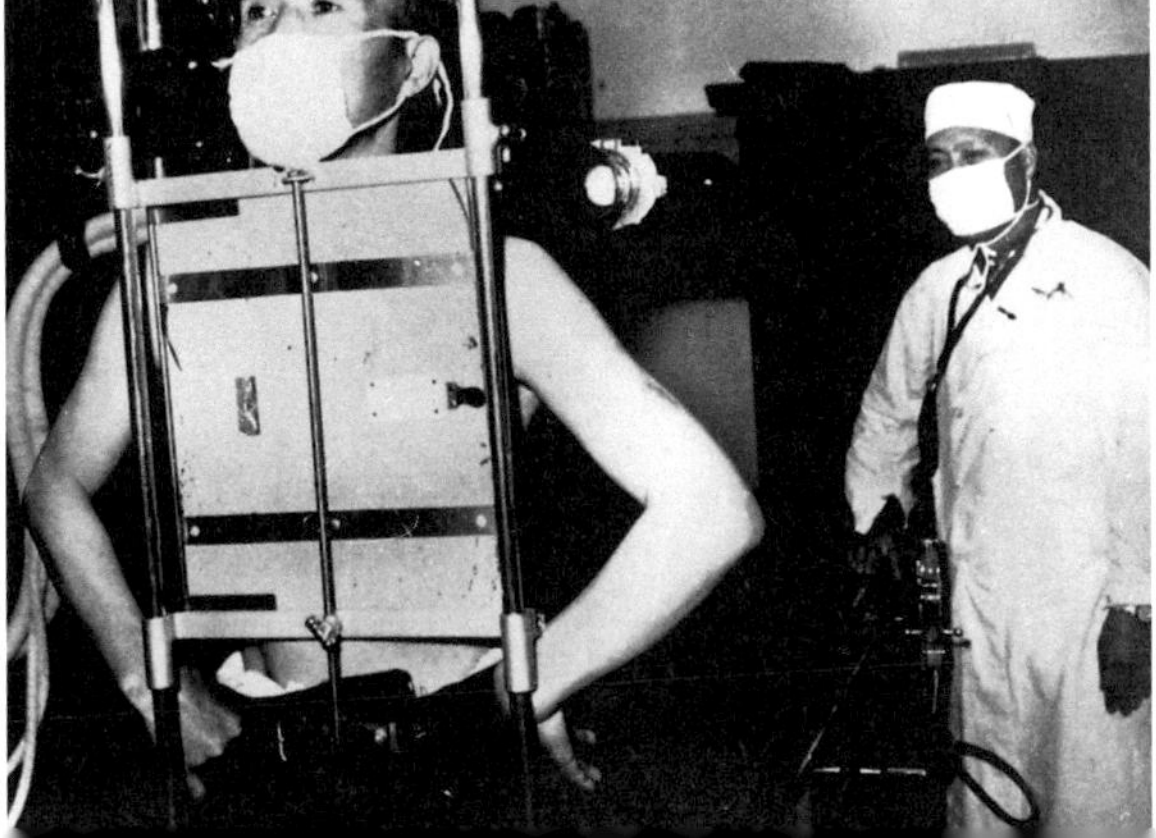

レントゲン検査を受ける

管理所内の図書閲覧室での学習風景

防寒用毛布の配給を受ける

参観学習で鞍山鉄工所を見学する戦犯たち

興安丸にて帰国の途につく戦犯たち

学習に使われた書籍

史良から聞いた戦犯移管の経緯

曲初

曲初……チュウ・チュー
一九一五年生れ。山東省出身。
一九五〇年から五四年まで副所長として勤務。

一九四二年山東の大討伐

一九三七年七月七日、盧溝橋事件の時、私は山東省威海市にいました。全中国の都市や農村で抗日運動が盛り上がり、戦争状態に入ったように、山東省でもあらゆる所で抗日の機運が高まりました。

私は抗日自衛隊に入り、主力部隊の食料補給や支援の活動をしました。一九四〇年、正式に主力部隊に加わりましたが、同時に威海市に共産党が組織されると第七区の区長になり、一九四五年八月一五日の日本の敗戦まで勤めていました。しかし、一九四〇年当時、威海市は日本軍に占領されていましたので、共産党や抗日自衛隊は地下組織として活動していました。

日本軍は数えきれないほどの残虐行為で中国人民を苦しめましたが、一九四二年の山東の大討伐も忘れることのできない大変な残虐行為でした。

海岸からまるで網を張ったように日本軍は、農村、町に攻め入って、見つけた中国人は女、子どもといえども一人残らず殺し、金目の物、食料は全部奪い、家屋はほとんど焼かれました。それは徹底的な三光作戦（✦一）でした。この一九四二年の大討伐は、南京大虐殺と同じように中国人民にとって忘れることのできない出来事です。

当時威海市の人口は約二〇万名、栄城県は約四〇万名、三七カ村ありました。その中の一村だけが

曲初（左）と于瑞華の夫妻

幸いにも大討伐からまぬがれましたが、三六の村の人々はほとんど殺され、家もほとんど焼かれてしまいました。約三〇万名の命が奪われたのです。

その時私は、第七区の一個中隊（約一〇〇名）を指揮していました。それと共産党本部を守っていた警備隊は約五〇名、合計約一七〇名が、私たち八路軍関係者でした。私たちは威海市の日本軍と五日間くらい、攻撃に出たり、退いたりして戦いました。私たちの目的は、いかにして日本軍の網の中から脱出するかでした。

夜になると日本軍は数メートル間隔に薪に火をつけ、私たちの脱出を妨げました。私たちはなんとかならないものかと偵察を出す中で、思いがけなくある所では灯火だけで歩哨がいないことが分かりました。その時です、私たちの隊の近くにあった村の代表が、村も日本軍に包囲されている、村人二〇〇名を助けてくれ、と申し入れてきたのです。私たち一七〇名だけでも大変なのに、女、子供、老人を含めて全部で三七〇名になります。私たちは悩みました、でも八路軍は人民のための軍隊です。この二〇〇名をなんとしても救わねばと決心しました。ところが、日本軍の支配下にあった中国人傀儡軍に後方から包囲されてしまいました。急がなければ大変なことになる、そう思った私たちは、何人もの偵察を出し、歩哨のいない灯火を数カ所見つけ出して夜中に脱出を敢行し、奇蹟的に全員無事脱出することができたのです。

当時、栄城県の公安局長が指揮していた別の一個大隊もその大討伐で包囲されました。兵力としては私たちより強力でしたが、ほとんどが殺され、脱出できた人数はわずかでした。もう一つ、威海市政府の大隊も、七〇〇名あまりの農民から救いを求められ脱出を敢行しました。八路軍兵士だけはどうにか脱出できましたが、農民は全員殺されました。それを考えると、私たちの脱出は本当に奇蹟としか言いようがありません。

一九四二年一二月末のことでした。私は威海市の党の会議に出かけることになり、ある村にさしかかり、昼に近かったので村に寄って昼食をごちそうになろうと一軒の農家に立ち寄りました。そこは遊撃隊と日本軍とが奪い合っていた所で、しょっちゅう占領が入れ代わっていました。その村は山の斜面にあって、その下にはまわりをススキや高い草に覆われた池がありました。私は食事を待ちながら村人と話をしていました。突然、日本兵二名が入ってきました。私を見るなり、さっと銃を突きつけ、「お前なにをしている！」と怒鳴りました。私はしまったと思いながらも冷静を装い、「そこに座りなさい」と言いました。彼らは怒り、「表に出ろ！」と銃を突きつけながら私を表に出しました。彼らが一瞬私から目を離したすきに私は逃げました。走ったり転んだり、塀を飛び越えたり、無我夢中で逃げました。山の斜面を転がるように下りて池の中に入りました。深さは腰くらいでした。あたりをよく見ると、向こうにもう一つ小さな池がありました。そしてこちらの池とをつなぐ放水溝がありました。私はそこに身を隠しました。その放水溝の上の方に細い道がありました。二名の日本兵は何度もその道を行ったり来たりして私を探しました。私が池に逃げ込む時、五〇歳くらいの男の村人が見ていました。その人は池の淵にあった私の足跡をすばやく消してくれました。そして池から離れ村に帰ろうとしたとき、二名の兵士に呼び止められました。「八路軍のやつを知らないか！」「どっちに逃げた！」と怒鳴りました。村人は「知らない！」と言いました。すると「知らないはずないだろう！　この野郎！」と言って村人に白状させようと何度も殴り、突き倒しました。しかし村人は全く抵抗せず、「知らない」と言って頑張ってくれました。

一二月末になると陽が沈むのが早いです。日本兵は夕暮れが迫る五時近くまで私を探していましたが、とうとうあきらめて引き上げて行きました。池の水はうすい氷が張っていました。約五時間、その水の中でふるえ、身体の感覚を失うほど我慢していた私の身体はすっかり冷えきっていました。

先ほどの村人がやって来て「さあ出なさい。日本兵は帰ったからもう心配ない」と言いました。私は立ち上がろうとしましたが、全く動くことができませんでした。村人は驚いて村に戻り子供たち数人を連れてきて私を抱え上げて助け、自分の家へ連れていってくれました。服を借りて着替え、温かい食事をごちそうになり、その晩は別の農家に隠れるようにして泊めさせてもらいました。その時以来、私の足は不自由になり、杖を使っての生活になりました。

私の兄のことを話しましょう。兄は村長で抗日思想を持っていました。農民からたいへん慕われ尊敬されていました。その兄が、ある時村にやって来た憲兵に逮捕され、数日間ひどい拷問を受けた後帰されました。逮捕の理由は抗日思想があり、日本軍にあまり協力しなかったからです。数日後、日本兵が突然家に押しかけてきて兄を銃で撃ち殺しました。

兄を殺され、私の足を一生不自由にした日本軍への恨みは、私の心の底にずっとあります。

史良との出会い

一九四六年、私は大連の旅大地区関東高等法院労働改造所に転属しました。そこは囚人を労働によって更生させる所です。一九四九年、私は一〇〇〇名あまりの囚人を労働によって更正させるという功績をあげ、そのことが旅大市の新聞に大きく取りあげられました。その翌年の五月のことです、その記事を見たといって中華人民共和国初代中央司法部長（日本の法務大臣に相当）の史良が改造所の視察に来ました。そのときのことは強い印象を受けたので、今でもはっきりと覚えています。彼女はレーニン式の軍服（ソ連式軍装）を着ていました。そして二〇歳を少しこえた彼女の秘書も同じレーニン式服装でした。彼女の視察時間は決して長くありませんでしたが、関東高等法院所轄の各機関と監獄をほとんど見てまわりました。当時私は労働改造所の所長をしていましたので、彼女たちの宿舎、食事、車の世話と最初から最後まで同行し案内をしました。視察から帰る前、彼女から彼女の宿舎となっている市内の招待所に招かれました。彼女は黒っぽい服を着ていて、私を丁重に部屋に案内し、腰をかけさせると話し始めました。

「あなたのここでの仕事は大変立派です。実は今回、私の東北に視察に来た目的は、大変重要な仕事があり、私はその仕事を進める幹部を探しに来たのです、転勤する気がありますか」

「上層部の人が決めれば私はやります。命令に従います」と私は言いました。彼女は続けました。

「その仕事というのは、近々東北戦犯管理所が組織されます。あなたは囚人の労働改造に早くから従事して経験も豊富だし、管理所の仕事に適していると思うのですが。まず、その管理所のことを説明しましょう。毛主席と周総理が昨年から今年にかけて（一九四九年一二月一六日～一九五〇年二月一七日）ソ連を訪問しました。そのときスターリン同志との間で両国間の政治、経済問題が討議されたのですが、その中でスターリン同志は、中華人民共和国が成立したとはいえ、正式な外交関係が樹立されているのは、わが国ソ連と社会主義国一一カ国で、帝国主義の包囲の中にある。中国の国家主権を尊重し、国際的地位を高め、合法的権利を守り、中ソ両国の同盟と友好を増進し、社会主義陣営の中での声望を高めるために、ソ連の捕虜となっている者の中で、中国で戦争犯罪を犯した日本人戦犯と「満州国」の戦犯一〇〇〇名を中国に移管し、中国が自らの主権でこれを処分することが望ましいと言ったそうです。毛主席、周総理たちは、中国政府としても、自らの政治的地位を高め、西側諸国に中国政府の承認を迫ることが可能になるし、東南海の島々やチベット各地はまだ解放されていない、解放区内の土匪も粛正されていない。さらには蒋介石も虎視眈々と大陸反攻を狙っている。そんな状況を考えて合意をしました。その日本人戦犯を東北戦犯管理所が収容します。どうでしょう、曲初さん、そこに行って仕事をしてくれませんか。とにかくあなたの意見を聞かせてください」

その話を聞いて私は興奮しました。と同時に心配もありました。興奮というのは、前に話したように、私は抗日戦争の時期に日本軍の残虐な行為を目の前でたくさん見てきており、それに両足を不自由にもされ、日本人に深い恨みを持っていました。その日本人戦犯を取り扱うと聞いたからでした。あの殺人狂どもを勾留し、裁判にかけられると思うと、誇りとも慰めともいえる熱い感情がわいてきたのです。

しかし、私は中学校の学歴しかなく、日本語も話せない、国内の罪人は教育できるとしても、国際的な戦犯として彼らを管理することができるだろうかと心もとない気持にもなりました。私の話を聞くと、彼女は説得するように話しました。

「最も大事なことは、あなたが多くの試練をつんだ一人の中国共産党員だというだけでなく、新中国成立後の一人の優れた司法官だということです。党中央の指導者は私のような非党員をも信頼して国家の司法部長に任命しました。それと同じように、私もあなたのような老党員を信頼してこの歴史的任務を任せようと思います」

私は史良部長の誠意あふれる話に胸が熱くなり、喜んで引き受ける気持になりました。と同時にその任務の責任の重さもかみしめていました。ところが私にはひとつの問題がありました。旅大人民政府から旅大市検察署事務局長を命じられ、任命を受けたばかりだったのです。同席した者が、曲初はすでに仕事が決まっているから他の仕事に着くのは難しい、と言いました。彼女は「いや、そのことだったら私が人民政府に話をするから問題ない」と言って連絡を取り、その後五月下旬、正式に任命されました。私は副所長として管理所に行くことになりました。

周恩来総理の指示

一九五〇年六月初旬、管理所に赴任しました。そして数日後、所長となる孫明斎同志が転勤してきました。管理所の前身は東北司法部の直轄第三軍の監獄で、一九三六年に日本軍が建てたものですから設備は悪く、あちこちかなりの改修を必要としました。それで孫明斎所長とそれぞれの分担の打ち合わせを行い、一カ月あまりで管理所の改修工事を完了することができました。公安部、司法部、衛生部から選抜された幹部一〇〇名あまりと一個大隊の警備員たちが東北各地から次々と集まり、七月一〇日頃にはほとんどの者の仕事の配置が決まりました。

七月二一日未明、日本人戦犯九六九名が撫順城駅に到着しました。高官であった一部の戦犯たちが、戦闘帽をかぶり、将校服を身につけ、肩章まで着け、傲慢な態度で入ってきたのを見て、私は非常に腹立たしく思いました。管理所に着いた彼らは、あらかじめ準備していた部屋割りで、一所から六所（◆二）までに将官クラス、佐官クラス、尉官クラス以下に分けて収容しました。

戦犯たちに出した最初の食事は主食のコーリャン飯と白菜のスープでした。「食べない者がいます。中には捨てる者もいます」と看守が報告してきました。私は腹が立ちました。「彼らは腹が減っていないから食べないんだ。われわれ幹部も兵隊も、皆同じものを食べている。彼らは中国でたくさんの中国人を殺し、苦しめておきながら、われわれと同じ待遇を受けているなんてとんでもない。次も同じものを作ってやれ」。そう言って二回目も同じものを出させました。看守がまた「食べません」と言ってきました。私はますます腹が立って「まだ腹が減っていないからだ」と三回目もコーリャン飯を出すように指示しました。やはり食べない者がかなりいました。私の腹は煮えくり返っていましたが、このまま食べないと身体に悪い、もしも病気になったら私の責任だ、そう思って、看守にコーリャン飯を食べない戦犯の一人を連れて来させました。「なぜ食べないのか」と私は聞きました。「あんたたちは俺たちを戦犯として取り扱うんだろう。部屋の壁に貼ってある監房規則にそう書いてある。戦犯だったらコーリャン飯を食わすべきじゃない。そう思うがどうかね」。これを聞いた私は腹が立ちましたが、彼の言うことにも理があるので、「わかった」と私は了解しました。ただちに東北公安部の汪金祥部長に電話しました。汪部長は北京の周総理に電話で事情を説明しました。間もなく汪部長から連絡があり、周総理の明確な指示を伝えてきました。それはこういう内容でした。

「勾留しているすべての戦犯に対しては、国際法に基づいた処遇を与えねばならない。食事については、戦犯の役職の階級を三つに分け、わが軍の支給基準に照らし支給すること。すなわち、将官クラスの食事は当時の人民政府の部長と同等のもの、佐官クラスは所長、県長、連隊長クラス、尉官クラス以下は一般と同等だが主食は白米と小麦粉にする。そして、日本人であるから日本民族の習慣を尊重した食事を考慮するようにせよ」

また次のような厳しい注意事項も付け加えられていました。

「戦犯としての管理は厳重にし、外部は厳しく内部はゆるやかにすること。一人の死亡者も、一人の逃亡者も出してはならない。殴ったり、ののしったり、侮辱するような行為をしてはならない」

こうしたことで彼らの教育と改造を行うようにとのことでした。私はこの指示に対して私なりの批判がありました。しかし、上級からの指示は守らなければならないので、この指示に従い戦犯の取り扱いを進めることにしました。

職員の苦情が殺到

私の電話で、戦犯の各部屋に監房規則が貼ってあることを知って、汪部長が「だれがそんなものを貼ったんだ」と怒りました。「私が貼るように指示しました」と答え、「一〇〇〇名近い戦犯を収容し、管理していくにはある程度の規則がないと決まりがつきません。なぜいけないのですか」と言いました。「そんなことをしてはいけない」と汪部長は怒り、私とかなり激しい論争をしました。結局、その紙は全部はがさせました。なにか問題があれば、口で注意した方が良いということがわかったからです。

中央の政策を進める上で、職員たちにすべてを守らせるのは決して容易ではありませんでした。私が戦犯の生活面の面倒をみる総務を担当していましたので、私に苦情が集中しました。「豚は喰わせて肥えれば肉を食べることができるが、この連中を肥えさせてなんの得がある、どうせ銃殺してしまうのに」。これが一般的な感情でした。一部の幹部や兵士は、調理場で三階級の食事が作られているのを目にすると、怒り心頭に達し、まんじゅうを取り上げて口に入れる、と次のように言いました。「食べなきゃ損だぞ。遠慮するな、俺たちが食べるのは革命をするためだ。奴らが食べるのは一体なんのためだ」

それらの不満に対して、当時の私は、十分に説得できる力がなく、大変悩みました。しかし、放っておくことはできません。早く職員たちを納得させ、不満なく仕事ができるように努力しました。孫明斎所長と相談して党員大会や幹部、兵士大会を何度も開いて説明しました。この政策は周総理が決めた中国政府の重要な政策であるから実行してほしいと。しかし、職員たちが十分に理解できるまでには相当な時間がかかりました。三年、四年、それ以上の人もいたでしょう。そうした中で職員たちは中央の政策を十分守って、規律正しく本当に良く仕事をしたと思います。今振り返ってみると、あの管理所の職員たちはどこへ出しても高い評価を得られる人たちばかりです。本当に信頼できる人たちです。大方の職員たちが政府の政策を理解し、積極的に管理所の仕事を進めるようになったのは、やはり三年くらいたった頃からでしょうか。それは戦犯が変わったこととぴったり重なります。つまり、戦犯が罪を認め反省し始めた時期です。政府の政策の正しかったことが、職員の目の前に具体的に現れたのです。戦犯と職員との対立感はどんどん薄れていきました。

しかし、双方の良好な関係が築かれるまでには、さまざまな出来事がありました。あるとき、少将だったある旅団長を呼んで話し合いをすることになりました。彼が私の部屋に入ったので、「どうぞ座りなさい」と二、三度言ったのですが座りません。仕方なく私は「あなたは中国に来てなにをしましたか。人を何名殺しましたか」と訊ねました。すると、「私はそういうことを話す義務がない」と言いました。そして「私は日本の大本営から派遣されてきた者、あなたは中国共産党の民衆を代表して我々を取り扱う者、お互いに立場が違う。私は日本の国家、あなたは新中国の国家、立場が違うから話はできない」。そう言ったのです。私は仕方なく彼を部屋に戻しました。そして教育科の科員に彼はなぜ話をしないのか相談しました。教育科員はこう言いました。「彼ら日本軍人は命令によって動かされる訓練を受けてきました。ですから、中華人民共和国を代表してあなたに命令する、そう言えば話すと思いますよ」。そこで、その少将をまた呼びました。部屋に来たその少将は全く前と同じで、立ったままです。私が座りなさいと言っても座りません。そこで、「私は中華人民共和国撫順戦犯管理所副所長です。命令です、座りなさい」と命じると彼は座りました。このことで私は、日本軍人は命令には絶対服従せよと徹底的に教育されてきたことを強く印象づけられました。

朝鮮戦争と日本人戦犯

一九五〇年六月二五日に勃発した朝鮮戦争で、九月中旬、アメリカは国連軍の旗印を掲げて一五カ国の軍隊を糾合し、仁川に上陸しました。そしてわが国の厳重な警告を無視して、戦火をわが国の国境にまで拡大しました。この危機的状況に彭徳懐司令官の指揮下、わが国の人民志願軍は一〇月二五日、鴨緑江を渡り朝鮮人民の「抗米援朝」の戦いに参加しました。管理所は国境に近かったため、いつこちらまで戦火が及んでくるかわかりません。「戦犯たちを移動せよ」という周総理の緊急指示が東北公安部から伝えられました。私たちは一〇月一八、一九日の両日にわたって、日本人および「満州国」戦犯全員をハルビンに移動させました。戦犯たちを道外、道里、呼蘭の三カ所の監獄に分けて収容しました。

出発前、戦犯たちに移動の目的とハルビンに疎開することを説明しました、彼らはなかなか信じませんでした。というのは、ソ連から中国に移管したとき、ソ連側は日本に帰国させると言っていたからです。「俺たちをだますのか！」「今度はどこへ連れて行くんだ！」とわめきたてる者がかなりいました。「北方に連れて行かれて殺される」。そのような悪夢を抱いていた者もかなりいました。しかし、ハルビンの監獄に着くと、「中国の言うことは本当だ」と戦犯たちは落ち着きを取り戻しました。ところが、今度は朝鮮半島の戦況を占い、さまざまな幻想を抱くようになりました。

「日本帝国の陸海軍でもかなわなかったアメリカだ、中国や北朝鮮があの近代的装備を持ったアメリカに対抗できるわけがない。そのうち、アメリカ軍は中国国境を突破してやって来て、俺たちを救い出してくれるかもしれない」、「第三次世界大戦が起きるのではないか」。そう思った者もいました。中国、北朝鮮の優勢な戦況を伝える『人民日報』を配布しても彼らは信じません。「こんなのは中国の誇大宣伝だ」。そう言って馬鹿にしていました。

そこで、東北公安部の董玉峰同志や孫明斎所長に依頼して、数回にわたって「国際情勢の変化」や「アメリカ帝国主義の侵略戦争は必ず失敗する」、「アメリカ帝国主義の日本再武装の陰謀」などのテーマで放送を通じて語ってもらったり、資料を配布したりしました。当時、将官の多くは監房内で天皇遥拝を行い、教育勅語を唱え、君が代など日本の歌を大声で歌ったりしていました。中朝両国軍隊がアメリカ軍を三八度線以南に追い落とし、停戦したニュースを彼らが知ったとき、私たちの本質を見る目と戦況分析について改めて見直したようでした。以後、彼らの私たちに対する態度はかなり変わり、私たちの指示に従うことが多くなりました。それは、世界一を誇るアメリカの軍隊を中朝両国軍が破り、勝利したことへの驚きと、それまでの中国観の誤りに気づいたからだと思います。

この朝鮮戦争の好転の中で、一九五一年三月には、道外と道里、呼蘭の監獄にいた、将官クラスを除く六六〇名の戦犯を、一九五三年一〇月には残りの戦犯全員を撫順に戻し、管理所は本来の体制で戦犯の教育と改造を進めることになりました。この頃には、戦犯の多くの者が過去の自分の行為を反省するようになりました。そして、一九五四年春からでした、自分の罪業と上官の罪業を暴露し、侵略戦争の実態を次々と明らかにしていったのは。

そうした認罪運動が拡がっていた一九五四年一二月、私は異動で管理所をあとにすることになりました。

✦一　三光作戦　中国では三光政策と称する。中国語で「光」とは「尽くす」という意味で、日本軍の残虐な行為は「焼きつくす・奪いつくす・殺しつくす」の三光政策であると中国ではみなした。

✦二　一所から六所　戦犯を所属別、階級別に分けて勾留した部屋の呼称。一所から七所まであり、一九五〇年七月から一九五六年九月までの戦犯の勾留状態は、一所、二所は「満州国」関係、三所、四所は日本の尉官クラス以下、五所は日本の佐官クラス、六所は日本の将官クラスに分けた。七所は日本と「満州国」の戦犯の病棟。さらにこの下に監房があった。

木の皮、野草でしのいでも

劉鳳魁

劉鳳魁……リゥ・フォンクェイ
一九二四年生れ。一九五〇年から一九六五年まで管理教育科員、副所長、所長を歴任。

「満州国」勤労奉公隊

私は一九四八年一月、瀋陽で国共内戦の解放戦争に参加しました。夏に国民党が敗退し瀋陽が解放されたあと、私は瀋陽の鉄嶺県公安局管轄の鉄嶺駅前派出所の所長をしていました。翌年の一〇月一五日、新中国が誕生して間もなく、私は東北公安幹部学校へ入学しました。学校は一年間で公安幹部を養成するところです。

一九五〇年六月半ば、私と同級生一三名は東北公安部に出頭するよう命じられました。公安部に行くと解衡所長が言いました。「君たちは撫順に行ってソ連から送られてくる日本人戦犯の管理教育をすることになる」。私も同級生も、思いもよらない話にびっくりして、思わず驚きの声をあげました。すかさずだれかが言いました。「そんな仕事はしたくありません。戦犯は大物で、年齢も上で人生経験も豊富です。それに学歴も私たちより上でしょう。私たちが管理教育するなんてとても無理です」。私もまったく同感でした。同級生も「そうだ！」という顔をしました。すると解所長が「なにを言ってるんだ。君たちはマルクス・レーニン主義については大学生だ。戦犯は小学生ではないか。なぜ教育できないなどと言うのか」。そう言われると、もう私たちには反論する言葉が見つからず、仕方なく従うことになりました。でも、私は日本人戦犯の顔なんか見たくない、つきあいたくないという気持ちでいっぱいで、そんな仕事は嫌だと思いました。というのは、「満州国」時代の一九四三年、私は日本軍に強制労働に狩りだされ、まるで牛馬のように扱われた苦い体験があり、日本人に対して心の底からの怒りをもっていたからです。

当時、「満州国」軍の徴兵検査で合格できなかった者は、勤労奉公隊という名の強制労働に狩りだされ、毎年四カ月間、「満州国」が指定した場所で労働に従事させられました。

私は二人兄弟の長男で、弟は二歳年下です。両親や私たちはそのころ「奉公隊に行ったら帰ってこられないぞ！」という悪い噂を聞いていました。両親は私のことを心配して、なんとか勤労奉公からはずしてもらおうといろいろな所に行って頼みました。でも結局だめでした。母は泣いて悲しみ、父は目に涙を浮かべて「必ず生きて帰るんだぞ」と何度も言って私を送りだしました。

奉公隊ですからもちろん給料はなく、三年間続けて行くことを義務づけられていました。一年に四カ月、三年ですから合計すると一年間無償で働くことになります。働きざかりの者を奪われて困っていた家はたくさんありました。

最初の労働は一九四四年で私が二二歳のときです。私が住んでいた鉄嶺の地域だけで一〇〇〇名あまりが狩りだされました。奉公隊は軍隊と同じで小隊、中隊、大隊に編成され、関東軍の少尉が隊長として全体を指揮していました。鉄嶺を出発するときから関東軍の銃剣を持った兵士が厳しく警備しており、とても逃げられる状況ではありませんでした。私は生きて帰るのは難しいと覚悟をしました。

貨車にぎゅうぎゅう詰めに押し込められ、一昼夜ほどで着いたのは、内蒙古の中ソ国境アルジャンという興安嶺の山奥でした。驚いたのは、私たちの隊の数一〇倍の人たちが集まっていたことでした。一般から募集して集められた労働者もいました。その人たちに対しては賃金など契約事項があったでしょうが、おそらく関東軍は支払わなかったでしょう。

劉鳳魁　管理所の庭で

仕事は、関東軍がソ連を攻撃するときの要塞作りです。山を掘り、たくさんのトンネルを作りました。その地域はこれまで人が足を踏み入れたことのない所で、太古以来の大樹がうっそうとおい茂っていました。

私たちの寝る場所はむしろで囲った小屋のアンペラ（草を編んで作ったむしろ）の上に草を敷くだけの本当に粗末なものでした。食物はとうもろこしの粉でつくったパンのようなものが与えられただけでした。これではとても四カ月間の重労働に耐えられないと思った私たちは、野菜がわりに野生の草を採って塩ゆでしておかずにしました。朝早くから陽が暮れるまで、それは大変な重労働でした。関東軍の銃剣を持った歩哨があちこちに立って厳重に監視していましたから、疲れても休むことは許されません。もちろん逃げることもできません。毎日の重労働に栄養不足の食事、栄養失調で死んでいく者、病気にかかって死んでいく者がたくさん出ました。歩哨に「助けてください」と申しでても無視され、助けようなどという姿勢は全く見られませんでした。牛馬のようにこき使われ、弱った者は見捨てられました。

日本人たちは、私たちに地下壕を掘らせ、そこを住居にしていました。当初日本人がどこに寝泊まりしているのかわかりませんでした。あるとき、地面にあいた穴から煮炊きの煙が出ていたのでわかったのです。

戦後に判明したことですが、興安嶺の要塞作りに狩りだされた中国人民の中で、労働中に病死した人、餓死した人、関東軍の秘密保持のために殺された人など犠牲者は四〇万名を超えました。万人坑（✦一）やあちこちを掘り起こし、出土した白骨数でその数が明らかになりました。私は栄養失調でやせ細り、体力の限界にきていましたが、幸いにも帰ることができました。

二年目は同じ組織で本溪湖に送られて、飛行場の滑走路を作らされました。二カ月目に日本の敗戦を知って逃げ帰り、助かりました。

戦犯専用病棟の管理

このような体験によって日本人に深い恨みを持っていたことと、幹部学校での勉強もあと五カ月で終わるのに、中退したら将来役に立たなくかもしれない、そんな思いが重なって管理所に行きたくなかったのです。でも、私は共産党員ですから上の命令に従わなくてはなりません。仕方なく行くことにしました。同級生たちも同じような気持ちでした。

私は管理教育科に配属されましたが、日本語ができないので、毎日『人民日報』や日本共産党の訳した本などを監房に配布する仕事をしていました。私たち中国人より戦犯の方が食事の質が良いのを知って、「なぜこんな待遇をしなけりゃいけないんだ」と、不満を通りこして怒りすら抱くようになりました。将官クラス、佐官クラスは豚肉、魚はもちろんのこと、鶏肉、ナマコなど、当時としては高価で、私たちには全く口にすることができないものを食べていました。尉官クラス以下でも魚、肉、野菜が豊富でしたから、私たちの食事とは雲泥の差でした。私たちは朝はとうもろこしの粉でつくった餅、昼はコーリャン飯と白菜やじゃがいもを塩味で煮たものをおかずにし、夜はとうもろこしの粉の粥と漬物です。

「なぜこんなことをするんだろう？　これはやりすぎだ」と、不満はふくらんでいきました。中国は長い間戦争をして国民経済は全く破壊されて、人々の生活は大変困難でした。それでも人々は文句も言わず耐え忍んで頑張っていたのです。それなのに、中国人民をそうした困難な状況に追い込んだ日本人戦犯を優遇するとは、「一体なぜなんだ」。とても理解できませんでした。

医療面でも同じです。戦犯が病気になったとき、中国人民がなかなか使えない高級な薬を使って治療していました。

ハルビンに疎開していたときには、ハルビン医科大学の広々とした二階の一棟を戦犯の専用病棟として使っていました。

私はその専用病棟（東衛系と呼ばれていました）の責任者でした。ここでは戦犯のために大学の主任医師が三名、看護婦七名、看護婦の助手で掃除、洗濯をする者三名、そして看守、教育科の科員数名がついていました。

当時、一般中国人民が病気になっても入院は大変難しい状況でした。こういうときに戦犯が特別扱いされる。これもまた理解に苦しみました。

あるとき、佐々木到一という将校が入院してきました。看護婦を一名担当につけて、医師もいろいろ診察をしましたが、いっこうに良くならず病名もわかりませんでした。孫所長が出張で来ましたので、私が「佐々木到一の病気は大変重く、病名がわかりません」と言うと、「それはいけない。早く外国の専門の医師を呼んで中国の医師と一緒に診断し、治療をするようにしなさい」。所長がそう指示しました。

私はさっそくそのことを医科大の責任者に話しました。責任者はすぐにロシア人の有名な女医を連れてきて、佐々木到一の診察をさせました。ところがその女医は中国語がほとんどわかりません。そこでロシア語がわかるという中国の医師を呼んで通訳させましたが、その医師がわかるのは専門用語だけでした。困った私たちは政治科大学に頼み、一般のロシア語のできる学生に来てもらい、医師同士がようやく通じあうことができました。こういうことは一般の中国人にはしないことです。管理所としては、あらゆることをして戦犯の病気を治そうとしました。そのときも私は、なぜこんなことをしてまで戦犯の面倒をみなければならないのか、そう思いました。診察の結果、佐々木到一の病気は高年齢による老衰でした。佐々木到一は八〇歳に近かったのです。「こんなことで私を呼ぶなんておかしいですよ」。ロシア人女医は怒っていました。でものちになって私は、戦犯に対して全力で治そうとした所長の姿勢に感心しました。

悲しかったのは、そうした私たちの努力や医師、看護婦たちの献身的な治療、看病に対して、佐々木到一は、感謝の気持ちを少しも表さず、俺は日本人の将校で大物なんだ、ましてや歳もとっている、その俺を戦犯扱いにしているお前たちが看病をし、世話をするのは当たり前だ。そうした言葉を吐き、中国人を軽蔑し、無視する態度だったことです。医師をはじめ、看護婦、看守たちが教育科と所長にその不満をぶつけてきました。

「私たちの誠意があの人には全く通じない。侮辱したり無理な要求ばかりだす。もう世話なんかしたくない」。当時二〇歳の若い王丹という看護婦は「私は高等女学校を卒業してから、看護婦学校に行き人民のために役に立とうと勉強しました。それなのに管理所に送られ、しかも戦犯の世話、その上悪いことなんかしてないのに馬鹿にされ、大小便の始末ばかりさせられる。こんな仕事が私の任務なのか！」大変な怒りようでした。

私は責任者です。そうした不満を持っている人たちをなだめなければなりません。「佐々木到一にそういう態度を改めるように言うからがまんしてくれ、党中央の政策を守ってやろう」と説得しました。でも正直なところ、私自身も腹が煮えくり返るように怒りがあふれていました。

撫順の新立屯に設けられた肺結核病院についても同様でした。その病院にも戦犯専用の病棟があって、若い職員たちに世話をさせていました。空気伝染が考えられたにもかかわらず、「戦犯のためだ、戦犯の病気を治すためにはやむをえない」と言って気の進まない若い看守を無理矢理つけました。「そんな犠牲を払ってまでなぜ戦犯の世話をするんだ」と、私はここでも納得がいきませんでした。

刑を受けた四四名の戦犯たち

しかし一九五四年、五五年、五六年と時がたつにつれて戦犯の意識が変わり、党の政策の正しいことが、ようやく私にも理解できるようになりました。それからは職員のだれもが積極的に仕事をすすめるようになり、戦犯との関係も大変良くなっていきました。

一九五六年七月から八月にかけて行われた中華人民共和国最高人民法院特別軍事法廷で、瀋陽では三七名、太原では八名が実刑を受けました。その中の一名、「満州国」国務院総務庁長官の武部六蔵は、病気のため仮釈放で帰国となり、四四名が管理所で刑に服して生活をすることになりました。私は所長代理になり、四四名の世話をすることになりました。それから間もなく、中国は大変困難な時期を迎えることになります。

中国は社会主義を早急に建設しようとして、一九五八年から毛主席が次々と打ち出した「三面紅旗政策」(✦一二)の誤った政策によって、なにもかも不足し、特に食糧は東北地方全体に及んだ三年つづきの自然災害と重なって飢饉となり、街に食料はほとんどなく、国民の生活はとても苦しくなりました。その時期はソ連との関係も悪くなり、食糧の輸入がままならず中国は大変困ったのです。管理所職員の食料も困り、木の皮や野草を代用食としました。そんな物で身体がもつわけがないでしょう。職員たちのほとんどが栄養不足で脚が腫れ、床に伏す者が相次ぎました。

このような状況のもとで戦犯の食事をどうするかが問題になりました。何度も会議を開きました。その結果「彼らの思想改造を邪魔してはならない、食事はいままでどおり」ということになり、食料を特別にまわしてもらうように中央に頼みました。多くの日本人戦犯はすでに釈放されて帰国し、四四名の少人数になったので、炊事員を一名つけて、彼らが自由に好きな物を作って食べられるように新たな炊事場も作りました。卵を得るために鶏をたくさん飼い、戦犯たちが世話をし、卵は毎日豊富に食べることができました。乳牛も二頭飼って、毎朝牛乳を飲むことができました。

戦犯たちはすでに反省し、実刑も決まって、あとは帰国を待つだけです。だれもが以前より精神的に明るくなって、健康に注意をはらうだけの生活でした。健康のために外に出てなにか労働をしたいという戦犯の希望を受けて、管理所から米作りの提案をしました。戦犯たちは大変気に入ってさっそく始めることになりました。

管理所から四キロメートルほど離れた荒地に田んぼを作ることにしました。一年目から豊作でした。冬になると、野菜は白菜、じゃがいもしか手に入りません。そこでガラス張りの温室を作り、きゅうり、トマト、大根、白菜などの野菜や花も栽培し、新鮮な野菜も食べることができました。戦犯は毎日、自分たちが食べたいものを好きなだけ作っていたので、私たちから見れば、それは大変うらやましいことでした。

「一九四五年八月の敗戦まで、私たちは中国に来て破壊ばかりしてきました。でも今の私たちは生産をして卵を食べています。こんなに嬉しいことはない」と戦犯たちは言いました。鶏が産んだ卵をたくさん箱に入れて、まるで子供のように喜びを全身に表し、「にわとり音頭」という歌をうたいながら踊っていたこともありました。米の収穫のときは、皆が集まって一年の農業の中でなにを得たかを話し合い、「体が強くなった」「労働、生産の喜びを味わった」「自分が作った米は格別うまい」「自分の思想改造に役立った」などと喜びを交わしていました。

中国にとっては大変困難な時期でしたが、戦犯は何不自由なく生活していました。彼らは、『人民日報』などで大変な状況であることを知っていましたが、まさか管理所職員のほとんどが栄養不足で倒れていたことなど全く知りませんでした。

戦犯でも、別棟に入っていた国民党の戦犯は、中国の窮乏と職員たちの苦しい事情を知りました。国民党の戦犯が労働で農場に行き昼食の弁当を食べようとしたときです、一人離れていた職員が弁当を置いて戦犯の方に来たとき、突然の強い風でその弁当のフタが飛びました。そのときに中身を見たのです。わずかなコーリャン飯ととうもろこしの粉で作った代用食のピン（餅。日本の「せんべい」に似た、練って薄く平らにしたもの）でした。

「管理所職員たちはこんなものを食べていたのか、我々戦犯と同じと思っていたのに」

戦犯たちは管理所に戻るとそのことをすぐに仲間たちに話し、たちまちその話題が所内に広まりました。さっそく数人の代表が所長のところにやって来て、「所長はじめ皆さんに申し訳ない」と深々と頭を下げました。

管理所での出来事はまだまだたくさんあって、とても語りつくせるものではありません。ときが経ち、いま私の心の中に強く焼きついていることだけをお話ししました。敵対していた戦犯と私たちが、いま友人としておつきあいしていますが、あの頃のことを思うととても信じられない気持ちです。

◆一　万人坑　日本軍により強制的に連行された人々は、鉱山、炭坑、要塞などで奴隷労働のあげくのはてには殺害された。彼らが大量に棄捨された穴を中国ではこう呼んでいる。万人坑は中国各地に多数ある。

◆二　三面紅旗政策　三面紅旗（三つの赤旗）とは総路線・大躍進・人民公社のこと。一九五八年に決定された政治綱領で、社会主義建設の総路線による生産の大飛躍と人民公社化を目ざした。

敵から友へ

李渤涛

李渤涛……リー・ボータオ
一九二七年生れ。河北省出身。一九五〇年から六〇年まで管理教育科員、秘書科長を歴任。

冀東軍区に所属、毎日のように遊撃戦

私の少年時代は、日本軍が河北省を侵略し、中国の八路軍（★一）や地方の遊撃隊がこれに反撃して激しく戦っていた時期でした。私の故郷河北省楽亭県は抗日根拠地（★二）でした。若い人々は日本軍国主義の暴行に憤激して、次々に八路軍に参加しました。一六歳になった私はそれらの青年とともに、八路軍に参加したのです。

小学校六年生のときでした、戦闘は毎日のように続いていました。楽亭県は渤海に面しており、私の村は沿岸に近いところです。日本軍の攻撃によって、村人は海に追いつめられました。多くの人が海や川に入っておぼれ死にました。私の母親も私を連れて海の方向に逃げました。その緊迫した中で八路軍の指導者、つまり共産党の幹部に接触することができました。それで私は子どもながら革命に参加しました。冀東軍区社会部に所属して毎日のように遊撃戦をやりました。「冀」は河北省のことをいい、その東部を冀東といいます。社会部では情報を集めるのが任務でした。子どもですから、子どもであることを利用して情報を集めました。あるとき、地下工作の人と話をしていると、うしろに日本人が隠れていて私を見張っていました。危ないと思ってすぐ逃げました。こういう危険な目に何回もあいました。

私は、大きな戦闘にはあまり参加していませんが、小さな遊撃戦には数多く参加しました。一九四二年一二月、潘家戴の虐殺事件がありました。第一一七旅団長鈴木啓久中将が率いる部隊は潘家戴の村を包囲して家を全部焼き、一二八〇名の村人を銃殺、斬殺、焼殺しました。私たちはそこからあまり遠くないところに潜伏していました。非常に危険な状況でした。私たちは三日間、昼も夜も逃げました。日本軍は砲撃しながら追いかけてきました。砲弾が落下して私のうしろにいた人は戦死しました。私は一、二メートルの差で助かりました。

河北省潘家戴の住民虐殺事件は非常に残酷なものでした。今、記念碑が建っています。日本人が退いたあと行って見たら、一つの村が全部、灰になっていたのです。三光作戦の代表的なものを私は見ました。

そのとき、日本軍は有名な無人区政策をとり、「集団部落」を作りました。集団部落というのは、八路軍と村人との連絡を断ち、管理しやすくするために、小さい村を集中して作った大きい村のことです。そのために村人を強制移住させて、小さい村は全部壊してしまいました。

また、鉄道の沿線の両側四キロ、合計八キロ以内を無人区にして、日本軍の軍用品の輸送が妨害されないようにしました。鉄道の両側に深い堀を掘り、その堀の外ではコーリャンとかとうもろこしとか、茎の高い農作物の栽培を禁止しました。

無人区を作るために相当な人が殺されました。何一〇万名になるかわかりません。山海関から北京までの万里の長城に沿う区域です。集団部落を作るときは、小さい村にも何月何日までに全部引っ越せと指示を出します。先祖代々そこに住んでいた人たちは移動したくないのです。とくに老人はいやがります。指示された日に行かなかった場合、火をつけて家もろとも残っていた人を焼き殺しました。今は平和なときですから交通事故でひとりでも死んだらすぐ報道します。あのころは毎日何百名とい

李渤涛　管理所の塀の前で

う人が亡くなったのです。日本軍は遊撃隊を大変恐れていました。私たちは日本に対する恨み、憎しみ、怒りがいっぱいで、日本の兵隊に対しては、死んでも戦いたいという気持ちでした。

一九四五年の八月一五日の日本降伏後、私たちは唐山市に入りました。一九七六年地震が起きたところです。唐山市に入ると間もなく、国民党がやってきました。私たちはそこにいられなくて、山の方に退いて国民党と戦争をしました。

一九四八年以来、私は公安局で働き、秦皇島や山海関の公安局で司法分野を担当しました。一九四九年、新中国が建設されて間もない一〇月の中旬、山海関公安局は私を東北公安幹部学校に送りました。私はこの学校の授業が終わると、組織の発令を待たずにここ管理所へ転勤してきました。

私と金源同志とは前後して来ました。私の場合は、管理所長の孫明斎が直接学校に来て、私たち三名を撫順戦犯管理所に連れてきました。金源同志は一週間後に一〇数名でやって来ました。

この監獄は一九三六年、日本が中国を侵略した「満州国」時代に建てられました。建てた目的は、抗日連軍や反満抗日の愛国者を逮捕して監禁するためでした。解放戦争（国共内戦）の時期には、国民党の騎兵の兵舎でほとんど馬小屋になっていました。解放後は東北司法部の直轄第三軍の監獄でした。私たちはここの整理、修繕などの工事をしました。

感情を抑えて、国家の政策に基づいて教育する

七月下旬、日本人戦犯たちが管理所にやって来ました。多くの者はなにか恐ろしいことが待ちうけているのではないかと警戒するようにあっちこっち目を配り、顔に恐怖感がにじみ出ていました。ある者はうなだれ、ある者は傲慢な態度で、ある者は中国人を軽蔑した目で見ながら入ってきました。各人の態度は違っても、内心は自分の罪を恐れ、将来裁きを受けるだろうと心配していたのでしょう。

私は管理所に来る前に、司法官として山海関で中国人の受刑者に接したことがあります。しかし、その中国人の受刑者と、今度入ってきた戦犯とはまったく違いました。

管理所に来て、日本人戦犯を収容して教育するということを知ったときは、怒りを抑えることができませんでした。悪の限りをつくした日本軍が勝利した中国人民の前に囚人として、戦犯として来る、中国人民の仇をうつ機会が到来したと、手ぐすね引いて待っていたのです。しかし、これは私個人の感情です。冷静になるとやはり、上級の命令に服従すべきであるとも考えました。

私は、管理教育科で働きましたが、日本語ができないので管理所内の行政管理をしていました。囚人の身元の登録とか、保管する物品の管理、そういうことをしていました。

私たちは管理所に来た当初、中国人民解放軍の前身である紅軍時代からの捕虜政策について教育を受けました。捕虜を侮辱してはいけない、殴ってはいけない、悪口を言ってはいけない、捕虜であっても人格を尊重する、そして教育しなければならないと。しかし、なかなか感情的には受けいれられませんでした。

私たちは、彼らの生活面はできるだけ人道主義の原則に基づいて優遇する、彼らの思想面については教育をして覚醒させるという方針で仕事を始めました。

私たちははっきりと次のことを確認しました。「個人の感情から言うと、日本軍国主義に憤りがある、だが戦犯の将来の処遇は国家が決める。死刑にするかどうかは国家が決めることである。私たちは、個人の任務と国家の決定を厳密に区別し、感情を抑えて、国家の政策に基づいて教育をしていかなければならない」

はじめの頃は矛盾した思想状態で仕事をしました。内心には恨みがある、しかし中央の政策に基づいてやる、これは矛盾です。数年たつと、戦犯たちは学習を進めてだんだん変わり、自分の罪業を反省し、認罪をするようになりました。これは私たちにも教育になりました。私たちは、戦犯は思想を改めることができないだろう、そんなに変わるものではない、将来国家の方で死刑にしてしまうだろうと考えていました。ところが、戦犯が変わったと認めなければならなくなりました。私たちは、だんだん中央の政策は正しいということがわかってきました。

私たちも政治経済学、社会発展史を学習しました。社会の歴史は、原始社会から奴隷社会、奴隷社会から封建社会、封建社会から資本主義社会、資本主義社会から社会主義社会へと発展するということを学び、社会が発展すると、人の考え方も発展することがわかりました。戦犯たちも、母親の腹の中から生まれた当時は純真無垢の赤ん坊でした。それをだれが軍国主義者にしたかということが問題です。軍国主義の教育を受けると、純心な子どもも帝国主義の手先になって侵略戦争に出る。もしも生まれてからずっと正しい教育を受けていれば、この人たちは正しい道を歩いていったでしょう。彼らが生まれてからの教育が悪かったのです。日本軍国主義者が、彼らに軍国主義教育を与えたのです。彼らは軍国主義の教育を受けて、それを正しいと信じたのです。その彼らが軍国主義、侵略戦争を批判し反省することができたのです。私たちは、人間は教育すれば変わるのだ、と固く信じるようになりました。

戦犯の処罰について、私たち一部の者は、必ず死刑に処さなければならないと思いました。周恩来総理から日本人に対しては、「死刑を出さない、無期刑も出さない、そして刑も軽くする、最高刑が二〇年、最低が八年にする」という指示がでました。それを聞いて、心の中では、これは寛大すぎると思いましたが、中央で決まったことだから実行しなければならないと考えました。今では、中央の方針は正しかったと確信しています。過去の敵は今日の友、過去の殺人鬼が今日は平和を守り、平和を勝ちとる闘いの闘士になっています。あのとき、死刑、無期刑でも出していたら、今日のような中日友好はなかっただろうと考えています。中国共産党中央は戦犯を改造すれば、彼らには社会を発展させていく指導力があると信じたのです。

毛沢東主席は「人は改造できる、しかし、正しい政策と方法が必要である」と言いました。これは言いかえると「人は変わるものである。しかし、正しい政策と方法がなければ変わらない」ということです。毛沢東主席は「マルクス・レーニン主義の普遍的真理と中国革命の具体的実践の結合」を強調しました。日本人戦犯の思想改造はマルクス・レーニン主義と中国革命の具体的な実践の中から創造された政策であると思います。

中国は相当長いあいだ封建主義社会であり、それから百年あまりは外国の帝国主義の餌食となって半植民地となりました。こういう歴史をもつ国家として、中国は変化発展していくと思います。

今、アメリカが中国に対していう人権は的はずれです。中国で人権というのは生存権です。人が生きていく権利のことです。生きているためには、お互いに平等で、お互いが生存できなければならない。戦争のときに日本軍国主義がやったことは、生存権の剝奪、全面否定です。中国人を見たら殺しました。

私たちは戦犯に対しても、いろいろな政策、方法をもちいて、彼らを殺さないで思想を変え、反省させて、みずから新しい人間に生まれ変わって生きていく、その生存権を与えました。戦犯に対する教育、改造は人権を無視するのでなく、人権を重視したことになります。こういうふうに、私なりに解釈しています。

アメリカの人権の観点では、犯人に労働をやらせてはいけないと言います。私たちは犯罪者でもだれでも皆、生存のために労働が必要であると考えます。労働の中で考え方も変わっていきます。また労働の中で自分が生きる条件を作ることができます。だれでも労働しなければならないと考えています。これをアメリカの人権観と無理に一致させようとしても一致できません。

八九パーセントの人が転勤を要求

私は、数年後に秘書科長になりました。秘書科では、管理所の事務、衣料、総務、供給、食べ物、こういうものを全部一切管理します。多くの部下から何度も、なぜ戦犯の待遇は自分たちより良いのかと聞かれました。これは大きな差別です。職員たちは納得できません。私も理解ができなかったのです。私も上司にこのことを質問したことがあります、なぜ戦犯を優遇するのかと。炊事班や看守は戦犯の食べ物を作ったり配ったりします。しかし、自分自身が食堂で食べるのはそれとはかけ離れたものだから納得できないで悩んでいると。

私たち幹部は所務会議で、職員が十分理解できるように説明しようということになりました。「戦犯は日本人である。日本人の習慣を重視し十分尊重しなければならない。コーリャン飯を食べたことがない者に急に食べさせると、かえって体にも悪いし、思想改造にも不利である。今は国が困難な時期で、人民の中にはコーリャン飯さえ食べられない者もいる。私たちは今、コーリャン飯を腹いっぱい食っているじゃないか。人民の生活水準に照らしあわすと、私たちが食べているのもあまり悪いわけではない。将来わが国が発展すれば、生活はだんだん良くなる、いまの戦犯の生活以上に良くなるんだ」と。こういう努力のかいがあって、一般職員も次第にわかってきました。

こういうこともありました。ある朝、各科の科長と所長が一緒に学習しているとき――毎日朝一時間の学習です、七時から八時まで集まって学習するのです――看守の李恩和が入ってきました。この人は人民解放軍で小隊長をやった人です。彼は部屋に入るなり所長に言いました。「所長、一緒に北京に行きましょう。飛行機のチケット代は私が払います。私が今まで貯めた金で、二人が北京に行って、帰る金はある」と。「北京になぜ行くのか」と所長も聞きました。「私は所長と一緒に北京に行って、毛主席と周恩来総理に聞いてみる、もしも今戦犯に与えている待遇が、毛主席と周恩来総理が決めた待遇だったら、私は帰って絶対服従してやります。もしも、孫明斎所長が勝手に決めたものなら私は絶対に反対します」。彼は所長の袖を引っぱって空港に行こうとするのです。所長は、行かれないと言う。「毛主席と周恩来総理が、私に直接指示をして『孫明斎、早く北京に出てこい』というなら行く、しかし君が私を連れていくといっても私は行けないのだ。君が納得できなければ、私は君に十分に納得できるように説明する、それが私の職務であり責任なのだ。責務を十分に果たせなくて、毛主席のところに行っても私は話す資格がない、だから行けない」。そしてお互いに、行こう、行かないと言いあらそって、その日の朝の学習は駄目になってしまいました。これは典型的な出来事です。ある人々は、全然理解できなかったのです。

また劉奇という人は中央に直接手紙を書きました。その内容は「戦犯に白米と小麦粉製品を食べさせて優遇している。戦犯の生活が私たち職員よりもはるかに優れており、良いものを食べさせるというのは誤りで、これは管理所の所長以下幹部の右翼思想の現れであり、革命に損害を与えるものである」というものでした。

これはもちろん中央の方には出しませんでした。所長のところでストップしました。長い間、戦争の中で鍛えた私たちは、中央の政策をだいたいは理解できます。ところが中華人民共和国が成立したあとから革命に参加した若い者は、看守とか、炊事をしている人々は理解が難しかったのです。朝鮮戦争に行って帰った人も同じです。こういう人たちはまだ鍛えていないから、党の政策を理解するのが難しかったのです。中央の指示は、文書ではなく、電話であったとはっきり言って説明しても駄目です。感情的に受けつけないから、納得できないのです。

一般職員はなかなか理解できず、八九パーセントの人が転勤を要求しました。それを所長が説得して仕事に就かせるのはたいへんだったと思います。所長も相当悩んだことでしょう。

国民党軍と戦って彼らを捕虜にした場合の捕虜政策は、日本人戦犯にたいする政策と基本的には同じです。中国共産党の政策は終始一貫していました。国民党の捕虜も、捕虜になれば教育しました。それによって彼らが革命に参加して一緒に戦争に出る、昨日の敵が今日は味方になった、こういうことがたくさんありました。私の場合は、山海関で国民党時代に地方官吏だった者を集めて訓練を受けさせ、教育をして、そのあと彼らの仕事を探して就職させました。こうして味方になったのです。捕虜を教育して就職させ、仕事をさせる、それで再び犯罪を起こすのは、それは彼自身の問題です。毛沢東主席は「武装解除された敵を教育し、仕事をする機会を与え、生きていくようにしなければならない、生きさせていかなければならない」と言っています。

中国人民政府は終始一貫、教育のできるかぎり教育をする政策をとってきました。「満州国」の戦犯、国民党の戦犯全部に教育をして、そして自分のやったことを反省させて、ほとんどの者を国家の幹部としてまた登用したのです。全国政治協商会議、各省・各市の協商会議は、各党派と中国の共産党とがお互いに交流をし、そして国や地方の政策を相談します。この会議には、中央から地方まで国民党や「満州国」の戦犯が相当入っています。撫順戦犯管理所で改造して帰った人は中央にもいるし、各省にもいます。

これは中国人民政府の寛大政策と人道主義の結晶です。彼らは幹部になりました。溥儀さんも溥傑さんもここの政治協商会議の委員でした。国民党の将軍もです。黄維という有名な将軍がいました。彼も全国政治協商会議の委員でした。戦争中は武器が溶けるまで使って反抗し、負けるとわかると人民解放軍には渡さないといって、全部兵器を壊したのです。彼は蔣介石が非常に重視した人、優れた人でしたが、管理所で教育を受けて政治協商会議の委員になりました。

戦犯たちは寛大政策で釈放されて日本に帰りました。帰ってからこの数一〇年、彼らは反戦平和の思想を堅持して、正しい方向に向かって活動してきました。これが私たちにまた大きな教訓になったのです。やはり私たちがやったのは無駄ではなかった、私たちがやった結果、良い花を咲かせ、実を結んだと確信しました。私は戦犯管理所で働いたのは、誇りであり、光栄であると考えています。私たちの教育を受けて、敵から友人になった、友達になった、これは本当に大きな変化でしょう。ですから私たちはうれしいのです。

◆一　八路軍　一九三七年八月、国民党政府はともに抗日戦争を戦うために中国共産党の工農紅軍を国民革命軍第八路軍と改編した。八路軍はその略称。

◆二　抗日根拠地　抗日戦争中（一九三七〜四五年）に中国共産党主導で樹立された地域。解放区ともいう。河北省楽亭県は晋察冀辺区政府に属した。

第二章
戦犯の教育を担った人々

「満州国」総理の息子でありながら
張夢実

張夢実……チャン・メンシー
本名　張紹紀、一九二二年生れ。一九五〇年から一九五六年まで管理教育科で教育を担当。

抗日、革命への道

私は北京で生まれ、七歳で長春に行きそこで育ちました。柳条湖事件の時は九歳です。子供でしたから「満州国」の成立や日本のことはわかりませんでした。しかし、そのあと小学校に日本語授業の時間が一時間できて、そこで少しずつ日本語を教えられました。高校生のとき、国民学校ができて、毎朝、日本式の儀式が行われ、日本語授業が多くなりました。そうした日本化教育に疑問を抱き、徐々に日本や日本人への嫌悪感を持つようになったのです。父は「満州国」総理大臣の張景恵です。ですから日本とは緊密な関係にありました。しかし、私は、父を裏切り抗日路線を歩むことになります。

私がこの路線に入るようになった理由は二つあります。一つは、日本が中国を侵略し、中国人民を苦しめていたからです。街中で毎日、だれもが日本人の横暴を見ることができました。不合理な法律を次々と押しつけられ、同胞が痛めつけられる姿を目にすれば、愛国心のある者ならだれでもそれを打ち倒す路線を選ぶでしょう。二つ目は、中国東北地方は、日本のでっちあげによって「満州国」とされ、国内は日本帝国主義が完全に支配して、もとから住んでいた中国人にはなんの自由もなかったのです。日本化という奴隷教育によって民族の言葉と精神、そして学習の自由も奪われていました。そうした状況に不満を募らせて私は革命の道に入っていったのです。

張夢実

日本留学

あるとき、大変思想が進歩している友人から、「この国を救うには、国を改革するために良い本を読み、学ぶ必要がある。その本は中国では入手困難だが、日本へ行けば手に入るから行きなさい」と勧められました。当時「満州国」では、日本にとって都合の悪い書物は厳しく規制され、入手する手段は全くありませんでした。私は日本を嫌っていましたので「満州国」よりは日本の支配が緩やかだった、華北、北京に行こうと思いました。しかし、何人かの友人の情報から、革命的思想の本は華北でも入手困難だとわかって、日本行きを決めました。父の勧める学習院を断って、ロシア語が生かせる早稲田大学を選びました。

一九四〇年春、長春から三日かけて東京に着きました。早速、友人から教えてもらった神田の内山書店に行きました。中国では見たこともない中国の本がたくさんありました。内山完造さんは、中国の著名な作家魯迅とたいへん親しい友人でした。内山書店でほとんどの本を買い、おやじさんとも顔見知りになりました。日本で発禁の本でも、おやじさんに頼めば必ずと言ってよいほど、どこかから手に入れてくれました。そんな本の場合は、目配せで裏に回り、おやじさんからこっそりと受け取っていました。

最初、早稲田第二高等学院に入学しました。このとき川崎君という名前の日本人とたいへん親しくなりました。彼は日本の中国侵略を認識し、反対していました。一九四一年、出征でフィリピンに行きましたが、その後どうなったかわかりません。日本帝国主義者たちが進めた侵略戦争は、自国の多くの人たちをも巻きこんで犠牲にしました。

一九四三年の秋帰国しましたが、日本留学中、私は毎日、マルクス・レーニン主義思想の本を読んで学びました。人類が階級社会に入り、同じ人間が無産階級と資産階級に分かれたということが、非常に適切に説明してありました。マルクス、レーニンは、資産階級は無産階級を搾取する、階級というのは人類の悪い体質を表している、だから、階級社会に入るべきではない。そして人類は将来このような社会になるべきだという、人類発展の法則を説く啓蒙思想は私に強い説得力をもちました。

今、マルクス、レーニンの考え方はもう過去のもの、「悪」としてすべて捨て去ろうとしている人がいますが、私は一〇〇年近く前に生まれた思想だから過去の制約もあるが、いつまでも人類普遍の考え方として通用する部分もあると思います。

日本での四年間で私の愛国心や革命思想は深まり、帰ったら中国解放運動に参加しようと決心しました。中国の多くの青年が新しい考え方の本に触れるために日本に留学し、日本の侵略下で苦しんでいる自国を解放するために学んで帰国しました。抗日活動家や抗日軍の幹部の中に日本留学を体験した者が多いのは、こうした理由があったからです。

長春に帰った私は、父の下でいろいろと手伝いをしながら、共産党地下組織と連絡を取るようになりました。父の元に入ってくる日本軍の情報を流しましたが、今振り返ってみると、大変危険なことをしていたと思います。なぜなら、日本の特務がいつも目を光らせていたからです。「満州国」文教部大臣で袁金托という人は、日本留学から帰った自分の娘が、日本の特務に中国国民党の党員であることを突き止められ、呼び出されて警告を受けました。国民党の党員だったのでこの程度で許されましたが、もしも共産党員だったら銃殺か、斬首でしょう。

溥儀たちとソ連の捕虜になる

一九四五年八月九日、日本に対するソ連の突然の宣戦布告と侵攻で、日本関東軍や「満州国」皇帝溥儀、そして父たち「満州国」大臣たちは慌てふためいていました。八月一一日の夜、日本関東軍は、吉林省通化の臨江県大栗子溝を最後の砦にしようと溥儀や大臣たちをそこに移しましたが、その後、父や私、大臣たちは長春の自分の家に帰りました。日本関東軍は、もしものときは溥儀を日本に連れて行くことにしていたので、八月一六日、日本関東軍特務機関長吉岡安直中将と「満州国」祭祀府総裁橋本虎之助中将は、溥儀を飛行機で瀋陽に連れて行きました。大型機に乗り換え日本に脱出寸前、彼らはソ連に逮捕されてしまいました。

数日後、ソ連軍の落下傘部隊が長春に降下して、「満州国」協和会中央本部だった建物にソ連軍は長春防衛司令部を設置しました。司令官は少将でしたが名前は忘れました。その司令官が、父と溥傑と「満州国」勤労奉仕部大臣于鏡涛（ロシア語が少し話せた）を呼びだしてソ連軍の指示があるまで家で待機するように命じました。私も通訳として同行していました。

九月はじめ、ソ連軍の大佐がトラック三台の兵隊と数台の乗用車を連ねて私の家に来て、同行を命じました。父は慌てて、眼鏡をかけただけで乗用車に乗り、私も通訳として同行しました。そして私に道案内をさせて、大臣たちの家を一軒一軒回り、逮捕していきました。「満州国」侍従武官張海鵬だけは探し出すことができませんでした。

私たちは、元関東軍司令部に設けられたソ連軍司令部に連行されました。司令官はマリノフスキー元帥、副司令はコワリョフ大将でした。集められた私たちの前にコワリョフが現れ、こう言いました。このときも私が通訳をしました。「こんにちわ。いい天気ですね。皆さんは溥儀さんがどうしているか心配でしょう。溥儀さんも皆さんのことをとても心配しています。これから皆さんを溥儀さんの所へ連れて行きます」。彼が立ち去ってから三〇分ほどして、私たち一〇数名は長春飛行場に連れて行かれました。空港の格納庫には、ソ連のプロペラ機二機が待機していました。ある大佐が私たちを集め、ポケットから紙きれを出すと、「私がこれから一人ずつ名前を呼びます。呼ばれた人は飛行機に乗って下さい」。そう言って名前を読みあげ、最後に私の名前を呼んだんです。私はびっくりしました。それまでソ連側は私を通訳として扱ってきたとばかり思ったからです。「私も戦犯ですか」と私は訊ねました。「違う」とその大佐が答えました。「漢奸ですか」。「いや違う」。「それじゃあなぜ私を飛行機に乗せるんですか」。私は怒ってまた訊ねました。すると大佐は困ったような顔をして、「総司令部から私はこの名前の書いた紙を渡され、こうしなさいと言われたからそうしているだけです。ですから乗ってください」。私の話を全く受け入れようともしませんでした。私にとってたいへんなショックでした。捕虜としてソ連に連れて行かれるなど全く考えていなかったからです。機内で大臣たちはヒソヒソと話しはじめました。「これはモスクワに行く。溥儀さんはそこで待っているんだ」。私は意気消沈して黙っていました。

ソ連での捕虜生活

約二時間、着いた所はモンゴル人民共和国の王爺廟でした。私たちはソ連軍の臨時兵舎に連れていかれました。そこは窓一つない倉庫でした。食事時間になると、兵士がパンと温かい牛肉のスープを運んできました。

食事が終わると皆それぞれに勝手なことをしゃべり始めました。「今夜のうちに銃殺されるのではないか」「いや、そうだったら牛肉のスープなんか飲ませないさ」。すると父が言いました。「殺すなら殺せばいい、首を切るなら切ればいい。今さらあれこれ言ってもはじまらないじゃないか」。槇式毅も言いました。「私はもう六〇年も生きてきた、いつ死んでも惜しくはないさ」

夜になると、兵士がやってきて、大臣たちを一人ずつ小部屋に連れて行き尋問を始めました。姓名、本籍地、「満州国」時代の役職、家族構成、住所などでした。

翌日、ソ連軍は私たち全員を飛行機に乗せ長春に返しました。長春では、郊外の元日本憲兵三浦の公館に全員を連行し、家族との面会も一切許しませんでした。

一週間後の朝、ソ連軍将校がやって来て、「これから皆さんをモスクワに連れて行き、溥儀に会わせます」と言い、長春飛行場で飛行機に乗せました。およそ二時間、着いた所は山に囲まれた小さな町、チタでした。迎えに来ていたマイクロバスに私たちを乗せ、町から二五キロメートル離れた山深い場所、モロコーフカという所に連れていきました。そこには溥儀、その親族たち（甥の毓嶦、毓嵒、毓嵣、弟の溥傑、三妹の夫の潤麒、五妹の夫の万嘉熙、侍従の李国雄、侍従の黄子正）がいました。久し振りの再会で、皆は大変喜びました。大臣たちは二軒の平屋建てに収容され、溥儀とその親族は、三番目の建物に住み、その前方西側にソ連軍将校、またその前方に日本関東軍の将校だった山田乙三、秦彦三郎たちがいました。

最初の夕食のとき、この収容所の責任者のイリコフ中佐がやって来て、大臣たちに「皆さんを今から勾留者として扱う」と言いました。そして、収容所規則を申し渡したあと、なにか質問はないかと聞きました。ある大臣は「これから一市民になるから即時釈放して中国に返してくれないか」と頼みこみました。すると溥儀がそれとは全く逆に、「中国に送られれば国民党の手中におち、どんな目にあうかわからない、共産党に捕らえられたらもっとひどい。このままソ連で生活させてほしい」と亡命の希望を述べました。

収容所内の日本人との接触は禁じられましたが、運動のために外に出たときには顔を合わせました。父や大臣たちは彼ら日本人をよく知っていましたが、挨拶は交わしませんでした。「満州国」時代の彼らのやり方に不満を持っていたからです。

ある日私はイリコフに戦犯ではないから帰してくれと頼みましたが、彼は、ソ連では課題が山積みであなた一人の帰国問題を検討する余裕はない、また中国共産党はまだ合法的な自らの政府を持っていないではないか、と言いました。

私は革命に参加していた身分をそのときも、そして一九五〇年五月に帰国するまで言いませんでした。二カ月後の一〇月中旬、ハバロフスクのポリに近い紅河子収容所に移されました。ここは日本人が多く収容されていた第四五特別収容所から近く、その分所になっていました。溥儀や大臣たちは中国に移管されるまでこの収容所にいました。私たちは二階建の木造家屋に住むことになり、二階には溥儀と甥、侍従、一階には大臣たちと私、潤麒、万嘉熙が住みました。毎日、なにもすることがなく、それぞれがばらばらに日を送り、なかには長い世間話をしている者もいました。世間話はほとんどがこれからの中国についてでした。彼らは国民党が勝利して中国を統治すると予想していました。あわよくば、そのときになにか役職に就けるとも思っていました。彼らは過去に、なんらかの形で国民党の上層部と関係を持っていたからです。

極東裁判に溥儀出廷

一九四六年春、ソ連政府はハバロフスクにあるポリ内務局を中心に、日本帝国主義の中国侵略と支配に関する罪業調査を始め、収容されている私たちと日本人に対して尋問を行い、告白書を書かせました。その目的は、東京で行われる極東裁判で、「満州国」の皇帝溥儀や中国人たちを利用して、中国侵略と対ソ戦略を企てた日本帝国主義とA級戦犯となっている帝国主義者たちの罪業を明らかにすることでした。特に細菌戦部隊に関して重点的に調査が行われました。一九五〇年に中国に移管された九六九名の中に細菌戦部隊に属していた者が少なかったのは、ハバロフスク裁判でほとんどの者が刑を受け、ソ連に残されていたからでした。

調査後の七月、ソ連当局は、私たちを第四五特別収容所に移し、日本関東軍の将官たちと一緒にしました。調査が終わり、双方が密約することがないと考えたのでしょう。収容されたのは地下室が食堂になっている二階建ての建物で、一階は私たち中国人、二階は日本人でした。建物は二棟あって、全員で二〇〇名あまりがいました。ソ連当局は、溥儀に対して、元皇帝ということで最初から特別扱いで、食事も一人で食べさせました。溥儀と親族、侍従、大臣たちとの関係は昔のままの主従関係が続いていました。溥儀は皇帝時代と同じで、身仕度、洗濯など一切をせず、李国雄が全部やっていました。ちょっとしたことでも溥儀は気に入らないと、昔と同じ罰「掌嘴（溥儀が止めろというまで両手で自分の頬を打つ）」を強制していました。

私はロシア語ができたので、毎日『プラウダ』や他の新聞四紙を中国語に訳し、溥儀たちに聞かせていました。彼らが一番気にしていた記事は、国共内戦の動向です。一九四七年秋になると、人民解放軍が一つまた一つと大きな都市を解放していきました。その記事を読んで聞かせても、彼らは全く信用せず、「ソ連の誇大宣伝だ」と言いました。しかし、国民党政府の首都、南京が解放されたときにはもう疑いませんでした。国民党政権が消え去って、皆がっかりしていました。喜んでいたのは私だけです。しかし、顔には出さないようにしていました。

一九四六年八月、ソ連当局から溥儀に「あなたの知っていることを『極東裁判』で証言してほしい」という通知がきました。溥儀はとても喜び、大変積極的にその準備をすすめました。それは、この機会を十分に利用してソ連の有利になるように証言すれば、このままソ連で生活させてくれるかもしれないと考えたからです。「中国に帰ったら殺される、生きる道はソ連に亡命するしかない」と。

出発の日、ソ連当局が新調してくれた背広を着て大変張り切っていました。内務局の中国語のでき

るピヤルミャコフ（三〇歳代）とともに、私たちに「行ってくる」と言って、元気はつらつ、とても明るい表情で出かけました。

ところが、帰ったときは全く正反対に肩を落とし、大変心配そうな暗い表情でした。皆が尋ねると、こう言いました。裁判で証言を終えたあと、中国の首席法務官として代表で出席していた梅汝傲（元国民党政府法務官、新中国建国以後、中国の国際法律専門家、外交官として活躍した）と会ったら、別れ際梅が「帰ったらまた会いましょう」と言ったそうで、その一言が気にかかると非常に心配していました。中ソ間で俺を帰す話がすでにできあがっているのではないか、と考えたんです。ソ連は俺を使い捨てにしたと怒っていましたが、しばらくすると落ち着き、裁判のことを言葉少なに話しました。日本への怒りも表していました。

「日本は清の統治復興のためだと言って『満州国』を作り上げ、俺を皇帝の座に座らせた。俺は日本の力を利用して清を復興させようと考えていたが、彼らに騙され続けた。あれは中国侵略のためだったのだ。それを知っていた日本の天皇も悪い」

中国に送られる、と考えてから溥儀はどんどん落ち込んでいきました。彼はその気持をまぎらす方法を知らなかったんです。しかし、あるときから机に向かってなにやら一生懸命ペンで書き始めました。その姿があまりに熱心なので、私たちは近づきませんでした。半月ほどして書き終えたものを見て皆驚きました。便箋にびっしりと一日三食のメニューが書いてあったのです。故宮時代に食べたご馳走を思い出し、朝が三品目くらい、昼は五品目くらい、夜は八～一〇品目、六〇日間分が、一つとして重複せずに書いてありました。私たちはこれを「夢中食譜」と名づけました、夢のメニューです。

帰国、そして溥儀や父の驚き

一九五〇年五月下旬、ソ連は「満州国」時代の中国人戦犯を二回に分けて中国に移管しました。第一回は、特務、警察、県庁役人などの仕事をしていた約二〇〇名でした。どういうわけか私がその中に入っていて、溥儀や大臣たちは残され、二回目に移管されることになりました。

綏芬河から瀋陽駅に着くと、私たちは何台もの囚人用トラックに乗せられて、瀋陽模範監獄に入れられました。革命のために命をかけてきたのに囚人扱いされ、非常に腹が立ちました。看守にいくら説明しても全く聞こうともしません。二週間ほどして登録書が全員に配られました。姓名、年齢、出身地の他に、「あなたはいつ、どこで、反動組織に参加したか」という欄がありました。私はその文字を筆で全部消して、「私はこんな組織に参加したことはありません。革命組織で働きました」と書きました。数時間後です、私のことを知っている東北公安部の指導者数人がやってきて、私の顔を見て驚き、すぐに釈放してくれました。私はようやく昔の共産党仲間が保護してくれていた家族とも再会することができました。妻の徐明（一九二七年生れ）は看護婦から医者になっていました。

妻とは一九四一年に結婚しましたが、そのときには父と母（徐芷卿）から猛反対されました。彼女は貧しい家に育ち、大変努力して北京大学で勉強していました。彼女は共産党員ではありませんが、大変進歩的な考えを持ち、日本の侵略に強い憤りを持っていて、なんとか国を救わなければと思っていました。私も党員ではありませんでした（五七年入党）が、同じ考えを持っていたので結婚しました。

私の両親の反対理由は、彼女の貧しい家柄でした。当時私は、「満州国」総理大臣の息子でしたから余計です。私は一歩も譲りませんでした。すると両親は「第一夫人を別に探すから、この人は第二夫人にしたらどうか」と条件を持ち出しました。私はそういう結婚はしないとはっきり断り、そして

母に言いました。「お父さんは、お母さんの他に数人の女性とも結婚し家庭を持っています。お母さん、それで幸せですか」。両親はそれ以上なにも言いませんでした。そしてしぶしぶ認めました。

結婚式は長春のレストランで行いましたが、披露宴には、武部六蔵、古海忠之、日本関東軍参謀総長、在満日本大使館関係者など大勢が出席しました。その日本人の中で、特に印象深いのは古海忠之です。頭脳明晰で経済面では深い知識と優れた構想力を持っていた有能な人でした。残念ながら、日本帝国主義政策を遂行し戦犯となりましたが、正しい国のもとだったら、素晴らしい仕事を残したでしょう。

八月一日、溥儀や大臣、役員など、「満州国」戦犯六一名が中国に送られてきました。出迎えた管理所職員たちの話によると、綏芬河で、ソ連から中国に移管されるとき、溥儀は顔面蒼白、大臣たちはわなわなと震えていたそうです。あとでわかったことですが、帰国前、溥儀たちはどこからか一回目の戦犯たちは全員処刑されたという噂を耳にしていました。彼らは、一般の戦犯でも死刑なら、何一〇倍も罪が重い自分たちは必ず殺されると思ったのです。

綏芬河から撫順に送られる途中、東北公安部長汪金祥たちとの面会のため、溥儀と父たち数名が瀋陽駅で下車させられ公安部に行きました。汪部長たちは管理所での取扱い、寛大な政策を説明して協力を要請しましたが彼らは全く信じません。汪部長は「溥儀たちは頑として聞いてくれない。困ったものだ」と頭を抱えていました。その会議室へ、数人の人民政府委員と私が入っていきました。溥儀や父たちは私を見て目を丸くして驚いていました。なぜ驚いているのかわからないので、私が尋ねると、その理由がわかりました。「処刑のことは作り話です。全員健康です」と私が言うと、彼らの顔がさっとほころびました。

溥儀や父たちは、私が共産党の地下工作員と通じていたことはその後も知りませんでした。現在も

このことを知る人はほとんどいません。父たちは私が職員として働いていたのは知っていましたが、それは日本人戦犯の通訳やソ連からの戦犯に関する文書の翻訳の仕事のためだろうと考えていたようです。しかし、溥儀や父たちは、自分たちの過去を詳しく知っている私が管理所職員になっているのは不利だ、そう思っていたのは確かです。

長春で目撃した反日感情の爆発

一九五〇年七月、東北公安部から日本人戦犯を取り扱う仕事を命じられたとき、私は、日本人戦犯の顔など見たくないと言って何度も断りましたが、頑として受け入れてもらえませんでした。

彼ら日本人が「満州国」を作ってから一四年間、中国人民の権利を奪っただけでなく、多くの人民を殺したのをたくさん見聞きしてきました。私の記憶の中に今も強く焼きついているのは、山東省を本拠地としていた第五九師団と、河北省を中心としていた第一一七師団の三光作戦です。武器を持たない一般人を平気で斬る、犬に噛み殺させる、火で焼く、銃殺、毒殺、腹を割く、生き埋めにする。彼らはあらゆる残酷な方法で女、子供までを殺し、財産を奪い、家を焼き払いました。これは普通の人間には到底できることではありません。こんなことをした人間は、この世に残すことは無意味だ、全員死刑にすべきだと思いました。

ですから、私は仕方なく管理所に来たんです。するとどうでしょう。戦犯には私たちがとても口にすることのできない高級な食事を与え、しかも戦犯の身柄を尊重するようにといって、戦犯が反抗しようが、怒鳴ろうが文句の一つも言えないのです。私はこうした中央の政策をどうしても理解できませんでした。職員の中には、肉親や友人たちをこの戦犯たちに殺された者もいましたので、私以上に納得がいかなかったでしょう。万一このことを一般の中国人が知ったら、怒りを抑えきれずに暴動に

発展するかもしれないとも考えました。以前、そうした出来事を私は目撃していたからです。

一九四五年八月一五日、私は長春にいました。日本が降伏したというニュースが瞬く間に伝わり、日本軍は捕虜になりました。「満州国」を支配していた官僚や満鉄職員たちは、いち早く日本の敗戦を知って帰国してしまいました。どこからともなく集まってきた農民、一般人が、たちまちのうちに暴徒と化したのです。彼らは空き家となった日本人住宅に押し寄せ、なだれ込みました。家の中にはたいした物はもうありません。彼らは物を盗もうと入ったのではありません。家の中に入った彼らは、気が狂ったように大声を張り上げて日本人が残していった食器、椅子、電話など手当たり次第につかみ取り、壁や床に叩きつけました。壊れた椅子は外に放り出され、さらに大勢に足蹴りにされ燃やされました。畳は包丁や鎌で、まるで人でも刺し、斬るようにズタズタに切りさかれ燃やされました。

これは一体なにを意味するのでしょうか。一四年間日本人に支配され、苦しめられ続けてきた中国人民の抑えに抑えてきた怒りが一気に爆発したのです。人民の形相はそれは凄まじく、怒りは日本人に関する物すべてにぶつけられ、怒声、罵声を発しながら破壊していきました。

多少の差はあっても、私や職員たちの胸中も同じようなものでした。個人的感情を押えながら、政府に服従し、納得のいかない政策を実行しなければならない私たち職員は本当に苦しい毎日をおくりました。そのうえ、戦犯たちは猛烈に反抗しましたから、職員たちの苦痛はますます大きくなりました。一年間くらい、両者の関係は最悪の状態でした。しかし、時間が経つにつれて、尉官クラス以下の中から反省を示す者が表れるようになりました。動機は各人によって異なりますが、病気にかかったときに、医師や看護婦、看守たちから親身になって世話を受け心を動かされたという人が多かったです。

一九五三年秋、この頃になると、戦犯、特に尉官クラス以下の多くの者が過去の自分の罪業に対して反省の念を抱くようになりました。この戦犯の変化に、私たちも政府の政策が正しいことを理解できるようになり、積極的に仕事を進めるようになりました。戦犯との会話も多く交わされ、両者の隔たりは近くなっていきました。

しかし、自分の罪を認め、自分がなにをしたか告白するまでには至っていませんでした。そこで教育科では、認罪、告白までに導くにはどのような方法が良いか検討しました。約一カ月間決定的な良策がなく、教育科は大変悩みました。

そうした中で私は、あることに気がつきました。戦犯の多くの尉官クラス以下の者は、貧しい農家や、貧しい労働者階級の出身でした。当時の日本は三大財閥に資本を独占され、彼らは搾取されて貧困に喘いでいました。特に農村では、娘の身売りまで行われていました。世界恐慌は日本にも押し寄せ、日本経済も大変な不況を迎えました。それを打開するために、資本家たちは軍閥と結託して他国の植民地化、侵略を進めたのです。戦犯はそうした帝国主義者たちの路線に狩り出され、歩かされたのです。それは、レーニンの『帝国主義論』そのものでした。早速私はこれを教材として認罪教育を進めてはどうかと提案しました。四年間の日本の留学体験がヒントとなったのです。

身をよじり、泣きながら罪を告白した宮崎弘

一〇〇〇名近くの者を一度に教育するのはとても困難です。そこで私たち教育科は一四名の尉官クラス以下の者を選出しました。将官クラス、佐官クラスの者は命令を下す立場にあって、罪の重いことを知っていましたが、実際に手を下してないので証拠を挙げるのが難しく、なかなか罪を認めません。下士官以下は、末端で命令されるだけで、全体的なことについてはわかりません。それに出身も貧しいため高い教育を受けていませんから、レーニンの『帝国主義論』を理解するには時間がかかり

ます。そこへいくと、尉官クラスの中には大学卒業者が多く、作戦計画も把握し、具体的罪業もよく知っていました。

学習は毎朝九時から午後三時頃まで、科長の金源、私、そして教育科科員数名が『帝国主義論』を教材にして指導にあたり、半年くらい続けました。

一四名は大変頭が良くて、驚くほどの理解を示しました。そして、「私たちは天皇制教育と軍国主義教育によって、絶対服従の精神を教育され、叩き込まれました。その教えによって軍国主義政治の命令に従い、お国のためと言われ、盲目的に銃を担いで中国に来ました。私たちは騙されたんだ」、こう言って泣きながら、自分たちの犯した罪を反省し、告白するとともに、知っている上官の罪も暴露したのです。

一九五四年の初めでした。一四名の中の一名、宮崎弘（広島県出身、学徒出陣、師範学校卒）が皆の前で「坦白（過ちを認め自己批判し、罪を告白すること）」をすると申し出ました。翌朝、中庭に集合した戦犯たちは皆、何事が始まるのかという顔をしていました。

壇上に現れた宮崎弘は一礼すると、用意していた文書を取り出して読みあげました。天皇制教育と軍国主義教育、さらに続けて日本帝国主義の中国侵略への道。そして自分の数々の罪業に入るともう文書などは見ていません。記憶を辿り詳細に、凄まじい数々の罪業を身をよじり、顔をくしゃくしゃにして泣きながら反省し、告白しました。これには戦犯の多くが心を動かされました。彼が話している最中に、「そうだ！」「同感！」とあちこちから声がかかり、一緒に泣く者もいました。これは本当に大きな出来事で、認罪への大きな突破口となりました。そのあと、こうした「坦白」が続いていき、大物の古海忠之も行ったのです。こうして戦犯の生まれ変わったのを目にしたとき、私たちは初めて中央の政策を本当に理解できました。

なぜ戦犯は変わったか

戦犯の改造教育を振り返るとき、成功した理由として次の三つの要素が考えられると思います。まず一つは、私たちが教育するのではなく、彼らが自発的に学習を進めたということです。どうしたら罪を犯した自分が生きる道を得られるか、もしも許され釈放されたなら、将来どのような生き方をすべきか、真剣に問い、苦しみながらも討論しつつ解決していきました。問題を客観的に考察しようと、自分が行った罪行を創作して詩をつくり、皆の前で朗読したり、劇を創って演じたりしました。

二番目は、参観学習です。彼らはこの広い中国で罪を犯しました。自分が罪を犯した場所を再び訪れ、もう一度自分の過去を振り返る。そして、かつて蔑視していた中国の変化、発展を自分の目で見、中国のみならず世界の変化までも考えさせるための学習でした。一一の省、九九の職場、農村を巡り、大勢の中国人民と接しました。

撫順炭鉱露天掘り参観のとき、平頂山事件の生存者、方素栄が皆の前に現れました。「日本人の顔は見たくない」と言って出席を拒んでいたのですが、管理所からの強い要望を受け入れて来てくれました。事件当時わずか五歳の方素栄は祖父の死体の下敷きになって命拾いしました。日本軍が引き揚げたあと、夜になってから傷ついた身体をひきずりながら、血の海から這い出てきました。八人家族のうち、ひとりだけ生き残った彼女は三人の子どもの母親になっていました。大勢の戦犯の前で事件を目撃した一部始終を話したあと、涙を流しながらこう付け加えました。

「両親や兄弟のある人を見るたびに、私は父母や兄弟のことを思い出さずにいられませんでした。私は日本帝国主義が犯したあのむごたらしい犯罪行為をいつまでも忘れることはできません。昔のことはもう過ぎ去ったことです。今さらとやかく言うことはありません。私はただ、皆さんが自分のしたことが犯罪行為だと気がつき、もし釈放されて帰国なさっても、もう二度と侵略戦争に出て行かれることのないよう望んでいます」

話が終わると、戦犯は全員床に膝をついて、「私たちはこの世に生きる資格がありません！　今ここで処刑して下さい！　管理所には戻りません！」と言って床に頭をこすりつけて泣きました。

私たちが立つように呼びかけても戦犯たちはだれひとり立とうとはしませんでした。私たちは戦犯一人一人を抱きおこして、ようやくその場がおさまりました。

こうした実体験の中で彼らは、自分たちは本当に人間として恥ずかしいことをしたと悟り、深く反省したのです。

三番目は、人道主義に基づいて、戦犯であっても人格を尊重して辛抱強く教育を進めたことです。だれもが激しい憎しみを抱いていましたが、その個人的感情を抑え、中央の政策に従って行動しました。どうしても我慢ができなくて、規律に違反した者もいました。ある看守は、戦犯に馬鹿にされ、怒鳴られて怒りましたが、戦犯を罵っては規則違反になります。それで自分の靴を放りなげ、反抗した戦犯に「おい、おまえ、靴を拾って来い」と言ったのです。奴隷のように扱われた「満州国」時代の恨みをこの際晴らそうと思ったのです。戦犯たちから早速抗議がきました。その看守は上司たちから厳しい批判を受けました。

私たちのこうした取り扱いによって、戦犯は考えるようになったのです。「満州国」時代、自分たちは捕まえた中国人に大変残虐な扱いをした。しかし中国人はこんなに親切にしてくれる。どちらが人間として優れているか。それを悟りました。と同時に、管理する私たち中国人に対しての敬意や信頼の心が生まれ、会話を交わすようになったのです。

私たちも変わった

中国共産党政府の行った政策は、戦犯を変えたと同時に、私たち職員たちも変えました。私は当初、「戦犯は全員死刑にすべきだ」と心の底から思っていました。もしこのような個人的な感情と同じ政策で戦犯を虐待し処刑していたら、今日の中日関係や中日人民の良好な関係は築かれなかったでしょう。今、世界のあちこちで起こっている民族間の戦争のように、過去の恨みを抱いた悪い関係になっていたかもしれません。政府の指導者は将来を見据えてこの政策を実行したのです。その政策のなかで、私たちが大変教えられたことが二つあります。

一つはあの戦争を考える場合、天皇制を基盤とした日本帝国主義政策と戦犯個人とを区別して見ることです。戦犯たちは、日本帝国主義者の政策のもとに中国へ来て、中国人民に数々の罪を犯し、多くの損害をあたえました。彼らにも侵略戦争の犯罪責任があります。しかし、彼らは帝国主義者に利用された犠牲者でもあるわけです。帝国主義者たちの起こした戦争によって、彼らの家族や日本国民も多大な犠牲と損害をこうむりました。

もう一つは、人の思想は変わるということです。人は悪い教育を受ければ誤った道を進み、正しい教育を受ければ正しい方向へ歩きます。戦犯たちは、小さいときから誤った教育を受けたために戦争で数多くの罪を犯しました。しかし、その戦犯の多くはあやまちを反省し、平和を守る人間に変化しました。元戦犯たちが帰国してから約四〇年近くなります。彼らはこの長い歳月、困難な状況の中で、終始一貫して戦争に反対し、平和を守る活動を続けています。彼らは南方やシベリアから帰国した戦争体験者、また国内で戦争を体験した人たちから比べると本当にわずかの人数です。彼らは財産も勢力もありません、それでも反戦平和活動を続ける強い意志は、みずからの体験と真剣に向き合って、心底からあやまちを認識したからに他なりません。

将官・佐官クラスの戦犯教育

崔仁傑

崔仁傑……ツァイ・レンヂェ　一九二六年生れ。吉林省出身。一九五三年から一九七二年まで管理教育科で日本語通訳を担当。

一九五二年の初冬、私は中国共産党の命令により、撫順戦犯管理所の管理教育の仕事につくことになりました。最初は勾留中の日本の尉官クラス以下の戦犯の認罪、告白の資料の整理の仕事につきました。その後、日本の将官・佐官クラス戦犯の管理教育を担当することになって、一九六四年三月六日、最後の日本人戦犯が釈放されるまで任務についていました。日本の将官・佐官クラスの戦犯は割合多く、そのうち、将官クラスが三一名、佐官クラスが二一〇名いました。時間が経過しているため、比較的印象の深かった人と事柄についてお話しましょう。

島村の狂暴と自己変革

日本人戦犯は来所した初期には、若干の反動的思想をもつ佐官クラスの戦犯は勾留に不満を持ち、連名で毛沢東主席と周恩来総理に数千字に上る一通の「請願書」を書いて、家族との自由な通信、一日も早く釈放し帰国させてくれなどと要求しました。起草者は、「満州国」警務総局特務所調査科科長兼中央保安局第二課長の島村三郎でした。ある日の午後、所内でこれら佐官クラスの戦犯を招集して座談会を開き、孫明斎所長が自ら主宰しました。金源科長と管理教育者は皆軍服を着用して、正面に一列になって着席し、真向いには佐官クラスの戦犯たちが腰かけました。

その中で、目を閉じ、両手を太腿の上に置き、きちんと腰掛けているのが島村三郎でした。シベリア抑留中、かつて先頭に立ってスターリン元帥に請願書を提出したことがあります。この日の座談会は、開始された時は異常に緊張した重苦しい雰囲気でした。しばらくして島村三郎は傲慢な態度で真っ先に発言しました。彼は日本帝国主義の中国侵略の行為を弁護して、一日も早く勾留中の戦犯を釈放するよう要求しました。

島村の発言にその他の戦犯も鼓舞されて、次から次へと立ち上がり、使い古した論理をぶちまけました。当時、反動的気勢のすさまじさはその極に達していたと言えます。これに対して孫明斎所長は、力強い態度で、理路整然と批判と反撃を加えると同時に、徹底的に告白し、罪を認めてのみ新しい人間に生まれ変わることができるのであり、光明の前途が得られるのだ、と指摘しました。今回の座談会は、島村三郎などの人物の反動的立場を私にはっきり見せてくれました。

一九三九年、島村三郎とその同僚は、この一年間にわが国の住民二九九五名を捕らえ、抗日武装グループの一三〇余名を射殺し、平和な住民四二名を一度に射殺しました。しかも虐殺する前にこれらの人は完膚なきまで痛めつけられていたのです。もっと残忍なのは、肇源江の河口で一九名の平和な住民を鉄線で縛り上げ、一緒に氷の穴に投げ込んだ、有名な「三肇屠殺事件」（✦一）です。また彼は秘密殺人場「三島科学研究所」（✦二）を設け、わが国の革命者と一般市民を虐殺しました。彼が撫順戦犯管理所に勾留されて来た初期には、態度が非常に横暴で、罪の告白を拒み、罪を認めようとはしませんでした。特務工作でやったことは、普通の人には容易に掌握できないし、かつて日本の特務であった者が捕虜として勾留されたあと、釈放されて帰国したとしても国は許してくれない、と考えていたのです。だから、彼は自分の罪業について終始秘密を守り、一言も言わないという抵抗する態度をとっていたのです。

崔仁傑　監房の中で

私たちがさまざまな形で繰り返し教育を行った結果、島村三郎の態度は少しずつ変化しましたが、依然として罪を自白し、罪を認めようとしませんでした。

東北工作団は将官・佐官クラス戦犯と深く接して、罪を告白し認める教育を進めました。まず戦犯の反省学習の基礎の上に、彼らに対して日本帝国主義が中国侵略戦争中にもたらした数々の罪悪を指摘し、彼らを啓発して、「だれが君たちを戦争犯罪の道に追い込んだのか」、「いかにして監禁生活を終わらせて、新生の道を歩まなければならないか」などの問題を討論させました。そのあとで、戦犯を将官・佐官クラスと尉官クラス以下の戦犯とに分けて、中国政府の政策をはっきり説明し、罪を認めれば寛大な処理が受けられ、罪を認めなければ厳しい処理を受けなければならない、という二つの態度と二つの道の関係を示しました。と同時に専門の尋問グループを編成して、警察、憲兵、特務およびその他の高級将校を尋問し、内外両面から調査を通して証拠を掌握し、その罪業を告白するよう促しました。

その結果、尉官クラス以下の戦犯は次々と罪業を告白し、高級戦犯もまじめに罪を認めるようになりました。初めのうち、島村三郎は相変わらず強い口調で「私がすでに忘れてしまったことを何度も思い起こせと言うが、条理からかけ離れた馬鹿げた論理である」と述べていました。しかし、彼の元の部下は盛んに彼の罪業を陳述したあとで、「これもお前の命令でやったのだ、どうして忘れてしまったと言えるのか」と突っ込みました。

このような情勢の下で、島村三郎はようやく初めて尋問員に対して、わが抗日軍の戦士を殺害した罪業に自ら関与していたことを告白しました。島村三郎はまた続いて自ら進んで、「満州国」三江省およびその他の内幕を告白しました。

私は続いて「あなたたち佐官クラスのほとんどの人たちは、すでに自分の罪業を告白しました。消極的に判決を待つべきではなく罪を犯した思想の根源を深く掘りさげなければなりません。自己変革した人の思想とは、自分の汚れ切った反動的思想を一つ一つ正しく改めてきたものであることをあなたは知らなければなりません」と話しました。

今回の個別の談話によって、島村は喜んで心服したように思われました。彼は私に感謝の気持を示しただけでなく今後改造に努力すると決意を表明しました。

それ以降、私も常に彼を呼んでは話し合い、そのつど表れてくる思想に対し、繰り返し辛抱強く指導と教育を行いました。島村三郎の思想は徐々に落ち着いてきました。面白いことには、彼が室長になってからは、私に出す報告資料は前任者より多くなり、また時宜にかなったものでした。

その後、島村三郎の思想にはもっと顕著な変化が生じました。のちに所内で戦犯が主導的に展開した創作活動の中で、島村三郎は前後して「副県長」「秘密戦」の作品二部を書き出し、日本帝国主義が「満州国」傀儡政権を操り、東北人民を残酷に圧迫し搾取していた罪業を暴露したのです。

七月二〇日、特別軍事法廷は彼を有期一五年の懲役に処しました。彼は最後の陳述のとき、床に頭をこすりつけて自分を極刑に処してくれるように法廷に要求してから、また身を返し、傍聴席の人たちに向かってまた頭を床につけました。この突然のできごとに、大法廷の人々は皆驚いて呆然としました。被告席の両側にいた軍人二名が急いで走り寄って島村を抱え起こしました。法廷にいた通訳が島村の言ったことを通訳し終わったとき、皆はやっとさきほどのことがどんなことであったのかわかりました。島村の心の底からの誠実な声を、私は今に至っても忘れることはできません。

島村は一五年の有期懲役に処せられましたが、刑期は判決以前の勾留されたときから起算され、実際は残り四年の刑で帰国することができました。彼は、日本特務である自分に対してこのような寛大な処理ですまされるとは夢にも思っていませんでした。

刑の判決を受けた日本人戦犯の学習と改造を有利にするために、所内に彼らが「学習委員会」を組織することを許可し、主任委員には「満州国」国務院総務庁次長古海忠之、学習委員に島村三郎、生活委員に溝口嘉夫がなりました。各監房にはそれぞれ一名の学習組長、生活組長を設けました。刑が決まってからは、彼の気持は落ち着き、管理に従い、改造に努力しました。一九五九年十二月、島村三郎は改造が良好だったので、刑期満了前に釈放されて帰国しました。

古海忠之

「満州国」国務院総務庁次長古海忠之は、日本帝国主義が「満州国」の傀儡政府を牛耳っていたとき、総務長官武部六蔵に次いで、序列第二位の行政長官でありました。武部六蔵は、勾留期間中ずっと重病で病床に伏していたため、いかなる活動にも参加しませんでした。そのため、盲目的な崇拝と絶対服従に慣らされていた日本人戦犯にとって、古海忠之の一挙手一投足が非常に大きな影響力を持っておりました。

当初彼は経済部主計所特別会計科長に任じ、間もなく総務庁主計所長、経済部次長となりました。その後総務庁次長岸信介が商工大臣として日本に帰国した際、古海はその後任として次長の席につき、一九四五年八月捕虜になるまでその職にありました。

古海忠之は総務庁次長に着任後、中国東北地区を支配するための政治、経済、文化など各部門における犯罪的な政策、法令などの企画、制定、指導に積極的に参画しました。また総務長官の捕佐として経済中枢を牛耳り、わが東北地区の物資、財産を略奪し、強制労働を課し、東北人民を塗炭の苦しみに突き落としました。彼はアヘン専売政策を強行し、東北人民にケシの栽培を強制し、わが国人民を中毒にして人民の財産を奪いました。中国侵略戦争における彼の罪業は誠に重大でありました。

彼は管理所に入って来た当初は、表面的にはなんの抵抗も見せず、管理教育に服従し、言われた通りに事を行い、まことに目立たない存在でした。彼は一個の知識人で本を読むことを好み、常に図書館で本や新聞を読んでは、情勢の理解に役立てようとしました。けれども、管理所が中共中央の戦犯改造の政策に基づき、計画的に手順をふんで戦犯に対処し、理論教育、情勢教育、認罪教育を進め、組織的に参観学習を実施し、革命的人道主義の処遇を与えると、古海の政治的立場は少しずつ変化をきたし、中国で犯した自分の罪業に対して悔悟の念を抱くようになり、告白し始めたのです。彼はいかにして東北の農民の土地の強制移住政策を立案し、いかにして東北地区の食糧や物資を搾取したか、日本が太平洋戦争を推し進めた内幕——いかにして「満州国」の傀儡政府を操り、中国の大量の軍需物資を略奪したかの内情——を告白するに至りました。彼は在任期間中に自ら手を下して人を殺すより、数倍の重大な罪業を犯したことを認めました。

一九五四年三月、尉官クラス以下の戦犯の間で認罪・告発運動が大きい成果を挙げるに至り、私たちは最高人民検察院東北工作団と歩調を合わせて、日本の将官・佐官クラスの戦犯に対し、全面的な調査活動を展開しました。工作団の李甫山主任が古海の調査を直接担当し、認罪の典型として古海を教育していきました。

一九五四年五月二〇日午後、管理所は日本の佐官クラス以上の戦犯大会を開き、日本の尉官クラス以下の戦犯および「満州国」戦犯の代表を参加させました。

李甫山主任がまず話を始め、戦犯の中に存在する思想問題を告発するとともにわが国の政策を説明し、戦犯が闘いとるべき前途について明らかにし、最後に、古海忠之がこれから自己批判する旨を発表しました。

古海は戦犯たちの中から立ち上がると、うつむき加減にゆっくりと壇上に上がりました。彼はまず幹部の人々に深く頭を下げたあと、マイクの前にたって自己紹介し、自分が犯した主要な罪業について告白を行うとともに、その思想的根源をえぐり出し、自己の思想の変化と認罪の過程について語りました。最後に彼は「第二次大戦後、国際法は新たな発展を示しました。侵略戦争を画策し、その指揮をとった者は、もとよりA級戦犯であります。また侵略戦争の期間中に各種の罪業を犯した者は、その役職いかんにかかわらず、侵略された戦勝国がそれらの者をB、C級戦犯として決定し、裁断する権利を有しております」と述べました。

場内の者はいずれも驚きました。一部の者がこれまで抱いていた「自分の役職は低く戦犯に値しない」という幻想が打ち砕かれたのです。古海は彼らにとって大物であり、その言葉は信ずべきものでありました。古海が行った認罪発言は、戦犯たちにとって唯一の活路は徹底して認罪し、寛大な処理をかちとることであることを明確にしました。また古海の発言は、戦犯たちの認罪活動をより積極的に推し進める作用をしました。

一九五四年冬、戦犯の学習委員会が組織されたとき、古海は将官クラスとしては唯一人の委員に選ばれました。一九五六年七月二日、最高人民法院特別軍事法廷は古海に対する審理を行いました。彼は起訴事実に対しすべてこれを承認しました。「満州国」皇帝溥儀と大臣谷次亨ら九名も証人として出廷し、証言しましたが、古海はこれらに対しても一言も異議を申し立てませんでした。古海は法廷で四回頭を下げ、二回涙を流して、自分の犯した罪について悔悟の情を表わしました。七月二〇日、特別軍事法廷は古海を一八年の有期刑に処しました。

判決後、私たちは彼を服役戦犯の総組長に指名しました。彼は管理教育に従い、その職責を全うし、態度も大変良好でした。

古海は日本の政・財界に多くの友人を持っていました。服役期間中にかつて古海の部下で佐賀県鳥栖市の市長をしている人物が、岸信介首相の意を受けて古海に会いに来ました。岸信介はかつて「満州国」総務庁次長で古海の先輩でした。岸信介の目的は、古海の思想の変化状況や、なお官僚になる意志があるかどうかの確認でした。古海は、帰国後再び官界に入るという誘惑をはねのけたばかりでなく、岸信介の行っている向米一辺倒と反中国政策を批判しました。また自分が釈放されて帰国したならば、積極的に反戦平和、日中友好事業のために努力する決意を語りました。

一九六三年二月、古海は服役期間中の改造が良好であったため、期限前に釈放されて帰国しました。

藤田茂の自己改革

元日本陸軍第五九師団長藤田茂中将は、青森県の士族出身で、その幼年時代は日本軍国主義の最盛期でありました。当時の日本の支配集団にとって、軍備拡張と対外侵略が国家の最高目標であり、「富国強兵」をその基本政策としていました。藤田茂は中学卒業後、家庭の教育と社会の影響を受けて、軍人の道を選んだのです。彼は陸軍幼年学校から陸軍士官学校に進み、その後、騎兵将校に任官しました。

一九三一年、日本は「九・一八事変」を引き起こし、中国侵略の全面戦争に拡大していきました。この戦争の終わる頃には藤田茂は、師団長として山東省一帯を占拠し、罪業を重ねるに至りました。この武士道精神に凝り固まった軍国主義者は中国の大地において、邪悪な行為を繰り広げ、多くの労工を狩りあつめ、財産を奪い取り、残酷な三光作戦を実行しました。彼は将兵の肝試しのための刺殺訓練用に、多くの中国人民をその銃剣の犠牲にしたのであります。これは藤田茂の凶悪な本性を余すことなく示しているものです。

戦犯に認罪させることは、党の改造政策の第一歩です。藤田茂は、日本人戦犯の中でも最も頑迷な分子で、認罪しようともせず、むしろ自分の罪業の責任を逃れようとしました。彼は管理所の幹部に対し、「私は帝国主義者で、あなたたちは共産主義者であり、我々の間にはなんら話し合う余地はない」と語り、私たちが言い逃れのきかない罪業を指摘すると、怒り出してなんの応答もなくなり、一種の狂気じみた姿をさらけ出しました。

藤田茂は表面的に居丈高にしていましたが、内心では矛盾と空虚に充ちていたのです。彼は毎日座ってぼんやりしているようでしたが、内心鬱々としていました。管理所の初代所長である孫明斎は、彼に『中国通史』やマルクス、レーニン、毛沢東の著作および日本共産党の「赤旗」などの学習を勧めました。それとともに、当局としては戦犯たちに映画を見せラジオを聞かせました。

彼は日本映画『基地の子供たち』『混血児』『戦火の中の女』などを見て、アメリカの軍隊が日本の国土を占領し、アメリカの戦車が自分の国土を蹂躙しており、アメリカ軍の飛行機がその上空を汚し、アメリカの身体の大きい兵隊たちが日本の婦女子を汚辱しているありさまを見て、両目を閉じてしまいました。藤田茂は、日本の雑誌から、アメリカ軍隊の日本占領後「パンパン」と呼ばれる女性が多数現れたことを知りました。そのため日本の社会には、アメリカ軍人との間の多くの混血児が生まれました。この子供たちは学校に行く年齢になって、自分の皮膚の色が他の者と異なることで他の生徒たちに嘲笑され、差別され、泣きだしてしまうのでした。このありさまを見ると藤田茂は思わず涙を流しました。

藤田茂は、管理教育担当の幹部の言動から、また映画や雑誌から影響を受け、一歩一歩、彼の内心の矛盾や空虚さを揺り動かされていきました。彼は考え始めました。

当局では系統的な理論教育を展開しました。藤田茂は、レーニンの『帝国主義論』などの学習を通じて、世界の革命的情勢について理解するようになり、特に中国人民志願軍の朝鮮戦争における大いなる勝利により、彼の思想には重大な変化が現れてきました。彼はだんだんと中国共産党と中国人民の力量を理解できるようになり、当時の環境から、中国人民は自分を改造するためだけではなく、自分を新しい人間にするための機会を与えてくれているのだ、ということを理解するようになりました。

一九五四年一〇月三〇日、中国紅十字会の訪日代表団は、中国政府が勾留している日本人戦犯の名簿を公表し、家族との通信や小包を許可する旨発表しました。

藤田茂は初めての家族からの便りに接し、一九四五年八月六日、アメリカが広島に投下した一発の原爆は、彼の姉の一家と広島の二〇数万の市民を瞬時に犠牲にしたことを知りました。この無惨な事実は彼に深い衝撃を与えました。こんなむごたらしい事実は一体だれがもたらしたのか、この犯罪の首魁こそ、日本軍国主義者であることを彼は感じ取ったのです。

一九五六年六月三〇日、最高人民法院特別軍事法廷は、鈴木啓久をはじめ八名の日本人戦犯に対して判決を行い、藤田茂は一八年の有期刑となりました。この判決を聞くや、彼は涙を流して、「私の罪から言えば、当然死刑になっても償いきれるものではありません。しかるに、中国政府と人民はかくも寛大な処置をもって、私に新しい人間に生まれ変わる機会を与えてくれました。私は必ずまじめに服役し、真人間になるよう努力します」と語りました。

藤田茂の思想転換状況を考慮し、一九五七年九月、彼は満期前に釈放されて帰国しました。彼は帰国後、先に釈放されて帰国した戦犯たちによって組織された「中国帰還者連絡会」の全国代表大会で初代会長に推された。一九六〇年十二月中帰連会長という資格で、撫順戦犯管理所に書状を送り、「中帰連」全国代表大会の状況報告を行いました。

藤田茂は晩年「中帰連」事業に力をつくし、日中友好を推し進めるために東奔西走し、四回にわたって訪中し、周恩来総理の親しい面会をも受けました。周総理は、彼の日中友好につくした貢献を高く評価し、一着の中山服（✦三）を彼に贈りました。一九八〇年九〇歳の藤田茂は、率然としてこの世を去ったが、息を引き取る直前に家人に言いつけて、訪中の際周総理から贈られた中山服を自分に着せてくれるよう頼んだ。亡くなった学生の中国の先生に対する想いと日中友好にかける心情を表したかったのである。

戦犯と家族との面会

一九五六年六～七月、最高人民法院軍事法廷は、瀋陽および太原において比較的罪の重い四五名の日本人戦犯に対して、それぞれ八年ないし二〇年の有期刑の判決を下しました。その後、撫順戦犯管理所内に特に「撫順戦犯監獄」が設けられ、撫順と太原で刑を受けた日本人戦犯を集中して収容しました。それと同時に中国政府は、戦犯家族の来訪を許可しました。そのため、管理所内の一階廊下の両側にある一〇数個の部屋は、すべて壁を塗り替えました。そして各室に茶器を揃え、ソファや二台の新しいベッドを入れ、その壁には戦犯と家族との面会規定を貼りました。その新しい一条は、「勾留期間五年以上の者で、もし本人と妻子が希望するならば、同室に起居をともにしてもよい」という項目でした。これは古今東西の監獄史上例を見ないことでした。

管理所当局が許可した家族との面会は、実は食住だけでなく、一日中自由に話し合ってもよいということでした。これは戦犯だけでなくその家族をも非常に感激させました。

最初の訪問家族が帰国する前日の午後、孫明斎所長は、日本人戦犯全員とその家族の座談会を開きました。いつもの通り私が通訳しました。出席した戦犯や家族たちは、感激の涙を流しながら、それぞれ感想を述べました。五〇歳を過ぎているると思われるある婦人は、こう話しました。

「日本から参るとき、私はこの管理所は、日本の監獄と同じで犯人は看守の監視下におかれ、鉄格子で隔離され、数分間しか面会できないものとばかり思っていました。こんな手厚いもてなしを受けるとは、夢にも考えていませんでした。幹部の皆様のご親切なご配慮で、私は一〇数年の間会いたい会いたいと思っていた夫に会うことができました。この数日間私は夫と一緒に起居をともにし、自由に話し合うことができました。夫は自分の罪を悔い、中国の寛大さに感激し、その上未来に希望を抱いております。私の夫は見違えるように変わりました。昔は全く傲慢、冷酷でありましたが、今は謙虚で、優しく、思い遣りのある人になりました。これは皆様先生方の教育のお陰でございます。ほんとうにありがとうございました。夫の健康なのを目にして、全く安心して帰ることができます」

生活習慣に心を配り、労働教育をすすめる

一九五七年七月、日本人戦犯に対する判決が行われたあと、服役する日本人戦犯の生活習慣に配慮し、また彼らに労働教育を進めるため、管理所ではこれらの日本人戦犯用に独立した調理竈を作り、彼らの好きな料理を食べさせることにしました。ところが、日本の男性は一般的に料理を作ることができません。炊事員が教えながら作らせました。例えば、餃子は金源所長や私たちが手をとるようにして教えました。やがて城野宏たち二名が料理人になりました。彼らは料理研究に興味を持つようになると、日本から料理関係の雑誌を送ってもらい、勉強しながら料理をつくり、非常に早く日本風の料理ができるようになりました。こうして中国料理だけでなく、日本料理まで食べられるようになり、日本人戦犯たちは非常に満足しました。

一九六〇年代の最初の三年間、わが国は自然災害に見舞われました。戦犯に対しては、彼らの豊かな生活基準を維持するため、可能な範囲での生産業務に従事させ、彼らが生産した鶏や卵や白米等を

食料の一部に当てることになりました。そのため私たちは、労働に参加できる戦犯たちを組織して養鶏班、水田班を作り、老人や体の弱い者には、監房の前後の花壇や近所の小さな菜園を管理させるようにしました。

養鶏班の班長には、「満州国」警務総局警務所長の今吉均がなりました。彼は体が大きく体力もありました。記録係には中井久二がなり、班員には日本軍中将師団長鈴木啓久など数名が参加しました。養鶏場は彼らの監房がある七所の近くに設けられましたが、当時はすでに監房の鍵ははずされていましたので、彼らは昼間でも夜間でも、いつも自由に出入りできるようになりました。彼らは養鶏の知識を高めるため、日本からそれに関する雑誌を取り寄せました。彼らは養鶏の知識を高めたばかりでなく、食事の内容も豊かになり、労働の意識も培うことができました。例えば雛を飼うときには特に注意深くなり、ある時など、一羽の雛が死んだだけで非常に心を痛め、夜中に起きだしては当直の班長の許可を得て、鶏小屋を見回りに行くようなありさまでした。

この年の春、当局は外部から三〇〇〇羽の雛を買ってきましたが、彼らの養鶏は見事で、生存率も非常に高かった。養鶏がどんどん盛んになると、今度は飼料を節約するために、数一〇羽の雄鶏を残して、その他の雄鶏を全部処分することになりました。その頃残った雌鶏は、二〇〇〇羽になろうとしていました。

撫順戦犯管理所は五〇年代末期には、国民党戦犯に対する労働改造を行うため管理所北方四キロメートルの山あいに、農場を建設することになりました。枝のように分かれた数一〇畝の荒れ地を開墾し、果実、野菜、粟などを栽培し、また養豚も始めました。

ある時私は、農場労働からの帰途、小さい谷間に二カ所の六〜七畝ある荒れ地を見つけました。そこは小さな谷間を流れる水の量や地形や土質から見て、稲作に適していると思われました。米は非常に逼迫していましたので、すぐさま劉鳳魁副所長の同意を得て、撫順城北関地区の朝鮮族生産隊と連絡を取り、種もみを買い入れ、鋤などの農具を借用することにしました。開墾に際し、私は日本人戦犯の中から一〇名の体力のあるものを選んで水田班を組織し、「満州国」総務庁次長古海忠之をその班長にしました。

水田班の者は毎朝朝食が終わると、二丁の鋤などの農具を担いで、昼食を携帯して徒歩で開墾地まで出かけ、夕方五時までに帰所するようにしました。朝鮮族の使用する鋤は、漢族のものより二倍も大きく、この鋤を使いこなすには通常五名必要でした。というのは、一名が鋤を持ち四名でそれを引っ張るのです。うまく引っ張れば省力もできるし、仕事も捗るので、効率は漢族の鋤より遥かに高いのです。

私は農村の出身で水田の仕事もやったことがあったのですが、荒れ地を開墾して稲田にすることははじめてでした。その頃私は管理教育の担当で、生産の「総指揮」をしていましたので、老農夫に来てもらって指導してもらうことにしました。第一歩は土手を作ること、第二歩は雑草などの邪魔なものを取り除くことでしたが、いずれもたいした努力を必要としませんでした。第三段階になると、水を引いて稲田を作ることになるのですが、山あいの水は刺すように冷たく、一部の日本人戦犯たちは初めのうちは辟易しました。私はいつも先頭きって裸足になって水の中に入りました。指揮官が水の中に入るのを見ると彼らはやむをえず靴下を脱ぎ、ズボンをまくしあげ、歯を食いしばって水の中に入りました。最初に水の中に入る時、数名はまだ靴と靴下をはいたままでしたが、私はなにも言いませんでした。しかし、鋤を引く時は皆でやらなければならず、履いている靴が泥の中に入り込んでしまって、いつも「ちょっと待って」と言わざるを得ませんでした。そこで一息入れたあとには、水温が高まるにつれて多くの者が、私と同じように、靴や靴下を脱いで裸足で仕事を始めるようになりました。

次の日の朝、仕事を始めるとき、私は彼らがまず靴や靴下を脱ぐのを目にしました。ところが、「満州国」奉天省警務庁長三宅秀也のみが依然としてナイロンの靴下をはいて水田に入りました。休憩時間になると、皆はいつものように車座に座りました。私は意識的に、彼らに今回の労働の目的について語って聞かせました。「この二つの土地はわずか六畝前後の小さいものであり、一畝当たり一〇〇〇斤と見ても、年間六〇〇〇斤、人民幣七〇〇〇元あまりに過ぎない。種や肥料の費用を差し引くと、経済的には決して引き合うものではない。だから管理所で労働を組織したのは、全く教育のためのものであって、君たちが自らの労働を通じて『労働こそ世界を創造する』という真理を認識し、労働こそ光栄あるものであり、搾取こそ恥ずべきものであるという意識を打ち立て、労働人民の思想感情を身につけ、古い自己を否定して、新しい人間になるためのものである」と。また私は、過去農民たちは一年中朝から晩まで命がけで働き、それでも最低生活を維持することができなかったことを語って聞かせました。そして「君たちの一部は、靴下をはいたまま田んぼに入って仕事をしている。君たちは水が冷たいのが嫌なのか、それとも足が痛むのが嫌なのか、日本の農民がこんな光景を見たら全く侮蔑の目で見ることでしょう。農民がナイロンの靴下をはいて田んぼに入りますか」と言い、最後に私は、彼らが農民の実践の中で、新しい観点を打ち立て、労働を愛するよい習慣をつくり上げるよう要望しました。私の話を聞くと、戦犯たちは納得した様子で、三宅秀也もそっとナイロンの靴下を脱いでいました。その後、靴下をはいて田に入るという風景は二度と見られませんでした。

川の湾曲部は半分は砂地であるが、土地は肥えており、その上に硫安を加えると、稲の成長は誠に目覚ましいものがあった。細心の注意を払いつつ管理した結果、波打つ稲穂は秋風とともに黄金色に輝いたのであります。

その年には一畝当たり八〇〇余斤の豊作で、日本人戦犯たちは嬉々としてその取り入れと脱穀に参加しました。

当局では、日本人戦犯たちの収穫した米は、すべて自分たちで食べるようにとり決めました。さらに精米所で真っ白な標準東北米に精白されましたが、この様子を見て城野宏は非常に喜び、「これは俺たちの植えたものだ。今日の晩ご飯は俺たちの手で作った米飯だぞ」と言いました。

この日の米の飯を彼らは一番たくさん食べ、最も香ばしいものでした。生産の中ではじめて自らの労働で得た米飯のうまさを味わうことができたのでした。

◆一　三肇屠殺事件　中国東北における抗日闘争に対する日本の弾圧事件の一つ。一九四〇年八月、抗日連軍第三路軍はハルビン近郊の三肇（肇東、肇州、肇源）地域で大規模な攻撃を展開した。日本は四カ月にわたって弾圧を行い、一〇〇〇名以上の抗日戦士、共産党員、愛国者を逮捕し、七三名を死刑、一三〇名を無期懲役にした。

◆二　三島科学研究所　日本が「満州国」各地に設けた秘密の強制収容所の一つ。

◆三　中山服　孫文（中華民国初代大統領）が愛用した服装から、彼の名をとってこう呼ばれた。

尉官クラス以下七〇〇余名の戦犯の教育

呉浩然

呉浩然……ウー・ハオラン　一九一九年生れ。吉林省出身。撫順管理所教育科員、同科長を歴任。一九八八年顧問。

戦犯の移管

一九五〇年四月、私は東北軍管区から東北人民政府司法部直轄の撫順監獄に転属しました。同年五月、中央は四六五億東北幣（東北人民政府発行の貨幣）の予算で改修・整備して、ここを直属の監獄とし、名称を東北戦犯管理所と改め（のちに撫順戦犯管理所と改称）、ソ連政府から移管される日本人戦犯と「満洲国」戦犯を収監する準備を行いました。

一九五〇年七月一四日、撫順戦犯管理所は、東北人民政府公安部からの緊急通知により、日本語通訳・医師・看護婦などの接収隊員をただちに人選しました。私は朝鮮族で小学校当時日本語を学び、日本語が話せるのでその中に選ばれました。私と同じように日本語を話せる金源、医務室の医師張敦義、于蓋林、看護婦の関慧賢、趙毓英、張素琴の一行七名が、接収隊員として一五日瀋陽東北公安部に着任報告しました。

私たちは七月一六日夜、一〇両編成の専用列車で瀋陽を出発し、国境の駅、綏芬河に向かいました。専用列車は前進を続け、牡丹江市を過ぎてから森林地帯に入りました。ここは昔、東北抗日連軍の将兵が日本侵略者と戦闘し、血を流した所です。民族の存亡のために幾多の抗日将兵が血を流し、命を失いました。もしもその彼らが、私たちが今日この地を通過して中ソ国境に赴き、中国政府を代表し

吳浩然（中帰連提供）

て国家の主権を行使し、日本人戦犯を接収し護送するのだと地下で知ることができたら、どんなに心が安らぐことでしょう。

七月一九日の午後、綏芬河にソ連側から警戒厳重な囚人護送列車が入ってきました。先頭から後部まで締め切った各車両の扉は鉄の棒で閉ざされ、カービン銃を持った赤軍兵士が警備していました。陸曦同志をはじめ日本人戦犯接収隊員たちは、素速く列車の着くホームに行きました。ソ連の軍官との挨拶が終わると、ソ連赤軍の少佐が一束の書類と名簿をわが方に手渡しました。

炎暑の夏、日本人戦犯は汗をびっしょりかき、極度に疲れ切った様子で降りてきました。ソ連の指揮官が名簿順に一人一人点呼して確認し、続いて中国側も点呼と確認を繰り返し、合計九六九名の日本人戦犯の移管は終わりました。私は、日本人戦犯は皆年輩の将軍以上の軍人だと思っていましたが、点呼して見ると年の若い尉官が多いことがわかりました。

日本人戦犯は中国へ送られる専用車内でさまざまな表情や態度をしていました。ある者はご飯や白パンに歓喜し、ある者は故意に落ちついて無表情を装っていました。中には疑い深くビクビクしながら、猜疑的な目で私たちを観察する者もいました。

来所初期

日本人戦犯の護送用専用列車は、一九五〇年七月二一日未明三時に撫順城駅に到着しました。戦犯たちは、戦犯管理所に着くと、濃い灰色の高い煉瓦塀の上には高圧電線が張りめぐらされ、塀の四隅にはそれぞれ監視塔が備えつけられているのを目にしました。

厳重な警備の状況を見た戦犯たちは動揺していました。特にかつて「満洲国」撫順市警察局長だった柏葉勇一、撫順監獄の監獄長だった大村忍、第二分監獄の責任者だった島口信重、警尉の室田震策らは格別恐れおののいていました。なぜなら、撫順戦犯管理所は、もともと日本の侵略者が一九三六年に建造した特殊な監獄で、東北抗日連軍の将兵や愛国的同胞を投獄し、虐殺するための専用の監獄だったからです。歴史の皮肉というべきか、侵略者自身が自分で作った監獄に入ることになったのです。

管理所の壁に「戦犯管理所規則」が貼られているのを見たとき、戦犯たちの数人は日本語で、「なぜ俺たちが戦犯なんだ」、「俺たちは捕虜だ、無条件で釈放すべきだ」などとわめき散らしました。はなはだしい者は、憤激のあまり壁に貼られた「規則」を剝ぎ取って地面に叩きつけ、憎々しげに踏みつけました。一時はがやがや騒いでそれはひどいものでした。看守は日本語がわかりませんが、戦犯の表情から監房規則が騒動の原因だと判断しました。すぐに管理教育科の打ちあわせ会でこうした状況が報告されました。この報告を聞いて、私たちは監房を見て回りました。行ったときには戦犯たちの騒動は一応収まっていました。

私は「規則」を剝ぎ取って地面に投げ捨てたことについて日本語で質問しました。そのとき一人の戦犯が、私が日本語を話すのを見て話があると言ってきました。彼は浜田金八郎という元曹長で、同室の者から選ばれて室長をしていると言いました。彼は「監房規則を剝ぎ取ったことは間違っていると思います。しかし、多くの者は心中では快く思っていません。規則を剝ぎ取った者は自暴自棄、破れかぶれです。戦犯にされた以上、遅かれ早かれどうせ殺されると思っています」と言いました。私は「規則を破った者は厳罰が当然だが、入所したばかりであり、初犯であることを考慮して、処分はしないことにする。これからは必ず監房規則の規律を守り、よく学習し、改造に励むように」と言い聞かせて、看守に浜田を監房まで送らせました。

このとき私がなぜこのような処置をしたかと言いますと、一つにはこのような事件には大変重要な背景があり、刹那的に気炎を上げ騒ぎを起こしたものではないこと、もう一つは今戦犯たちがどう考えているのかを私たちははっきり把握していないので、不明瞭な状況のもとで即断してはかえって矛盾をつのらせ、彼らに対する管理教育上にも不利だと考慮したからです。とくに私は、これら日本人戦犯が撫順戦犯管理所の鉄の大門を入って来たときのさまざまな表情を思いだし、安易に処罰してはまずいと感じたのです。あのとき、彼らのある者は頭を垂れて青ざめ、ある者は胸を張り足音高く意気揚々と入って来ました。戦犯たちのさまざまな顔色や態度は、新中国への蔑視、中国人民に囚われの身になることへの不満や恐怖を示していました。彼らが「戦犯」とか「俘虜」とかの言葉に大いにこだわるのは、わが国政府に彼らを「俘虜」として取り扱うようにさせることによって、帰国を速めることができると考えたからです。

日本人戦犯がわが国に移管されてからどのように思い、考えているか、さらにくわしくはっきり知るために、所長の孫明斎は管理教育科の職員を手わけして各監房にやり戦犯と話をさせました。私は意外なことを知りました。それは、かなり多くの日本人戦犯が私たちとの話し合いを望んでおり、中国政府が彼らをどのように処理しようとしているかを聞き出そうとしていることでした。私が当初把握した状況から判断すると、多くの戦犯は中国に来てから受けた待遇には満足していました。しかし、戦犯たちは口先では満足と言いながら、その実内心ではビクビクで、恐怖と不安を感じていることがわかりました。彼らは中国であまりにも多くの罪を犯していたので、いつ法廷に引きずり出されるかと常に心配していました。その後管理所では私たちに数回にわたって調査をさせ、基本的情況を中央に電報で報告しました。中央の指導者は電報を受けるとすぐに指示を出してきました。その上で周恩来総理は、戦犯の管理教育の過程で、「一人の逃亡者も出さない、一人の死亡者も出さない」ことを成しとげるよう要求しました。私たちは、中央指導部のこの指示をまっとうするために、皆注意に注意を重ね、仕事に励み、努力しました。

尉官クラス以下の戦犯の状況

撫順戦犯管理所に収容した一〇〇〇名近い日本人戦犯には、将官・佐官クラスの軍人や官吏と、警察、憲兵、特務など尉官クラス以下の者がいました。彼らの出身、職務、経歴年数などは異なっていましたが、程度の差こそあれ、中国侵略戦争中だれもが重罪を犯していました。当初はだれも一様に、自分の罪を認めようとはしませんでした。とりわけ私が教育を担当した七〇〇余名の尉官クラス以下の者は、将官・佐官クラスなどの軍人や官吏と同じように「戦犯」の名をかぶせられたことに大変不服でした。私たちが知りえたところでは、この尉官クラス以下の戦犯は、その九〇パーセント以上が貧しい労働者階級の出身で、ほとんどが高等小学校卒業程度、捕虜になったときの年齢は二〇～三〇歳でした。彼らは幼時から日本軍国主義の奴隷化教育を受け、頑固な武士道精神を持ち、天皇に忠誠をつくすことを名誉と考え、日本帝国主義の中国侵略政策を忠実に実行して、いずれも中国において各種各様の罪を犯していました。

ある者は、罪を犯したにせよ「命令でやったこと」であり、自分のやったことはすべて上官の指示のもとで行ったのだから犯罪にはならないと思っていました。ある者は、ソ連に収容されていたときには「捕虜」と呼ばれていたが、中国へ来たら「戦犯」呼ばわりされたので、不平不満を持ち挑発したり騒ぎ立てたりしていたのです。要するに彼らは「中国侵略は当然のことである」と考えていました。例えば、「満州国」の警尉小林芳郎は、「日本は人口が多いから、外地に出なければ国民は生きて行けない。日本が大東亜共栄圏をつくろうとしたことは情にも理にもかなっている」と説き、また「『満州国』の警察官として中国の社会秩序の維持に協力したのに、それがなぜ有罪なのか」とも言いました。

彼らは口先では有罪を認めないと言いながら、自分の罪がばれ、馬脚があらわれることを怖れていました。彼らはいろいろな方法で抵抗しました。

他方、戦犯たちのさまざまな謬論と怪気焔に対して、私たち職員のだれもが大いに立腹していました。多くの職員は、「満州国」時代に日本侵略者から迫害され虐待を受け、数人の同志は家族や肉親を殺害されていました。私について言えば、私の父と叔父は日本植民地下の監獄の中で、ひどい虐待を受けて獄死しました。看守の王興はもっとひどい目に会っていました。彼の家は熱河省承徳の万里の長城近くにあり、抗日遊撃地域でした。日本軍の掃蕩作戦中、彼の家族八名のうち七名が殺され、彼一人だけが血の海から生き延びることができたのです。王興は叔父の家で成長したあと、中国人民解放軍に参加して小隊長となり、一九五〇年七月、撫順戦犯管理所に転属しました。彼はそのことを非常に喜びました、ここで働けば、あの残虐な日本侵略者を処罰し、国と家族の仇が討てると。彼は日本人戦犯が頑固に抵抗し、はなはだしい者は気勢を上げて管理教育科の職員を侮辱したり罵倒する様子を見て、腹を立てて思う存分殴りつけてやろうと思いました。しかし、当時上級機関からは、収監中の戦犯を「殴ったり、罵ってはいけない」、「人格を尊重せよ」と厳重に指示されていました。王興は日本軍の大掃蕩のとき全村火の海にされ、家族全員が突き刺され、命を奪われた情景を思い出し、どうしても納得できないのでベッドに伏してくやし泣きしたのでした。

ハルビンで学習小組を組織

日本人戦犯の反抗的感情と管理所職員の戦犯への憎悪の感情とは、互いに折り重なりあって、党の教育、戦犯改造政策をすすめる上で大きな障害になりました。そのため管理所の指導者は、何回も職員の全体会議を開き、胸襟を開いて話し合い、さまざまな方法で党中央の指示の精神を学習し、皆で戦犯を改造する重要な意義についての認識を深め、感情をもって事にあたらないよう、またいつでも必ず新中国の工作員として誇りをもち、苦労をいとわず、恨みごとを言わないで、戦犯改造の任務にはげむよう要求しました。

この頃、アメリカ帝国主義者は朝鮮戦争を発動していました。管理所は中央と東北公安部の指示に従い、安全を保障するために、日本および「満州国」戦犯全員を松江省（現在の黒竜江省）のハルビンのいくつかの監獄に移すことにしました。私は約五〇〇名の尉官クラス以下の日本人戦犯とともに、ハルビン市の北にある呼蘭県の監獄に行きました。

朝鮮戦局の緊張はもともと罪を認めようとしない日本人戦犯の気炎をさらに高めました。彼らはアメリカがすぐにでも東北地区に攻め入り、彼らを救い出してくれると考えました。この期間中私は、多くの戦犯が戦争の推移の状況と職員の態度に大変注目していることに気づきました。彼らの一部の者はひそかに議論して「新中国はまだ戦乱の中から成立したばかりだ。米英を主とする国連軍に比べると、あたかも『卵が石にぶつかる』ようなもので、米英の相手ではないのだ」と言っていました。しかし事実は、中朝両国の軍隊が朝鮮の戦場で連戦連勝していました。

戦犯のこのような情況に対して、中央の指導幹部は、認罪教育（戦犯に罪を認め、悔い改めさせる教育）を行うよう指示して来ました。この指示の精神をどうやって生かしてやり抜くかが全職員の問題でした。管理所指導部で研究の結果、戦犯の認罪教育を進めるためには、まず戦犯にしっかり学習させることが必要であるとの結論に達しました。

この要求に基づいて、私たちは呼蘭監獄に、戦犯の学習小組を作ることにしました。呼蘭監獄は清朝が建てたもので、一〇〇余年の歴史がありました。この古くて壊れかけた建物内に以前倉庫にでも使っていたような大きな建物がありました。この家屋で学習小組は起居し、昼間は学習するようにしました。

戦犯が理論学習を始めるに際し、私は自発性を尊重して強制も命令もせず、細かい指図もしませんでした。調査研究の結果、まず学習を望んでいた八〇余名を組織し、六つの学習小組班を作り、彼らがそれぞれに選んだ国友俊太郎、大河原孝一、小山一郎、清水勇吉、浜田金八郎、伊橋彰一の六名を学習組長にしました。この六名の学習組長はまた、呼蘭監獄戦犯理論学習小組センターの要員でもありました。このセンターの総責任者は、彼らが推薦した国友俊太郎が担当しました。決めた学習資料の主なものは、日本語訳のレーニン著『帝国主義論』と日本共産党編纂のいくつかの資料でした。

学習方法は、まず学習資料を各小組に回し読みさせ、この組織の基本精神に沿って現実と結びつけて討論し、討論中難しい問題が出たときは、小組の組長はその問題をセンターに持ち込み、そこで研究してから解答するようにしました。センターで答えが出ないときは、所の管理教育科に報告して回答を求めました。学習がよくできるようにと、私は大切な蔵書、日本語の『社会科学辞典』をセンターに渡し、浜田金八郎が保管するとともに、彼はまたその他資料の閲覧の責任も負うことになりました。

学習の第一課程を経て、戦犯たちは資本主義、帝国主義の反動的本質をある程度認識し始めました。学習をへて少なくない戦犯は、自分が国内で受けた軍国主義教育は、実際には独占資本家によって欺瞞されていたのだ、と認識し始めました。毎週の学習討論会での彼らの発言は熱烈をきわめ、多くの者が顔から手までを赤くしての論争はいつものことでした。

学習の高まり

一九五一年三月二五日、朝鮮戦争の戦局が好転したので、東北公安部の批准をへて、ハルビン市道外と呼蘭県とハルビン道里の監獄にいた六六九名の尉官クラス以下の日本人戦犯は、再び撫順に移動しました。撫順戦犯管理所は、ハルビンの監獄よりはるかに条件が良く、獄舎は清潔で明るく、各監房には一七~八名が収容できました。

学習の成果を上げるため、撫順に帰ったあとの私たちは、意識的に呼蘭監獄で学習に参加した八〇名の戦犯を三、四所の各監房に分散させました。彼らは、監房に移ってからも、自発的に呼蘭県での学習状況と体験を同房の者に紹介したり、自分のノートを見せたりして、他の戦犯の学習意欲を啓発しました。各房では、呼蘭の学習に参加した者がそれぞれの学習組長に選ばれました。

また、学習センターの要員を、呼蘭で六名だったのを九名に増員し、大畠伊三郎、中村五郎、坂下雅章の三名を新たに選出しました。戦犯管理所では多くの新しい学習資料をあたえ、戦犯の系統的学習を組織しました。『帝国主義論』、『日本資本主義発達史』などの書籍を軸として、軍国主義に反対する教育を展開し、日本軍国主義批判の学習を進め、世界革命の発展に関する教育を進めました。この種の学習は、戦犯たちの学習意欲をますます増強させました。この基礎の上に「戦犯学習委員会」が成立して、中国革命の経験を学習し、『毛沢東選集』を組織的に学習しました。こうして、私たち職員の指導の下、学習センターの要員が先頭に立ち、尉官クラス以下六六九名の日本人戦犯は、次第に学習の高まりを見せるようになりました。

マルクスやレーニンの著作も毛沢東の著作も、元来日本では発禁でした。一定の学習をへて戦犯たちは、本の中に述べられていることは道理がある、と思うようになりました。とりわけ、日本の下層階級出身の戦犯たちは、真剣に筆記し、熱烈に討論して、いろいろと難しい問題について回答を求めてくるようになりました。例えば、「相対真理と絶対真理とはどういうことか」、「動機が良くても結果が悪いのと、動機が良くて結果も良いのと、なぜ両者の因果関係が違うのか。この二つの良い動機は、相互に区別されるのか」などです。当時私たちの戦犯に対する学習指導には一つの原則がありました。すなわち、彼らの提出する問題の名称や概念については責任を持って解答するが、実際的な認識問題については、彼ら自身の学習討論によって一歩一歩理解させることでした。これらの尉官クラス以下の戦犯が帝国主義教育から受けた害毒は深かったのですが、彼らは年齢も若く、新しい事物を受けいれやすく、また皆新知識の吸収に意欲をもっていたので、私たちが準備した学習内容に基づいて学習するとともに、相当数の者は毛沢東同志の哲学著作に特別な興味を示しました。彼らは『矛盾論』や『実践論』を学習することによって、問題を認識し分析する能力が顕著に高まりました。この基礎の上で、彼らは日本の進歩的歴史学者井上清の『日本軍国主義の発展史』をはじめ、『日本帝国主義の反動的本質』、『天皇とは何か』などの論文も容易に理解できるようになりました。

罪を認め、悔い改める

私たちは、戦犯の学習成果をさらに強め、思想改造をおし進めるために、国友俊太郎、小山一郎、大河原孝一らの学習センターの要員に二つの問題を提起して、戦犯たちに討論させるようにしました。一つの問題は、「二つの異なった社会制度の比較」、もう一つの問題は「異なった社会制度下での監獄の比較」でした。第一の問題の討論では、私たちは数人のわりあい貧しい出身の戦犯を選んで発言させ、自分自身と父母兄弟らの日本での生活の実態を語らせました。そのあとでその他の者に現実と結びつけて分析し討論させました。この課程に入って間もなくのある日、私が事務所で各学習小組長から報告された「学習状況総括報告」を中国語に翻訳していると、突然看守の師国栄が部屋に飛び込んできて「呉さん、なぜかわからないが、監房で泣いている者がいる。早く行って見てください」と言うのです。事務所内の他の同志まで何事が起こったのかと思ったのですが、私はそれを聞いて大変うれしくなり、落ち着き払って師国栄にこう言いました。「心配することはないよ。戦犯たちの学習は、現実と結びつける段階に入り、彼らは今ちょうど自分たちの過去の境遇を思い起こしているのだよ」と。師国栄は言いました。「私はいつも九時に交代すると、監房を巡視して、戦犯たちの座談や討論の様子を観察しています。今日の学習の雰囲気はいつもに比べて厳粛なことに気がつきました。私が宿直室にいると、四所の五六号室から泣き声が聞こえてきました。急いで行ってみると、一人の戦犯が頭をかかえて号泣しており、他の戦犯もそれにつられて声を出して泣きだしました。やがて間もなくほとんどの部屋から泣き声が伝わって来ました」と。この知らせを聞いて私は、彼に「おそらく、戦犯たちが自分の生い立ちを思い出しているうちに自然に生じたもので、彼らが罪を認め、悔い改めるうえで良いことだ」と告げるとともに彼といくつかの監房へ行って、その状況を了解することができました。

四所の五六号室に東一兵という戦犯がいましたが、彼は職工出身で、一九三六年に入隊し、一九四〇年関東軍に志願して憲兵となり、憲兵軍曹に昇進しました。この日の討論学習で彼は五六号室の中心的発言者になり、自分の家の歴史を話したのでした。

「私の家は石川県の貧しい谷間の村にあり、父母は零細農業を営み、年中朝早くから暗くなるまで耕作したが、家の生活は大変貧しかった。私の着物は、姉の着古したのを仕立てなおした、つぎはぎだらけの物だった。学校で恵まれた家の子供がよい着物を着ているのが大変羨ましかった。だけど多くの子供は、私とさほど違わない物を着ていた。後に父は疲れがたまって病気になり、寝たきりになった。家には治療代もなく、母一人の働きに頼って生計を維持したが、家計はますます貧しくなっていった。上の姉は家を助けるためにマッチ工場の女工になった。五年間の賃金が三〇〇円で、衣食住つきだった。姉はマッチ工場で、組頭の監視のもとで毎日一〇時間から一二時間、時には一四時間から一六時間も働かされた。三年間働いたが、極度の疲労と栄養失調とマッチの燐毒で、歯ぐきはただれ食事もとれなくなった。工場の親方は使いものにならないと言って、治療もしないで姉を家に帰してよこした。その後姉の歯ぐきは全部ただれ切って、なにも食べることができなくなり、無残にも餓死してしまった。しかし、工場側は姉の五年の契約期間がまだ残っていると、次の姉を強引に身代りに取ってしまった。上の姉が死んだばかりなのに、次の姉も連れさられ、父は悲しみのあまり病床で昏倒し、二度と生きかえらなかった」

東一兵は話しては泣き、泣いては話しましたが、父親の最期まで話すと、話が続けられなくなり、頭を床に押しつけて大声で泣きだしました。その場に居合わせた者は皆自分の過去を思いだし、貧困層出身者が先を争って自分の家の歴史を語り、やはり話しては泣き、泣いては話すのでした。

このように、理論学習と自分の体験とを結合した討論から、戦犯たちは初歩的にではあるが日本軍国主義が対内的には圧迫と搾取、対外的には侵略と拡張であるという反動の本質を認識することができました。彼らは、戦後の日本がアメリカ帝国主義に占領されている状況を知ることによって、日本帝国主義が中国侵略戦争を発動したことは、中国国民に深刻な災難を与えただけでなく、同時に日本民族の利益をも傷つけ、また売り渡す結果になったことを、より一層はっきりと認識したのです。

二つの社会制度の比較についていては、彼ら尉官クラス以下の戦犯は、人々の貧富は運命のさだめではなく、独占資本家階級の搾取によってもたらされるものであり、天皇は慈悲深い神ではなく、日本搾取階級の総代表であり、天皇に忠誠をつくすことは、実際には独占資本家階級に命を売ることであり、だからこそ、自分の犯した罪は慙愧に耐えないのである、と認識するようになりました。

以上の学習成果の基礎の上に引きつづいて、準備しておいた第二の討論問題、すなわち二つの社会制度下での監獄の比較を討論させることにしました。討論を始めるにあたって、私たちは、日本や「満州国」での警察、憲兵、特務、監獄吏だった者を中心的発言者にさせました。彼らはそれぞれ真面目に旧監獄の状態を思い起こし、現在いる撫順戦犯管理所と比較しました。事実は雄弁に勝ると言いますが、新旧監獄の比較によって、彼らは心から社会主義の優越性と中国共産党の政策の偉大さを感じとるようになりました。「満州国」撫順監獄の監獄長だった大村忍は座談のとき、つぎのように発言しました。

「過去、ここは中国の愛国志士を監禁するところだった。その頃ここで聞こえるのは、拷問のうめき声や悲鳴、足かせの音だけであった。不潔で臭く、冬は氷が壁にはりつき、夏は蝿と蚊だらけだった。当時ここに監禁された人は、毎日小さな碗一杯のコーリャン飯で労務に服し、たくさんの人が殴られ、疲れきって死んでいった。今の私たちのようにご馳走を食べたり、座って学習討論をしているのとは比べようがない。私たちは今ここで、人格が尊重され、その上健康は配慮され、さまざまの文化・娯楽・体育などの活動ができる。まさに二つの異なった制度の社会には、二つの完全に異なる監獄がありうるのだ。だれがこの撫順戦犯管理所を監獄だったと信じられるだろうか」

さらに、彼ら戦犯たちが自分の体験と理論を結びつけてみずからの罪を認められるよう、私たちは引きつづき討論の課題をあたえました。「だれが君たちを戦争犯罪の道へ追いやったか」、「君たちはなぜ『天皇』の足かせをはめられた犠牲になったのか」、「どうしたら故郷を遠く離れての勾留生活から新生を獲得できるか」などです。この討論が深まるにつれて、ほとんどの戦犯は腰を落ちつけていられなくなり、頭をかかえて嘆き悲しんだり、あるいは軍国主義を罵ったりしました。忘れがたいのは、日本軍大尉黒瀬市夫が涙を流しながら「真理を学習しながら、自分の罪業を告白しないでいるのは自分の良心が許さない」と言ったことです。

中国共産党の正しい政策に感動を受ける中で、撫順戦犯管理所に拘禁中の六六九名の尉官クラス以下の日本人戦犯は、次々に自分の罪を認めはじめました。彼らは自分が犯した重い罪業だけでなく、同僚や上官の罪業についても大胆に暴露し告発しました。

このようにして二～三年の学習と認罪教育を経て、八〇パーセント以上の尉官クラス以下の日本人戦犯は二九八〇項目の罪業を告白し、六三七件の告発資料を書き、最高人民検察院が組織した東北工作団の尋問工作に役立つ基礎作りをしました。

東北工作団が戦犯の尋問を開始したとき、尉官クラス以下の戦犯の中には、再び入所時期と同じ状態になった者がいました。ある者は不安で終日ビクビクし、裁判の時期が迫っているのを感じ、自分が犯した罪を徹底的に告白して確証を残したことを後悔しました。ある者は、罪業を告白しようと考えながらも処罰を恐れ、ある者は上官を告発したことで報復を受けるのではないかと恐れていました。そのため、戦闘中の殺人は告白するが、平時の殺人は告白しないとか、命令による殺人は告白するが、自発的な殺人は告白しないという現象があらわれました。中には自分が告白した罪業をひるがえそうとする者もいました。

このような状況に対して、東北工作団および撫順戦犯管理所の指導者は戦犯たちにくり返し、わが党の「拒否する者には厳しく、認罪する者にはゆるやかにする」政策を知らせて、彼らの懸念を打ち消しました。続いて罪業は重いが認罪態度の比較的よい、日本軍大尉で中隊長だった宮崎弘に、全所の戦犯の前で、認罪、告白、告発の発表をさせました。彼の身をもって説く発表は強烈な影響力があり、その他の戦犯の認罪、悔罪にしっかりした推進作用を引きおこしました。私たちの二カ月あまりにわたる徹底して綿密な工作によって、尉官クラス以下の日本人戦犯は、基本的に自分が犯した重い罪業を明白に告白し、また四〇〇〇余件の告発資料を書きあげ、上司あるいは他の者の罪業一万四〇

○○余項目を告発したのでした。

寛大政策による釈放

一九五六年四月二五日、全国人民代表大会常務委員会は、「目下勾留中の日本の中国侵略戦争中における戦争犯罪者の処理についての決定」を可決しました。その日の夜、撫順戦犯管理所では戦犯全体にこの決定を朗読して聞かせました。「決定」はスピーカーで各部屋に伝えられました。各部屋は静まり返り咳声もありません。スピーカーから伝わる一言一言は、彼ら自身の前途と運命にかかわるものであることがわかったのです。これを聞いた多くの戦犯は感泣しました。「決定」の放送が終わるや否や、各監房はたちまち沸きたちました。少なからぬ戦犯が私に、「この『決定』は偉大な中国人民の気概と胸中を十分に示したものであり、マルクス・レーニン主義と毛沢東思想の革命的人道主義の最高原則を具体的に表現したもので、私たちは限りない敬意を払い、頭をさげて謝罪する以外、まったく言う言葉もありません」と語りました。尉官クラス以下の戦犯たちは、この「決定」の中で「『主要でない日本人戦争犯罪者、あるいは改悛の情が著しい日本人戦争犯罪者』に対しては寛大に処理し、起訴を免除することができる」と述べられている一節につき、とくに深く感じいり、感動のあまりすすり泣き涙を流していました。彼らは、ついに良き日の到来という希望をかなえることができました。

最高人民検察院は、「決定」の精神に基づき、一九五六年六月二一日、七月十八日、八月二一日の前後三回に分けて、一〇一七名(太原勾留一二〇名を含む)の日本人戦犯に対して起訴を免除し、ただちに釈放、帰国させるという決定を宣告しました。釈放が宣告されたその日、すべての戦犯たちは皆感動して大声で泣きだし、講堂はその泣き声で覆いつくされました。寛大政策により釈放された多くの戦犯たちはさかんに挙手して発言を求めました。「私は再び武器をとって、中国と戦うようなことは絶対しないことを誓います」、「私もそうします」、「私も」のさけび声は、絶え間なく響きわたりました。

釈放される戦犯が起訴免除の宣布を受けた日の夜、撫順戦犯管理所では市内の有名なホテルから料理長を招いて彼らの歓送の宴を催しました。宴会は、初めから終りまで、感激と喜びと深い友好的雰囲気に充ち満ちていました。宴会中、寛大な釈放を得た人々と職員とは、互いに管理所での六年間の並々ならぬ生活を思い出しながら話しあっていました。ある者は私の手を握りながら言いました。「初め、ソ連から囚人護送用の列車で中国に着いた時、私はこれですべてが終りだ。生きて日本の土は踏めないと思いました。寛大釈放されて帰国できるなんて全く思いもよりませんでした」。そう言うと、あとは涙で声になりませんでした。宴会は七時に始まり、深夜一〇時過ぎようやく終りました。孫明斎所長が乾杯の時「皆さんの旅路の平安を祈ります。帰国後は一家団欒、美しく満たされた生活をしてください。皆さんの幸福に乾杯！」と挨拶すると、釈放され人々は一斉に盃をあげて、「中国共産党万歳！　中国人民に感謝します」と応えました。続いて入りまじって席を立ち、各職員と握手して別れの挨拶をしました。彼らは次々に心を込めて固く私の手を握り、「帰国後は、撫順戦犯管理所の皆様方恩師の教えを決して忘れません」といく度も表明しました。多くの人は「私たちは帰国したら家族に『子々孫々までの日中友好、日中は永久に再び戦わず』の道理を言い聞かせます」と言明しました。毎回の宴会では語りつくせない思いをもち、握手で私の手はズキズキ痛みました、なにしろ毎回三〇〇余名の握手攻めにあったのですから。

三回にわたって釈放された人々は、天津塘沽港から日本船「興安丸」に乗船して帰国しました。組織の命により、私は天津まで見送りに派遣されました。そのときのことを忘れることができません。

第一次釈放者の総責任者は国友俊太郎、第二次は小山一郎と宮崎弘、第三次は大河原孝一でした。大河原孝一らは、私にむかい「帰国後、必ず先生を日本にお招き致します」と再三言いました。

釈放者を迎えにきた「興安丸」の船長は、感動で声を高ぶらせながら、「こんな惜別の姿は滅多に見られるものではありません」と語っていました。

帰国新生

わが国政府によって寛大に釈放された日本人戦犯は、三回に分かれて日本に帰ると、まもなく撫順戦犯管理所に大量の手紙を寄せてきました。一〇〇〇通にのぼる手紙の中には、喜びを知らせるものだけでなく、つらいことを知らせてくるものもありました。初期の便りの主なものは、上陸後どのようにして「中国帰還者連絡会」を成立させたか、またその経過、その活動状況についてでした。

「中国帰還者連絡会」は、本部を東京に置き、全国各都道府県に五四の支部を設け、『前へ前へ』という会誌を発刊しました。「中帰連」の諸氏は戦争に反対し、平和を守り、日中友好を促進するための三〇年余りの闘争中に、多くの困難な活動をしてきました。そのおもな活動は、大体以下の四方面に分けることができるでしょう。

第一は、日本人民に歴史の真相を理解させ、日中関係の正常化を促進したことです。彼らが釈放されて帰国したときは、日中関係は冷却状態でした。彼らは講演、文化公演、出版物などの方式で、日本の中国侵略戦争の罪悪を暴露し、中国政府と中国人民が日本人戦犯にとった人道主義の政策を伝え、日中両国の友好を促進しました。日本の平和団体は、日中国交回復実現のために三〇〇〇万人の署名運動を起こしました。

「中帰連」は、戦争の実態暴露、平和擁護をみずからの任務としています。彼らはその会員がかつて中国勾留中に書いた懺悔録の中から一五編を選び、一五枚の写真を配して『三光』（✦一）を編集出版しました。この本の「あとがき」にはこう書かれています。「日本軍国主義がひきおこした戦争は、日本国民自身をも人間としてどん底にまで突き落としたけれども、同時に戦争をしむけられたアジアの諸国民、とりわけ中国の人々には深い手傷を与えた。……私たちは、二度とふたたび祖国日本と、愛すべき青年たちをあのいまわしい戦争に駆り出し、輝かしい青春と幸福を原子兵器の餌食にすることを許せないのである。二度とふたたびアジアを戦火の巷に投げこみ、勤勉で善良な人々を、無惨に殺戮するような犯罪を繰りかえさせるに忍びないのである」と。『三光』は日本で大きな反響を呼び、ベストセラーになりました。

第二は、文部省が教材を改訂し、歴史を改ざんしようとした時のことです。一九八二年日本の文部省は、教科書に「侵略」とあるのを「進出」と書き換えさせようとしたのです。「中帰連」会員はみずからの体験に基づいてこれに反対し、日本の国会前までデモ行進して抗議するとともに、すぐさま『新編三光』（✦二）を出版しました。その後「中帰連」は日本の広島平和教育研究所に、戦争の実態を原稿に書き送って、五〇万名の中学生のための平和教育の教材としました。

第三は、資金を集めて「再生の地」撫順戦犯管理所に、「謝罪の碑」を建立したことです。この碑は一九八八年九月、中国政府の批准を経て完成されたもので、高さ六・三七メートル、大理石と花崗岩でできています。碑の正面には「向抗日殉難烈士謝罪碑」と彫りきざまれており、背面には日中両国の言葉で、元日本人戦犯の懺悔と中国人民・政府に対する限りない感謝の意が明確に述べられています。

第四は、「再生の地」撫順市の発展に貢献したことです。三〇余年来「中帰連」の会員たちは、彼らの言う「再生の地」の中国の撫順を忘れたことがありません。この撫順を多くの者が何回となく訪問し、その発展に関心を持っています。一九八五年の初め、「中帰連」会員はカンパで集めた一六〇〇万円を贈り、「桜花飯店」という日本風レストラン兼ホテルの建設を援助しました。「桜花飯店」は、開店後国内外の賓客を迎え、日中友好交流の場所になりました。

「中帰連」は、侵略戦争反対、世界平和擁護、日中友好促進のためにうまずたゆまず努力し、日本社会の各方面から重視されるようになりました。一九八九年初め、日本最大のテレビ局NHKは、「中帰連」の活動を撮影して日本で放映することを決めました。内容は三部からなり、第一部は「侵略戦争の実態」、第二部は「鬼から人間へ」、第三部は「帰国以後」でした。NHKがわが国に撮影にくる時、「中帰連」は五名の会員を同行派遣しました。第一部は山東省を撮影、第二部は撫順戦犯管理所を撮影しました。この番組は、一九八九年「八・一五」すなわち日本の敗戦四四周年のその夜、日本全国に放映されました。

✦一 『三光』 光文社、一九五七年

✦二 『新編 三光』（「第1集」「第2集」）光文社、一九八二年

戦犯の変化を記録映画に

王永宏

王永宏……ワン・ヨンホン
一九二八年生れ。江蘇省出身。
一九五四年から一九五七年まで管理所勤務。
映画監督。

管理所勤務まで

私は江蘇省のあまり豊かではない農家、中農の家庭で育ちました。父の仕事を助け、田んぼづくりや牛の放牧などの仕事を手伝っていました。

私の家のあたりは瀋陽軍の根拠地で、解放地区（✦一）になっていて、学校は中国共産党が指導していましたので、小学校、中学校はその学校で学びました。一九四四年の一六歳の時、正式に抗日の瀋陽軍に入りました。当時、軍隊は新四軍でしたが、その後八路軍と改名しました。日本の降伏後、一九四六年には国民党との内戦が起こり、人民解放軍と呼ばれるようになりました。私は人民解放軍第三野戦軍文工隊に配属されました。文工隊とは、正式には文化活動宣伝工作隊のことですが、兵隊の気持を癒すために、歌や踊り、演劇などを行う部隊のことです。解放戦争の中で大きな戦闘がいくつかありましたが、黄河をはさんだ国民党軍との戦闘はすさまじいものでした。解放軍は河を渡るために多くの犠牲をはらいました。一九四九年一〇月一日、中華人民共和国が誕生すると、私は軍服を脱いで北京記録映画製作所に転勤となりました。そこでは、周恩来総理の活動を主にした記録映画を作りました。

一九五三年、中央記録映画製作所ができて私はそこへ移りました。映画の編集、監督、編集部主任、

王永宏

編集部長を歴任して、現在はテレビ劇部の責任者として、テレビ用の劇映画を作っています。

映画を撮影する

一九五四年十一月、廖承志さんから突然呼ばれ、「君は撫順戦犯管理所に行って、日本人戦犯の管理所生活と、その後予定されている裁判の記録映画を作りなさい」と言われ、撫順に派遣されました。最初の頃です。北京の廖承志先生の事務所で会議が開かれ、この映画について廖先生がこう言いました。「この記録映画はたくさん撮りなさい。機会は二度とない。撮れるだけ撮りなさい」。そこで私が「撮ろうとしてもフィルムがないから撮れません」と言ったんです。そうしたら、「ちょっと連絡する」と言って部屋から出ていって、何分かして部屋に戻ってくると、「フィルムのことは心配するな。文化部長に連絡したら、満足させるからといったので心配はない」。そして会議のあと、「君たちが必要なものはいくらでもやる」。しばらくすると、トラックにいっぱい積んだフィルムが北京駅から撫順と太原の撮影班に送られてきました。フィルムはソ連製でした。

そこで私は、この記録映画は重大な映画である、将来、中日友好のために大きな影響を及ぼすことになるだろうと思って、真剣な態度でこの映画を作りました。

映画の内容は大きく分けて四部分あります。

第一部分は、戦犯たちが管理所に収容されている中で革命的人道主義に基づいた教育を受けて思想が変わっていくこと。そして認罪へ進み、参観学習によって自分たちが犯した過去の罪業の現場を訪ね、深く反省し、被害者の中国人民と直接向き合って心底から謝罪を行う。また新しい中国社会の発展と国際状況を知り、自分の将来を考えるようになります。そうした戦犯たちの昔の考え方から新しい考え方に変わっていく様子を描いた内容です。

第二部分は、戦犯裁判です。中華人民共和国瀋陽特別軍事法廷、同じく太原特別軍事法廷、この二つの法廷の記録です。実刑を受けた四五名の法廷での陳述、認罪、証人の証言、控訴院の控訴、弁護人の弁護、傍聴人の様子、そして判決、すべてこの中にあります。

第三部分は、比較的罪状の軽い戦犯に対して起訴を免じて釈放した部分です。これは実刑者以外の大多数の人たちのことで、六年間の教育を受けて、自分の罪業を十分に認める。そこで起訴を免じて寛大に釈放する。寛大処理によって釈放される場面、日本に帰る場面です。

そして第四部分は、日本から家族が面会に来る部分。戦犯の家族がわざわざ日本から海を渡り中国へ来て、自分の夫、息子、肉親と再会するところです。

人間性を取り戻した戦犯たち

私は五四年に管理所に入り記録映画を製作しましたが、その間、私自身も大変勉強させられました。戦犯たちが壁新聞を作り、自分の罪業を認めて自分の誤った思想を暴露する。また、文化活動の演劇や文集のなかで自分たちの罪業を表したりもしました。体育活動では、収容所の戦犯とは思えないほど元気に走り回ったり、球技に熱中したりしていました。

戦犯のだれもが戦争を憎んでいることを私は知りました。それでは、なぜこれらの人々が戦争をやったのか、ということを考えました。教育が悪かった、日本軍国主義教育のために彼らは誤った道を歩かされたんだということがわかったんです。また、文化活動で歌ったり踊ったりする彼らを見て、日本人は平和を愛し、労働も愛していることを知りました。日本民謡の「田植えの歌」「花笠音頭」「八木節」、そして傘を回して踊る傘踊りなど、それらは非常に明るく、労働や平和を愛する人々の姿が十分に表れている民謡です。

管理所が行った戦犯の教育の一つに、中国各地一一カ所を巡る参観学習がありました。そこでもまた、私はさまざまなことを教えられました。その中で私が感動したのは、南京で抗日烈士記念碑に献花して涙を流し謝罪した戦犯たちの姿でした。撫順の平頂山事件の奇跡的生存者、方素栄さんから事件の話を聞いたあと、三〇〇名余りの戦犯が土下座して涙を流しながら「処刑をして下さい」と懇願した姿も、私の胸を熱くしました。その時のことも全部記録してあります。

涙を抑えて撮影

そうした戦犯自身の認罪が非常に深くなり、また国際情勢も平和へ向かい、中日の民間交流が徐々に発展してきたので、中国政府は戦犯の裁判を決定しました。裁判の時は、私は初めから最後まで法廷にいて、撮影するカメラマンにあそこを撮れ、こっちはこうするんだと指揮していました。

第三部分の起訴免除で釈放となった人たちの時も感動的で深い印象を持っています。まず私たち映画班は、起訴免除者約三〇〇名の大人数が法廷に入り判決を言い渡されるので、その場面をきちんと撮影できるように、前日の晩に法廷となる場所に行って、電気の設備を点検しました。夜中に煌煌と電灯をつけたり消したりしていましたので、近くの農民たちが何事かと集まってきました。そして私にたずねました。「こんなに電灯をつけてなにをしているのですか」。私はこう答えました。「あしたここで、京劇の有名な俳優の梅蘭芳が来て京劇をやるんだ」。すると農民は「入場券はいくらかね」。私は「わからない」と言いました。要するに私は、農民たちに正直なこと、つまり日本人戦犯の釈放場面を撮るなどとは言えませんでした。日本軍は一四年間、中国人民を支配し苦しめました。その戦犯の釈放を発表すれば人々は納得できないに違いない。日本人に対する憎しみはとても深いからです。なにか事件が起きたら大変だと思ったんです。

法廷となった場所は、もともと映画や演劇を上演する劇場でした。ですから私の言ったことに対して農民たちはなんの疑いも持っていなかったのです。日本の中国侵略がはじまった「九・一八事件（満州事変）」の現場の柳条湖に近く、日本の侵略戦争を裁くのにふさわしい場所としてその劇場が選ばれたといわれています。

一九五六年六月二一日、第一回目の戦犯二九五名（✦二）が法廷に入り、最高検察庁検察院軍法少将の王之平が起訴免除の決定書を読み上げました。

「もともとこれら犯罪者の犯した罪からすれば、起訴を提起して裁判に付し、しかるべき処罰を与えるのが当然であるが、日本の降伏後一〇年来の情勢の変化、現在おかれている状態、並びにここ数年来における中日両国民の友好関係の発展に鑑み、これら犯罪者は、勾留期間中の態度は比較的良好なものであるから、主要でない戦争犯罪者であることを考慮し、本院はここに中国を侵略した戦争中の戦争犯罪者で目下勾留されている者の処理に関する中華人民共和国全国人民代表大会常務委員会の決定に基づき、起訴を免除し、ただちに釈放することを決定する」

釈放の言葉が戦犯の耳に伝わった時です。「わっ」という声が場内に響き、戦犯たちの顔は涙と鼻水とかでくしゃくしゃになって全員が泣いたんです。子供のように大声で泣く者もいました。私も、映画を撮っている部下たちもみんな泣きました。

私たちはしっかりと記録しなければならない、涙ばっかり流していてはいけないということで、涙を抑えて撮影を続けました。検察員が起訴免除者の一人一人の名を読みあげ確かめた後、場内にたくさんの手が挙がったんです。感激と悔悟の気持を表わすための発言を求める戦犯たちの意志表示でした。数人が一人ずつ前に出て、マイクに向かって侵略戦争の反省と、二度と銃を取って戦争を繰り返さないことを誓いました。

平和は家族団欒から

第四部分は実刑を受けた者の家族との面会です。

私の印象に残っている人は、第五九師団長で中将だった藤田茂です。彼は山東省で三光作戦を行い、五万人近い中国人民を殺した罪で禁固一八年を言い渡されました。その奥さんが日本から来ました。もう一人は陸軍特務機関「富永機関」の主事でスパイ活動を組織し、指導した富永順太郎です。彼は、日本降伏後、日本軍国主義復活を計画、国民党軍と結託して中国人民を苦しめた二重の罪で、禁固二〇年を言い渡されました。その奥さんが九歳の娘さんを連れて面会に来ました。

管理所は考えました。彼らはすでに自分の過去に対して反省している。そういう人間には家族団欒の機会を作ってやらなければいけない。戦犯たちは家族と長い間離れていた。短い再会の時間の中では自分のこれまでのことを話すことは難しい。同宿して夜の時間も使えばいい。そこで一つの部屋に二つのベッドを合わせて泊まれるようにしました。これまで監獄で夫婦が一緒に寝るということはないですね。そうした心づかいが中日友好につながると考えたんです。

家族と一緒に歌ったり踊ったりして、本当に幸せな平和な雰囲気の家族との面会でした。この場面は大変重要であると私は考えました。なぜなら、この記録映画の主要な目的だったからです。中日両国間に不愉快な歴史はありました。しかしその歴史は過去のものです。これからは中日両国人民が仲良くしていかなければいけない。あのような両国人民を苦しめた戦争は繰り返してはならない。憎しみを消し去って、中日両国人民は世々代々にわたって友好を続けていかなければならない。これがこの映画の主な目的でした。この記録は、このような内容でまとめられています。撮影期間は一九五四年から一九五六年までの三年間です。

映画の上映とフィルムのその後

記録された映画は、中国では一九五六年七月と一〇月に全国の映画館で上映され、大変な反響を呼びました。七月に上映したのは『釈放――日本戦犯犯罪分子』で、起訴免除の判決を言い渡された法廷場面と、管理所から衣服や靴、貴重品を受け取って、天津から乗船して帰国するまでの約一〇分のものです。一〇月に上映したものは『正義の裁判』で、実刑を受けた戦犯の法廷場面と、前期の起訴免除の戦犯のもので約四〇分です。八月二一日、第三回目の戦犯が帰国する時、中国が日本人戦犯をどう扱ったかを示す記録として、上巻『人道と寛恕』下巻『人道と寛待』の二巻、日本語のナレーションを入れて約二時間半にまとめたものを中国紅十字会を通じ、日本赤十字社に贈呈しました(✦三)。上映しなかったフィルムを入れると全部で一〇万尺を撮りました。

撮影班は撫順、太原とも二組ずつに分けて行い総勢一七名でした。文化大革命のために公開されず、その後も全く日の目をみないフィルムがあります。そのフィルムは一九六五年のものです。

私が今、一番作りたい映画は、撫順戦犯管理所の日本人戦犯のことを扱ったテレビ用連続劇です。私は三年間しか管理所で日本人と接触しませんでしたが、人間の心を打ち、教育する内容の出来事がたくさんありました。日中両国人民の友好と戦争を防ぐ内容の深いものが作れると確信しています。貴重な歴史を三年間体験したことが生かせると思っています。

✦一　解放地区　中国共産党の支配している地区。

✦二　戦犯二九五名　戦犯一〇一七名は三回に分けて判決を宣告された。第二回の宣告は七月一五日、第三回は八月二一日であった。

✦三　記録として、……贈呈しました。　日本赤十字社は、一九七七年新社屋建設の際、贈られたそのフィルムを、可燃性フィルムで火災の危険性があるという消防法の指摘に基づいて全部焼却した。日本では一度も公開されていない。

思想転換に役立つ映画を上映

朴英植

朴英植……ピアオ・インヂー
一九三〇年生れ。韓国出身。
一九五〇年から一九六四年まで、教育のための映画上映班長。

百聞は一見に如かず

私は一九五三年にここに転勤してきました。管理所に着いたあと、李渤涛秘書科長から私に対して説明がありました。李科長の言うことは、日本人戦犯に対して四つの点を保障しなければならないということでした。第一は戦犯の教育です。忍耐づよく思想転換を保障しなければならない。二番目は人格を尊重すること。日本人戦犯に対して悪口を言ったり、罵ったり、侮辱的なことは一切してはいけない。三番目は日本人戦犯には民族習慣に基づいた生活面の保障をすること。日本の民族習慣に基づいてご馳走をし、生活を保障する。四番目は体の健康を保障すること。映画もこの四つの点で考え、まず彼らの思想転換に有利な映画を探し求めて上映するようにと。

この説明を受けて私が考えたのは次のようなことです。まず新中国の変革、経済建設といったいろいろな面での変化のニュースを見せるべきである。そして中国人民はどのように勝利して、どういう姿で祖国の建設に邁進しているかを理解させる。こういう映画を選んで上映する。上映した映画は必ず彼らの思想転換に有利でなければならない。そういうことで、私は上司の指示を受けいろいろ検討し工夫して、教育、思想転換に有利な点を考えて、仕事を進めていきました。

単なる映画だけではいけない、単なる教育だけでもいけない。映画、新聞、ラジオ放送、それに教育、これがお互いに結合してはじめて効果をあげることができる、彼らは新しい中国を正確に見ることができ、世界を正しく認識できるようになる、と私は考えました。

そこでニュースを特にたくさん持ってきて上映するように心掛けました。それは日本人戦犯の当時の思想状態からみてもっとも実際的な教育ができると思ったからです。戦犯は新聞を見ても文字だけですから実際の様子がわからない、新聞を見てもこれは共産党の宣伝だと疑いを持ちます。でも映画、特にニュース、新中国の建設のあらゆる面の各分野のニュースはこの様子が見えますね。現実の状況をそのニュースを通じて見ることができます。これは嘘はいえません。自分の目で見てこれは本当だということがわかります。まずニュースから中国を知る、そして後になって社会に出て参観学習をする。これは文字で習うよりももっと実際的な習い方です。中国にはこういう諺があります。「百聞は一見に如かず」、つまり一回現実を見れば一〇〇回聞いたよりも効果があると。

私はニュースをたくさん探しました。そして映画上映の前に多くのニュースを上映しました。こうしたフィルムを持ってきて上映すると、戦犯たちは深い感銘を受けます。たとえば、中将で第五九師団の師団長だった藤田茂さんは、『ヒロシマ』を見た後の討論の中で、自分たち一家の体験を語りました。「私は日本帝国主義が正しいと思って、中国を何回も侵略して至る所において罪業を犯した。その結果どうなったか。私はこの監獄で自分の前半生を反省しなければならない。私の姉の一家はアメリカの原爆で全部殺された。これが天皇が発動した侵略戦争の結果である」と、大きな声で叫びながら泣いて話したんです。お姉さんは広島にいたんです。藤田さんの奥さんが管理所に面会に来たとき「原爆でみんな殺された」と知らせたのです。

朴英植　映写室で

反動から味方に

映画上映は初めは一カ月に一回ぐらいでしたが、それが一週間に一回となり、さらには一週間に二回か三回となりました。映画は彼らにとって役に立ったんです。上映記録は檔案館（✦一）にあります。大体数百回でしょう。一回の上映は二時間ぐらい。ニュースをちょっと多くいれると、二時間ちょっと。ニュースは二週間に一回ですね。中国のニュースのほかにも日本のニュースも持ってきました。

映画の上映は雨が降らないときは露天でやりますが、寒くなるとクラブ（室内）で何回にも分けてやります。一本の映画を上映しようとしたら、全員が見るのに四回上映することになります。一度に三〇〇人ぐらい入るでしょう。また「満州国」の人がいるでしょう。何回も分けるようになりますよ。映画が終わって電灯がつくと、戦犯の中からだれかが立って自分の感想を述べます。

「この映画を見て俺は本当に教訓になった。俺たちは自分の国のためだと思ってやったけど、日本の映画を見たら、それは逆に、日本人にも大きな損害を与えた。俺たちは中国人民に対して罪業を犯したばかりじゃなく、日本人民にも罪業を犯した。それがこの映画を通じてわかった」

ある者がそう言うんです。また別の一人が立って話します。自発的です、指名ではなく全く自発的でした。でも時間があまり長くなると私たちが言います。「時間ですからこのへんで終り、あとは帰ってそれぞれで考えてください」。映画がすんで幕を降ろしたりして片づけが終わるのは大体一一時から一二時になります。

今、振り返ってみるとやはり意義のある仕事だったと思います。というのは、日本人の戦犯、それから「満州国」の戦犯、さらに国民党の戦犯、三種類の戦犯を反動から味方へと教育しました。彼らは今どうしているか。国内の戦犯は一般の労働人民に生まれ変わりました。日本人は、戦争犯罪人で敵でしたが友人に変わりました。そしてその友人たちは日本において反戦平和、日中友好に努力しています。彼らは自分の罪業をしっかり認めています。ですから私は、この仕事は意義があった、こういう仕事に参加したのは、自分の一つの誇りである、光栄である、と考えています。

映画教育の記録はすべて保管されています。上映した作品やニュースなどのリストもあります。管理所にはありません。戦犯の会議や講義を受けるときの応答、古海忠之の認罪、映画の感想などは詳しく録音されており、これらのテープや写真も全部檔案館に保存されています。

✦一　檔案館《とうあんかん》　文献類を保管している資料館のこと。

朗らかな雰囲気をつくって覚醒を促す
崔善玉

崔善玉……ツァイ・シャンユイ
一九三二年生れ。吉林省出身。
一九五三年から一九五六年まで
戦犯管理所放送員。

地下足袋がネバリタリナッソウ

市が立つ日に買い物するために、母と私が吉林省琿春県から豆満江を渡って、朝鮮（現在の朝鮮民主主義人民共和国）へ行きました。税関を通過する時、一言でも日本語を言わないと通してくれません。若い人たちは「ありがとうございます」と感謝の意を述べ、それで通れますが、年をとった人は日本語ができません。それで母たちは「地下足袋がネバリタリナッソウ」と言いました。「ネバリタリナッソウ」は私の足にちょうどあいますと言う意味です。地下足袋と言う日本語があるから通れるのです。一言でも日本語を話さなければいけないというのは植民地の下での奴隷化政策です。

私は一九四〇年、九歳の時、吉林省琿春県敬信のダイトセン小学校に入学しました。六歳の時に父が病死しており、生活していくことができなくて兄の所に移りました。私の父は自分たちは中国「満州」に来ているからと兄に猛勉強させました。兄はこれにこたえてよく勉強し、日本語の通訳の試験にも合格し、初めは琿春県で働いていたのですが、奉天（現在の瀋陽）に移り、空港の飛行隊で働いていました。私は一九四五年「満州国」の国民小学校に転学しました。学校では、日本語を強制しました。朝鮮語で話すと罰金を取られ、罰金のお金がなければ殴られ、先生が宿題を出します。「家に帰ってこれだけ書いておけ」と。先生がいない時に生徒がこっそり朝鮮語で喋り、先生にバレると先

崔善玉（左）と金永玉の夫妻　管理所の庭で

生は鞭で手や足の甲を叩くのです。私もたびたび殴られました。朝鮮人の先生が多かったんですけれども規律が厳しく、先生が出勤してくると運動場にいた生徒は「気をつけ」をして先生が通るのを待ちます。もしその時「気をつけ」をせずふらふらしていたらすぐ殴られます。教室には天皇の写真があり、朝礼の時は先生が勅語を朗読し、最敬礼、天皇のいる宮城遥拝、それから「満州国」に対する帝宮遥拝、「君が代」を歌わせ、先生が授業をします。「満州国」の国民訓、日本の教育勅語は全部暗記して暗唱できないと罰せられ、殴られます。なにか事があればまず「君が代」と「満州国」の国歌を歌います。この時はもう四年生だから日本語ができるんです。こっちの学校は全部日本人ですから。朝鮮語でしゃべったって通じないんです。ちょっと成績が悪かったらすぐ差別されます。物凄い差別があります。生徒は必ず弁当をもっていって昼にそれを食べます。その時もまず「いただきます」。終わると「ごちそうさまでした」と言います。

朝鮮人には改姓令（創氏改名）（◆一）が出たので、名前も「崔善玉」と言ってはいけないんです。私の故郷の「敬信」の信を訓読みにしてそれに山をつけ、姓を「よしやま」に、名は「さだこ」としました。名は日本の教科書に載っている名前から兄が取ってつけたので特別な意味はありません。

その年の八月一五日、日本降伏で戦争は終わりました。この時はクラスは日本人ばかり、朝鮮人は二人。私は、その時に中国の学校に入ろうとしても中国語ができませんから入れませんでした。ブンカントウに日本の小学校で一番大きい学校があります。私はここに入りました。私はそこで日本語が上手だったのでラジオ放送を担当しました。

一九五〇年に瀋陽市公安外事科の仕事で革命に参加しました。ここでは日本の居留民の戸籍を管理しました。小学校では子供相手の日本語でしたが、ここには日本人の居留民も相当おり、戸籍の管理で日本人とよく接触したので大人の話す日本語を覚えました。

朗らかにして時間を使おう

一九五一年公安局から戦犯管理所に行くように言われました。新米だった私は、そこに日本人がいるとか、どんな仕事をするのかわからないまま、ハルビンに引っ越していた戦犯管理所に派遣されたのでした。そこで私は管理教育科に入り、はじめは日本人に配る新聞・書籍・図書の管理の仕事をしました。日本の書籍は相当ありました。一九五二年には各所で戦犯たちが読みたい本の希望を書いて出させましたが、マルクス主義の『資本論』を読みたい人が多かったのが私の印象に強く残っています。本の要求は相当多く、本が足りなくて要望に答えられませんでした。私はいろいろ工夫して一章、一章、つまり今週はこの章、次週はこの章と替わるがわる本を配りました。その時私は二〇歳でしたが、戦犯たちは何一〇歳も年上でしたから、「私は政府を代表して政府の命令であるからこの仕事をやるのだ」と思っていても、年上の戦犯に接するのは胸がドキドキして恐る恐るでした。ほとんど中国のもので、『偉大なる祖国』とか堅苦しいものが多かったのです。優しく気持ちがいい朗らかな愉快な歌を流したら戦犯も楽しく聞くだろうと、『朗らかな朝』という歌曲を繰り返し流しました。太陽が昇り、鳥が鳴いたり、朗らかで楽しい朝という曲で、歌詞はなく全部楽器演奏です。解放前の『偉大な祖国』も非常に朗らかで踊りもできたりします。音楽を流すのは日本人が休む時ですから、「朗らかにして時間を使おう」と教育科で話し合いました。教育科に雑誌『中国二』(現在の『人民中国』)が届くと、新中国の姿や建設状況を放送します。音楽を流す時間は放送時間が決まっており、時間内にどの音楽を流すか考えます。

一九五一年に尉官クラス以下の戦犯がハルビンから撫順管理所に戻りました。次に五三年の一〇月に佐官クラス、つまり少佐から大佐までが戻りました。私はハルビンにずっといて五三年一〇月に撫順に戻りました。撫順戦犯管理所は人数が多く、図書はとても足りませんでした。それで管理教育科のほうで全員に知らせる情報を放送しました。当時の中国の新聞のニュース、日本の新聞『赤旗』の中から日本の状況を知らせるニュースなどを読み上げました。明るいニュース、日本の状況、中国の状況、戦後の平和などです。東京裁判は極刑のため読みませんでした。

一九五三年二月、金永玉は抗米援朝の戦争から帰って来ました。その後、彼と恋愛をしてメーデーの時に結婚しました。ハルビンの管理所の二階にピンポンなどをするクラブがあります。結婚式はそこでしました。式は簡素なもので、彼が二三元だして煙草、飴玉、お茶を買い、ハルビンの職員五〇名のほとんどが参加して祝ってくれました。結婚して私たちの部屋は管理所内にありました。食事をするなど到底考えられないことでした。私と夫が二人で働いても収入はわずかでろくな生活はできませんでした。戦犯の生活の方がずっと上でしたが不満はありませんでした。私は、この仕事はやりたくない、ほかのところへ転勤したいなどとは全く考えませんでした。私たちは勝利した国家の人民として、戦犯を教育して、戦争を反省するようにする義務があると思いました。

だれが放送しているのかわからなくても私が放送する時はみんなよく聞いてくれました。朝起きたら音楽、外へ出て運動するのに合わせて音楽、昼は食事の前にちょっと流してから休ませる。夜はちょっと流して静かにさせて寝かす。ですから音楽の時間は三回あります。たまには学習の時間の中に二〇分か三〇分流します。日本の小説を読むことなどはありません。ニュース、新聞ニュース、管理所全員に向けてのお知らせ。それから『人民中国』あるいは『赤旗』の内容が彼らの良い学習になるような時は教育科のほうでこれを流します。

戦犯たちが告白書を毎日書いてだす

取り調べの時になると、もう放送の時間もありませんでした。

金永玉は管理教育科の内勤でした。戦犯たちが書いたいろいろな告白書を保管するのです。一九五四年の春から取調べが多くなり、戦犯が毎日書いてだすので、どんどん増えてきます。毎日千名近い人の分をちゃんと分けておかなければいけないのです。番号で受付処理し、いつでも取り出せるようにずっと保管しておくのです。その内容は、自分の罪業を告白するとか、上官に対する告発とか、いろいろあります。しっかりと審問したあとで「書いてきなさい」と言うのです。現地の被害者の証言と本人の告白書があり、それを金永玉が整理して、審問室に渡していました。

管理所の仕事の規律は大変厳しく、本当に厳格で素速く処理してしまいます。所長、科長から日本人戦犯に対する管理教育は「国際的戦争犯罪人の管理だから、なんでもまじめに真剣な態度で行わなければならない」と常に教育されました。「私たちは中国政府を代表してやるのだから、君の間違いは個人の間違いだけでは済まない、政府の政治にかかわるのだ。一言、一動も注意してやりなさい、話も行動も勝手にしてはならない」と厳しく言われていましたから、私は管理所の仕事は非常に大切な意義深いものだと考えていました。ラジオ放送でもちょっと違えば教育内容が全然ちがってしまいますから、間違わないようにと注意しながら仕事をしました。

一九五四年の秋、取り調べが終わって、学習委員会ができました。日本人戦犯の学習委員会が管理所のほとんどの行事、音楽、映画、出し物をやることになったので、放送も管理所がやらなくてもよくなりました。学習委員会では、戦犯が自分の前半生の経験を創作し上演するというので私たちも見に行きました。自分たちの体験ですから、真実に迫っており、私たちにも教育になりました。

✦一　創氏改名　一九一〇年、日本は朝鮮を植民地として支配し、一九四四年、侵略戦争末期に朝鮮人民の姓名を日本名に改めさせた。

第三章

戦犯の日常生活を担った人々

毎年虫干して戦犯の私物を保管

孫世強

孫世強……スン・シーチァン
一九三二年生れ。山東省出身。一九五〇年から七二年まで看守、物品保管係、管理科内勤幹事を歴任。

曲初の警護係から看守に

一九五〇年の六月のある日、関東高等法院（裁判所）の人事係から呼ばれて、「労働改造所（労働によって受刑者を更生させる施設）の所長である曲初が東北に転属される、だから曲初を警護している君も一緒に東北の撫順に転属しなければならない」と言われました。そこには特殊な人間が待っていると言いましたが、戦犯とは言いませんでした。私は年も若かったので、特殊な任務を果たすといわれて良い気分になりました。

二四日に撫順に着いてから初めて、ここが近い将来日本人戦犯を収容する場所であることを知りました。管理所に着いて間もなく、日本人戦犯がソ連から移管されてきました。初めて日本人戦犯を見ましたが、日本人戦犯は武装を解除されても、やはり大変傲慢な、威張った態度でした。

私たちは大連では生活水準が少し高かったのです。大連では主食は米と小麦粉製品でしたが、こちらにきてからはコーリャンとうもろこしの粉でした。しかし、戦犯には良いものを食べさせました。私たちは、中国人民を殺した戦犯がなぜこんなに優遇され、中国人の私たち職員は生活面の待遇が落ちるのか全然理解できませんでした。反革命者が革命者よりもっと良い待遇を受けていると思いました。上司は戦犯に対して、殴ってはいけない、悪口を言ってはいけない、罵ってはいけない、と私た

孫世強　陳列室で

ちに教育しました。戦犯の方は私たちに対して反抗はする、悪口は言う、さらに手を挙げて殴ろうとする、しかし、私たちはなんの報復も、抵抗もできないのです。腹が立ってたまりませんでした。

私は五一年の三月、曲初の警護担当から看守に転任しました。看守になってからは将官クラスとの接触が多かったのです。私たちは看守の仕事中、上司の命令を厳格に守りました。ですから一回も戦犯を殴ったり、悪口を言ったことはありません。腹は立っても、自分が言い返すのを押さえて、命令を守りました。禁じられたことをしたことはありません。

そのころ、劉宝山という看守が、ある「満州国」の戦犯が病気になったのでハルビンの病院に連れて行きました。その戦犯が二階から飛び下りて自殺しようとしたので、劉宝山はそれを止めましたが、そのとき腹を立てて戦犯を殴ってしまいました。管理所では、自殺を止めたのは良いけれど、殴ったのは規律違反だとして彼を留置所に入れて反省させたのです。管理所は職員の規律違反に対しては大変厳しかったのです。

上司は中国人民政府の政策は、戦犯に対して指導するのを原則とし、無理矢理抑えてはいけない、理屈で話して納得するように教育するのが私たちの任務である、と私たちに何度も非常に強く言いました。私たちも教育を受けて、中国政府の正しい政策を実行しなければならないという考えがだんだん強くなりました。戦犯との間に矛盾はあっても、暴力的に、強制的に彼らを抑えるということはありませんでした。

上司の方から言われたのは、私たちは他人を教育する立場に立っている、他人を教育するには、まず自分が立派な態度をとらなければならないということです。口で言うよりも、自分の実際の行動をもって示すのが、話して教育するよりももっと効果があると、言われました。

私たち看守は四六時中戦犯に接するうちに、戦犯のだれそれはこういう姿形である、どういう癖がある、とほとんど覚えました。また戦犯たちも私たち看守の行動をだんだんわかってきて、お互いに理解ができるようになりました。

こういうテーマで盛んに討論したことがあります。私たちは毎日戦犯の世話をする、これは戦犯に奉仕することではないか、戦犯に奉仕するのは人民に奉仕するのとは違うのではないかと。いろいろな意見が出ましたが、何回も討論して、戦犯に奉仕するのは人民政府の政策を実行することだから、人民に奉仕するのと同じだという結論になりました。それで皆は意欲的に、戦犯のためになんでもするようになりました。

二つの忘れられない事件

私が看守の仕事をした時、たびたび不愉快な事故が起こりました。その例をあげます。七所の東から三番目の病室にいた患者のM、一二一番（戦犯は番号で呼ばれた）が恋人に詩を書いていました。それを学習組長のFが駄目だと言ったのです。「学習時間に女性に関する詩を作ったりしてはいけない、やめなさい」と。すると、Mは怒ってインク瓶をFに投げつけました。それが頭に命中して傷ができ、インクが散らばりました。私がMを注意すると、彼は「なんだ、バカヤロー！」と言って向かってきました。私は本当に腹が立って仕方がありませんでした。しかし上司の命令で抵抗できないので、腹の虫を抑えながら、「あなたのしたことは間違っている、反省しなさい」。ただこれだけ言って扉を閉めました。

そして、怪我人を急いで医務室に連れて行き、治療して、止血しました。このMの一二一番という番号は非常に印象深いです。彼は相当長い間、頑固な態度をつづけて自分のやったことを認めませんでした。釈放されて帰国するとき私を訪ねてきて、「班長、本当に申し訳ありませんでした。あの時の私の行為は本当に野蛮な鬼の行為でした。しかし班長はなにも私を叱らなかった。ただ反省しなさいと、それだけだった。本当に申し訳なく、ありがたく思います」と言いました。

もう一つはSの自殺です。二所は独房で、主要な人のほとんどが入っていました。取調べのとき、尋問したあと、一人で反省させるために入れます。二所に入れられたSは自分の罪業に対してあまり深く反省していませんでした。それで元の部下が彼に、私たちは同志として言うけれど、あなたの命令を実行して四〇何名逮捕した、あなたの責任は重い、と三時間くらい話をしました。Sは、私の部下も変わった、今まで部下は変わらないだろうと信じていたのに裏切られてしまった。部下の言ったようなことを自分自身で告白したらかえって自分の罪が重くなると絶望的になったようでした。私は、Sはなにかを心配している、非常に苦しそうであるから管理所の方でなんとか検討して対処してほしいと連絡しました。管理科の日本語のできる二所の担当だった人が説得し教育もしましたが、成功しませんでした。Sは「孫班長、私はあなたの恩をいつまでも忘れません。あなたは私に対して非常に親切にしてくれました。ありがとうございます」と書いた紙切れを私に残しました。あの建物にはパイプが通っています、そのパイプにベッドの布団を切って作った縄を掛けて結び、下においた椅子に上がり、首を吊って椅子を蹴とばしたのです。

各独房は五分おきに見回ります。彼が首を吊ったのは食事のときでした。最初に彼の所から食事を配るのです。配ってすぐ次の独房へ行きます。この間五分くらいです。当時、自殺を考えている人が多かったので、看守に対してあらかじめ、もしも首を吊ったときはどうするかを訓練、教育していました。私は訓練の通りにしたけれど、成功しませんでした。四人がかりで、まず鼻や口を全部閉めて肛門に綿をつめ、そして静かに横にしてから人口呼吸をするのです。医者も看護婦もきました。医者も一生懸命人口呼吸しましたが駄目でした。これは五四年の秋のことです。四月から取調べがありましたから、取調べが始まってからおよそ四カ月たっていました。Sは六〇歳過ぎでした。

戦犯の私物や遺骨の保管と引渡し

一九五四年からは戦犯の私物の保管を担当しました。品物の数は何万点もありました。金の指輪とか値打ちのある物もありました。小さいもの、一本の針も一件と数えました。一番小さいのは粟粒くらいの小さい宝石でした。何万件というものを預って最初から最後まで保管をして、返す時は一点の間違いも起こりませんでした。

物品を長時間置くとカビたり、腐ったりします。そのため、大体一年に二回くらい、必ず外へ出して乾燥しました。時計は時がたつと止まってしまいます。それで毎年一回、時計の専門家を呼んで時計を掃除して油をつけてもらって保管しました。時計屋が部品の交換を間違えたら大変ですから、私が側にいて監督しました。ですから、時計は一点も壊していません、一点も錆をつけていません、完全に元のままの姿で渡しました。

保管票は一件につき三枚作りました。一枚は本人、一枚は係員、一枚は品物につけました。最後に帰る時こういうこともありました。藤田茂、この人の軍服や昔使った盃がちゃんと保管してありました。彼は「私はこの軍服を着て悪いことをした、この軍服はいらない」と捨ててしまいました。また、「盃はいらない、この杯で酒を飲みすぎて私の手は震えている、今後は酒を飲まない」と言いましたが、私は、「これはあなたのものだから返します、しかしそのあとあなたがどのように処分されても自由です」と言いました。

中国人民解放軍の兵士に対する三大規律八項注意（✦一）というのがあります。その中に捕虜の所持品は針一本、糸一筋奪ってはいけないという項目があります。その通りに私たちはやってきました。

戦犯の私物の中には非常に貴重なものもありました。特に「満州国」皇帝の溥儀の私物は、私の記憶では一三〇〇点くらいありました。この中に非常に貴重なもの、国の宝としてただ一つしかないものもありました。溥儀が釈放されて、品物を国家に収めることになったとき、周恩来総理の指示で、全部国家に収納すべきであるとして、紫禁城、故宮、歴史博物館に収めました。中央の財政部、公安部など関係部門が接収するということで、私が物品を北京に持って行きました。後で大体四〇万元と計算して国家に渡しました。向こうの方では、本物か偽物か鑑定しないとわからないので、専門家を組織して一件一件鑑定しました。鑑定したところ、すべて本物に間違いないという結論がでました。

戦犯の服は一番から一〇六七番までありました。「満州国」戦犯と合わせて一〇六七名の膨大な物品でした。

死亡した戦犯の遺骨の保管もしました。一九五〇年の七月にソ連から移管された戦犯が撫順戦犯管理所に入りました。その年の一〇月一八日に出発して二一日ハルビンに移動しました。初期の撫順では死亡者はありませんでしたが、ハルビンに行ってから死亡者が出ました。死亡者は中国の習慣で墓地に埋めました。墓に番号をつけ、小さい木で碑を立て、名前と死亡、埋葬の年月日を記しました。撫順に戻ってからは、撫順の高爾山の裏に、管理所として墓地を作って埋めました。しかし、一九五三年の秋、埋葬したら遺族に渡すときに困る、時間がたつと墓も探しにくくなるとして、全部火葬にして遺骨を保管することになりました。世間の人に知られないよう、外部の人を雇わず、管理所の職員たち自身がやりました。そのときは火葬炉がなかったので、埋葬した遺体を掘り返して、薪を置いてガソリンをかけて火をつけて焼きました。ですから、あまりよく焼けず、非常に困りました。焼いたあとの骨を拾って箱に入れ、白い布で包んで札をかけて、そこに死亡者の名前と死亡年月日、本籍の住所を書いて保管しました。その後火葬炉ができて焼きやすくなりました。

四七名の遺骨を、棚を作って遺骨の箱に名札をつけて安置しました。また遺品、生前使っていた万年筆等も遺骨と同じく保管しました。裁判が終わったあと、中国紅十字会から日本の赤十字社に四七箱の遺骨、そして四七名分の遺品を渡しました。生きている人は全部釈放し、中国で死んだ人は遺骨を全部渡して、いつ、どういう病気で亡くなったと、きちんと知らせました。それで完全に戦犯に関する処理が済んだわけです。

四〇年の歳月を管理所で

私は一九四四年、山東省の威海市の小学校に通っていた一三歳の時、中国人が日本人に殺されるのを見ました。ある日のことです、市場の門の所で老人が野菜を買って家に帰る途中だと思います。その時、日本軍が騎兵でしょうか、馬に乗って走ってきました。その老人は、その馬があまり早いので逃げきれずに馬に踏まれ、馬の足の下で死んでしまいました。この老人は本当になんの理由もなく日本軍に殺されたのです。これを見て、ああ日本軍は本当に野蛮だなあと思いました。また、小学校の校長先生ともう一人の先生が憲兵隊に逮捕され、拷問されたあと殺されました。捕まった理由は、あとになって、先生は共産党の地下工作員ではなかったかと言うのを聞きました。小学校五年生のとき、こういう場面を見たので、日本軍に対して反感があったのです。

最後に自分が経験したことを振りかえってみたいと思います。私は一八歳で管理所にきて以来、四〇年という長い歳月を管理所で過ごしました。日本人戦犯ばかりでなく「満州国」戦犯、そして国民党軍の戦犯に関する仕事をしました。また、戦犯の教育、改造の仕事を総括して展示する仕事にも参加しました。私は一生を通じて戦犯の仕事をしたといっても過言ではありません。昔は帝国主義の手先として、中国人を殺し、中国人の領土を踏みにじった、中国人の敵だった人たちが、今は平和のために、日中友好のために活動しています。こういう大きな変化の原因はどこにあったかということを私は常に考えています。考えた結果、やはり中国政府の政策が正しかったということを物語っていると思います。中国の戦犯に対する政策は正しい政策であり、その政策が戦犯の教育を成功させ、勝利したと思います。その仕事に私自身が、直接参加して働いたのです。ですから私の四〇数年の長い歳月は決して無駄ではなかった、誇りであると思います。

✦一　三大規律八項注意　中国人民解放軍の伝統的な規律。紅軍時代に徐々にまとめられ、一九四七年人民解放軍総司令部が公布した。三大規律は（1）一切の行動は指揮にしたがう（2）大衆のものは針一本、糸一筋も取らない（3）いっさいの鹵獲品は公のものとする。八項注意は（1）言葉づかいはおだやかに（2）売り買いは公正に（3）借りたものは返す（4）こわしたものは弁償する（5）人をなぐったり、ののしったりしない（6）農作物をあらさない（7）婦人をからかわない（8）捕虜を虐待しない。ここにあげられた規律は三大規律の第二項目。

看守の仕事はできないと何度も頼んだが

徐沢

徐沢……シィ・ザー
一九三一年生れ。
一九五一年から七八年まで看守のち看守組長として勤務。

座りこみまでして断った

一九四五年の夏、日本の敗戦と同時に国共内戦が再び起こり、私は三年間、国民党と戦い、東北解放（✦一）の遼瀋戦役（✦二）にも参加しました。解放後は遼寧省で公安局に勤めていました。

一九五一年の七月はじめ、人事係から呼ばれ、「君は東北公安部に転属することになった。早く行きなさい」と言われ、早速汽車で瀋陽へむかいました。東北公安部に着くと、解衡所長に「君の職場はハルビンの管理所なのですぐ行きなさい」と、言われ紹介状を渡されました。

七月一三日、ハルビンの管理所に着くと、そこは日本人戦犯の監獄でした。それまでどんな職場でどんな仕事をするのか、いくら尋ねても教えてくれなかった理由がわかりました。私は大きな衝撃をうけましたが、そんな私を無視するように管理所の人事係から看守長代理の劉鳳魁を紹介され、「ここは日本人戦犯の管理所で、君には看守の仕事をしてもらう」と彼から言われました。

その時、私の脳裏には、祖父や父、そして日本の侵略で苦しめられていた当時の私自身の生活が浮かんできました。朝陽市に住んでいた祖父とその近所の人たち一〇数名が日本人に殺され、父は強制連行で鉱山で働かされ、毎日、日本人に殴られていました。重労働にもかかわらず賃金はわずかで、私の家はとても苦しく、どんぐりを粉にして食べてしのいでいました。ですから、私の日本人への怒りは激しいものでした。祖父の仇もうっていないのに日本人戦犯の面倒を見る仕事をするなんて、とうてい耐えられないことでした。

私は解放戦争に参加し、土地改革の仕事にも関わり、民族解放のために働いてきた共産党員です。ようやく一人前の仕事ができるようになったのに、深い恨みのある日本人戦犯の仕事をさせられる。どうしても納得がいかず、「看守の仕事はできない！」と劉看守長代理に何度も転勤を頼みました。ところが彼は沈着冷静、私の反論を無視して、次々と命令を出しました。看守は常に廊下を歩いてまわり、各部屋の中を時々のぞき、変わったことが起きていないか常に気を配る。夜中も同じ、もしも連絡の遅れで戦犯の死につながったら、それは看守の責任だ。もしもその時、医者がいなくて戦犯が死んだら医者の責任だ。とにかくしっかり仕事をしなさい、と何度もやかましく言いました。

室内の温度調節についても同様です。冬になって室内の温度が下がって戦犯が病気になったら看守の責任。夏になって通風や室内の温度調節が悪くて戦犯が病気になっても看守の責任。また、戦犯がどんなに悪口を言っても決して怒って言い返してはいけない、もちろん殴ってもいけない。こういうことをやかましく言われ、これを守って仕事をしなさいと命令されました。

そこまでして戦犯の世話をするのは、とてもがまんできませんでした。中でも食事の待遇には驚きました、われわれが見たこともない高級な食事を与えていたからです。私は毎日、コーリャンのご飯とわずかな野菜のおかずだけの食事です。

「なぜたくさんの罪を犯した戦犯たちにこんな待遇をするのだ！」殺された祖父たちのことを思うと、とうていがまんできなかったのです。それで、「仕事はできません！」そう言って三日間看守室に座りこみました。毎日、所長や幹部がやって来て、「よく考え、反省してみろ。これは中央の命令だぞ。党の指示に従えないのか！」何度も何度も厳しく言われ、仕方なく組織に従って仕事をするこ

徐沢　廊下で

とにしました。しかし、思想的には決して解決したわけではありません。ですから、この時期、私は党の政策を正しく遂行するという点では全く適していませんでした。一週間くらいは見習いということで、先輩のアドバイスを受けながら、しぶしぶ働きはじめました。

五所の将官クラスの戦犯たち

七月二〇日頃、将官クラスが収容されている五所に配属されました。そこには、「満州国」国務院総務庁長官の武部六蔵や次長の古海忠之、第五九師団長で中将の藤田茂、第一一七師団長で中将の鈴木啓久などの大物がいました。彼らは皆、朝起きると日本の天皇のいる東方に向かって直立し、遥拝を行い、小さな声でなにかつぶやいていました。外で運動するときは、藤田茂、鈴木啓久に対して、少将だった長島勤、上坂勝は必ず最敬礼をしてから運動を始めました。看守の同僚の話では、当初は集団で遥拝をしていたそうです。そんな姿を見て私は、この人たちはまだ軍隊当時とちっとも変わっていないなあと思いました。

最初の頃、私は二〇歳。将官の戦犯たちは自分の父親よりも年齢が高く、人生経験も豊富、それに高い教育を受けている、そう思うと恐ろしくて身体が震えたことを覚えています。いつか暴力をふるわれて殺されるのでは、そんな気持から殺される夢を見たこともあります。なにしろ、私たちは一切抵抗してはならないと厳しく言われていましたから。

そんな気持で仕事をしていましたから、とても積極的にはなれません。同僚ともほとんど話もせず、ふさぎ込んで転勤のことばかり考えていました。二年ほどあとのことになりますが、戦犯から「徐先生は本当に恐かったですよ」と言われました。「私は怒りもしなかったし、殴らなかったと思いますよ」。私がそう言うと、「いえ、顔つきがです。ニコリともしないで、今にも怒りだしそうな怖い顔をしていましたよ。悪い奴が来た、皆でこう言ったものです」

当時看守は六〇名くらいいましたが、ほとんどが解放軍の中隊長、小隊長を経験してきた人です。小隊長は少尉あるいは中尉の位で部下は約一〇〇名、中隊長は中尉か大尉で約三〇〇名の部下を率いていました。それが管理所に来て、鍵をぶら下げて一兵卒、歩哨のような仕事、その上戦犯からは馬鹿にされっぱなし。「俺は格下げになったんだ」と思った人がほとんどです。中央の政策にどうしても納得がいかず、毎日、科長、所長に転勤を申し出て、いっこうに仕事をしない人が二、三名いました。所長は他の者への影響と、政策を遂行していく上で思わしくないとみたのでしょう、その人たちは転勤になりました。

管理所に来て一カ月後、私は共産党青年部の支部長になりました。その立場上、仕事の模範を示さなければならないという意識が生じました。その時期、看守室は一週間に一度生活討論会を開き、共産党員は別に一週間に一度の会合を持っていました。そこでは自分の仕事の報告と反省を述べ、上司や同僚の批判や指導などを聞きました。所長から周総理の戦犯取扱いについての考え方などもよく聞かされました。そうした中で、少しずつこの仕事の重要性や進め方を理解し、党中央の政策の精神に違反しないように心がけるようになりました。

積極的に仕事を進めると、仕事も良い方へと向い、上司からの批判も少なくなり、「よくやった」と誉められることが多くなりました。以前なら、戦犯から言い出さなければ、顔色が悪いとか、どこか身体の具合が悪そうな人を見ても、気づかぬふりをして、決して私から医務室に連絡などしませんでした。炊事係が食べ物を入れた容器を担いでいくのを見て、「食事だ!」と大声で怒鳴ったり、その容器を足蹴にしたりしたことがあります。当然そのことで、戦犯の将官たちから抗議を受け、上司から教育されました。しかし、全く悪いとは感じていませんでした。ところが、仕事を理解するようになってからは、気分の悪そうな人を見つければ声をかけ、医務室に連れて行ったり、夜中に布団がずり落ちていれば、風邪をひかないように声をかけたりするようになりました。

看守として一番気をつかったのは、自殺でした。戦犯の多くが前途を悲観して自殺を考えていたからです。三田正夫は帰国のとき、私にこう言いました。

「私は常に死ぬことばかり考え、夜遅く、敷布などでロープを作り首つりの機会を狙っていました。しかし、看守の先生たちは全く隙を与えず監視をしていたので、とうとうその機会がありませんでした。今、こうして帰国できるのは看守の先生たちのおかげです」

三大規律八項注意

上司の指導や学習によって、祖父を殺されたことからくる戦犯への憎しみの感情が、少しづつ薄らいでいきました。中国人民を苦しめた侵略戦争の原因は、一握りの日本帝国主義者が発動したことであって、戦犯たちも悪いことをしたが、帝国主義者に利用されたのだ。だから、戦犯個人を責め、憎むよりは、日本帝国主義を恨まなければならない、そう考えられるようになったのです。今、党が進めているこの政策の目的は、日本帝国主義の侵略戦争の実体を明らかにすることで、戦犯を処刑することではないということも分かってきました。それを理解できるように私を導いてくれたのが、一九四七年一〇月一〇日、毛沢東主席が人民解放軍兵士たちに訓令として出した「三大規律八項注意」（✦三）でした。この訓令は解放軍の一人として戦争に参加した中で教えられましたが、この精神が、日本人戦犯の管理教育にも生かされていたことを改めて知りました。捕虜の身柄を尊重し、虐待してはいけない。これらの考えは「三大規律八項注意」にあったのです。

国共内戦のとき、中国共産党が劣勢の中で、農民をはじめ多くの人たちから支持されて勝利につながった根底には「三大規律八項注意」の精神がありました。捕虜になった国民党兵士を人道的に扱ったので共産党軍兵士が増えたのです。私もこの規律を守ってきました。管理所の仕事はこの精神と全く同じ政策を遂行することだと肝に銘じました。

私たち看守は、戦犯の一番身近にいて、毎日顔を合わせていました。それで、年月がたつにつれて、看守と戦犯はお互いの気持もわかるようになり、敵対心がだんだん消えて、親しい関係に変わってきました。最初の頃、戦犯たちは私たち看守の名前がわかりませんから、身体の特徴などからあだ名をつけてよんでいました。私は「白いノッポ」と言われていました。背が高くて色白でしたから。親近感をもつようになってからは、「班長（パンチャン）」そして「班長先生」です。

私たちも戦犯をだんだん理解し、安定した心境で指導できるようになりました。そうなると、戦犯たち個人個人の性格や健康状態まで把握できるようになりました。

重病の戦犯がハルビン医科大学病院の東衛系（管理所専用の特別病棟）に入院したときや、肺結核、その他の伝染病で入院するときは、戦犯と接している看守が付き添いました。

一九五二年の冬のある夜でした。武部六蔵が何度も寝返りをうちながらなかなか寝つかず、様子がおかしいのです。すぐ医務室に連絡し、医師が診断した結果、血圧がものすごく高いことが判明しました。応急手当をして安静にし、翌朝早く東衛系に入院させました。彼は脳血栓症でした。彼はその病気を二度患い、寝たきりのまま看病を受け、一九五六年、実刑二〇年の判決を受けましたが、仮釈放ですぐに帰国しました。

市立病院や東衛系に行くときは、私たちは管理所の服から解放軍の服に着替えました。戦犯は黒い人民服です。東衛系の医師や看護婦は日本人戦犯のことをよく知っていましたが、市立病院の場合は、日本人戦犯であることを隠しました。一般市民に気づかれないためと、医師、看護婦が知ったらきちんと診察してくれない、そうしたことを考慮してです。ですから、戦犯は名前を呼ばず番号で呼び、新中国のために尽くしてくれている外国の高級幹部ということにして行きました。病室は中国の高級幹部が入院する部屋で、日本人戦犯であることを疑われたことは一度もありません。市立病院では、一般の人も医師や看護婦も、戦犯を見て、「この人は中国解放のために働いてくれる人だ」、そうした顔と態度を示しました。

悔い改めた戦犯、悔い改めない戦犯

私たち看守は、なにか問題があると日誌に書いて教育科に報告しました。すると日本語のできる科員が問題のある戦犯と話をします。看守と教育科は常に連絡を取って、戦犯一人一人の状態を把握するように努めていました。健康については医務室と連絡し、看守、教育科、医務室が連携を取って行動していました。個別の問題は戦犯当人と直接に、全体の問題は放送を通じて行いました。

私の記憶の中で一番反抗的な態度をとっていたのは、「満州国」高等法院裁判長だった飯守重任でした。検察庁にいた今吉均、荒川秀次もものすごい反抗をしました。とにかく長い間、私たちとはいっさい口をきかなかったのです。一九五五年になると、大多数の戦犯が反省や認罪などで変わっていったのですが、飯守はほとんど変わっていませんでした。しかし、この三名も帰国の時、「中国人は我々を人道的に扱い、公正な裁判をした」と言いました。飯守は帰国してから裁判長になり、「ハガチー事件」(✦四)の裁判長をしました。

武部六蔵、古海忠之もごうまんな態度をとっていました。「俺たちは満州国のために尽くした。その俺たちが戦犯だとはなんだ!」朝鮮戦争の記事の出ている『東北日報』を配布したときのことです。古海忠之は、「これは中国の宣伝だ! こんなもの要らん!」そう怒鳴って廊下に新聞を投げたこと

があります。彼は痔で大変苦しんでいました。私たち看守は、患部の痛みを和らげるために、ときどきお湯を持って行き、看護婦、医師も親切に治療を施しました。そうしたことが通じたのでしょう、私たちに対する古海忠之の態度も変わってきました。

所長や幹部は常に私たちに、戦犯の思想は急に変わることは決してない、辛抱強く心を尽くしていけば必ず変わる、そう信じて続けようと言っていましたが、そのとおり変わりました。しかし、残念ではありますが、戦犯全員ではありません。

参観学習での出来事

一九五六年の春、三回に分けて参観学習を行いましたが、私は第二グループに同行しました。管理所からは私の他に、看守の王興、教育科日本語通訳の崔仁傑、看護婦長趙毓英が同行しました。旅行中ずっと顔色がすぐれず、なにか悩んでいる様子の一人の戦犯に気がつきました。瀋陽から南京、上海、北京など一一カ所を巡る、約一カ月にわたる参観学習でした。私たちはその戦犯に特別の注意をはらいながら旅を続けました。最後の地、北京に着いた時、別の戦犯が病気になり、私と趙婦長が付き添いとして残ることになりました。それで、同僚の王興と、問題の戦犯の元上司で小隊長だった戦犯に、あの戦犯から目を離さないように頼みました。

参観は続けられ、北京郊外のダムに行きました。その戦犯は、突然列から抜け出して、三〇～四〇メートル下の貯水湖に飛び込もうとしたそうです。元上司だった戦犯が間一髪のところでその人を抑え、自殺を防ぐことができました。

それから四カ月後の七月、その人は瀋陽の特別軍事法廷で、大勢の戦犯と同様に起訴が免除され、即時釈放となりました。法廷で判決が言い渡されたとき、その人は子供のように大声で泣いていました。帰国のとき、撫順駅に見送りに行った私と王興をみつけたその人は、駆けよってきて、「先生たちが助けてくれなかったら、私は今こうして生きて帰ることはできませんでした」と言って、私たちの手を強く握り、そこでもまた子供のように声を出して泣いていました。私は、本当に良い仕事にめぐり合えたなあと心の底から思い、私も涙が止まりませんでした。手を握りながらその人が言いました。

「私は大勢の中国人の命を奪ったんです。死刑になるのは当たり前と考え、法廷で死刑を宣告されて死ぬより、自分で死んだほうがましだ。簡単に死ぬ方法はないものか、ずっとそのことばかり考えていたのです」

その人は汽車の窓からも何度も頭を下げ、いつまでも手を振っていました。

裁判のあと、戦犯の大多数は、「本当に悪かった」と言って頭を下げ、私たちに謝罪しました。そんな姿を目の前にして、私や管理所職員たちは、「人間は変わる。正しい教育と心からの愛情によって人間は変わる」ということを認識しました。実は私たちも変わったのです。戦犯の管理教育は、戦犯だけでなく、私たちにとっても貴重な教育だったのです。

訪日して癒やされた管理所での苦労

今振り返ると、私は人生で一番華やかと思われる青春期を管理所の仕事に費やしました。他の人はどう思うか知りませんが、私はとても良い仕事をした、光栄だと思っています。と言いますのは、一九九一年、中帰連の方たちの招待で、私を含めて五名の看守が訪日しました。そのとき、三つのことをしみじみと感じたからです。

一つ目は、中帰連の方たちは帰国してから三〇数年もの長い間、あの戦争は不正義の日本の侵略戦争であった、中国人民の尊い生命をたくさん奪い、大きな損害を与えた、その贖罪のために活動しつつ生きてきた、ということです。

二つ目は、中国の日本人戦犯に対する寛大政策を感謝し、管理所職員たちの仕事をとても高く評価してくれたことです。命の恩人であるとも言ってくれました。その言葉を聞いた時、当時の苦しみや傷が癒え、爽快な気持になりました。あの苦しさがあって、今日のようなお互いの深く強い関係が築かれたのだなあ、と思いました。

三つ目は、あのような侵略戦争を再び繰り返してはならないとして、講演活動や出版物等でかつて自分が体験した日本の天皇制軍国主義の歴史を暴露して訴えていたことでした。平均年齢七〇歳を越える身体にムチ打って、戦争のない平和な世界を築き上げる努力をしていました。

私は今こう思います。日本帝国主義が発動したあの戦争は、中国人民に大きな損害と犠牲を与えただけではなく、日本国民にも同じ災難を与えました。あの誤った歴史を教訓として汲み取れば、だれもが「あんな戦争はもういやだ!」と言うでしょう。中国でも若い世代は戦争を知りません。だから、中日両国人民の子々孫々の平和のために、子供や孫たちに歴史教育をしっかりと伝えて行かなければならないと考えます。

◆一　東北解放　一九四五年八月、ソ連軍が東北に進攻すると東北各地の人民、抗日連軍は呼応して戦い日本軍を殲滅し一四年間の植民地支配を終わらせた。中国共産党はただちに一一万の解放軍と二万の幹部をおくり、東北人民の根拠地づくりを支援、東北の革命の達成をめざした。他方国民党政府は連合国の一員としてアメリカの支援のもと大軍をおくり支配権を確立しようとした。国共の戦いは一九四八年の遼瀋戦役で、解放軍が国民党軍を掃討して終わり、東北の人民革命は勝利をおさめた。

ついで東北は中国全土解放の大後方基地に変わった。

✦二　遼瀋戦役。一九四八年九月からはじまった遼陽、瀋陽をふくむ広範な地域での国共の戦い。人民解放軍は第一段階で錦州を攻略し、長春を平和的に解放、第二段階で錦州奪還を目指す国民党の廖耀湘の大軍を破り、一一月の第三段階で瀋陽、営口地域に集合した東北全域の国民党軍に勝利した。

✦三　三大規律八項注意　二五二ページの✦一参照。

✦四　ハガチー事件　一九六〇年六月、アメリカ大統領アイゼンハワーの新聞係秘書ハガチーが大統領訪日準備のため訪日したが、羽田空港付近で日米安全保障条約に反対するデモ隊に阻止された事件。裁判長飯守重任はこの事件の勾留開示裁判で弁護士に対してはじめて法廷等の秩序維持に関する法律を適用した。

鉄板が溶けた
劉長東

劉長東……リゥ・チャンドン
一九二九年生れ遼寧省出身。
一九五〇年から七九年まで看守、食糧管理員、陳列館資料員を歴任。

東北公安幹部学校卒業目前に管理所へ

私は九歳で、子どもを何人か集めて孔子の『論語』を教えていた塾にいきました。そこは四年間の勉強ですが、家が非常に貧しかったので卒業できませんでした。一三歳のときに私は日本人の印刷所に勤めることになりました。塾で友だちだった力洗がそこで働いていて、彼の紹介で働くことになったのです。そこで三年間、見習い労働者として働きました。印刷所では一日の日当は八〇銭でした。これではお金が少なく生活ができないので辞めて、次に大連駅の側にあった日本人が経営する会社に入って働きました。大工や機械工がいましたが、子どもですから手伝いで、必要なものを運搬する肉体労働でした。一九四五年の三月までそこで働きました。賃金は日当一円五〇銭でした。その後は「福寿」という麺をだす食堂で働くことになりました。ここは朝ご飯と昼ご飯を腹いっぱい食わせてくれて、一円五〇銭の日当です。前より良いのはご飯が食べられることです。そこで日本が降伏するまで働きました。

日本が降伏するとソ連の軍隊が入ってきました。大連の市内の秩序は非常に乱れていました。多かった日本人も引き揚げて少なくなりました。

一九四六年の春、私は革命に参加しました。はじめは大連駅の警官として駅内の警備をし、三カ月後には副班長に昇進しました。レールが全部破壊されていましたので、その時はまだ汽車が走っていませんでした。鉄道警備は駅、レール、鉄道設備を守るという仕事であちこち行って警備しました。

四七年の五月になって、汽車がようやく走ることになりました。乗警小隊（汽車に乗って保安の仕事をする小隊）が編成され、私は班長になりました。

私は中華人民共和国が正式に成立する前に、すでに大連警察学校で学んでいました。この学校には前後二回入って勉強しました。二回目に勉強している時に、東北公安幹部学校に行って学習するように、と上から命令があり、一〇月の半ばごろ瀋陽に行き、東北公安幹部学校に転校しました。この学校はいろいろなクラスがあり、在籍の幹部を一年間教育します。私は派出所の所長を養成するクラスでした。卒業前の六月の末頃、学校の主任が私を呼んで、「君は学校を辞めてこれから他の所へ行って仕事をすることになった。ただちに公安部で指示を受けるように」と告げました。翌日、一〇数名の学生が公安部に出向きました。公安部の幹部は「撫順に行け」と指示し、トラックで駅まで送ってくれました。こうして撫順戦犯管理所へ向かいました。

管理所では五年間、看守をやりました。所内では組織が再編され、総務科が行政科に変わったとき、私は行政科に移って炊事管理を担当し、職員の食事と戦犯の食事を管理しました。

六所の佐官クラスの戦犯たち

五年という長い間看守の仕事をして戦犯とつきあいましたが、いろいろなことがありました。最初から私は、六所の佐官クラスを担当しました。当時、管理所はたいへん厳しく警戒しました。戦犯は虎である、大きな虎を檻に入れている、こういう虎はいつになっても人を噛む、人に襲いかかって暴れるかもしれない、と思いました。大虎を相手に私は非常に緊張していました。また、彼らの態度も

劉長東　廊下で

非常に敵対的で、その両眼にはありありと獰猛さが表れていました。私は一挙手一投足、一言一句、注意をしつつ緊張して働きました。お互いに相手を恐れるという感じが強かったのですが、時間がたつにつれて、彼らには管理所や中国政府に対していろいろな要求があることがわかってきました。身柄の扱いについてのこと、生活のこと、いろいろな要求があっても、規則では管理所の管理教育科や、所長に戦犯自身が直接連絡することは禁じられており、看守を通じることになっていました。しかし、彼らは言葉ができません。私は「書きなさい、要求を書きなさい」とすすめるようにしました。私たちは書かれたものを管理教育科や所長に届けました。

私たちは戦犯と管理所当局との間の「かけ橋」、連絡員のような役割を果たしました。そうなると、彼らも私たちとはあまり敵対してはいけないと考えるようになりました。用事があるときは私を呼んで、「これを渡しますからちょっと連絡してください」と、言葉も少し丁寧になりました。

私がいま振り返ってみて最も変化したと思ったのは、五一年の春にハルビンから戻ってからです。従来は炊事場で作った食事を看守がかついで各所に運んでいたのですが、尉官クラス以下の戦犯の中には若くて健康な人、そして態度が非常に良い人もいます。管理所では彼らを労働班に組織して、一部屋あたえました。彼らは食事の時間になると炊事場に行き、食事を各所に運んで、看守の指揮のもとで配る仕事をしました。この労働班と看守との関係は非常に緊密になりました。

私は佐官クラスの看守をやりましたが、そのとき起こった事件を一つ紹介します。田中という戦犯がいました。彼は中国語のできる憲兵中佐でした。中国人に対して非常に反抗的な態度で、常に大声をあげて騒ぎ、あるときは看守を、あるときは銃を持って巡回する兵士を挑発しました。あるとき、田中が巡回している二一歳の兵士に悪口を言ったのです。お前は中国の何様だ、子供のような者に一体なにができるんだという気持で、いじめてやれと思ったのでしょう。大きな声で「俺の子はお前より年上だ。おれの子より若い、まだ子どものお前が何で銃を持って威張るんだ！」とさけんだ。するとこの兵士は、「なんで私が子どもなんだ、そんな侮辱する言葉はやめろ」と言い返す。すると田中はもっと大声で「お前は子どもだ！」と怒鳴る。兵士は腹を立てて、銃を構えて威嚇する、「撃つぞ！」と言ったらしい。すると「撃てるものなら撃ってみろ！」と田中が胸を張る。「撃つぞ！」「撃て！」という状態になったのです。私はそれを聞いてすぐに駆けつけ、兵士を止めました。「こんなことをしてはいけない。君には規律があるじゃないか。軍人の規律があるじゃないか」と彼を説得しました。翌日、兵士は批判されて処分されましたが、田中とも管理教育科の日本語のできる職員が面談をして、「これは管理所規則に違反する」と警告しました。

看守は毛沢東の特別訓練を受けて延安から来た？

ハルビンから私は一九五一年の三月に撫順へ戻りました。戻って今度は尉官クラス以下の戦犯を監視しました。ある日、外の運動から帰るとき、二人の戦犯がお互いにおしゃべりしながら帰って、自分たちのとは違う監房に入ってしまいました。全員が監房に入ると看守は鍵をかけます。運動が終わると食事なので炊事場に行って食事を運びますが、この二人は間違ったのでご飯が食べられませんでした。食事が終わってお湯も全部配り終わった頃、扉をどんどんたたく音がしました。行って見ると別の監房にいるはずの二人が看守を呼んでいるのです。どうしたかと聞くと事情を話しました。私は彼らに「なぜ早く届けなかったのか」と質問しました。「届けようとしても看守がいない、それで一生懸命扉をたたいたが来なかったので、しかたなくここで待っていた」と言いました。私は「これは監房規則違反だ」と告げました。監房規則の『規則』を、中国語で言うと「クイジュ」です。それを二人は「クイズ（鬼子）」と聞き違えたらしいのです。「クイズ」というのは、日本の鬼のことです。

彼らは「劉長東が俺たちを罵った」と別の看守に書いて渡しました。看守はなにが書かれているかわからないから、それを管理教育科に持って行きました。呉浩然さんが「なぜ戦犯に対して『クイズ・鬼子』と罵ったのか」と聞くのです。私が罵った覚えはないと答えると、彼は、戦犯が書いて出したと私を責めました。昨日起こったことを思い浮かべて、そうだったのかと気がつきました。私は「規則違反」と言ったのですが、彼らは「規則guize」を「鬼子guizi」と聞きとったようだ、この経緯を呉先生に話しました。呉先生は戦犯に「これはことばの聞きまちがいだ。誤解だ、劉は罵ってはいないよ」と話しました。こういう誤解はよくおこります。中国語の発音は難しいです。

何年かあとになって、看守と戦犯たちとの関係は大きく変わって良好になりました。全員が運動場に出て運動をするようになりました。バスケットボールやバレーボールもやるし、野球もやります。ある日の午後、野球をしていて、打った球が四所の窓に当たりガラスが割れてしまいました。バッターはてっきり看守に文句を言われる、困ったことになったと思っていました。しかし、看守は「運動中にガラスを割ったのだから仕方がない。だが割れたガラスにさわると怪我をする、これだけは注意して下さい」と言っただけで、叱らなかったので、この人は非常に感動していました。

その日、四所の人たちの集まりでこの件が伝えられると、この話はニュースになり、新聞で皆に伝えられました。日本人が監獄の看守だったときは中国人をちょっとしたことで怒鳴りつけていじめた、だから今度は自分たちが新中国の看守にやられるのではないかと考えたのです。しかし、私たちは彼らの考え方と全く違う方法で対処しました。部屋では「中国は俺たちが考えていたのと違うぞ」と言っていたそうです。

私たちは看守という仕事上、戦犯の心理をよく調査し、分析しました。彼らが今なにを考えているか、各人の特徴はなにかといつも考えていました。七所の病室に入っているYという戦犯はちょっとした病気で治療を受けていました。それがどうしたことか、自分の前途を悲観したのか、医者が処方した薬を全然飲まなくなりました。看護婦の前では薬を口に入れ、看護婦がいなくなると全部吐き出してしまうのです。薬を飲ませるために検討した結果、日本の兵隊は命令には絶対に服従するという特徴を利用することになりました。看守が「これは政府の命令であるから飲みなさい」と言ったら飲みました。以後、彼にはいつも「これは命令であるから飲みなさい」と言って飲ませました。こうして彼の病気は治りました。

瓦生産をしたとき、瓦の販売収入で鉛筆、万年筆、ノート、ランニングシャツなどいろいろなものを買って配りました。万年筆を配ったときのことです。戦犯たちはこの万年筆を愛用していました。ある戦犯が、露天便所にちょっとした不注意で万年筆を落としてしまったのです。彼は自分の使い慣れている万年筆を落としてしまって、たいへん悔しい、惜しいと思い、中に入って探そうとしていました。朝ご飯を食べるため他の人は全員監房に帰ったのですが、彼はまだ便所にいました。それを看守が見つけて「どうしたか」と聞くと、「万年筆を落としてしまった」と言うので、「早くご飯を食べに行きなさい。食べたあとにでも私も考えますから」と監房に行かせました。食事後、この看守は落とした所へ行って万年筆を糞の中から探し出しきれいに洗って渡しました。彼は非常に感激して、「本当に申し訳ない。自分の不注意で落としたのに、看守がわざわざ糞の中から探し出してくれた」と皆に話したということもありました。

あの頃は、戦犯、特に憲兵・警察だった戦犯は、中国東北地方で罪業を重ねたので、東北地区出身の職員をたいへん怖がっていました。「東北地区の青年は日本に対して怨みが深いから、我々に対して仇を討つだろう、なんらかの理由で仇を討つにちがいない」と彼らは話していました。しかし、彼らが見たところ、看守や職員はみな態度が一致しているので、だれが東北の人かわからない。彼らは

「ここの監視員は、ほとんど延安から毛沢東主席の特別訓練を受けて来たのではないか。そうでなければ、中国人が我々に対してこんな態度をとるはずがない」とも話していました。

周総理は二〇年後に君たちはわかると言われた

私はその後、炊事管理の仕事を二年ぐらい担当しました。炊事管理も工夫を要します。国家で決まった炊事費用ですが、将官クラス、佐官クラス、尉官クラス以下の三種類に分けて、一カ月の金額がちゃんと決まっています。この金額で十分に栄養のあるものを食べさせなければなりません。しかし、私は経験がないので、最初のうちは、毎月その月分の予算を全部使ってしまいました。所長がこれに気づいて私に言いました。「毎月残金がゼロになる。もしも野菜の少ないときに高くなったらどうするのか。夏、野菜が安いときはちょっと節約をし、野菜が高いときはその節約をした分を使わなければ、食事の質に差が出る、それを考えてやりなさい」。このままでは戦犯の健康上よくないと、所長に教えられてはじめてわかりました。

食事の面では日本人の民族習慣を十分に尊重して献立を作りました。日本人が好きな寿司を作るには、まずのりが必要です。のりは撫順や、瀋陽では絶対に手に入らないので、のりを買うために前後二回、私は大連に出張して買い求めました。日本人の習慣に合う食事作りは多くの困難がありましたが、工夫すれば克服できます。だから食事についても日本人はたいへん満足していました。

私は、戦犯の罪業を調べる仕事にも参加しました。記憶に一番残っているのは、戦犯の名前はいま思い出せませんが、彼が犯した罪を調べるために現地に行ったことです。大連から相当離れた山奥です、山林が大部分です。道がわからなくなって苦労しました。いくつかの山を越え、最後の山の中腹に宿がありました、もう午後四時でした。しかし、泊まるわけにはいかず、山頂に着いたときは真っ暗でした。一〇キロほど夜通し歩き続けて山を下り、やっと目的の部落に着きました。すぐ調査を行い、案件を解決しました。

罪業調査というのは証言に基づいて実際に事件のあった場所を調査することです。「満州国」時代に日本軍が残した資料を檔案館（資料保存館）とか図書館に行って探す仕事もしました。罪を犯せばその被害者がいます。被害者を探して証言を聞く仕事もしました。また、戦闘の状況について、地元の人々にどのようなことがあったか、それも調査しました。こうして戦犯たちの告白と地元の証言が一致するかを明らかにしました。

東北工作団は相当長い間、こういう仕事をやりました。それでときには私たち看守も調査に行かなければなりませんでした。

一九五六年の春、二月から五月までだったと思いますが、その間に戦犯全員を三グループに編成して中国各地の参観学習をしました。東北では瀋陽とか鞍山、ハルビンなど五つの都市、全国では一一都市を参観学習に行くことになり、私は先遣隊として各地に行きました。戦犯が約三〇〇名、管理所の職員を合わせると大体四五〇名の宿泊所や乗り物の手配をし、現地との打ち合わせをするなど旅行の準備をしました。先遣隊として二回、事後の代金清算のために一回出張しましたが、三回行っても私はどこも見ていません。

私の考え方も、戦犯改造の実践の中で変わりました。戦犯管理所に来た当初、私は仕事がきらいでしたし、戦犯とは敵対的な関係でした。それに自分は一人っ子なので早く大連に帰りたいと思っていました。帝国主義の手先であった戦犯たちは鉄板、一枚の鉄の板だ、溶けることはない、変わることはないと思っていました。こんな人間の思想改造はできるはずがないと。ところが、中国政府の政策でその鉄板が溶けました、溶けてしまって変わったのです。

相当長い間、日本戦犯も苦労し、辛抱し、私たちもたいへん辛抱強く仕事をした結果、その鉄板が溶けて、敵であった人が変わって友人になりました。彼らは日本に帰って中国帰還者連絡会を組織し、数一〇年にわたって反戦平和、中日友好のために活動しています。これは当時まったく想像もできなかったことです。こういう結果になろうなどとどうして考えられましょうか。しかし、中央の指導者たちはその前途がはっきり見えていたのです。周恩来首相は、常に戦犯管理所の仕事について導いてきました。私たちがあまりに理解できないので、総理は「君たちは二〇年後になったらこの問題を十分に理解できる」と指摘しました。周総理の言われたとおり、まったくその通りになったのです。私たちは二〇年以上たってから、初めてその意義がわかりました。

同時に私自身も思想が変化して自己を改造したと思っています。ですから私の一生でした仕事の中で、戦犯管理所の仕事が一番意義のある仕事だったと、今しみじみ思います。

精神障害の戦犯をささえて

金興詩

金興詩……チン・シンシー
一九二七年生れ。遼寧省出身。一九五〇年から一九七五年まで炊事員、看守、事務長を歴任。

私の「満州国」時代

私は「満州国」の小学校で必修科目として週に何回か日本語を習いました。「満州国」国歌や日本の国歌も歌わされましたが、今は「君が代は……」の最初のところしか覚えていません、もうみんな忘れました。

国民高等学校を卒業する一六歳のとき、日本人が経営する満州精鋼株式会社が少年工の募集に学校に来ました。当時私たちは一六歳になると、日本の会社に入るか、「満州国」の労工として各地で働くかを選ばなければなりませんでした。私は労工のひどい噂を耳にしていたので、会社の方を選びました。

満州精鋼株式会社は、遼寧省鞍山の北、霊山にあって綱線を撚り合わせてワイヤーロープを作る会社でした。私は機械のロープにたくさんの油を注ぐ仕事をしました。仕事場は油だらけ、油はズボンにはねかえり、染みこんだ油は足の肌を刺します。工場には風呂がないので、拭き取っても油は残り、皮膚はただれて、しまいにはかさぶたになるのです。かさぶたが取れると、そこに穴ができます。特に股のところにはたくさんできて、今でも残っています。とにかく一年中、汗だらけ油だらけになって働かせられました。会社には私と同じ中国人の少年工が七〇〇～八〇〇名いて、職場から三キロメートルほど離れた寮に寝泊りし、全員が徒歩で通っていました。寮は数一〇メートルもある平屋建ての家屋で、真ん中の土間が通路で、両側に工員が寝るコンクリートの床がありました。そこに私たち少年工をびっしりと詰めこんで、冬でも火の気のないひどいものでした。布団は自分で持って行ったものを使いました。

給料は、三度の飯は工場の方で責任をもって食わせる、ということで四元でした。当時、中国人の小学校教諭の給料が約六〇元でしたから相当に安いものでした。「満州国」人としての差別も加わっていたのでしょう。

主食はコーリャン飯でしたが、よく精製したものではなく、まだ赤いコーリャン飯でした。副食は干した大根をスープにしたもの、白菜、きゅうりなどの漬物でした。若い私たちはとてもその食事では足りず、四元で補うようにしていました。主食や豆腐、さらに漬物を買うとあっという間になくなりました。

日本人戦犯のための炊事なんて

日本が降伏して私たちも解放され、間もなく私は人民解放軍に入りました。一九五〇年七月初め、私は遼陽の部隊にいたのですが、指導員（中隊長クラスの政治工作をする人）に呼ばれました。彼は「君はこれから仕事が変わる。新しい職場で仕事をしなさい」と言って一通の手紙を渡し、「瀋陽軍区に行くように」と命じました。早速瀋陽軍区に行き二晩泊り待機していると、あちこちから二〇名ほどの軍人が集まって来ました。全員が集まると、責任者が私たちをトラックに乗せ、引率して撫順戦犯管理所にやってきました。

管理所は、土木工事や建物の修繕など改修工事の真っ最中でした。ここはなんなのか、私にはさっ

金興詩　炊事場で

ぱり見当もつきませんでした。それ二〜三日してから、だれからともなく、ここは監獄で、どうやら日本人戦犯を収容するところになるらしい、と聞きました。七月二一日、続々と大勢の日本人戦犯が入ってきました。私は炊事の仕事を命じられました。しかし、私は納得がいきませんでした。私はれっきとした解放軍兵士です。日本人戦犯といえば敵です。その敵に飯を作って食わす仕事をなぜ俺にやらすんだ！　不満と憤りで一杯でした。おまけに食事はうまいものばかり、白い米の飯、肉、野菜、それらをどっさり作ってたらふく食わせ、そして設備の整った良い部屋に住まわせる、これは一体なんだ！　なぜこんなに優遇しなければならないのか納得できませんでした。一緒にきた仲間たちも同じです。「こんなところで日本人の飯を炊いたり、世話するなんてまっぴら御免だ！」そう言って、「部隊に帰らせてくれ、さもなければ他の所に配置変えさせてくれ」と上司に申し入れました。仲間は、親類の者が「満州国」時代に日本軍のために労工として酷使されたり、残虐な拷問を受けて殺されたり、また本人もいろいろひどい目にあってきた人がほとんどでした。私も非常に悪い条件の中で働かせられ、死線をさまよってきました。管理所の他の人たちもほとんど同じような体験を持ち、ここでじっくり腰をすえて仕事をやろうという気持にはとてもなれませんでした。

そうした情況を見て、管理所の指導者は、私たちが納得して仕事ができるように党中央、政府の政策、方針などを毎日のように教え、学習させました。まず、戦犯の取扱いについての基本的な考え方をこのように教えました。

「人民の敵であっても、彼らが武器を捨てて投降し、引き続き反人民的行為をしなければ、彼らを生かさなければならない。そして、捕虜になった彼らに対しては、殴らず罵らず、人格を尊重し、労働を通じて改造しなければならない。彼らを新しい人間に生まれ変わらせなければならない」

こうした毛主席の深い考えをわかりやすく聞かされているうちに、戦犯取扱いについてだんだんと深く考えるようになりました。管理所の指導者は、私たち全員を集めて大会を開いて講義したり、グループに分かれて討論させたり、あるいは個別に呼んで会談したりするなど、私たちの考え方を正しい方へ導く教育をしました。

しかし、私たちの敵の日本人戦犯がこれからの改造教育によって友人になると言われても、私はすぐには納得できませんでした。半信半疑、果たして将来どうなるか、ここはひとつ見てやろう、そういう気持でした。そうした私たちに対し指導者たちは辛抱強く一人一人と向き合って、戦犯への具体的な政策を示しながら職員教育を進めていきました。

その政策の影響が及んだのか、戦犯の中に少しずつ変化が見られるようになりました。この変化を目の当たりにして、私や仲間たちは、自分たちの仕事が戦犯の思想改造を進めるために重要な意味をもつものである、と少しずつ理解しました。同時に自分の中にあった矛盾が少しずつほぐれていき、仕事をしっかりやろうという気持になってきました。

徐々に政策が現場に浸透

一九五〇年一〇月、朝鮮戦争が激しくなり、朝鮮の国境に近い撫順の管理所は危なくなって、戦犯は全員ハルビンに疎開しました。戦犯は道里、道外、呼蘭の三カ所の監獄に分けられ、私は道里監獄の炊事班長を受け持つことになりました。戦犯に対する政府の政策をわずかですが理解できるようになったところへ、炊事の責任をまかせられ、「よおし、頑張ろう」という積極的な姿勢になりました。そうなると炊事の質もよくなり、ご馳走が作れるようになっていったのです。

しかし、はじめの頃にそうした積極性があるのは、私を含めて数人で、大多数の炊事員は政策に不満を持ち、かなりいい加減な仕事をしていました。そのことを表すこんな中国の諺が炊事班の中で流行っていました。「槽里有草、餓不死驢、愛吃不吃」。つまり馬の飼い葉桶の中に乾草は入れた、食おうが食うまいがあとは馬の勝手だ、しかし、飢え死にすることはあるまい、という意味です。米に石が混じっていようが、野菜を洗わずに土がついていようが、とにかく食物は与えたのだから死ぬことはないだろう、そういう態度でした。味つけを良くして美味しいものを作ろうなどという気持は全くありませんでした。こんな態度を見ていて、班長として責任を感じました。人間にとって飯を食うことは非常に大切なことである、特に戦犯の食事を保障するかしないかは国際的に影響のある問題だから、しっかり作らなければならないと思いました。

しかし、一〇〇〇名ほどの食事は私一人がいくら頑張ってもできるわけがありません。そこで私は上司から教えられたように、今度は部下の炊事員一人一人への教育を根気よく続けました。時間はかかりましたが、炊事員たちも徐々に政府の政策に理解を示すようになりました。

一九五一年になって炊事班長から事務長の仕事に変わりました。仕事内容は、決められた予算内でいかに満足のいく食事を作るかということでした。安くて良い食材がどこで手に入るか、戦犯たちが喜ぶ献立はなにかと頭を使いました。方々走り回って、新鮮で安い食材をずいぶん探しました。そうした努力のせいか食事の面では不平不満はありませんでした。食事は戦犯の健康と学習にいい影響を与えたと思っています。

戦犯の自殺を止める

一九五三年の一一月、今度は看守の仕事に変わりました。戦犯は私たち看守のことを「班長（パンチャン）」と呼んでいました。この仕事は、単に戦犯を監視するということではなく、戦犯が悩んでいたり、健康状態が悪かったりするなど、日常生活の細々した面まで気を配り、いち早く見つけて対応し、解決してあげることです。私は特に病室の方の係でした。病室勤務は普通の健康な者の部屋と違って相手は病人ですから神経を使いました。

一九五四年一〇月のある夜のことでした。私が当番でした。廊下を行ったり来たりして寝静まっている戦犯の様子を見ていました。ある独房を通り過ぎようとしたとき、中からゴソゴソ音がしました。これはなにかやってるな、ピンときた私は中をのぞきました。Yという戦犯がベッドの上に立ってヒモで首をくくろうとしていたのです。私は急いで扉を開けて中に入り彼の体を抱え引きとめました。自殺ができなくなると思った彼は私にぶつかってきた上、小便器を投げつけてきました。そのあと、彼が全力でかかってきたので、相当長い間とっくみあいをしました。しかし、ようやく私は彼をベッドの上に押えつけ、自殺を防ぐことができました。彼は病気を苦に自殺しようとしたのです。それで、私は言いました、「あなたの病気は中国に来てからかかった病気ではない。もうずいぶん長い間この病気にかかっている。だから今、中国の医者は一生懸命あなたたちの病気を治そうと努力しているんだ。それなのに自殺なんてとんでもない。病気に負けて希望を失い死のうなんて考えちゃだめだ。病気と闘って打ち勝つ、その努力をしなくちゃいけない」。

私の説得を受けいれて、彼は自分の誤りを認め、「これからは一生懸命病気を治すように努力します」と誓ってくれました。

彼が自殺を思いとどまってくれたあと、私は尻の右側に火がついたような痛みを感じました。手で触ってみると、ズボンが破れ、肉が裂けてべっとりと血がついていました。私が部屋に飛び込んだ時か、とっくみあいの最中かははっきりしませんが、暖房の蓋を開ける銅のデレキ（引っかき棒）がズボンを突きやぶって肉を五センチほどえぐり大きな口を開けていたのです。彼の病名は分かりませんが、当時三〇歳前後でまだ若いにもかかわらず、歯は全部抜け落ち、全身が硬直して背を曲げることもできず、突然発作が起こると全身に汗をかき、起き上がることができませんでした。平日はほとんどベッドで寝たきりでした。硬直した身体がベッドから落ちないように、ベッドの周りに高さ六〇センチほどの手すりで囲いをつくっていました。医師たちの懇切な治療と、炊事班の食事の工夫で、彼の病状はその後大きく好転し、一九五六年七月、起訴免除で釈放となり帰国しました。

精神障害になった戦犯

四五九号の戦犯は、早くから侵略戦争中の自分の罪業に対して比較的正確な認識を持ち、反省の態度を表していました、いわゆる積極分子です。そのために、思想的に遅れた仲間の戦犯たちから脅かされたり、嘲笑を受けたりしていました。ある戦犯からは、「お前、こんな態度を続けてみろ、日本に帰るとき、玄海灘に投げ込んでやる！」とおどかされていました。毎日続くいやがらせがストレスとなり、とうとう精神障害になりました。食事は一切受けつけず、不眠症にもかかり、手足を動かして踊り狂うようになったのです。とにかく一切の食物を口にしようとしなかったのです。

この事情を知った私たち管理所の者は、これはいけない、早く保護して回復させなければならないと思いました。ただちに七所の独房に移して個人治療を行うことにしました。医務班の薬による治療はもちろんのこと、炊事班からも積極的な意見が出され、食事の面でも十分に栄養をとって体力を回復させようとしました。

この人は一メートル八〇センチ近い長身でたいへん力がありました。ですから、注射をうつときや薬をのませるとき、食事のとき、それは大変でした。手を振り回したり、暴れまわったりして、二人ぐらいの看護婦では全く手に負えない状態でした。私たち看守と医師、看護婦たち数人がかりで強制的に治療と食事を与えました。その当時のことは今もはっきり覚えています。

食事を彼の前に持っていって、何度も「ご飯、ご飯、ご飯」と言って食べさせようとしました。しかし、彼はご飯を見ても口の中でぶつぶつ言って食べないという身振りをしました。あとでわかったのですが、「ご飯の中に虫がいる。虫がいる」と言っていたのです。パンを与えたときも、「パンの中に虫がいる」と言って食べませんでした。彼の胃の中は空っぽになっていきました。これではいけないと、私たちは二、三名で無理矢理彼を押さえつけて、衛生員が食物を口に入れました。しかし、それもみんな吐きだして食べようとしません。お碗を床にたたきつけたりもしました。その様子を見ていた医師は、食欲の出る注射をしましたが、それも駄目でした。彼は口をきつく閉じているので、今度は鼻から胃に管を通して牛乳を飲ませたりしました。それも数回で、そのあとは逃げ回ったり、頭を動かしたりするので思うようにいきませんでした。とうとうブドウ糖に頼るしかありませんでした。

私が日直で、たまたま職員がだれもいなくて一人というときが何回かありました。心細いし、怖かったのですが、なんとか押えて食べさせたり飲ませたりしたことがあります。あきらめて少しずつ口に食物を受け入れるようになった時は、その中に薬をまぜたりもしました。

半年ほど過ぎた頃、彼はだいぶ落着き、回復のきざしが見えてきました。運動場に出て運動をしたり、椅子に座って日光浴をするようになりました。発病してから一〇カ月後、四五九号はすっかり精神障害から立ちなおることができました。本人はとても喜んで、私たちに涙を流して感謝してくれましたが、私たちも本当に嬉しくて、胸が熱くなり思わず涙があふれてしまいました。この出来事は彼の仲間の戦犯たちを深く感動させ、よい教育となりました。私たちもまた、たくさんのことを教えられました。彼は帰国してから、再発することもなく元気で開業医の仕事を続けています。

自殺者を救うため便所に飛び込む

赫純昌

赫純昌……ハー・チュンチャン
一九二八年生れ。遼寧省出身。
一九五〇年から一九六二年まで
看守、第二班長を歴任。

警備隊から看守に

私は遼寧省の撫順市で生まれ、そこで育ちました。「満州国」時代、私は小学校の四年まで勉強しましたが、家が貧しく生活がたいへん苦しいので、四年生のときに学校に行けなくなり、日本の会社、野村会社というレンガを作る会社でボーイとして働きました。小使いですね。

私が成人しないうちに中国が解放されました。そして、私は「八・一五」（一九四五年八月一五日）以降、家は撫順から農村に移住させられました。農村では三年間、農業をしました。一九四八年のあと農村から革命に参加しました。八路軍、東北民主連軍、人民解放軍で解放戦争を戦いました。

私はそのとき県の役所の中隊、つまり県役所を守る部隊で仕事をしていましたが、一九四八年の末、北京が国民党から解放されてからは東北司法部の第三監獄で働いていました。監獄を警備する部隊です。そこで班長（分隊長）をやりました。一九五〇年の六月にいまの戦犯管理所ができたんです。私は引き続きここで働くことになりました。そして、その警備隊の中から三名が選ばれたんです。一人は私、もう一人は劉相川、それから孟光岐です。劉さんが第一班長です。私が第二班長、孟さんが第三班長です。この三名が選ばれて管理所に残って仕事をすることになりました。

そのとき、管理所の副所長である曲初さんが私に言いました。「君はここで引き続いて働くのだ。

赫純昌

ソ連から移管されて日本人戦犯が入ってくる、日本人戦犯の管理がこれからの仕事だ」と。私はそれを聞いて驚きました。びっくりして、私は「それはできません。『満州』時代に私は小さいときからボーイをやり、日本人からたいへんいじめられました。そういう恨みがまだ残っているから、そういう人に会えばもう腹が立って仕事ができません。やめさせて下さい」と言ったんです。そうすると、曲初さんから「いや、これは中国共産党と中国人民政府の政策なのだ、だから警備隊の中で君たち三名を選んだ、安心してやりなさい」と説得され、残って働くことになりました。

まもなく日本人戦犯たちがソ連から中国に移管されてきました。入ってきたとき、日本人戦犯の姿を見て、また驚きました。というのは、ある者は軍服を着て、襟章もちゃんと着けて、たいへん威張って堂々と管理所に入ってきました。そういう人たちを見て、これはもう、「ほんとうにかかわりたくない。昔、中国人民をいじめたそのままじゃないか。こんな人たちを私たちが世話をするなんて絶対にできない。御免こうむる」。こういう気持でいっぱいでした。

ゆでタマゴで窒息、便所へ転落

私の記憶では、一九五三年の五月五日、端午の節句に、戦犯たちにゆでタマゴを配りました。その日、戦犯たちは喜んでゆでタマゴを食べていました。ところが、Yという人はこの日には食べなかったんです。翌日の六日の朝に部屋で、このゆでタマゴを殻をむかずに丸ごと飲んじゃったんです。それで、胃袋には入れず喉にひっかけたまま、露天便所に行って座っていました。すぐに息が苦しくなり、それで便所に落ちて死んだということでした。しかし、これは計画した自殺だと思うんです。落ちると、うしろは露天便所ですから、雨が降って水がたまっている。そこには糞がいっぱいです。深さはだいたい首までくるんです。

看守の肖さんが点検したとき、その部屋に一人足りないのがわかったんです。看守室に帰って「一人足りない。どうしたのか」と大騒ぎになり、私はYの部屋に跳んで行きました。そこに行くと、やっぱり便所に落ち込んだそうです。

便所に落ち込んでいることが分かると、だれが飛び込んで救うか、私は一瞬考えました。「一人の死亡者も出してはならない」この任務を遂行すべきだ。決心して飛び込むと、糞が首まできたんです。下を向くと口に糞が入るでしょう。ですから、この足でこう、組んだんです。組むとそこに人がいたんです。それで引き上げたんです。彼は完全に沈んでいたんです。引き上げると、すでに医務室の温先生、それから関さんが便所の上で待っていました。受け取ると、すぐに医務室に行って体をきれいに洗って、そして喉のところを揉むとゆでタマゴがぷっと出たそうです。ゆでタマゴを出して人工呼吸をし、注射もうちましたが、死んだそうです。死因は窒息ということでした。

ゆでタマゴを飲んだのは、息が苦しくなり、便所で座って死ぬことができると思ったからのようです。糞の中に飛び込む考えはなかったようです。

その日の朝食が済んで八時に運動に出たんです。運動に出たとき、彼は便所に入ったわけです。一時間ぐらいの運動です。運動が終わって集合して、部屋に帰ったんですよ。帰ってみると一人足りない。それで探したんです。八時からだいたい九時までの間に起こったのはわかったのですが、八時何分に便所に行ったか、それはわかりません。

人がいないということがわかって、飛び出した人は肖さん。看守です。この人の当番でした。私は三所、四所の看守組長だったんです。Yは四所の人でした。

この事件は私の責任で起こったので、私を処分するよう請求しました。処分というのは、誤りの記録一回、そして、看守組長は不適格となり、一所の看守に配転になりました。一所は「満州国」の戦犯担当です。

自殺の原因はいまだにわかりません。Yは端午節のときにはなんの不審な態度もなかったのです。配った食事はゆでタマゴだけ残して食べて、寝るときもなにも心配な様子は見せず、ぐっすり眠っていました。翌日の朝、起床して、運動に出るときにもなにもなかった。ですから、同じ部屋の人もなぜだかさっぱりわからないんです。ゆでタマゴは一人に五個、ほとんどの人は全部食べました。Yはいくつ食べたかわかりません。一個残したのは確かです。残したものを殻もむかず、口に入れて。

クレゾールで中毒自殺も

自殺で死んだのはSとこの人と、この事件の直後クレゾール液を飲んだ人の三名です。

これは五三年の初夏のことです。室外、室内の大掃除、それから消毒が盛んに行われました。そのころ戦犯たちはソ連から入った当初とまったく違って、非常に朗らかに学習に励んでいたんです。そういうときですから、医務室のほうでクレゾールを戦犯たちに渡して、彼ら自身に室内、室外を消毒させていました。それでですね、薬を相当量飲んだらしいです。飲みまして、それとわかったあと関さんたちがなんとか助けよう、救おうとしてやったんですが、あまりに大量に飲みすぎてだめだったんです。

医務室に来たとき、ちょうど関さんがいました。口にちょっと焼けたところがあり、それからクレゾールのにおいがしたので、これは確かにクレゾールを飲んだとわかったのです。それで胃を洗い始めたんです、水を入れて胃を。さらにいろいろな注射を打って、緊急的に処置はしましたが、結局だめだったんです。

この人は医務室に病気の治療に来たことがあります。関さんは、それを覚えていました。何回も医務室に来て治療を受けたことがあると。この人は非常におとなしい人で、あまり話をしない。口数が少ない、こういう感じでありました。五三年の春ですから、正式の取り調べではないですが、本人に有罪確信というものがあって、自分の犯した罪業を白状して、自分の前途をたいへん心配したんじゃないかと私は考えています。そういう原因でこうなったと思います。

この人がクレゾールを飲んで死んだあと、「なぜ君たちが消毒をやらず、戦犯にやらせたのか。戦犯にそんなに多い量のクレゾールを与えたのは医務室の誤りである、まちがいである」という批判を、医務室は何回も繰り返し受けました。管理所の所長や科長から、これは監督責任があると。

そのときはですね、一部屋ずつに配るんじゃなく、一所、二所、三所、四所と、所ごとにだいたい三〇〇ミリグラムとか、二〇〇ミリグラムと部屋の大きさによって瓶にちゃんと分けてから各所に配るんですよ。「掃除したあと、これで全部消毒しなさい」と、そういうふうに配ったんです。この人はそれを全部飲んだんです。そういうことで、医務室の看護婦たちが、相当の批判を受けました。「それはまちがいだ」ということを指摘され、教育を何回もさせられました。そして、この事件について今後どうすべきであるか、ということを何回も検討しました。

でも、処分はなかったんです。だれを処分していいかわからないんですね。医務室のほうで一所の分、二所の分、三所の分、四所の分とちゃんと分けて各所に配ったんですから。それは防ぎようがないです。そのあとはクレゾールはもう、各所に配るんじゃなくて、看護婦たちが直接行って、消毒をやることになりました。医務室の責任者であった申先生が医務室を代表して、検討結果を書面で出しました。反省の意味で、「これは私たちの仕事の誤りである」と。

埋葬

管理所ができた初めのころは、戦犯が死んだら、裏に墓を作ってそのまま埋葬したんです。それが、五三年の春だと思うんですが、管理所の所長が、埋葬したら保管が問題になる。将来、日本政府に対して責任をもって死亡者の遺骨を渡さなければならないと説得したんです。それで遺体を掘り出して火葬にして、骨を保管することになりました。私はその仕事に参加しました。焼却するときの臭いは物凄いものでした。焼却設備もなく、薪を下に敷き、ガソリンをまいて、掘り出した死体をその上に置いて火をつけました。私たちは我慢してそれを焼きました。

一体ずつ掘り出して焼却し、骨は箱に収める。終わると次を掘ります。七、八体はあったでしょう。心臓と内臓の一部は腐敗していたけれど、肺臓は腐敗していなかった。遺体を綺麗に洗って作業をします。だいたい一週間ぐらいかかりました。

生産労働が一つの転機に

黄国城

黄国城……ファン・グォーチェン
一九二四年生れ。遼寧省出身。一九五〇年から一九七〇年まで総務科、管理教育科員を歴任。

総務科の労働者たち

私は「満州国」時代、日本が降伏する前は黒竜江省の北の方の黒河省で仕事をしました。そして日本降伏後、一九四六年に瀋陽で革命に参加しました。革命に参加して、再び黒河省の黒河市に行って働きました。

一九四九年、人民解放軍が瀋陽を国民党の支配から解放したのち、私は瀋陽に来て東北行政委員会の司法部で働くことになりました。

一九五〇年の六月、東北司法部の許烈秘書長（事務局長）が私に「君は撫順監獄に転属することになった。撫順に行って働きなさい」と言いました。撫順では建築の仕事をする、完成したあと、撫順に残るか司法部に帰るかが決まるという話でした。管理所では戦犯を収容するために一〇〇〇名以上収容できる大きな講堂を建てました。ここに日本人戦犯を収容するとのことでしたが、一体どういう戦犯なのが全然分かりませんでした。しかし、私は中国人として、日本軍国主義者に対して非常に怒りを覚え、反感を抱いていたので、そういう人たちと付き合うのは嫌だと思いました。しかし、管理所に残って働くよう上司から何回も言われ、説得され、教育されました。それで仕方なく上司の命令に応じて、建設工事終了後も残って仕事をすることになりました。

私は総務科に配属されました。総務科にはボイラー班、運転手班、炊事班、そして大工・左官などの雑役班などで働く多くの労働者がいました。私の仕事はこういう人たちを指揮して仕事をさせることでした。

彼らもここで働くのをいやがっていました。日本軍国主義はかつて中国を支配し、民族差別を行い、悪行を重ねた、その悪人のために働くのはごめんだというのが皆のまとまった考えでした。だれもが仕事に対して非常に不満を抱いている困難な時期でした。

例をあげると、炊事班では米をよく洗わずに炊きました、ですからご飯が生煮えのこともありました。国家の方では良い物を出しても、炊事班の方では納得できないから真面目にやらない、こうなると美味しいものはできません。散髪の場合も、あまり綺麗に洗わないで数分間で一人、簡単にやってしまうのです。これは思想の問題ですが、いやいやしているのでこのような傾向が出ました。

原因を言えば、これらの人は労働者ですから「満州国」時代には非常に貧しい生活をし、日本人の経営する会社などで働いていました。日本人からいじめられ、殴られ、悪口を言われて、日本人に対する不満、怒りが積もっていました。そしてまた、管理所に来たくないのに上の方から行けと言われ、仕方なく上司の命令に従って来たわけです。「満州国」時代から日本人に支配され、いじめられた、そういう恨みは簡単には抜けません。

彼らの言い分は私と大体同じです。ですから彼らに対する説得力が大変弱いのです。彼らが言っていることは正しくないと指摘して、説得することが難しいのです、それで長い間悩んでいました。

管理所の所長や科長は、「日本戦犯に対する政策は政府の政策である。中国共産党は彼らに人道主義で対する。罪があってもまず人間である、人としての名誉は十分尊重しなければならない。君たちがやっている仕事は非常に重要な仕事である。だからまず自分の考え方を変えなければならない、そ

黄国城　庭で

して部下を十分説得し、彼らがここで納得して仕事をするようにしなければならない」と繰り返し教育しました。

戦犯の方でもその頃、中国政府の職員に対して非常に反抗的な態度を示していました。中国の教育に反対し、中国が良い待遇をしても不満で、中国がすることすべてに難癖をつけて反対しました。こういう態度に対してわが方の雑役をする労働者もさらに不満をもつのです。不満と不満の矛盾はだんだん鋭くなり、仕事が困難な時期でした。

辞めたいという人が絶対多数でした。やりたくないから辞めさせてほしい、他の所に転勤させてほしいと皆申し出ました。ですから、管理所の所長の苦労は大変でした。職員、雑役の労働者にこれは党の政策であるから実践しなさいと説得して納得させる、話は簡単ですが、実際にやってみると非常にむずかしい。そして戦犯に対しても、どのように教育したら彼らが認罪の道に向かって前進できるか、どちらの面でも大変苦しい仕事です。

こういう鋭い矛盾、敵対関係は、管理所の職員や労働者たちが、所の指導者、責任者の教育を受けて、自分のしている仕事は中国政府の政策に基づいてやる仕事である、私たちが戦犯に対して人道主義の原則で、戦犯の教育、思想改造のために頑張るべきだということをだんだん理解するようになってようやく解決されました。非常に受動的だったのが、自主的に自分の方から仕事を探すようになり、どのように対すれば戦犯の教育に有効であるかを自分自身が自発的に考えるようになりました。

こうなると戦犯の方もやはり変わります。徐々に中国人民、管理所の職員、労働者に対する態度が変わってきました。中国の管理所の職員や労働者は自分たちのために一生懸命働いてくれる、大変苦心して自分たちの健康や学習面の面倒をみてくれるということがわかってきました。すると非常に鋭かった矛盾が緩和され、お互いに理解できるようになりました。最初の頃と違って、米もきれいに洗い、ご飯もうまく炊けて美味しくなりました。そうすると戦犯の方は、ご飯が美味しいから、看守に会うと「班長、今度のご飯は大変美味しかった。それで腹いっぱいなのに二杯も食べた」と言う。これを管理教育科の方から総務科に伝えます、今度のご飯は大変褒められた、炊事班の人に大変感謝している、と。これを伝え聞いた炊事班は元気が出て、今度はおかずも良いのをつくろうとします。戦犯の方から天ぷらが食べたい、こういうおかずが食べたいという意見もどんどん出るようになります。すると、炊事班はその意見に満足してますます頑張る。このようにして戦犯と管理所の職員の関係が変わりました。

炊事班の方でも日本の民族習慣は一体どういうものなのかと調査し、日本人戦犯の口に合う食べ物や好むご馳走をつくろうと工夫しました。そういうことで、大好きだという天ぷらや寿司もつくり、正月になると餅もつき、元旦の朝には餅と雑煮、ぜんざいを出しました。

そして病人については、病人一人一人に適した食べ物をつくって温かいときに持っていったので戦犯も非常に喜んでいました。ある人は非常に感激して涙を流しながら、感謝の気持ちで食べていました。

こういう時期をへて、炊事班と戦犯の間の仲が親密になったのでした。

瓦の生産労働

私は戦犯を組織して生産労働をさせたので、次にこのことについて話したいと思います。一九五三年の春、所長が私に、戦犯のなかで労働に参加したい人がだんだん多くなっている、戦犯たちから生産労働をさせて下さいという要求がある、と言いました。戦犯たちが自発的に管理所に提案した、これが一つの理由です。また、戦犯たちは中国にきて二～三年過ぎましたが、リューマチや末梢神経の病気が相当発生しました。身体を動かさないのと食べ物の偏り、いろいろな雑穀を食べさせず、白米を食べさせ過ぎたのが原因です。そこで労働をさせたいというのがもう一つの理由です。

それで生産労働をすることになりましたが、所長は三つの面から考えてくれと言いました。一つ目は大部分の人が参加できる労働であること、二つ目は技術がなくてもできる、機械設備がなくても手作りでできる生産品であること、三つ目は管理所としてはたくさんは投資できないので、赤字は困るが、その代わりあまり儲けはなくてもよいことということでした。

その後私は一カ月間、市政府の各部門、労働局や機械局、手工業局を訪ね、戦犯に労働をさせたいので援助してくれと相談し、歩き回って調査しました。すると、市政府の方で責任を持って管理所の労働生産ができるように努力してくれ、撫順市の西の方にある瓦を製造する工場を推薦し、紹介してくれました。訪ねて行くと、工場長は大いに支援してくれ、至って簡単な瓦造りの機械四〇台と技術者二名を送ってくれました。

管理所の庭に、臨時の小屋を建てて機械を据え付け、一緒に来た二名の技術者とともに生産を始めました。労働時間は、午前九時から十二時までが一グループ、午後二時から五時までが一グループと、二交替制にしました。一グループ約三〇〇名の戦犯が入って働きました。本当はそんなに人数は要らないのですが、多くの人が身体を動かせるように、一人のやる仕事を分けたのです。瓦の型は金型で、中国では油を塗って、セメントをすくって入れて固める工程を一名でやります。管理所では多くの人が働けるように、枠に油を塗るのが一名、セメントを入れるのが一名、固めるのが一名、一名分の仕事を三名か四名で分けてやらせました。管理所にいた尉官クラス以下の戦犯六〇〇余名はほとんど生産労働に参加できました。

労働の目的は非常にはっきりしていました、戦犯の健康を保障するためです。決して戦犯を働かせて、収入を国家の財政に納めるのではありません。所長は「生産して儲けたお金は食事など、全部戦犯のために使ってしまおう。国家にはこの収入はいらない」ときっぱり言っていました。

儲ける目的はありませんでしたが、赤字になったら困ります。そこで生産班というのを作りました。私、河さん、それから王さんの男性三名と王さんという女性一名が責任を担当しました。まず瓦を造るのに原価がいくら、材料費がいくらと原価計算をします。そうしないと作ったあと、売る値段をいくらにするか決められません。それを研究しましたが、私たちは全く素人でその知識がありません。すると、管理所の責任者は私に、「どこかへ行って原価を計算する方法、会計を学んできなさい」と言いました。私は瀋陽の化学工場に行って、たった一週間で原価計算の方法を学んできました。そしてここで簡単な準備で、小屋を建て、機械を組み立て、原料を買い入れて生産を始めたのです。

生産労働を始めたときは困難なことが次々とおこりました。一番困難だったのは製品の販売です。売れないと原料を買ってくるお金が入ってきません。最初、戦犯たちに技術者が二名ついて非常に親切に教えてくれました。教えられると、非常に早く作れるようになる人もありますが、全然できない人もあります。それで一名が一日に三〇枚くらい、念を入れて丁寧に瓦を作ることにしましたが、製品の質が問題で、質の良くないものが混じったのです。この瓦を売るのが大変問題になりました。売れないとお金が入らない、お金が入らないと原料を買えない、そういうことで苦労しました。初期には一パーセントぐらい廃品が出ました。しかし、無駄にはなりません。品質検査に合格できないものは崩してまた材料にまわします。ですから原料の無駄はないです。セメントはそのまま使えますから。

一カ月くらいたつと、生産効率が非常に高くなりました。今まで一グループが三時間で一名が二〜三〇枚作っていたのが、今度は二百枚、三百枚、多いときは二グループ合わせて二名で六百何十枚も作りました。数も増え、質も良くなり、売ることになんの心配もなくなりました。それまでは出かけて行って宣伝しながら売り出しましたが、今度は逆に瓦の必要な部門がここに来て運んで行きました。ほとんど馬車です。馬車がたくさん待機していましたし、ある時はトラックも待っていました。それで大体四月から七月までの三カ月間で瓦を一六〇万枚、屋根のてっぺんに載せる瓦を三万枚、ケーブルを地下に埋設するとき包む套官を一万二〇〇〇個生産しました。

瓦生産は自分たちで進んで要求した労働なので不満の声はなく、喜んでやっていました。三カ月の労働を終えて体重は増え、一般に食欲も増えました。

生産労働に参加する前は、大体ご飯茶碗で二杯くらい食べていましたが、労働が始まってからはほとんど三杯、大きな椀で二杯、饅頭は四箇と食欲が増しました。すると体重も増え、身体の健康状態はすっかり変わりました。リューマチとか足がしびれる症状はもうなくなり、全部治りました。それに労働をすると非常に朗らかになり、時間がたつのも早い、これは労働の楽しみです。それからもう一つ、労働で入った収入でご馳走がもっと多くなりました。

労働の中ではお互いに競争をしました。赤旗の競争、つまりだれのが一番質が良いか競い、質が良いものには赤旗を立てる。向こうの方が良くなるとそこへ持っていって立てる、流動赤旗競争です。瓦生産の時、私たちを助けて、設計、資材管理、事務、生産統計などいろいろな管理をする戦犯が四名いました。山中盛之助さん、渡辺雅夫さん、川島武俊さん、大窪武夫さんです。毎日生産の状況を記録し、それを統計し、状況を職員に報告し、私の方では、それを総括して管理所の方に収めました。赤旗の競争は、大河原さんや国友さん、小山さんたちが組織してやりました。ですから生産労働の管理の面は整っていました。

戦犯たちの労働意欲は非常に高く、熱心に働きました。それで労働の能率はだんだん上がり、管理所では収入があったのです。収入は炊事の方に払ったり、戦犯たちに万年筆、ランニングシャツ、コップを買ってあげるなどしました。その時、労働は身体を鍛え、健康を維持するためだけでなく、もう一つ、労働は世界を創造する、世界を作ると自覚させるようにしました。労働は光栄であるという観点から、コップにもランニングシャツにも「労働光栄」という文字を印刷しました。彼らは「私たちは戦争中この両手で労働の結晶を破壊してきた。今は自分が働いて買ったコップに労働光栄という文字が書かれている」とそのコップで飲みながら話し、本当に労働は意義が深いと語り合っていました。

もちろん労働ですから、医務室の先生や看護婦たちがいつも現場にきて注意していました。暑い時期でしたから倒れたりする心配もあるので、いろいろな飲み物を準備して置いておきました。冷たい飲み物を飲んで朗らかな気持ちで労働する、それは中国の労働者の働き方を体験させるためでもあります。三時間の労働ではそんな飲み物は要らないのですが、中国の労働者は労働時間が長いので、夏になるとそういうものを飲みながら労働するということを知ってもらうためです。

彼らは、だれもが計算はよくできます。自分たちが労働して生産した瓦を一枚ずつ並べるとやがて撫順から北京に至るというのです。一枚が三〇センチメートルくらいで一六〇万枚ですから総計四八〇キロメートルになります。撫順～北京間は八〇〇キロメートルです。計算してスローガンをだします、もっとやろうと。とても面白かったです。

集中して労働したのは三カ月です。皆の身体が良くなって、間もなく冬になりました、冬にはできません。この頃から取り調べの準備にかかり翌年四月から開始しました。身体が健康になったので今度は運動量を増やしました。今まで一日一時間くらいだった運動時間を三時間にしました。生産労働の頃は、夜になっても暑いでしょう、文化運動が盛んで外に出て歌を歌ったり、納涼会といってお茶を飲みながら話をしたり、いろいろなことをしました。労働して健康になり、管理所の生活は朗らかになりましたね。管理所の管理も厳しくなくなった、ゆるくなったのです。各所の監房の扉をはずし、自由に行き来できるようにしました。お互いにあっちこっち遊びに行ったりする、これも運動ということで労働のかわりに運動が増えたと言っていました。

生産労働に参加して彼らの心境も変わり、思想も変わりました。彼らの変化は私たちの喜びで、一歩一歩良い方に変わるにつれて、私たちにもその度に喜びが重なっていきました。彼らの身体に、私たちの労働の結晶が現れてきたのです。私たちが辛抱して努力した成果が彼らの身体に現れてきたのです。

この頃になると、私たち管理所の幹部、職員、雑役労働者も仕事の態度が大きく変わってきました。あらそって自分がもっと仕事をしたいと言うようになりました。

年間二〇万元の管理所予算

斎亨隆

斎亨隆……ヂー・シンロン
一九二四年生れ。河北省出身。
一九五二年から一九八〇年まで総務科員、生産労働を担当。

管理所の予算

私はチチハル市法院（裁判所）の会計の仕事をしていて、一九五二年七月に瀋陽司法部の会計訓練所に入りました。八月に卒業すると、一二〇名中三名が東北公安部に呼ばれ、私たちを撫順へ派遣すると告げられました。また、新たな職場は秘密で、非常に重要な機関であるとも告げられました。私たちは大事な任務をすすんで受入れました。着いたのは戦犯管理所でした。みんな自分たちが組織に信頼されて国家の大事な仕事につくことを光栄に思いました。

最初に私に与えられた仕事は農場管理でした。管理所の西、城壁の外に割合大きい野菜農場があって、ここで蔬菜をつくるのです。それは高齢になった会計の担当者と交替するための準備でもありました。戦犯がハルビンに移動したときも一緒に行動し、ハルビンでもやはり蔬菜をつくりました。しばらくすると金源先生から、撫順に戻り、死亡した戦犯の墓を掘り、埋葬した遺体を火葬するように指示されました。これを聞いて私は感動しました。中国政府は将来の日中両国の関係を考えて、死亡者の骨を大切に保管するようにしたのです。

遺骨の保管が終わると、今度は会計を任命されました。一九五三年には戦犯全員が撫順に揃いました。このとき、一年間の管理所の経費がいかに莫大な額であるか知って驚きました。管理所の予算は年間二〇万元です。うちわけは、食費は一人当たり三〇元ですが、正月、祭日の費用が増額されるので五万元、石炭が一二〇〇トンで三万元、衣服、生活用品が四万元、それに煙草、学習の本、ノート、万年筆、鉛筆などの雑費でした。職員の給料は平均五〇元で一万元です。私は所長の次に高くて一二五元でした。医療費は撫順、ハルビンで病棟を借りていたのでこれが高くついたと思います。

戦犯の食事に問題発生

私の任務は会計の他に炊事管理をすることになりました。会計兼炊事管理員で賃金長です。私は戦犯の食事を改善せよという指示を受けました。実は管理所では戦犯の食事、健康管理が大問題となっていたのです。彼らはソ連では筋肉労働、伐採、建築、道路工事などをしていましたが、食糧不足で栄養失調になっていました。中国にきてからは働かないで部屋の中にいるだけで、食事はお米や肉類を腹いっぱい食べていたため、リューマチやいろいろな病気が出ました。そこで食事を改善し、運動をさせようということになりました。

医者の意見で、中央の衛生部は衛生研究所の専門家を派遣して戦犯の健康診断を行い原因を確かめました。二つのことがわかりました。一つは運動不足で、これは労働すれば解決します。もう一つは、主食が米、小麦粉製品に偏っているので雑穀をまぜればよいということになりました。

管理所では、ハルビンで長くロシア人のパン屋に勤め、当時撫順で食パンを焼いていた専門家を雇いました。小麦粉六〇パーセントに、コーリャン、とうもろこし、豆などの粉四〇パーセントという割合でパンをつくり、おかずも肉類を減らし野菜を増やすという念入りな改善が行われました。一方では瓦生産をはじめました。こうして数カ月後には身体も健康状態も変わってきました。

健康診断のとき、水も問題がある事がわかりました。管理所の地下水は水質が悪い、細菌が相当

斎享隆　庭で

入っているというのです。しかし、近所の農民はみなこの水を使用しています。消毒した清潔な水を使用せよとのことで、管理所では高額の予算を組んで市内から水道を引きました。周辺の農民は今までと同じように地下水です。

戦犯の食事に対して周辺の農民から批判が出ました。下水から流れてきた海老の殻や魚の頭を見て「管理所は戦犯に食わせるためにこんなもったいないことをしている、俺たちはこんなものを食べることさえできないというのに」と百姓からたくさん苦情が出ました。

日本人の口に合う食事を工夫

食事の改善は高度の国際人道主義による待遇といって差しつかえないと思います。その頃の私たちの食事といえば貧しいもので、戦犯の食べているものとは雲泥の差がありました。私もこれには疑問をもっていました。しかし、日本人の食習慣を急に変えてコーリャンなど食べさせるのは良くないという政府の政策は理解できました。私たちは日本人の習慣を聞くことにしました。彼らは寿司をよく食べると言います。管理教育科は工夫して作るようにと指示します。そこで作ることにしました。寿司の材料はなんと言ってものりが必要です。撫順市の蔬菜公司を全部調べたがありません。仕方ないので大連に行ってのりを買い入れ寿司を作りました。日本人は味噌汁が大好きです。日本製の味噌は地方ではなかなか買えません。瀋陽に味噌を造るところがあったので、ここから購入しました。日本人の注文で豆腐や野菜をいれて味噌汁を献立に含めました。

正月に餅をついて食べる、これも日本の習慣です。職員は年末になると全員が夜は寝ないで、戦犯たちと一緒に餅をつきます。彼らが楽しく正月をすごせるようにしました。メーデーのときはいろいろな果物や天ぷらなどを用意します。日本人は天ぷらをよく食べます。魚、野菜の天ぷらを揚げました。祝祭日にはクラブを開き、前もって発行した食券と引きかえに好きな食べ物を食べられるようにしました。ただ食事をするよりは面白くしようと、みんなで工夫して祝日を楽しめるような形にしました。戦犯たちは親しい者同士が食べながら祝日をすごしました。

餅つきは簡単ではありませんでした。中国には餅つきの習慣がない、材料がない、道具がない、私たちはついた経験がないのです。もち米、小豆などは市役所に行って、特別の批准を得て手に入れました。臼は朝鮮人の住んでいる農村で借りてきました。もち米は水にひたしてふっくらさせておき、蒸籠で蒸してから臼でつきます。戦犯が技術指導をして経験のない職員と協力して餅をつきました。元旦の朝は雑煮、ぜんざいをたいへん楽しく食べたものです。

正月には門松を立てるようになりました。日本人は縄に松の枝、ミカンをさして門の前にぶらさげると言います。それで松の木、ミカンを買い入れると、戦犯たちが門松をつくり各所の門の出入り口に飾って正月を楽しんでいました。

中国の味もどうですかと言うと、日本の戦犯たちはジャージャー麺が好きだというので、一週間に二〜三回だしました。「足りない」「足りない」、中国語で「プコウ、プコウ」です。盛っていったらまた、「プコウ」です。「足りますか、足りませんか」。看守が聞いて回ります、どこからも「プコウ」「プコウ」です。大変喜んでいた印象深い食事でした。

撫順市商業局の通帳で管理所の要求するものはなんでも供給することになっていましたから、食料は必要なだけ入手できました。しかし私たちは国家の財産を節約するために、管理所でも畑を耕し、野菜をつくり、豚や鶏を飼育して全部戦犯に供給することにしました。鶏は殺して羽を抜いたものは高く、生きているものは安くて新鮮ですが、殺して羽を抜く手間がかかります。私は炊事係にこう話しました。「国家のためにはお金を節約できる、戦犯には新鮮で味のよい肉が食べさせられる、面倒だけれどやってみよう」。炊事員と一緒に鶏を殺し羽を抜いて調理しました。

参観学習から釈放帰国まで

参観学習は周恩来総理の指示で行われました。二〇万元の費用がかかりました。専用列車を使い、北京、天津などに宿泊して参観するときは、列車は駅構内で待機していました。私は先回りをして、ホテル、レストランを予約しました。食費は相当高くつきました。

鞍山でのことです、古海忠之は敗戦後、昭和製鋼所を引き渡すとき、「中国人には鋼鉄を作ることができない、コーリャン畑にでもすることだ」と言ったのですが、参観してみると鞍山製鋼所として生まれ変わり、生産高も当時よりずっと伸びていました。彼は中国人を蔑視した自分の誤りに気づいて、中国人はすばらしいと考えを改めたのでした。

長春自動車工場にはかつて日本軍の細菌部隊「第一〇〇部隊」（✦一）がありました。日本が降伏したとき、証拠湮滅をはかりすべて破壊しました。その跡をみたときには、「私たちが細菌兵器を研究したことは非常に申し訳ない、悲惨なことだ」と戦犯たちは謝罪しました。

釈放のときに各人に、新しい服、シャツ、靴と一枚ずつの毛布を配りました。毛布は上質のものを長春から取り寄せました。帰国しても布団替わりに使えるだろうという配慮でした。中国はまだ経済面では苦しいときでしたが、友好の印として渡しました。

新中国の主人公として

戦犯に対する憎しみはありました。わが国を苦しめ、人民を苦しめ、国の財産を破壊して大きい損害を与えた悪い人間に対する憎悪、怒りはありました。しかし、私たちを解放した国家の政策に服従して、それを実行することは正しいと信じました。私は全力をあげて仕事、学習に邁進しました。朝は早く起き、八時の出勤前に市内の公安局に行って理論学習をし、夜は夜間学校に行って勉強しました。一日中学習と仕事に専念していました。

私が政府の政策を厳格に守って積極的に仕事をした理由は三つあります。

第一は、私の出身にあります。貧農の出身で一ヘクタールの畑もない、貧乏な家庭でした。「満州国」時代、私は一八歳から一九歳までチチハルの大満酸素株式会社で働きました。生産する酸素は日本軍に提供されるものです。役員だけが日本人です。この会社ではいじめられ、人間以下の扱いだったので、日本帝国主義下の生活について大きな不満を抱いていました。この抑圧から解放され、共産党の教育のもとで幹部になったのです。党の示す仕事はなんでもやる、腹の底から積極性、能動性がわきでるのです。仕事はやればやるほど意欲が出ます。正月の夜も戦犯のためにご馳走を作り、餅や餃子をつくるのは党のためであると思いました。旧社会ではなんの地位もなかった自分が新社会では主人公になったのです。地位を得、幹部となりました。自分の国のためにやるのだと、やればやるほど力が出ました。

第二は党の正しい政策です。これを厳格に守り実行するのは党員の当然の責務です。毛沢東共産党主席、劉少奇国家主席は「共産党員は党の言うことをきちんと守りなさい」と教えました。党の正しい政策を徹底的に遂行することが党のためであると信じて実践しました。

第三は、私は非常に若かったので、自分の仕事を通じて手柄を立て、成績を上げ、人民のために立派な幹部になりたいと思ったのです。

戦犯が帰国するとき、私は自分の罪業を反省した彼らが日本で日中友好、反戦平和のために闘うだろうと信じていました。自分たちの遂行した仕事を信じていました。

私は定年退職するまで管理所で過ごしました。日本人戦犯、「満州国」戦犯、国民党戦犯は中国の新民主主義革命（✦二）の三つの敵に属していました。帝国主義、蒋介石の国民党、封建主義の地主、この三つの山を取り除くために多くの先輩は戦って倒れました。しかし、こうして革命は勝利しました。三つの敵は監獄に入れられて私たちの教育を受けました。これが私の二〇数年の仕事でした。管理所の仕事は意義の深いもので私は誇りに思っています。私は友人たちに言います、「管理所の仕事をしてきたが、今戦犯たちは帰国して平和のために、日中友好のために努力している。これは世界に例のないことである」と。国民党の戦犯もほとんど釈放されて各省の政治協商会議の委員として国家の幹部になっています。「満州国」の戦犯も教育されて国家の幹部になりました。これを新中国樹立後、私たちは社会主義革命の段階に入って完成したのです。だから私たちの仕事は非常に有意義な仕事であったと誇りを持っています。

しかし、管理所の仕事には嬉しいときもあれば、悲しいときもありました。文化大革命で私たちは戦犯を優遇したという罪を着せられ批判されました。毛沢東主席、中国政府の政策を実行したにもかかわらず、莫大な金を戦犯管理に使ったのはけしからんというのです。今日では批判した人々は間違っていたことを認めています。過ぎ去ったことであまり考えないようにしています。

✦一　第一〇〇部隊　関東軍軍馬防疫廠。部隊長は若松有次郎。家畜に対する細菌戦を目的として、第七三一部隊と同時期に、新京（現在の長春）の郊外・孟家屯に設置された。一九四三〜四四年に人体実験が行われ、戦後の一九五一年に大量の人骨が発見された。

✦二　新民主主義革命　中国では一九一九年の「五・四運動」から一九四九年までの革命が新民主主義革命の時期とされ、中華人民共和国成立後は社会主義革命へと転化したとされる。

腕自慢のコックが戦犯の炊事係

羅鳳臣

羅鳳臣……ルォ・フォンチェン
一九三〇年生れ。河北省出身。
一九五〇年から一九七〇年まで戦犯管理所炊事管理員。

管理所泊まり込みではたらく

私は瀋陽のあるホテルで三年間、コックをしていました。瀋陽の飲食服務センターというのがあります。そこでは私は、料理がよくできる三級コックでした。一九五二年、管理所は瀋陽市の公安局を通じて労働局と相談して腕のいいコックを探したそうです。それで私が選ばれて労働局に呼ばれたんです。労働局に行くと、私の他に二名いました。あわせて三名は一緒に、全然どこに行くかわからないまま、瀋陽から車で管理所に連れていかれました。管理所に着いた私たちに、人事係は「ここは撫順戦犯管理所である、ここは政府機関である。外に行ってはいけない」などと、注意事項を何項目も言いました。「ここの内部のことは、帰って自分の両親、そしてまた妻にも言ってはいけない。だれにも親戚にも言ってはいけない」。私はなるほどそうだろうと思い、守ります、と言いました。

瀋陽から撫順にきた入所当時、あんまり家に帰らず、管理所で寝泊りしていました。ほとんどの者がここに泊まっていました。規律が厳しかったんです。管理所では、重要な部所にいって働きなさいと、こういうことで私が炊事場に来たんです。でも、ここではコックに区別がない。炊事場の班長は劉鳳魁です。彼の説明では、「ここでは食事を三種類作る、将官、佐官、一般の三種類があって、また病室の食事は別にするので、君はこの病人に与える食事を作りなさい」。それぞれの病人の身体の調子にあわせて食事をつくるため、食事はいろいろな種類があります。初めのときはそれを担当しました。でも私はそのとき、納得ができませんでした。戦犯に対してなぜこんなご馳走をだしてやるのか、病院でもこんなご馳走はだしてやらないのに、戦犯管理所は病院よりもっと良い食事を食べさせるなんて、これはやり過ぎじゃないか、という考えでいました。

当時、私が来たとき、医務室から陳さんが栄養係の看護婦として、炊事班に配置されていました。将官クラスが食べるものは、カロリー計算してそれに基づいて献立は作られていました。病人の症状に合わせて一日に卵、肉、野菜はそれぞれ何グラム使うか、またそれぞれ素材が決められました。その献立の通りにやらなければならない。でも私はなんでこんなやかましいこと言うのか納得できないから、卵、肉を牛乳にいれて沸かした料理を持っていったんです。すると一一時ごろ、陳さんが炊事班にやってきて、「羅さん、どうしたの」って聞くんです。「なにがどうしたんだ」。「なぜ朝ご飯を私が作った献立通りやっていないの」。「やってないって？　私は献立通りにやったじゃないか」。「違う、病室へ行ってみなさい」。それで陳さんが私を病室に連れて行ったんです。見ると、病人は腹すかせてベッドに横たわっていました。陳さんは、「栄養が足りないからだ、この献立通りやれば、この人はこれほど腹が減ることがない」、こう言ったんですよ。それで私はそうかな、やっぱり献立通りにやらないといけないのかなあ、というふうに考えました。それでも、納得ができないから、戦犯に対してなんでこんなに複雑なことを言うのかという疑問が残りました。が、やっぱりこれは、上の政策もそうだし、医者の方でもちゃんと私を指導していましたから、そうしなければいけないのかなと思いはじめました。そのころ上の人から「羅さん、青年団に入団しなさい、入団するんだったら、仕事も党の政策通りやらなければならない、これまで戦犯に対して敵対心が強いから、それが君の仕事上にもいつもあらわれる。それを早く直して入団しなさい」とすすめられました。私は、青年団に入団

羅鳳臣　炊事場で

したいと思いましたし、上の政策もだんだん納得ができるようになったので仕事への態度が変わり始めたんです。

七〇パーセント蒸した卵が最高の栄養

陳さんは栄養のことを本気になって考えていました。でも炊事班の方ではどのように簡単に仕上げようかと考えました。だからいつも衝突がありました。陳さんは野菜は、栄養を無駄にしないように、必ず先にきれいに洗ってから切って、すぐ釜に入れなさい。先に切ってから水で洗うと栄養は全部水の中に流れてしまう、と注意します。それはそうです、私も知っています。でも、これは非常に面倒です。先に切ってから水に入れて、洗って釜に入れると楽です。便利です。ですから、一〇〇〇名の炊事をするのにそんなことはできない、と初めは文句を言ったんです。でも、陳さんはがんばった。「それではいけない、栄養を破壊するから戦犯が栄養不足になると大変だ」。それで仕方なく陳さんの言うとおりきれいに洗ってから切って釜に入れるようにしました。医務室の要求と炊事のやり方と合うときと合わないときがあります。例えば、生卵を割ってかきまわして塩とか調味料を入れて茶わんの中に入れて蒸します。蒸す時間があまり長すぎると栄養が足りなくなる。蒸すのが足りないと、ちょっと生でおいしく食べられない。陳さんは栄養が非常に富んでいる八〇パーセント蒸したときにだしたらちょうどいいと言います。私もそのことは知っていますよ、それは経験の中で。だいたい七〇〜八〇パーセント蒸したときにだしたらちょうどいいですよ。でもですね、七〇パーセントを正確に計ることできないですよ、だけど陳さんはそれを言うんですよ、「七〇パーセント蒸したとき出しなさい」。それで私は言ったんですよ、「そんなことわからない、どのように作れば七〇パーセントになるのか、だから卵を蒸すときここで見ててくれ、七〇パーセントのときになったら言ってくれ」。

そしたら陳さんはここに来ました。私は陳さんの命令を待っていた。陳さんも実際はわからない。それでまた別の看護婦が卵を蒸すとき、そこに行って待つということも起こった。それで炊事班の班長が、「陳さん、あんた医務室に帰りなさい」と止めてくれた。そうこうするうちに陳さんは「羅さん、ごめんね、理解してよ、職務がこうだから」と謝って、そのあと二人は非常に仲良しになりました。

私がきて間もなく、戦犯の中ではリューマチとか、足がしびれる、という病人がたくさんでました。国の衛生部の衛生研究所から、専門家たちが七～八名派遣されてきて、管理所に大体半月くらいいて、この病気にかかった原因はどこにあるか調査しました。その原因は二つありました。一つは食事の面です。白米と小麦粉製品だけを食べたからです。また肉が多すぎる。特に豚肉は、油が多いので体を壊したと。もう一つは運動が足りない。運動が足りないのは管理教育科の仕事で、運動を増やしていけばいいことです。でも炊事のほうは私の責任です。主食も今までどおりの主食をだしてはいけない、おかずもいままでのままではいけないということです。主食ですが、米飯を食べるのを減らし、パン食を増やすことにしました。パンは小麦粉六〇パーセント、雑穀の粉四〇パーセントの割合で混合したパンです。雑穀というのはコーリャンの粉、トウモロコシの粉、粟の粉、豆の粉です。これらを均等に一〇パーセントずつを小麦粉と混合してパンを作るのです。このパンは小麦粉で作ったパンよりちょっと美味くないが身体にはいいです。こういうパンを作ることになりました。でもそのパンを作る技術がないんです。それで、いいパン職人を雇うためにハルビンに行きました。撫順市の労働局に行って武さんという職人をここに転勤させて、パン作りをやらせました。それとお粥も主食として出しました。おかずは今まで豚肉が多かったので、牛肉、卵、魚を多くしました。また豚、牛の内臓は栄養があるので、それを多く食べさせることにして、豚肉はほんのすこしにしました。そして野菜を多くとらせるために、おかずの中にキャベツ、トマト、ジャガイモなどもたくさん入れました。そういうふうに食事を工夫し、改善するに伴って身体が良くなってきました。

「大躍進」のころ、職員が困ったころ

起訴が免除されてほとんどの人が日本に帰りました。

今度は全国から国民党の戦犯を撫順に集めることになりました。周総理は言いました。「撫順戦犯管理所は日本人戦犯に対して教育改造の成績が非常に優れている。だから全国の国民党の戦犯も撫順の戦犯管理所に集めよう。部屋も空いているし、経験もあるから。ここに集めなさい」と。一九五六年の一二月から、北京、東北、武漢、南京、西安にいた国民党の戦犯がここに入りました。それで、日本人戦犯の炊事と国民党戦犯の炊事を分けることにしました。炊事を分けるには二つの理由があったんです。国民党の人たちは、日本人の食べるものと習慣が違います。日本人には日本人の習慣のように作らなければならない、国民党には中国の習慣にしなければならない。待遇は同じでも習慣が違います。これが一つ。もう一つは、市内の物品の供給が非常に困難な状況にありました。国民党と日本人四五名を分けて十分に保障するということです。分けた炊事場がここにあったんです。

私はここに来て、日本人戦犯にこのように作るんだ、こうすれば美味しいんだ、と毎週一つずつ料理のやり方を何十種類も教えました。中国語がベラベラしゃべれる城野さんが通訳です。一方、日本人は日本の料理、てんぷらとか寿司の作り方を教えてくれました。ここでは中国料理、日本料理、いろいろな物が出ました。

五六年以後のことですが、生活はだんだん良くなりました。ところが、五八年の「大躍進」以後、人民公社ができて三年間の自然災害があり、食糧も収獲できませんでした。全国的に食糧が足りなくなった時代です。私たち職員は主食は二八斤（一四キロ）です。一四キロで食糧は足ります。でも野

菜がない、おかずがない、肉なんか全然食べられません。肉は一人あたり一カ月に三両（五〇〇グラム）。油は食油が三〇〇グラムだけです。そうなると主食は足りないです。今は私なんか主食はそんなに食べません、おかずをたくさん食べます。あのときは子供は大変でした。ですから私たちは食料を大切に食べました。春になると、葉を採ったり、花を採ったり木の皮をむいて食べたときがありました。私は戦犯の炊事班でしたが、職員の炊事は別の班がつくりました。四階に職員食堂がありました。職員が困った時代です。

炊事班は一五、六名いました。私が一番若かった。私たちの炊事班は「満州国」戦犯を含めて一〇〇〇名の食事を担当しました。「満州国」戦犯たちは日本人の習慣にもついていけます。溥儀さんは日本人がほとんど帰った後、日本人のいた所に引っ越してきたので、初めのころはずうっと一緒でした。

買い出しは、市内の高級関係（✦一）でやりました。撫順市長に管理所のことが知らされており、市長が全管理所の物品の供給を指揮していました。市長から食糧局、商業局などの専任者に命令を出していたのです。管理所のことを知らされていたのは、糧食の面では食糧局の誰、商業局は誰、日用品は別の局の誰、というふうにです。市長の他に管理所の借り物とかいろいろな物品は副市長が掌握していました。だから、私たちは買物が受けつけられないときは、この専任者（科長）のところにいきます。いま下で文句を言うから困っていると話すと、この科長が店に電話して、「管理所が必要な物は、全部渡すようにせよ」と言ってくれるんです。

上の方はちゃんと掌握しているからいいけれど、下の方とのやりとりは本当に困りました。行くとなぜこんなにたくさんの小麦粉やお米を買いたいのだ。お前たちは何人くらいいるのか。定量はいくらか（当時は一人当たりの定量があった。米が一〇斤、小麦粉が一〇斤など）ともめます。でも管理所には定量がないのです、戦犯たちの必要な分を買っていきます。一万キロ必要だったら一万キロ買い、一千キロ必要だったら一千キロ買います。制限はありません。腹いっぱい食べるのだから。そういうことで衝突し論争になると、科長に出てきてもらって、「これは私が分かっている、管理所へはいくらでもやりなさい」で解決しました。こういう具合にして買ってきましたが、後には撫順市に一三六という供給部ができて、なんでもそこで入手できました。それでも一三六供給部（✦二）にないものもたくさんありました。海の産物、のりとか魚とか。それで撫順城の店に于さんという人を指定して管理所のために専門的に大連から魚とかのりを買い入れてもらって、そこから管理所に必要なものを供給するという方法がとられました。困難はたくさんありました。が上の方がたいへん熱心に指示してくれるから問題は逐次解決しました。

✦一　高級関係　質のよい高級の品物を揃えた供給部門。
✦二　一三六供給部　（✦一）と同様の、質のよいものを扱った。

第四章　医療を担った人々

一人も死なせてはならない

温久達

温久達……ウェン・デゥダー
一九二五年生れ。遼寧省出身。一九五〇年から一九六九年まで内科主任医師として勤務。

重要な仕事と言われて

私は、中国の東北部を「満州国」と言った時代、一九四四年に南満医科大学予備科に入学し、四五年には本科に入りました。この大学は入学試験がとても難しかったのですが、入学してみると日本人の民族差別がひどく、今も心に深く残っています。解放後、大学名は瀋陽中国医科大学に変わりましたが、引き続きそこで学び一九五〇年度に卒業しました。卒業後は大学の付属病院の内科で助教（助教授ではありません）として働いていました。そして一九五一年の一一月に管理所に転勤して来ました。転勤する前、付属病院の院長に三回呼び出され、家族、友人、経歴などをいろいろ聞かれました。四回目にはっきりと、「これから非常に重要な仕事があるので、そこへ行ってほしい」と言われました。私はそのとき新民主主義青年団の団員でしたので、重要な仕事ができるとは光栄だなあと思い、組織の意見に服従して働きます、と答えました。しかし、重要な仕事とは一体なんなのか全くわかりませんでした。

管理所に行くと、当時の副所長の曲初から管理所での仕事は戦犯の病気を治すことだと言われました。そのとき、私はあまり深く考えませんでした。ただし、管理所の医務室で働くのは患者の範囲も狭く、医科大学でのように技術の高い教授から学ぶこともできないので、前途の障害になるのではな

温久達　医務室で

いか、と思いました。大学の付属病院の内科にいたころ、私は二名の教授から非常に可愛がられていました。私は彼らの授業が終わってから学生に補講をしていました。教授の講義を再び学生に解説するのです、真面目にやっていたので大変信用されていたのです。大学に残った方が良かったと思いました。

院長の話では任期は三カ月ということでしたが、三カ月はあっという間にすぎてしまい、半年すぎても終わりません。戦犯の治療は本当に腹立たしいことでした。戦犯は私たちの敵である。昔、中国人をいじめ、罪を犯した戦犯のためになぜこのような治療をするのか全く理解できず悩んでいました。

健康診断を実施

管理所に来た当初はこんな気持でした。しかし、所長、副所長、各科の科長たちはしっかり仕事をしていました。また、医務室の医者や看護婦は各大学、各病院から優秀な人が選ばれて配属されていました。それで、この仕事は中央でも非常に重視していると感じました。中央からは「一人も死なせてならない、一人も逃亡させてはならない」という指示がありました。逃亡の方は管理教育科の仕事ですが、一人の死者も出さないというのは医務室の任務です。病気を治して死亡しないようにするために医務室がある、医療の仕事は非常に意義の深い、重要な仕事である、と私はだんだん理解するようになりました。すると、今までの不安定な気持ちも徐々に収まり、納得して働けるようになりました。そして、この仕事を、上の命令どおり、上の政策どおり果たさなければならないという考え方がだんだん強くなりました。

しかし、今度は自分の技術で十分任務が果たせるか疑問になり、一生懸命学習し、一生懸命仕事に励みました。こんな重要な仕事を私は全うできるのだろうか、事故でも起こしたら大変だ。どうやって事故を防ぐか、という点で非常にあせりました。

医療事故を起こしてはならない、死亡者をだしてはならない、団体生活ですから伝染病を出してはならない。そのために私はまず、大変苦労して戦犯たちの身体の状態を調べてみました。さまざまな角度から健康状態を検査し、記録し、研究したのちに、私は健康を保障するためには健康診断が必要であるという結論に達したのです。管理所に提案し、年一回、あるいは二回の健康診断を実施しました。健康診断は、内科、外科、皮膚科、眼科、耳鼻科、咽喉科など全面的に行います。そして、健康診断の総括の上で、検討して治療計画や予防計画を作ります。治療も予防も計画どおりきちんと進めていくことで、はじめて戦犯の健康を保障できると思いました。

健康診断に参加する医師たちは、ほとんどがベテランで高名な人たちです。瀋陽中国医科大学の潘紹周教授の場合、主任医師で有名な人ですから、一般の病院が呼ぶのは難しいのですが、こういう先生方がわざわざ管理所に来て健康診断を行いました。高名な専門医が来て歯の悪い人には歯を抜いて入れ歯を作り、目の悪い人には視力を測って眼鏡を作ってあげたのです。

このように健康診断をしているので、私は戦犯の健康状態が全部わかっていました。医務室に来た患者が、病名を言わなくても私にはわかりました。積極的に私の方から戦犯のいる所へ足を運んで、血圧や身体の具合を聞いて治療しました。

管理所の治療システム

管理所では三種類に分けて治療を進めました。第一は、一般の患者は所内の医務室で治療する。第二は、ちょっと身体の具合が悪く所内では治療が難しい、もしくは治療しても治癒が遅い、この場合は市の病院で治療します。公務局病院は撫順市で一番大きく、技術の高い病院です。ここに、管理所の方で一つの病棟を確保して入院治療しました。第三は、治癒が難しい、重病の場合は瀋陽中国医科大学の病院に入院させます。ここは遼寧省でも最高の病院です。

手術の場合も同様で、小さな手術、ちょっとしたできものなどの簡単な手術は管理所で外科医がしましたが、それ以外は市の病院か瀋陽の医科大学に連れて行きました。

ソ連から移管された当初の健康診断で結核患者がかなり現れました。それで痰の検査をしたら菌が出ました。伝染の危険がありますから、管理所では撫順市肺結核病院の一棟を専用に借りて治療しました。当時ペニシリンは輸入品でとても高価で、なかなか手に入らなかったのですが、管理所の指導者は「いくら高くても戦犯の病気を治すためなら買ってきなさい」と言いました。あまり長期にならず大体治って帰ってきました。ペニシリンは梅毒患者にも使いました、なかなか人に言えない病気なのでとても感謝されました。

私たちは中国の「予防を主とし、治療を従とする」という衛生医療の方針に基づいて、予防を大変重視しました。定期的に消毒をし、予防措置を徹底的にやりました。ですから、管理所では開所以来最後まで伝染病や食中毒は一回も発生したことがありません。

戦犯たちはだんだん健康状態も良くなり、学習するうちに思想も変わってきました。私たちの仕事に対する嫌悪感も徐々に消え、戦犯と私たち職員との関係は敵対的なものからだんだん変わって、親密なものになっていきました。

戦犯たちの食事は当初、主食が米、小麦粉製品でした。その米、小麦粉も一般のものではなく、真っ白に精米、製粉されたもので、栄養分をほとんどなくしたのを食べさせたのです。中国政府は日本の戦犯たちに美味しいものを食べさせようとしました。しかし、これが身体には良くなかったのです。足がしびれて歩くのにもちょっと困る、こういう患者が出てきました。それで瀋陽の医科大学や中央の生物研究所の専門家を呼んで研究しました。戦犯たちが食べる食事の栄養を検査した結果、今食べている米や小麦粉があまりにも精製されたもので、ビタミンB_1が足りないことがわかりました。専門家がいろいろ検討して主食を改善することになりました。今度は雑穀を混合したパンを作ることになり、そのためにまずパン焼きの技術者を雇ってきました。そして、医務室の方では、栄養係の看護婦が炊事班の人と相談して献立を決めました。栄養をきちんと考えて、一日のカロリー量を決めて、主食で何カロリー、おかずに何カロリーと計算して、東洋人が充分に健康を保てる、科学的な調理を始めました。医務室では足がしびれる症状があるなしにかかわらず、全員にビタミンB_1剤を与えました。他方、管理教育科の方では運動を強化し始めたのです。このような総合的対策によってだんだん身体が良くなりました。本当に短期間で完全に身体が復調しました。

重症の患者がでた場合、すぐに市の病院や瀋陽の病院に送ってできるだけ速やかに治療します。中央からは戦犯の治療のためにはどんな薬でも使いなさいという指示があり、非常に貴重な薬も使いました。しかし、癌になった場合、癌はいくら治療しても治癒は困難です、ですから死亡した人もいます。このようにして、戦犯たちの健康は充分に保障できたのです。昼間はいつでも自由に医務室に来て治療を受けることができます。夜中は、看守に報告してからきます。医務室には二四時間当直がいて、いつでも病人を診察する体制をとっていました。

医療と教育は車の両輪

医療面で健康を保障することは、彼らの学習の非常に良い条件になりました。不健康な人に教育をすることはできません。健康を保障することによって教育が進み、彼らの思想が変わります、管理教育科とお互いに協力して戦犯を教育していきました。医務室から健康を保障するために管理教育科に提案します。戦犯たちの運動時間を延ばしてほしいとか、文化活動も活発にしてほしいとか。すると、管理教育科の方で週一回映画を上映したり、あるいは週に一回劇や舞踊などを戦犯が自分たちで創作して上演する会を催すようにしたりして提案を実行しました。運動会も行いました。こうした文化活動や体育活動によって戦犯たちの生活が非常に豊かになります。彼らはますます健康になり、そしてまた学習面で進歩していくということになります。

私は、治療の面では非常に真面目にやりました。診断は簡単に結論を出しません。私たちが診断したあと、瀋陽医科大学の恩師の潘教授の所に行って報告し、教授を管理所に連れてきて診てもらいました。潘教授は週に一回は必ず来ました。管理所の車が、多いときは週に二回連れてきました。

歯が悪い人には入れ歯を作ってあげる、すると食べ物がよく噛めて、栄養の吸収も良くなり、健康になります。歯というものは重要なものです。また、目が悪いと学習にも相当支障がでます。眼鏡をかけると字がよく読める、新聞が読める、目がぱっと良く見えると戦犯の精神は朗らかになります。こうしたことで彼らの思想も変わります。管理教育科の教育を充分納得できるようになり、進歩するのも早くなります。ですから、私たちの医療業務は教育を成功裡にすすめるためにも重要な条件だったのです。

最初に抱いた、戦犯を治療するのは嫌だという感情がなくなったのは二、三年経ってからです。その間、心の中で葛藤していましたが、治療は熱心にやりました。事故を起こしてはならないとはっきり自覚していました。ある日、運動場に行って彼らの運動を見ていると、ある人が急に倒れてしまいました。急いで駆けつけると足が腫れ、内出血してどす黒くなっていました。骨折の心配があり、早く診察しなければなりません。私が診るより病院で精確な診断をした方が良いと思い、車を呼びました。若い戦犯が彼を背負って車に乗せました。公務局病院へ行くと、レントゲン室は三階でした。三階まで登らなければなりません。看守と二人で支えても無理なので私が戦犯を背負って登りました。このとき私は、一方では階級の敵を助けているのではないか、政治的な誤りを犯しているのではないかと思い、他方では人道主義の立場から考えると、歩けない戦犯を無理やり歩かせるわけにはいかないと思って迷いましたが、結局医師としての倫理に従いました。階段を登っていると、私の背筋に冷たいものが入ってきました、背中の戦犯が感動して流した涙と鼻水だったのです。

病死者は四七名です。主な死因は癌や脳出血です。肺結核で一名死亡しましたが、この人はソ連から来たときすでに重い結核で治せませんでした。

医療業務について話してきましたが、管理所で治療をしていたときは、私は戦犯たちの医者、先生でした。しかし、戦犯たちが寛大政策で釈放されて帰ったあとは、私たちは友人の関係になりました。このような友情を築けたことを私は誇りに思います。彼らは帰国後中国帰還者連絡会を結成して、数一〇年来、自分が前半生に行ったことを人類の歴史上再びくり返さないために、講演をしたり本を書いたりして日中友好運動を進めてきました。これは正義の行動であり、私は深く尊敬しています。私たちも同じように侵略戦争に反対し、平和を求めます。中帰連の方たちと道が一つになりました。ですから私たちは本当に心のわかる、お互いに理解しあえる友人です。

望む薬はすべて与えられた

張懐徳

張懐徳……ヂャン・フェイダー
一九二七年生れ。
一九五一年から一九七〇年まで医務室に薬剤師として勤務。

監獄の中にある薬局

一九五一年の八月二日、私は東北衛生部薬政所（◆一）の科長から呼ばれて、「君は東北戦犯管理所に行って働くことになる」と言われました。そのとき、薬剤師を必要としている所がたくさんあったのです。ハルビンの製薬工場、あるいは東北衛生部の指導のもとにあった瀋陽の大きな野菜倉庫などです。私はそういう所に行くことを希望しました。しかし、薬政所の所長は、「だめだ。君が今、行く所は一カ所しかない。東北戦犯管理所だ。そこの仕事は非常に大切なので、君は行かなければならない」と言いました。それで、どこにあるか聞くと、「撫順に行って、撫順公安局に行けばわかる」と言われました。

私は管理所に着いて最初に総務科の張実という科長と話をしました。医務室で仕事をしてくれと言われ、医務室に行くついでに管理所の中を一回りしてみました。管理所は監獄そのもので、閉鎖的なので気持が悪く、こういう所で仕事をするのは非常に嫌だと思いました。また、日本人戦犯に対して直接自分が薬を与える仕事などしたくないと思いました。

しかし、これは上の命令であり、服従しなければならないので、薬局で仕事を始めました。私の前に薬局で仕事をしていたのは女の人です。当初、いろいろな帳簿とか、手続きなどもきちんとしてい

張懐徳　薬局の前で

なかったので、私は薬局に入ってからまず帳簿を作り、いろいろな規則を決めて仕事を開始しました。

心の底ではやはり、こういう仕事は嫌だなと思いましたが、医務室の構成員を見ると、看護婦長の趙毓英や関慧賢は瀋陽中国医科大学の高級看護科を卒業した人で、温先生は瀋陽中国医科大学の卒業生です。私も同じ学校を卒業しています。ここは瀋陽中国医科大学校の優秀な人たちが来ている、自分もその一人であると考えて自分を慰め、やろうという考えが起こりました。

管理所の所長、科長などが私たちにも納得のできる教育をしてくれました。「この仕事はたいへん重要な仕事である。これは国の秘密である。絶対に他の人に言ってはいけない、社会に知らせてはいけない。このような重大な仕事をするのは、君たち若い人にとっては非常に光栄なことである。誇りをもって仕事をしなければならない」と諭されました。

温先生の話では、東北衛生部の方では大体半年でこの仕事は終わると言ったそうです。薬政所では、まあ長くて一、二年で終わると言われたとのことでした。私はこれが終われば東北衛生部に戻れるのだと思いました。この管理所は、東北の公安部、司法部、衛生部三つの部が協力して作り、三つの部から幹部を選んで、こちらに派遣したのです。ですから、ここでの仕事は臨時で、仕事が終われば再び東北衛生部へ帰れる、帰って良い仕事を探すことができる、と思いました。

最良の薬を調達

東北衛生部は管理所の医療業務を非常に重視していました。管理所で必要な薬はすべて、こちらが予算請求を出せば全部通りました。予算を送って、「これはない」とか、「これはいけない」とか言われたことは一回もありません。

また薬はとても良いのを与えられました。五一年当時、私の記憶に残っているのは、ソ連から入った薬の質が良くなかったことです。ひょっとしたら身体を壊しかねない、そういう質の薬でした。衛生部の方ではじめそれがわからず、外国製だから良いと思って管理所に配ったのです。のちほどこの薬は質が良くないことが判明するとすぐ、管理所に「この薬は使うな。そちらに保管しておけ、あとで衛生部の方で全部回収する」と通知があり、数カ月後にその薬は全部戻しました。

「一番良い薬を使いなさい」ということで、私たちが一〇〇〇名近い戦犯のために使った薬は量も相当多く、高価な薬でした。今、金額はわかりませんが、いろいろな医療で使ったお金は莫大なものだったと思います。

例をあげますと、Wという戦犯がいました。彼は自分の罪を十分認めて、反省していましたが、そのころはまだ思想が変わらない頑固な人たちがいて、彼らがWを脅迫したのです。それで彼はたいへん不安な精神状態になり、部屋で寝ころんでばかりいてご飯を全然食べなくなりました。いろいろな治療をしましたが、彼に使ったのはめったに手に入らない貴重な薬のインシュリンです。これを大量に打たなければいけないのですが、その当時、国産のはあまり質が良くなかったので、輸入したものを、非常に値段も高いしあまり出回ってなかったのですが、使いました。彼の病気のために使ったインシュリンは相当な量です。こういう薬でも東北衛生部のほうでは十分に支給してくれました。そういうことで、Wは身体を回復して、日本に帰ることができました。

突然ある薬が必要になって管理所にない場合、市の公務局病院、あるいは市立病院にその薬があれば、行ってすぐ持ち帰ることができました。管理所が必要な薬はいつでもこれらの病院で調達できました。

五五年のことですが、戦犯のために特殊なある薬が必要であると要求したら、衛生部の方にもないとのことでした。それで、省の党委員会の書記にこういう薬が手に入らない、どうしましょうと相談しました。すると、彼は中国中央衛生部の倉庫が瀋陽にあるので行ってみなさい、もしあれば使いなさいと言いました。それで、この人の紹介で中央衛生部の瀋陽の薬の倉庫から出してもらい、この患者を治療しました。薬がない、あるいは薬のために治療に支障をきたした、健康をそこねたということは一回もありません。

アメリカの細菌兵器

抗米援朝の戦争が起きましてね、朝鮮戦争です、中国の人民志願軍が鴨緑江を渡って朝鮮人民軍と一緒に戦いました。アメリカは細菌兵器を使いました。東北の地区に細菌をばらまき、この撫順にもばらまいたので、徹底的に消毒し、防疫をしなければなりませんでした。感染予防のために消毒と予防注射をしますが、これには薬が大量に必要です。管理所が必要とする予防注射や消毒用の薬は一〇〇パーセント供給されました。それで私たちはそのとき、日本の尉官クラス以下の戦犯を組織して、徹底的に消毒をしました。屋根のてっぺんから下水まで、建物の周辺、室内、運動場、あらゆる所を徹底的に消毒をしました。防疫用の薬は十分供給されましたので、全く伝染病は発生しませんでした。

予防注射は、アメリカが使った細菌によるいろいろな伝染病を予防するために各種打ちました。アメリカがどんな細菌を使用したかは政府ではわかっていましたが、内部秘密となっていました。水が細菌に汚染されて、下痢したり脳炎にかかったりする恐れがありました。当時、ここは蚊がたくさんいました。雑草がいっぱい生えていましたし、外は野菜畑です。蚊が菌を媒介するので予防措置をしました。学校や工場などはあまり徹底的に消毒をしていませんでした。しかし、ここは管理所ですから特に徹底的に消毒をしたのです。

アメリカが細菌をまいたのは、安江、本渓湖、瀋陽、鞍山、撫順などです。これらの都市は朝鮮国ら。当時、管理所は中央でも防疫の模範とされました。

薬の膨大な使用量と膨大な保管量

管理所の小さな診療室ではありましたが薬の種類は非常に多く、六〇〇種類以上の薬を常に保管していました。医務室では西洋薬が主です、漢方薬はあまり使いません。毎日平均して二〇〇名分の薬を出しました。管理所では看護婦が非常に多く、多いときは一六名いました。その一六名の看護婦が薬を患者に配って飲ませ、また注射もします。一六名の看護婦が忙しくて休む暇がないほど大量の薬を使ったのです。特に取り調べのときになるとよく眠れない人が多くなり、一日何一〇人という人に睡眠薬を出しました。よく眠れないと、翌日の取り調べ尋問のときに影響するのです。

管理所の薬の倉庫は非常に大きいもので、これにいっぱい入れていました。ちょっとした大きな病院にもないくらいの質と量でした。管理所では突然の危険な病気にすぐ対応できる薬を常に用意しておかなければなりません。しかし、この種の薬の保存期間は非常に短いのです。期限をすぎたら使えません。ですから常に薬を無駄にしていました。一般の家庭ではちょっと怪我をして血が出てもそのうちすぐ治るだろうと気にしません。しかし、管理所の医療方針は違います。ちょっとした怪我でもきちんと処理をして、別の病気にならないように気をつけなければなりません。管理所の医療担当者は、一人の死亡者も出してはならないという周恩来総理の指示が頭にありましたから、どんなに小さな怪我でも徹底的に治療しました。これはやりすぎだなと思いましたが、しかし、一人の死亡者も出さないためには必要であるとだんだん慣れてきました。将来、戦犯をどのように処理するか、それは国家の、政府の決めることである。今はとにかく、病気になった人は治療してあげる、人道主義の精神に基づいて働きました。

ふり返って、私は自分の医学の面では、この管理所に来て働いたのをちょっと残念に思っています。瀋陽中国医科大学でずっと働いていれば技術面ではもっと進歩があっただろうと思います。しかし、私は戦犯を教育管理するこのような機関で、約一〇〇〇名の日本人戦犯、「満州国」の戦犯、それから国民党の戦犯を教育する実践に参加して、それらの人が敵から味方に変わり、日本人戦犯は反戦平和のために頑張り、「満州国」戦犯、国民党の戦犯は国家の幹部となったのを見ると、非常に光栄であり、誇りであると思います。

溥儀たちの医学学習

溥儀たち「満州国」の戦犯四名は医務室で医学の研究をしました。溥儀以外の三名は医科大学を卒業していました。もともと医学を学んだのだから、将来医者になって人々の役に立つ仕事ができるのではないか、というのが管理所の考えでした。溥儀は医学を学んだことはありません。しかし、彼は皇帝だから、医者に毒薬で殺されないよう常に警戒して、医者の処方した薬が毒薬ではないか自分で調べたのです。安全だとわかると飲みました。そういうわけで彼は漢方薬に対して少々知識がありました。管理所は溥儀も医者になれるという考えでした。他の人たちは、もともと医者ですから医学の知識があります、溥儀はそうではありませんから、医学を学ぶのは大変困難なことでした。しかし、彼は非常に真面目で、真剣でした。薬局へ来て、薬瓶を洗ったりして手伝ってくれたこともありました。そういうときにも非常に真剣な態度できれいに瓶を洗って、拭いてくれました。私たちは溥儀を九〇一番と番号で呼んでいました。管理所では日本人も「満州国」の戦犯もみな番号で呼びました、だれのことを言っているのかわからないようにするためです。

溥儀は仕事が非常に真面目、なんでも言われたことはすぐに覚えました。医学の勉強をしたいというのは自分から言いだしたのではありません。溥儀に将来なんの仕事をさせるか、管理所の方では相当考えました。肉体労働、重労働は無理だから、医者になってはどうかということで「医務室に行って学習しなさい」と管理所の方で指定したのです。これが決まったとき、私は非常に驚きました。彼が医学を学ぶなんてとんでもないと思いました。しかし、彼は非常に真剣で真面目にやり、仕事が済んだらすぐ医学の勉強をする、私はこれを見て管理所の指導部の決定は正しいと思いました。

「満州国」や国民党の戦犯に対しては思想改造のみでなく、将来、彼らが管理所を出てなにをするかまで考えないといけないのです。ですから、溥儀に対しても全責任を負って、管理所にいる間に将来のことをちゃんと考えてあげたのです。医務室の中でも非常に良い条件を作り、一部屋与えて、温先生がすぐ近くで指導できるようにしました。午前は学習、午後は実技でした。毎日、午後になると四名が白衣を着て、看守の付き添いなしに一緒に来て、終わる時間になると四名一緒に帰りました。午後出勤して医務室の中をあちこち行ったり来たりしていた溥儀の姿が今でも目にうかびます。

✦一　東北衛生部薬政所　東北人民政府衛生部の管轄下にあった薬品管理部門。卸部門でもあった。

戦犯も変わり、私たちも変わった

趙毓英

趙毓英……ヂャオ・コイイン
一九二九年生れ。遼寧省出身。一九五〇年より一九五九年まで看護婦、看護婦長。

日本人戦犯

「満州国」時代に、私は女子国民高等学校を卒業しました。国民党軍が敗退して瀋陽が解放され、その年に南満医科大学（現在の瀋陽中国医科大学）の高級看護科に入りました。一九五〇年六月、私が二年生のときです、東北衛生部の責任者がやってきて、私と同級生の関慧賢、張素芹の三名を呼びだし、「君たちに大変重要な任務を果たしてほしい。任務が終われば学校に戻って残りの一学年を勉強できるようにするから」。そして、「このことは絶対に秘密にしておくように」とつけ加えました。

当時私は二一歳、新民主主義青年団の団員でした。そのこともあって、国の組織の方で私たちを信頼して特別な任務を与えてくれ、クラス四〇名の中から私たちを選んでくれた、「光栄だわ、よかった」と、とても嬉しく喜びました。

三名は臨時的な仕事だろうと思って身仕度も簡単にし、医大の内科医、張敦義と外科医、于藴林と一緒に指定された場所に行きました。そこではじめて孫明斎所長に会い、「ここは近々、日本人戦犯管理所になり、戦犯の管理の仕事をする」と言われたのです。私たちはとてもびっくりしました。

私は「満州国」時代に奴隷化教育を受けていましたので、日本人を憎んでいました。でも、今度は勝利した私たち中国人が、負けた日本人を管理するというのです。誇りとも優越感ともいえる感情を

趙毓英　医務室で

持ち、いやな気持はありませんでした。若くて希望にあふれていましたから、この仕事を成しとげようという強い気持がありました。

一週間後の七月初め、孫所長は、一〇名ほどの人を集めて会議を開き、「あなたたちは綏芬河に行って、日本人戦犯を接収する仕事をします。医務室からは于先生と看護婦のあなたたち三名が行ってください」と言いました。

七月一五日東北公安部の董玉峰同志を代表として、私は、およそ一〇〇名の解放軍兵士と一緒に綏芬河に行きました。十八日の夕方、日本人戦犯を乗せたソ連の貨物列車が到着し、翌朝九時から移管業務が始まりました。厳重な警戒の中、ソ連の貨車から日本人戦犯が降りてきました。その時の光景は私の中に強く焼きついて一生忘れらないでしょう。

中国で捕虜になり、シベリアに送られて五年も経っているのに、将校たちは、戦闘帽をかぶり、階級の襟章をつけたカーキ色の軍服姿で現れたのです。カイゼル髭をたくわえている者も少なくありませんでした。恐怖心を覆い隠そうと薄笑いを浮かべ、軍靴をカッカッと響かせる者もいました。私たち中国人に謝るというような反省の気持は見えず、傲慢な態度を表していました。その姿を見て、銃や日本刀がないだけで、この人たちは、昔と少しも変わっていないと私は思い、心の底から強い憤りがあふれてきました。それまで、管理所での私の仕事は、戦犯が死刑や無期懲役になるまでだ、あまり長くはないだろうと思い、この仕事をやりたくないという気持はありませんでした。でも、私たちを馬鹿にした目つきの戦犯を目のあたりにすると、たとえ短期間でもこの仕事は、やりたくないという気持に変わりました。

日本人戦犯を管理所に収容して間もなく、于先生と私は董代表とともに、「満州国」戦犯の接収のために、また綏芬河に行きました。日本人戦犯と同じようにソ連の貨車から「満州国」皇帝の溥儀をはじめとする戦犯たちが降りてきました。その態度は日本人戦犯とは全く異なり、恐怖心で震え、私たちに対しても自分たちは悪いことをした、という反省の姿勢がうかがえました。

戦犯護送

日本人戦犯を綏芬河から撫順まで護送するとき、私たち医務班は管理所政策の指示に従って、戦犯の健康を保障するという任務を果たすために、各車両を見てまわりました。戦犯に近づくのは恐かったのですが、そうも言っていられません。優しい笑顔をつくっては、戦犯に声をかけました。「気分の悪い人はいませんか」、「どこか具合の悪い人はいませんか」。これからどうなるのか、そうした不安や恐怖を抱いている戦犯たちからは返事はありません。しかし、時間が経つにつれて、戦犯たちも少しずつ落ち着いた表情になっていきました。そうした中で、私たちに声をかけるようになり、下痢で困っている人、夏風邪で頭痛のする人などから薬の申しでがありました。その他に、熱もないのに頭痛を訴える人がかなりいましたが、それらは精神的緊張で血圧が上がったのだと思います。皆の顔色はよくありませんでした。中には、新聞紙が貼ってある車窓の隙間から外を見たり、私たちの行動をじっとうかがったりする人もいました。

巡回が続く中で、突然、前方の車両から叫び声が聞こえてきたので駆けつけました。重い心臓病の戦犯が、呼吸困難と心臓が締めつけられる痛みを訴えていました。私たちはすぐに注射をし、薬を飲ませ症状を和らげました。食事には各人にアルミ椀二個とアルミスプーン一本を配り、白米と豚肉とジャガイモの煮物を出しました。「米の飯だ！　久しぶりだなぁ」という声があちこちからあり、貪るように食べていました。

牡丹江駅が近づいたときでした、突然一人の戦犯が腹痛に耐えきれなくなって唸りだしました。診断の結果、急性盲腸炎で至急手術が必要でした。とにかく痛みを和らげようと、私たちは患部を熱いタオルで押さえ、足の三里、曲池などの「ツボ」に鍼灸を施し、大量の抗生消炎剤を注射して痛みを消しました。牡丹江駅に着くと、私と二人の看守でその患者を鉄路病院まで連れて行き、私はまた列車に戻りました。その戦犯は手術後の経過が良く、後日管理所に来ました。

残念なことに、そうした私たちの行為に対して、戦犯のだれも「ありがとう」の言葉や感謝の態度をみせてくれませんでした。それどころか、私たちは若い女の子でしたから、いやらしい目つきでじっと見つめ、中には軽蔑した目つきで見る人もいました。その戦犯たちを目の前にして、私は「満州国」時代のことを思い出していました。

私は瀋陽の小学校から高校まで、毎朝朝礼で日本の天皇と「満州国」皇帝溥儀に「遥拝」をさせられました。そのことから自分は中国人であるという意識もなく「満州国」国民であると思っていました。兄は南満医科大学を卒業し、姉と兄嫁は日本の大学に留学するという家庭で、生活はそれほど貧窮ではありませんでした。

教育の中では常に「天皇は神」であり、絶対的であると教えられ、日本人は大和魂を持つ優秀な民族である、といっては私たちを見下していました。瀋陽にあった満蒙株式会社や日本の百貨店には、私たちは立ち入り禁止で入れなかったんです。子どものときから「なぜ」という気持があり、日本人の民族的差別には大いに不満を持っていました。

一九四五年八月一五日、日本の降伏で瀋陽が解放されたとき、私は初めて中国人であると知ったのです。戦犯たちの目つきや態度は、なぜかあの当時の日本人と重なって見えました。彼らについてこんなことも合わせて考えました。日本では看護婦という仕事は、低く見られているせいかも知れませんが、中国では違います。看護婦は人民のために服務する。そして男女平等、職業の平等、医者も看護婦も平等である、と教えられました。

為人民服務（✦二）

そのことから考えると、戦犯たちは、中国人という民族的なことと、女性、そして職業差別意識を依然として持っているのでは、と思いました。

そうした戦犯の態度から、私は彼らと接することが嫌になりました。しかし、任務としては遂行していかなければなりません。仕事を続ける上で悩みました。それは「救死扶傷」、「全心全意為人民服務」という点です。戦犯の看病、治療がこれに当てはまるかどうかということです。つまり、私たちは人民のために服務するという考え方で看護婦、医師という仕事に就いています。しかし、人民の敵である戦犯のために服務するということは、その考えにあてはまるか、矛盾がないか、ということです。私一人だけではなく、医務室の人すべてが悩んでいました。管理所のほとんどの人は共産党員です。党員にもまた「為人民服務」、このことが仕事を進める上で常に問題になりました。

中国では春と秋になると、子供を対象にした予防注射をします。大人はしません。ところが、「戦犯にもしなさい」と指示がきました。そのときは、医務室の全員が「いくらなんでもこれはやりすぎだ！」そう思って所長の所に行きました。所長はこう言ったんです。「『一人の死亡者を出してはならない』という指示が中央からきている。曲げることはできない」。そして、医療、看護、保健の業務は、戦犯の管理と教育に絶対不可欠なものだ、と厳しく指導を受けました。

しかし、そうした政策にどうしても我慢ができなくて、管理所から出て行って二度と戻らない職員も幾人かいました。于先生もその一人です。

ずっとのち、戦犯たちの認罪のとき、戦犯の一人永富博之はこんなことを言いました。

「過去私は、中国山西省白村で、刀で残忍にも中国人の舌を切ったり、多くの人の歯を叩き折ったりしました。それなのに、中国政府はこの私の歯を治療し入れ歯まで作ってくれました。中国人民に対し、本当に申し訳ございません。私は必ず認罪して生まれ変わります」

戦犯の中井義雄は、帰国したあと、一九六三年、勤務先の工場で事故にあいました。作業中に鉄くずが目に刺さって傷を負ったのです。工場長は事故の責任を負わないばかりでなく、傷は中国勾留中の栄養不良が原因の眼病だとさえ言いました。中井は大変怒って、「私は中国で栄養不良になったことは全然ない！」と工場長に主張し、そのことを証明するために「中帰連」と中国紅十字会を通じ、管理所のカルテを日本に送ってもらいました。管理所で眼病を患ったことがないことはすぐに証明されて、工場長はその事実を認め傷害保険を給付しました。

戦犯が変わり、私たちも変わった

さまざまな矛盾にぶつかりながらも、私たちは少しずつ変わっていきました。戦犯が変わっていったからです。仕事は進めていきましたが、心の底ではいつも疑問を持っていて、仕方なく命令に従っていました。けれども、あの殺人狂だった戦犯たちが目の前で変わっていくのを見て、「国の政策は正しい」ということが徐々に理解できるようになり、同時に、「戦犯は変わるんだ」ということを信じ、積極的に仕事を進めるようになったのです。私たちに最初の感動を与えた出来事がハルビンでありました。夜中の一二時頃でした。戦犯の一人園部薫が高熱で大変苦しんでいるのを夜間巡回中の看護婦が発見し、医務室から医師が駆けつけて熱を計ると四〇度を超えていました。診断の結果、急性肺炎だとわかりました。注射を打って熱を下げ、危ういところで命を救うことができました。治ってから看護婦が訊ねました。「あんなになるまでなぜ私たちに言わなかったんですか」。「私は昔中国人民に計り知れない罪業を犯しました。その上また中国人民の先生方にご迷惑をかけては申し訳ないと思ったんです」と、涙を流して治療と看護のお礼を言いました。それを聞いたとき、私が綏芬河で見た戦犯とは全く違っていると思いました。人の道理を知って、自分の過去の行為について反省し、私たち中国人民に謝罪し、再び中国人民に迷惑をかけたくないという気持が表れているからでした。

池田安之助は腰椎カリエスで腰が曲がり苦しんでいました。医務室では石膏と包帯を購入し、ギプスをつくって腰を固定し治すことができました。この人も治ったときに医務室に来て、「私は中国に来てたくさんの悪いことをしました。それにもかかわらず、仇を打つどころか辛抱強く、そして親身になって私を救ってくれました。一生忘れません」。そう言って涙を流しお礼を言ってくれたのです。ハルビンに移動していたときは、朝鮮戦争中です。中国は「抗米援朝」で大勢の中国軍兵士が戦場に行き、医薬や医療器械はきわめて不足していました。そうした時も、中央からは、戦犯の医療工作は変えてはならないという指示がきていました。

戦犯の中に梅毒を患っていた者が一〇名ほどいました。その中の一人田井久二郎は、重い梅毒性心臓病で大変苦しんでいました。早急に対症療法をしなければ死をまぬがれない状態でした。この病気にはペニシリンと六〇六号（✦二）という外国から輸入した高価な薬が必要でした。当時中国では生産はしていません。ですからとても手に入りにくい薬だったんです。それでも、特別に中央衛生部から大量に送ってもらい、一日四回、約二カ月間この薬の注射を続けたところ、完治することができました。

この戦犯は、「満州国」時代、チチハル市警察局特務課で仕事をしており、部下を指揮して東北抗日連軍の軍事情報を探らせ、多くの抗日の民衆に大変な迫害と殺人を行い、抗日の英雄趙尚志将軍をも殺した責任者です。大変罪が重い人です。一九五六年七月の軍事法廷で有期刑一六年を言い渡され、一九五七年五月、満期前に釈放となり帰国しました。

戦犯の一人四五九号が精神障害を患ったときには、医務室は大変苦労しました。一九五四年の秋、この戦犯が突然、食事のときご飯の粒がうじ虫に見えると言い出し、一切のものを口にしなくなったのです。そして、泣いたかと思うと笑い、叫び、悩み、また突如として土下座し、礼拝祈祷するなどの精神不安定な症状を呈しました。診断では一種の躁鬱病であるとされました。そこで七所の独房に移し、治療が始まりました。私たちは、彼に精神的抑圧を加えないように三つの規定を作りました。

一、患者の人格を尊重する
二、からかったり差別待遇をしない
三、患者の前でひそひそ話をしない

彼には毎日一〇時間の睡眠と一時間の昼寝をさせました。治療は、主にインシュリン・ショック療法（✦三）で鎮静を保たせました。彼は大変背が高く体格がよかったので、私と同僚の看護婦長関慧賢、それに温久達医師は、彼が暴れたときにはかわしきれず、叩かれ痛い目にあいました。看守や教育科員の力をいつも借りながら、ブドウ糖注射するなどの治療をしました。薬を飲まそうとしても毒が入っていると言って飲みません。これはあなたの病気を治す薬だと言っても、自分は病気でないと言う。薬を粉末に砕き、湯呑に入れ砂糖を混ぜてようやく飲ますことができました。そうした苦労が実って、一〇カ月あまりで彼は治りました。そして、私たち医務室のところに来て、深々と頭を下げ、「私はこれまで中国で大変悪い事をしてきました。その私を皆さんは救ってくれました。なんとお礼を述べたらいいのか……」。顔をくしゃくしゃにしながら泣いて、感謝の気持を表してくれたんです。そのとき私たちもこの一〇カ月あまりの苦闘を思い出し、本当に良かったと喜び、思わず泣いてしまいました。そして医療行為がこんなにも素晴らしいものだったことに気がついたんです。

その方は帰国してから開業医をされていて、お金に困っている方には無料で診療をしています。なかなかできないことです。

戦犯と向き合った六年間、数えきれないほどの出来事があります。その中で、医務室の仕事として最も困難だったのが、「満州国」国務院総務庁長官武部六蔵の看病でした。彼は脳血栓で二回倒れ、手を上げることも身体を動かすこともできず、全く寝たきりの生活が四年間も続きました。最初に倒れたのは一九五二年の初めです。唇は歪み、目は斜視になり、半身不随になり、意識もはっきりしませんでした。その後の治療が良かったので、どうやら命をとりとめることができ病状も落ちつきました。しかし、この病気はあとが大変です。自分では全く身体を動かせませんから食事から下の始末まで一切の世話を必要としました。そこで医務室では看護婦焦桂珍を専任につけ介護をさせました。

顔拭き、髭剃りから一日が始まります。そして大小便の始末、それが終わると食事です。上体を起こしてスプーンで口に運びます。食後は白湯を飲ませ、薬を飲ませました。ところが当初は飲み込みがうまくいかず、口に含んだものをしばしば彼女の顔に吐きかけました。彼女は自分に責任があるとして、汚物を取りのぞき、そうしたことが起こらないように努力しました。身体を動かせず、話も思うように言えません。彼はときどき大小便を漏らしてしまいました。そうしたときも彼女は少しも顔に出さず、奇麗に身体を拭いたり洗ったりしました。敷布や布団そして寝巻はいつも清潔でした。

この病気の難しいことは、長い間ベッドに寝ているために血液の循環が悪くなり、抵抗力がなくなり、再発や合併症を併発しやすくなることです。彼女は綿密に病状を観察し、異常のときには医師に連絡し、処置をして事故を防いでいました。彼女は一日に数回寝返りを打たせ、アルコールやシッカロールで全身を拭き圧迫していた部分をマッサージしました。そうした努力にもかかわらず、一九五三年春、二度目の脳血栓を起こし彼の身体はますますいうことがきかなくなりました。彼女は以前より細心の注意をはらって介護を続けました。そうした努力によって武部六蔵は四年あまりのベッド生活でしたが、床ずれやできものは全くできませんでした。顔色もよくつやつやしていました。

焦桂珍は朝早くから夜遅くまで、全神経を集中する肉体労働で日増しに痩せていきました。当時彼女には幼い娘がいて、毎日託児所にあずけながら仕事をしていたのです。そうしたことを彼女は全然表面にださず、身内のように介護していました。傍で見ていた私たちにもなかなかできないことでした。彼女の献身的な努力で武部六蔵の病状は回復していきました。

一九五六年七月、日本人戦犯に対する軍事法廷が開かれました。彼は病気のために出廷できなかったので、裁判官揚顕之が管理所に来て病室で彼の起訴手続を行いました。彼は起訴状に述べられている事実をすべて認めました。

武部六蔵は、「満州国」時代、彼の部下の古海忠之らと「火曜会」という政策決定の黒幕機構を組織して、一切の権力を操りました。「治安維持法」、「思想矯正法」などをつくり、抗日思想を持っているというだけで大勢の中国人民を逮捕させ、殺させました。その他にも侵略政策のさまざまな大きな罪業を行いました。

七月二一日、軍事法廷は管理所に法廷係員を派遣して武部六蔵に判決を言い渡しました。戦犯の中で一番罪が重い実刑二〇年でした。しかし管理所勾留中、罪を認める態度が良かったのと、重病を患っていたので、孫明斎所長の申請と医師の診断を得て、即時釈放、帰国となりました。釈放の決定書を手にした武部六蔵はあまりの感激に声が出せずに泣きました。

焦桂珍は、彼に付き添って帰国船が入る天津港まで送っていきました。日本から迎えに来た武部六蔵の妻歌子は、夫から一部始終を聞いて、焦桂珍に感謝を述べ、抱きついて泣きじゃくっていました。「戦犯が変わる」、その事実は私たちをも教育したんです。これまでは、「政府の政策はやりすぎだ」

という考えを持っていた私たちが、いや「政府の政策は正しいんだ」に変わり、私たちの考えは誤りだということに気づいたんです。

当時私は若かったのですが、看護婦長という責任者の地位にありました。ですから、看護婦の仕事の進め方についてては神経を使い、間違いのないように注意をはらっていました。看護婦の中には、戦犯に対する憎しみを持っている者が少なくありませんでした。そういう看護婦は、注射を打つとき、わざと痛くなるように打ったり、何度も打ち直したりしていました。それを見たときには、「政府の政策に違反するようなことをしてはいけない」と言い、人命に関わる看護婦の仕事は「人の病気を治してあげる、親切に看護してあげる」のだ、ということをいつも心がけるように指導していました。

日本人戦犯からも学んだ

初めの頃の戦犯は、看護婦の仕事を一般の仕事より下級とみなし、中国人民は日本人より劣っている、と軽蔑した態度をとっていました。しかし、ときが経つにしたがって戦犯のそういう態度は変わっていきました。私たちは日本人戦犯と身近に接し、中国人にはない学ぶ点がたくさんあると思うようになりました。

看護婦たちは毎日一〇〇〇名あまりの戦犯に気をつかい、たくさんの薬を持って各部屋を回りました。夏は部屋がとても暑いので、戦犯たちのほとんどは上半身裸でいました。ところが看護婦のくるのがわかると、すばやく服を着て自分の場所に着き、礼儀正しく薬を受けとりました。薬は、看護婦から受け取ったら目の前ですぐに飲むように義務づけられていましたが、私たちの時間を短縮しようと、コップに水を入れ待ちかまえていて薬を渡すとすぐに飲んでくれました。

衛生上、ときどき部屋の掃除をし、消毒しましたが、戦犯たちは決められた以上に壁や窓ガラスなどを隅々まで、それはきれいに掃除をしました。皆で手分けして行う段取りがとても優れていると思いました。また、病弱な者、高齢の者の面倒もよくみていました。

日本人は、仕事に対して本当にきちんとやることがわかり、これらは、私たち中国人にはない点だと思いました。綏芬河から列車で護送中の戦犯を見て、当初私は、礼儀を知らない人たちと思っていました。あのときは、私たち中国人に対する敵対心と恐怖心が入りまじり、あのような態度をとっていたのです。お互いがよく話をし、知り合うことが敵対心を取り除いてくれるのです。

日本人戦犯は生れつき悪い人間ではない、教育が悪かったために、あの数々の罪業が行われたということが理解できるようになってきました。正しい教育を受けていたら、銃を持って中国に来て平気で人を殺すようなことはしなかったでしょう。この人たちは悪い教育を受け、誤った道を歩かされたのです。そう考えると戦犯に対して同情心もわいてきました。私たちの仕事はしっかりとやらなければいけないとますます思うようになりました。

最初は、日本人戦犯に対し、怒りや恨みなどの気持でいっぱいでした。しかし、三年、四年、五年、そして六年と、毎日顔を合わせ、話をしていく中で、いつしかその気持は消えていきました。裁判のときには、人間性をとり戻し、心から罪を反省しているこの人たちを死刑にしてもなんの意味もない、寛大な判決が下るように祈っていました。

法廷で起訴免除を受けた多くの人たちは子供のように泣いていました。また死刑や無期を免れて実刑を受けただれもが体を折るようにして謝罪していました。その姿を見て私は涙が止まりませんでした。それは私だけではなく、戦犯とともに歩んできた職員のほとんども同じでした。私たちは、この六年間、大変意義のある仕事をした、と心の底から思いました。

◆一　為人民服務　人民に服務するの意。中国共産党と人民解放軍の根本思想。毛沢東は、歴史を推進するのは人民である、党と軍隊は人民の利益を守り人民を解放するために働く組織である、と強調した。

◆二　六〇六号　一九一〇年、パウル・エールリヒ、秦佐八郎が合成に成功した有機ヒ素化合物で、製造研究番号から六〇六号と呼ばれる。サルバサンは市販名。特にスペロヘータ病に有効。

◆三　インシュリン・ショック療法　一九三三年、オーストリアのザーケルが開発した治療方法。精神病者にインシュリンを注射して低血糖性昏睡を起こさせ、すべての反射を消失させるショック状態に入らせる。これを繰り返すことにより統合失調症を治療する。

管理所で送った青春時代

関慧賢

関慧賢……グァン・フェイシェン
一九三二年生れ。遼寧省出身。
一九五〇年から一九五七年まで
看護婦、看護婦長。

奴隷化教育

世界の人々が中国政府の「寛大政策」（✦一）を理解できればよいと思います。この政策は、敵対関係の人を平和を愛する友人に生れ変わらせたという、いかなる国でも今まで例のないことです。一九八四年一〇月、金源先生を団長に管理所で働いていた職員八名が友好訪日団を組織して日本を訪問しました。日本では至る所で戦犯管理所に収容されていた人たちが心から熱烈に歓迎してくれました。その光景を見ると私たちが過去に敵対的な関係であったとは全く考えられません。今では本当に心からの友人です。これは世界の人類の歴史に初めてのことです。

これから私のことを簡単にお話しします。私の父は遼寧省営口市の電話局の職員でした。その電話局には日本人の職員と中国人の職員がいました。日本人職員は中国人職員をひどく差別し、人格を尊重していませんでした。父は六人の家族を養うために一生懸命働きましたが、当時の社会で生き抜くことは大変だったでしょう。二人の兄は大学に通っていたので、父の負担は大きなものでした。

私は一九三二年の生まれです。瀋陽近くで起きた柳条湖事件の翌年です。生まれたときからの日本帝国主義支配下で生活していたので、子供の私は自分が中国人であることがわかりませんでした。中国人だと言うと、政治犯が後ろにいるのではないかと疑われます、だから私は「満州国」人だと言っ

関慧賢　医務室で

ていました。一番記憶に残っているのは、毎朝学校で国民訓を朗読し、天照大神を祭ったことです。国民高等小学校に入ってからは、毎週二時間日本語の授業がありました。これは全くの奴隷化教育で、無理矢理中国人に日本語を覚えさせ、日本の国民であることを頭に叩き込ませようとするものでした。ですから私は幼い時から心の底で自分は日本人か「満州国」人だと思っていたのです。

国民高等学校時代の校長は岡本という日本人でした。この人は学生に非常に厳しく、女子学生でもちょっとなにかあるとほおを殴りましたので、学生たちは彼の前では萎縮し、心の底から反感を持っていました。それで、日本が敗北し、「満州国」が崩壊すると、この校長は学生から暴行を受けました。私は今までいじめてきた校長が殴られるのは当然だと考えました。

不満を我慢して

解放後、私は瀋陽中国医科大学の高級看護科で学びました。一八歳で卒業したとき、私は東北衛生部に呼ばれ、撫順で重要な仕事がある、その仕事は半年で終わると告げられました。なにもわからなかったので、重要な仕事で、期間も短いというのですぐに快諾しました。

瀋陽を離れて撫順に来てはじめて戦犯管理所というものを知り、日本人戦犯を扱うと言われたとき、嫌だと思いました。それに当時の管理所は今と違って野原の中にぽつんとあって、蚊もいっぱいいて、こんな所で仕事をしたくないと強く思いました。瀋陽で、しかも医科大学の高級看護科を卒業したのになぜこんな田舎に来なければならないのかと思うと、腹が立ってすぐに瀋陽に帰りたいと思いました。しかし、政府の職員として厳格な規律があったので我慢しました。

着いて一週間くらいして、ソ連から移管されてくる戦犯を引き受けるため、医務室から四名、教育科から三名、合わせて七名の職員が公安部の人とともに綏芬河に行きました。そこで数日間、ソ連から来る戦犯を待ったのです。綏芬河駅は国境のきれいな山奥にあり、穏やかな所で、駅の下に小さな小川が流れていました。私は毎日その小川に遊びに行って楽しく遊んでいました。

ある日、日本人戦犯たちがやって来ました。間近に見てすぐに嫌悪感が胸の底から湧きでて困りました。特にそのとき、将官クラス、佐官クラスは大変反動的な態度で、私たち若い女性に対して非常に無礼な態度を取りました。それで、父が日本人から受けた冷たいしうちや、日本人の先生に殴られたことが頭に浮かび、この仕事はやりたくないという気持でいっぱいになりました。しかし、政府の政策でここまで来たのだし、六カ月経てばこの仕事は終りだと、自分の不満を抑えて我慢しました。しかし、半年すぎても仕事の将来見通しが立たず、いつ終わるかもわからないという状態のままで、やがて七年間がすぎ仕事が終わりました。

昔は家が貧しいと大学に入れなかったのですが今は解放されています。瀋陽の医科大学の病院で働いていればいつかまた学習する機会がある、だから医科大学に帰りたいという気持が当時の私には非常に強かったのです。ここで働いていたのでは自分の勉強はなにもできないと悩んでいました。

上司は、戦犯に対してあくまでも人道主義で接すれば将来真人間に生まれ変わることができる、そのために私たちはここで辛抱して働くのだ、ということを繰り返し私に教育しました。数年経ったのち、私はようやく理解して納得して働くようになりました。

私たちは日本人戦犯に対して、国際主義、人道主義を原則にあらゆる面で親切に指導して、自分たちが反省するようにさせました。例えば、毎年一回健康診断をしましたが、それも単なる測定ではなく、心電図をとり、血液検査もしました。医科大学の内科、耳鼻咽喉科、眼科などの有名な主任クラスの医者が担当し、健康診断を行い、全般の健康状態を詳細に分析し、判断し、今後いかに治療して健康を保障するかまで検討し、計画を立てて仕事を進めました。ですから、日本人戦犯は管理所にいる間は健康な状態を保ち、各科の仕事が成功裡に進められるよう保障できたのです。このような中で日本人戦犯はだんだん思想が変わり、敵対的関係であったものがお互いに理解できる仲になったのです。もちろん、医務室だけではなく、他の分野とも協力して行ったので戦犯はだんだん変わっていったのです。

東北衛生部と公安部の指導者は、戦犯の健康を保障するために管理所の医務室以外に、撫順市の市立病院、結核病院、ハルビンではハルビン医科大学、市立病院に病棟や病室を確保してあり入院させました。入院生活中、彼らには家族がいませんから、医者、看護婦、監視員がついて行きます。そして全面的な看護を徹底して、彼らが一日も早く退院できるように努力しました。中国はその当時、困難な時期ではありましたが、戦犯の健康のためには本当に細かいところまで気をつかいました。

入院先の病棟は中国の一般人とは共用せず、管理所で病人が出るとすぐ入院できるように常にベッドが空けてありました。看病する看護婦は、当時は三交替勤務制などなく、病室で食べてそこで寝る、というように二四時間離れずに看護しました。自分の家族でもこれ以上はできません。本当に自分の父親や親戚が入院しているのを看病する気持でやりました。今から考えると到底できない仕事です。

懐かしい看護の日々

朝鮮戦争中にハルビンから三五キロくらい離れた呼蘭県の監獄にいた時のことです。そこには尉官クラス以下約七〇〇名の戦犯が収容されていました。一九五〇年暮れか五一年初め、真夜中の一二時頃、ある戦犯がお腹が痛くてたまらないと訴えました。当直だった私は、これは盲腸炎だ、早く手術をしなければ危ないと思い、入院させることにしました。病院まで五キロの道のりですが非常に交通が不便な所で車もなく、寒い凍てついた夜道を看守四名が交替で担架をかついで運び、私はうしろから追いかけて行きました。その夜、すぐに手術ができたのでその人は順調に回復し、糸も取れて無事退院できました。その病人は非常に感激して、もしここにいなかったら命はなかった、中国人のおかげで私は命を救われた、と話しました。

福島は陰嚢癌にかかり、手術してこれをきれいに取ってしまいました。それで山岡繁が「あいつは金玉を取ってしまった」と、いつも冷やかしていました。福島は命は助かったけれど、将来を悲観してとても悲しんでいました。今は大阪で元気にやっています。八〇歳過ぎですがお元気で、奥さんとお互いに理解して幸せな生活を送っています。

開本は広島県の人で、目がよく見えません。しかし、管理所ではこの病気を治す方法がないのです。彼は日本に帰ってから看護婦と結婚して、子供が二人生まれ、結婚写真も子供の写真も私の住所に送ってくれました。私が日本へ行ったときも、中国の先生方に会えて非常に嬉しい、中国人民に心から感謝する、目は完全に治ってないけれど、中国の先生方に辛抱強く治療してもらったおかげで今の幸せな生活があると喜んでくれました。

そして山岡繁は、管理所にいたとき、いたずら者でよく悪戯をしました。あまり重い病気はしなかったですが、看護婦や医者たちはなにも言わず治療をしてあげました。文化大革命後の一九八三年に訪中されたとき、私は山岡に会いました。彼は、管理所にいたときは本当に不真面目で悪いことばかりして申し訳ない、反省の気持でおわびする、と言いました。

もう一人、池田安之助。今は北海道の旭川にいます。池田は腰が悪くて重病でした。それで石膏で固めて治療しましたので人の手が二四時間必要でした。ですから私たちは祭日も日曜もなく、毎日彼の看病をしました。治って帰国するとき、感謝して私たちにお礼を言ってくれました。私たちの仕事は決して無駄ではなかったのです。人間の生命を救う、これが私たちのするべき仕事で、戦犯だった方たちも、いつまでもそれを忘れずにお礼を言ってくるのです。

一九五七年に管理所の仕事が終わり、一九五八年に医科大学に入学し、勉強ができないという管理所時代の悩みは解決しました。そして六年間の長い学習ののち、卒業して内科医になりました。今は定年退職しましたが、元の職場が人手不足なのでまだ半日勤務をしています。私は管理所では一番歳が若くて独身だったのですが、管理所で苦心し、歴史的使命を果たしました。医科大学に移ってから結婚して、今は孫もでき、家庭生活にも恵まれました。

七年間の仕事を振り返ってみて本当に良かった、意義のある仕事であったと思います。敵から友人に変わった人々は北海道から九州まで各地に散らばり、私の友人は日本の至る所にいます。私は自分の青春時代、一番美しい時代を管理所で送りましたが、決して後悔しません。これは私の誇りでもあり、栄光でもあるからです。私の仕事を通して反戦平和、日中友好の面で少しでも役に立てたと感じています。そして、これからも中帰連の方々を通じて広く友好の流れが続くでしょう。

◆一　寛大政策　中国政府は、戦犯に対しては人格を尊重し、健康を守り、自覚を促す教育を行い、侵略者の観点や立場と決別した人々には刑を軽くし、あるいは免除した。

恐かったこともある戦犯の看護

劉桂香

劉桂香……リゥ・グェイシァン
一九三三年生れ。遼寧省出身。
一九五〇年から一九五六年まで看護婦。

新中国の青年として勇気を出して出発

私は大連市で生れ、この地で小、中学校を卒業しました。大連の医科大学では、一生懸命勉強して成績もよかったので二年で卒業しました。

卒業前に看護学校の指導者が私を呼んで言いました。「あなたをこれから病院の看護婦として派遣するから用意しなさい」と。そのとき私は大変嬉しかった。というのは、私の家庭は非常に貧乏な生活をしていました。貧しい家庭で生まれた女の子が中国人民政府の共産党高級幹部のために看護婦の仕事をするのです。党の組織が私を信頼してくれたので、私もまた組織の信頼に報いて、一生懸命働こうという気持ちでした。新中国の青年として、国の主人公として中国共産党、人民政府から教育を受けてきたのだから今度は党が指示する仕事をしなければならないという覚悟で、私は新しい職場に向かいました。私はそのとき一八歳でした。この学校の責任者は、「あなたは瀋陽に行って待っていなさい」と言いました。

家を出るときお母さんは、別れが辛く涙を流して、私が行くのを悲しみました。私もまだ若かったので涙がでましたが、党の指示には必ず従うと勇気をだして出発しました。

大連から汽車に乗って、私は自分の職場のことを考えました。まだどういう所であるかわかりませんが、とにかく一生懸命働こうと決心して瀋陽に行きました。瀋陽の東北人民政府の衛生部に行きました。衛生部から、「あなたは東北公安部に行って働きなさい」と指示されました。公安部に着くと「しばらく招待所で待っていなさい」と言われ、三日間、招待所にいました。三日目に東北公安部の人事係が私に言いました、「もともとは撫順に派遣する予定だったが状況が変わりました。ハルビンに行き、ハルビン監獄に戦犯管理所があるから、そこで待っていなさい」

戦犯管理所とは一体どういうものなのか、そこでだれの病気を治すのか、戦犯とはどういうものなのか、全然わかりませんでした。とにかく命令ですから、私は命令に従ってハルビンに向かいました。ハルビンの監獄を訪ねると、なかに東北戦犯管理所というものがありました。そこを訪ねて行きました。そこの警備係から「あなたは管理所の医務室で仕事をする」と言われ、私は医務室に行きました。学校で学んだように、私たちを養い教育してくれた党と毛主席に恩返しをするために一生懸命働かなければならないという気持ちでした。この決意は揺らぐことはありませんでした。

ところが行ってみると、仕事は日本人戦犯のためにするというのです。これまで私たちは人民に服務するのが私たちの本職であると信じていました。でも、日本人戦犯のために服務するということはどうしても納得できません。一生懸命やろうという情熱がほとんどなくなってしまい、今まで沸き上がっていた若者の血が急に止まってなにをしていいかわからなくなったんです。これは私一人のことだけではありません。医務室にいる医師や看護婦もほとんどがそういう思いでした。

私は二、三年、このことで非常に悩んでいました。私が考えていたのは患者を治療するための病院です。多くの患者につきあって治療の面でもさまざまな経験を得ることができます。しかし、ここは単に病気の予防や身体検査をして病気が発生しないように、また病気になった者を病院に送るという仕事でした。これでは、今まで私が学校で学んだものが無駄になってしまうと思い、情熱も減少して

劉桂香　医務室で

しまいました。

　非常に矛盾した気持ちがあったので、私は戦犯のためにはどうしても力一杯働けない。しかし、毛主席と管理所の幹部は「この仕事を人民に服務する気持ちでやりなさい。あなたがやらなければ他の人があなたに替わってやることになるだけだ、だからあなたがやりなさい」と言いました。それで長い間悩みましたが、やっぱり毛主席の言うこと、党の言うこと、上級幹部の言うことを守らなければならないと考えました。管理所の指導員や責任者たちは、私たちに何回もこういうことを言いました。「戦犯のために思慮（苦労）するのは、人民のために服務するのと一致する。ということは戦犯の健康を管理して、彼らを教育改造するのは人民政府のひとつの大きな事業です。だから、彼らに服務するのは人民に服務するのと同じなのです」

　私にはだんだん理解できるようになってきました。

　大連が日本の植民地であった期間は東北より長いのです。関東州（✦一）と呼ばれました。関東州は日本の国家の一部でした。そのときは、朝鮮総督の関東区、日本の領土です。関東州、大連に生まれた人のほとんどは日本の奴隷化教育を受けました。小さいときから日本の軍国主義の教育を受けていたので、日本人は大変恐いということが胸に深く残っていました。

　管理所に来て、私は特に位の高い将官クラスの人たちと接するときには非常に緊張しました。注射を打ったり薬をあげたりするときは胸がどきどきして、恐ろしくて緊張しました。今でも印象深いのは、ある日、注射を打つために部屋に入ったときのことです。看守が扉の鍵をカチャリと閉めてどこかに行ってしまったんです。注射を打ち終わり、外へ出ようとしても出られません。そばには一〇名以上の戦犯がいます。私が恐ろしくなって慌てているとわかると、戦犯たちは私を出させるために看守を呼んでくれたんです。私はそれを見て、彼らに対する考え方が間違っていたことに気づいたのです。この人たちはもともとは礼儀正しい人たちで気持が通じる人なんだと思いました。

管理所の責任者たちは、私たちにいつも言っていました。「あなたたちは積極的に看病しなさい。座っていてはいけない。各部屋をまわり、健康状態を調べ、病気にかかった人がいないか、体の状況はどうか常に尋ねなさい」。私たちは努力しました。病人はいないか、体の状況はどうか、あるいは、寒いときは温度が下がるから戸をしっかり閉めて衣服も余計に着て風邪をひかないように、夏になれば窓を開けて風を通し、空気を換えなさいなど、室内の消毒から四季の移り変わりの注意まできめ細かく指導しました。そうすると彼らも「看護婦さんたちは、私たちのために熱心に働いてくれている」とわかってきたようでした。

医務室で仕事をしていた人は一六名くらいいました。重い病気になってここでは治療ができない人は市の病院や、新立屯にある結核病院に送って治療しました。病院の一部を管理所の専用病室として使っていました。管理所で治療できない場合は、市立の病院、あるいは肺結核の病院に入れて体の健康を保証するという方法を取りました。

元戦犯は反戦平和運動を実行

党の教えによって私はここで六年間精一杯、戦犯のために働きました。教育によって改造はできる。しかし、方法が正しくなければいけません。正しい政策のもとで人間は変わるということが理解できました。日本の戦犯もここで教育を受けて変わりました。日本の戦犯は知識が狭いのではありません。その中の多くは大学を卒業し高い知識を持っています。日本の軍国主義の政策が誤ったのです。それで、日本人民は軍国主義の政策を実行し、中国に来て罪を犯しました。こういう人に対して彼らが歩んできた道が違っているというのを教育しました。彼らは反省して自分が悪かったと理解できたわけです。彼らは、「日本の軍国主義は間違っていて、人間はもともと人類の社会のために役に立つ仕事をしなければならないのに、反対に人類社会を破壊してしまった」ということがわかったのです。今、この人たちは、人間として生れ変わって、反戦平和・中日友好のために働いています。このことを考えると、私がやったことは大切な仕事であったと考えています。

これまでに世界で大きな戦争が数回起こりました。そのたびに人類は大きな損害を被りました。けれども、戦争を起こした戦犯に対する今までの対策は、「戦争を起こした人が悪かった」という論理をもった教育が足りなかったんです。

新しく誕生したばかりで困難な時期にあった中華人民共和国は、毛沢東主席の時代に、人類史上になかった、戦犯に対する処置の試みを実行したのです。日本人戦犯に対する教育は人類社会の唯一の奇蹟であると言われています。こういう仕事に参加できたのは非常に光栄であると、私は誇りに思っています。

◆一　関東州　遼寧省の遼東半島の西南にあった、大連、旅順をふくむ日本の租借地。

第五章

現場の仕事を担った人々、職員を支えた人々

抗日戦争をへて管理所へ

于瑞華

于瑞華……ユイ・ルエイファ
一九二二年生れ。山東省出身。
一九五〇年から一九五四年まで人事係として勤務。

日本軍の犠牲者たち

盧溝橋事件は、中国人の抗日気運を一気に高め、日本軍に対抗する組織があちこちで作られました。私も日本軍国主義のわが国への侵略戦争に心の底から激しい怒りを持っていましたので、一九三七年一二月、山東省威海市の共産党が指導する地下工作員になりました。その翌年、威海市は日本軍の空爆を受けて、おびただしい数の犠牲者を出しました。中国人は空爆の経験がなかったものですから、爆弾が落ちるとき、どのように逃げたらよいのかわからず、犠牲を大きくしてしまったのです。市の中心の橋の付近には、赤ん坊に乳をふくませたまま死んだ母親や、孫と手をつないだおじいさんの死体などが路上を埋め尽くしていました。

一九三七年一二月、同じ抗日活動をしていた曲初と結婚し、私たちは威海市郊外の農村にいました。そのとき私は、「婦救会」（✦一）の主任をしていました。一九四一年に山東半島を占領した日本軍は、一九四二年恐ろしい「大討伐」を行いました。私の脳裏に今も深く焼きついています。討伐は朝、昼、夜、突然やって来て、中国人を見つけると一人残らず殺し、食料や財産を根こそぎ奪い、家まで焼きはらって行きました。女性はもっと嫌な目に会わされたうえで殺されました。苦痛を味わった女性は数えきれません。辱めを受けたので恥ずかしくて生きていけない、そう思って井戸に身を投じたり、首を吊ったりして死んだ女性もたくさんいます。とにかく、日本兵は突然家の中に侵入し、女性を見つけるとすぐに強姦しました。そして連れさります。自分を守ることは大変困難でした。親やまわりの者が止めようとすると撃ち殺します。全く防ぎようがありませんでした。そうして連れ去られた私の村の女性数一〇名はいまだに行方がわかりません。

大討伐のあと、農村、漁村で辛うじて生き残った人たちがいます。その人たちに日本軍はなにをしたと思いますか。日本軍はその人たちに米、野菜、鶏、豚、海産物などの食糧の供出をさせたのです。そしてまた、協力しなかった者、供出の少ない者を撃ち殺しました。

山東省はもう一つ大きな災難を被りました。一九四三年に日本軍が大々的に行った「うさぎ狩り作戦」(✦二)です。これによって中国の男性は捕らわれて日本に連行されて行きました。日本の炭鉱やダムなどへ労働力として連れていかれ、ご存知のように、牛馬のように働かされ、殺されました。

私が今なお日本軍国主義への深い恨みとして残っている出来事は、友人で栄城県の婦救会の主任だった于森さんが日本軍に逮捕され殺されたことです。一九四三年、日本の警察と憲兵が婦救会の女性四〇名と幹部の男性二名を逮捕しました。そして残酷な拷問をしました。水責めです。口から水を流し込み腹を膨らませ、苦しみを与えておいて腹を殴ります。大変な苦しみのためかなりの者が死にました。時には唐辛子の水を飲ませることもしました。于さんはその拷問の後、意識がもうろうとしてふらふらのところを犬に噛み殺されました。その犬は人を噛み殺すように訓練されていて、のどを噛み切り、力尽きた人間の腹を鋭い歯で裂いて内臓を食べる大変獰猛な犬です。日本軍はそうした残虐な方法でたくさんの中国人を殺しました。

この友人の死は、今もなお私の心の中に強い怒りとして残っています。また、共産党員だった仲間は銃殺された上に首を切られ、「共産党員はこうなるんだ!」と街の電柱にぶら下げられました。第七区の共産党書記は二〇歳という若さでした。彼もまた悲惨な死を遂げました。ある日、彼は日本軍に海の方へと追われました、それはまるで狩りのようでした。彼はとうとう波打ち際まで追いつめられました。振り返るとアリの這い出る隙間もないほど大勢の日本軍が銃をかまえ、じわじわと迫ってきました。海の中に入れば死ぬ、彼は歯をくいしばりながらもどうしようもできず、日本軍に捕まり、トラックに乗せられて連れ去られて行きました。そのとき彼は、走るトラックの上から後ろ手に縛られながらも街行く人々に大声で叫びました。「中国共産党は必ず勝つ！　私が死んでも我々の思想は勝つ！　皆さん、私の死を悲しまず闘って下さい！」彼もまた拷問の末に犬に噛み殺されました。

一九四二年の「大討伐」は突然に、そして頻繁にやって来たので、私たちの地下工作も大変困難でした。そこで私たちは、地下工作の拠点の集会場所を日本軍に見つからないように地面に穴を掘って作りました。入口もわからないようにしました。しかし、どういうわけか日本軍に発見されてしまったのです。中に人がいるのを知って、日本軍は入口から揮発油をばらまいて火をつけました。たちまち、火と煙が地下の部屋中を覆い、仲間は全員死にました。次々と拠点を変えましたが、日本軍の執拗な探索で何度も襲撃を受けて多くの仲間が命を落としました。私はたまたまその場にいなかったため、襲撃から逃れることができて助かりましたが、本当に幸運としか言いようがありません。日本軍の包囲網から脱出するときはほとんど夜です。昼は危険なので常に交代の見張りをつけていました。

日本軍は包囲網を東の海の方へと徐々に狭めて行きました。脱出できなかった者は、逃げ場を失って井戸の中に身を投じ、あるいは海で溺れて死にました。農村では捕まった農民はほとんどがその場で撃ち殺されたり、銃剣で刺殺されたりしました。あるとき、日本軍は農民を強制労働として使おうとしたのでしょう、農民たちを手と身体を紐で数珠つなぎにしてつれていきました。その中には子供もいました。あまりの恐ろしさに子供が泣き出すと、「うるさい！」と言って日本兵は銃剣で刺し殺しました。見ていた親はなんとか助けようとしましたが、その親も容赦なく刺し殺されてしまいました。まるで虫けらでも殺すように。

「大討伐」のあと、家族を失い、心に大きな苦しみを抱えた遺族たちは、食べる物も住む家も失い、生きる道を全く断たれ、絶望的な苦境に立たされてしまったのです。

戦犯は極刑にして当然と考えていた

一九五〇年六月、私は曲初と一緒に撫順戦犯管理所に転属することになりました。行く前に曲初から、私たちは管理所で日本人戦犯を管理する仕事をすると聞きました。

その時、私は山東省で日本軍に惨殺された大勢の仲間や農民、女性、子供たちのことを思い出し、「ようし、仇を討ってやる!」、そういう気持でした。

ところがです、管理所では戦犯の食事は私たちよりずっと良い。戦犯たちからいやがらせを受けても、罵声を浴びても、言い返してはならない、ただ黙っているだけ。「なぜこんな待遇をするんだ、こんな戦犯は全員殺してもかまわないのに!」そんな怒りが腹の底から湧きあがってきました。今、私たちは勝利した国家の人民として、あの残虐非道な日本人戦犯を収容し管理している。それなのに毎日毎日、戦犯に美味いものを食べさせるなんてとんでもない。犠牲になった仲間や中国人民、そして一九四三年、ちょっと家を留守にしたときに日本兵に殺された、一歳になったばかりの自分の娘のことを思うと、とても納得がいきませんでした。中央の指導者の政策を理解できなかったのです。

しかし、上からの指示には従わなくてはなりません。腹の底から湧きあがる怒りを抱えながら人事係の仕事をしていました。人事係は職員たちの不満を抑え、納得させ、仕事が順調に進むようにしなければなりません。まず私自身の不満を見せないようにして教育していきました。顔や態度にそれを表さないようにすることは大変なことでした。こうした大きな矛盾を抱えながらも、中央の政策であるということで、我慢して仕事を進めていました。

三年ほどたったころ、あの残虐な行為をした戦犯たちが次々と自分の犯した罪を反省しはじめたのです。私には到底想像できなかったことで驚きました。人間に戻った戦犯たちを見て、私の個人的な怒りの感情は少しずつ和らいでいきました。本当に不思議なことでした。そのことから私は日本の侵略戦争について理解を深めることができました。侵略戦争を進めるために、天皇制軍国主義教育で国家に従う殺人狂の兵隊を作りだし、他国へ送り出した日本国家の犯罪と、戦犯個人の罪とを分けて考えられるようになったのです。しかし、私の中の矛盾は決して解決したわけではなく、一九五四年一二月、曲初と一緒に管理所を出ることになったときは、まだ戦犯への怒りは残っていました。中国で戦争犯罪を犯した者たちは将来、実刑もしくは死刑に処すべきだと思っていました。

そして数一〇年がたちました。あの戦犯たちが日本に帰ってから、反戦平和の活動と日中友好のために頑張っていることを知りました。驚きと同時に胸が熱くなりました。そのときです、私の中の矛盾が完全に消え去って、罪を犯した者は処刑してしまえ、という考え方が間違っていたと思ったのは。それとともに、中国共産党政府のあの政策は本当に正しかったと理解できました。

◆一　婦救会　婦女抗日救国会の略称。一九三七年、抗日戦争期に根拠地に生まれた女性の組織。県、区、村に組織されて戦闘、生産、教育の任務をになった。とくに農業、副業生産の主力になり、戦場に出た男性にとってかわった。教育面では識字運動をすすめ人民の文化水準を高めた。また軍隊、民兵のなかでも活躍、紅色娘子軍、婦女自衛隊も生まれた。政治の舞台では各クラスの議員、県長、村長にも進出した。抗日戦争を通じて女性の地位は高まり封建制を崩す大きい力になった。

✦二　うさぎ狩り作戦　日本軍が大包囲網をしいて圧縮し、中国農村の壮・青年を追いたてて捕まえた作戦。捕まえた人々を中国東北地方や日本へ送って強制労働をさせ労働力不足を補った。

車を整備して二四時間待機した

張慶耀

張慶耀……ヂャン・チンヤオ
一九二一年生れ。遼寧省出身。
一九五〇年から一九七六年まで
戦犯管理所運転手として勤務。

札幌で飛行機技術研修

私は一二歳から一四歳まで、日本軍の売店のボーイをしていました。一五歳から日本の瀋陽飛行機工場で自動車、飛行機整備工をして、この間、五カ月間は札幌で高級自動車と飛行機技術を研修しました。この時は非常に希望に燃えて日本に行きました。中国は工業が劣っているから、日本で学んで工業で国を救わなければならない、それは自分の将来のためでもあると考えたのです。このとき日本人の食習慣を知りました。一九四〇年から四五年八月までは、瀋陽市内にあった日本のバス会社の自動車整備工をしました。

中国が解放された翌年の一九五〇年六月、王楓林（管理教育科長）、張実（総務科長）と三名で同時に入所し、撫順戦犯管理所に勤務することになりました。ソ連から日本人戦犯を受けとる前のことです。張実は言いました。

「君はあまり遠いところに行くな。北はコーリダ、南はコンガ、そして西は管理所の野菜畑、東は城壁、その中で仕事をしているように。用事があって呼ぶ場合は、すぐ駆け足で来てくれ」

管理所の車は、ジープが二台、バスが二台、乗用車が一台の計五台です。やがて戦犯たちがやって来るというので、私はトラックを借りて撫順城駅に迎えに行きました。トラックに乗り込んだ連中は

張慶耀　車庫の前で

日本語を話していました。私は少し日本語がわかります、なんと、彼らは日本人戦犯だったのです。私は驚きました。そして彼ら日本人に対する怒りがわき上がってきました。中国人を苦しめた日本人、私も職場では悪口を言われ、いじめられ殴られたので、不満はいっぱいでした。腹の底から「これはいかん、辞めるべきだ」と、心に決めました。所長や科長はくりかえし「国家の重要な任務だ、政府の政策に基づいて仕事をするんだ、感情的に仕事をやるんじゃない、政府の政策に違反してはならない、犯人に悪口を言ってはいけない、人格を尊重すること、三大規律八項注意を守るのだ」と注意しました。ですから私は相当長い間、こみ上げる怒り、反感の気持ちを抑えて仕事を進めてきました。戦犯がハルビンに行くとき、私は残留することになりました。

撫順城駅に迎えに行ったときのことです、トラックとバスに乗ったのは将官・佐官クラスでほとんどが戦闘帽をかぶり、帽子の真ん中には黄色い星があって、将校の軍服を着て、襟章などに中将とかの階級の印はそのまま残してあったんです。ある者は勲章を着けていました。しかし、よく見ると、ある者は軍服は着ていても帽子をかぶっていない、ある者は服装があまりきちんとしていない、ある者は帽子をかぶって軍服を着てきちんとしている、ということに気がつきました。尉官クラス以下はソ連側が与えた労働服を着ていました。彼らはしきりに場所を見定めようと、あっちを見、こっちを見して、ここは一体どこなんだと話しておりました。不安からか恐ろしい顔つきで私たち中国人を見ていました。管理所に着いて運動場に整列したときも、四方八方を眺めながら、いったいここはどこか、と地名を確かめようとしていました。「あぁこれじゃあどうなるか」と心配だったのでしょう。私は「やっぱりこの日本軍は変わっていないな、昔と同じじゃないか」と思いました。ここからは戦犯との接触はありません。任務が違うからです。

印象に残る中沢、古海、武部

ハルビンから戦犯が戻ってきてからの印象深いできごとをあげてみましょう。

中沢定夫は片足がなかったので、義足を作るために瀋陽に行きました。二〇数回往復しました。片道四五キロメートル、朝八時に出発して着くのは九時すぎです。一二時に終わって食事は瀋陽名物のビョールピンを食べました。「釜にいれ、こう吊るしあげて温めて焼く」と、説明を受けました。私は名前は聞いていたが生まれてこのかた食べたことはありませんでした。これを腹一杯食べます。おかずは生卵を茶碗にいれ調味料を入れて蒸したやつです。中沢、温久達先生、看守、私の四名がいつも一緒でした。帰りは二時頃出発して三時すぎに着きます。途中の凸凹道にくるとスピードを落として中沢が転ばないように注意しました。二〇回も行かなければならなかったのは、検査から始まったからです。検査して彼の義足を作ったんです。作ってそこに行ってはめたんです。はめて帰ってきたが、やっぱり合わない、痛い。それでまた行って、その義足を修理します。修理をしてもう一度はめる、三回、四回、五回はめる。何回というきまりはないです。最後にこれでいいというまで、大体前後二〇数回行った記憶がします。

もう一人記憶に残るのは、古海忠之です。管理所の所長の話では、当時の彼は日本帝国主義の中国侵略史・発達史を軍事、経済、政治などのいろいろな面から書いているということでした。有罪になって残った四五名の戦犯が、それぞれ軍事のことと、「満州国」のこと、政治のことなどを分担して書いていました。数字や時期はそんなに覚えることができないので、書くには相当の資料を見ないといけない。それで、私が運転する車に乗って古海忠之は瀋陽の遼寧省図書館に行き、「満州国」に残された資料、本を集めに行ったんです。参考になる本を何回も探しては、古海がそこで「これを参考にする」というと、その本を管理所に運ぶのです。あれは満鉄調査部が「満州国」の政策などをまとめた本で、何百部もあったと思います。大きい部屋にいっぱい、すごい本がありました。それであの帝国主義の歴史を書いたんです。三〇〇万字にはなる本じゃないですかね。今、檔案館にあるそうです。古海との思い出は、老辺餃子館で老辺餃子を食べたことです。昼飯は瀋陽の有名な老辺餃子でした。これも生まれて初めてです。そんなもの食べたことがなかったんです。

もう一人こういうことがありました。脳出血で半身不随の武部六蔵が瀋陽の医科大学の病院に行って、検査を受けることになって看守以外に看護婦の趙毓英がいっしょに行くことになりました。私は、アメリカ製ジープの運転をしていたんです。ジープをきれいに掃除をして、武部六蔵がこれに乗っていくだろうからと車を出して待っていました。そこに、管理教育科の先生が来て車を検査しました。そしてこの車は武部六蔵を乗せて行くことは到底不可能であるということで、撫順城から遠くないところにある市立病院第四病院に電話をかけて、救急車を呼びました。武部はこの救急車に乗って瀋陽に行ったんです。私は待っていましたが車をだせませんでした。私はこれまで一回も交通事故を起こしたことがなかったんです。しかし、管理科員たちは私の車に乗るときは、保険が必要だと言っていました。だからこのときの私は「やっぱりやりすぎだ」と思いました。このジープで十分に行けるじゃないか。中国人だとこういうときはジープに乗りたくても乗れないんです。それなのに罪を犯した犯人がこの車では行けない、救急車を呼んで行くとは、いくらなんでもやりすぎじゃないかと考えました。

日本人戦犯と意気があう

だんだん時間がたって、戦犯たちは運動会をやったり、外で瓦生産をやったりするようになりました。生産労働の瓦作りのためには川の砂が必要です。砂とセメントとを混ぜて作るから、私もいつも砂の採取運搬をしました。そのときは砂を積んだり下ろしたりする戦犯がいました。私は彼らと知り合って仲が良かったんです。彼らは私を運転手と言わない、「運ちゃん」と言います。そういう冷やかしをしながらやりました。意気が合う上に、彼らは仕事が非常によくできたんです。砂を積み込むのも下ろすのも速く、数分間ですぐ積み終わり、帰るとまた数分間で全部下ろしてしまいます。この頃には、ソ連から来た頃を思うと戦犯たちも変わったなぁと感じるようになりました。

私は日本人がよく「かまぼこ」を食べるのを知っていましたから、あるとき炊事の連中にそれを話しました。しかしだれも「かまぼこ」を知らない。私の提案でつくろうということになり、新鮮な魚を原料としてつくるので海岸地方まで行って材料を買ってきて、かまぼこを作りました。また、私は日本人のいろいろな食習慣を話しました。管理教育科の人たちは正月だから日本人戦犯に餅を食べさせようと提案しました。これが決まると四方八方で動きはじめました。だが中国には餅をつく習慣がありません。餅をつくといっても臼がない。臼はどこにあるかと聞かれたので朝鮮人が集中している永安堡という村に行けばあると話したら、借りてこようということになりました。私は崔という朝鮮人のところにトラックを運転していって借りてきました。石の臼で一五〇キロから二〇〇キロぐらいあり、置いたらびくともしません。杵は大工のできる戦犯が作りました。もち米や小豆は管理所にはありません。方々から集めてきました。蒸籠でもち米を蒸し、二人がついて一人が取り上げる、職員も戦犯も一緒に夜を徹して正月の準備をしました。雑煮もぜんざいも用意しました。門松をたてるのでみかん、松の木を揃えました。こうしてたのしい正月ができました。当時の日本人の身体の状況は非常に良く元気はつらつとしていました。

私は運転手ですから、用事のあるときには車がいつでも出せるように用意していました。そして外出から帰ると車をきれいに磨いて、それからガソリンもいつでも満タンにしておきました。夜でも祭日でも、いつでも出かけることができます。命令があればすぐ車を動けるようにして、私は管理所のどんな仕事、戦犯人の教育にも、また病気があって治療するために病院に行く場合も保障ができるように、運用の面で、万全の態勢をとりました。常にはりきって、必要な車をちゃんと用意したんです。戦犯たちが食べているいろいろな食料、米とか、炊事用の物資は全部私の車で運んだのです。買いに行くときは私と羅鳳臣がやったんです。羅さんに、日本人は白菜とかはあまり好きじゃない、ゴボウが好きだ、それからニンジンやジャガイモが好きだと提案もしました。

呉浩然の講義、戦犯を怖がる張文祥

私の記憶に残っていることがまだ二つあります。一つは、私が運転をして新立屯の結核病院にしょっちゅう行ったことです。ここは非常に景色がよく空気もきれいです。戦犯たちはそこで療養しながら学習していたのです。そのときは呉浩然がほとんど一緒でした。呉浩然は行くたびに、いろいろな新聞とか学習資料を持っていきました。あるときは『中国人民画報』、解放軍の画報、変化発展した中国を特集した画報をたくさん持ってきました。彼は戦犯を集めて講義をしました。社会発展の法則、目下の国際情勢、こういうのを話して教育をするのです。私はなにも仕事もないので彼の仕事が終わるまで待ちます。そういうときにいっしょに聞いたんです。彼は日本語で彼らに学習をさせるのですが、その日本語は本当にすばらしい、発音もいいし上手です。私は感心しました。

もう一つは、私の運転班で働いた若い張文祥のことです。彼は戦犯を乗せて外へ出るのを怖がっていました。彼が運転して行かなければならないときでも、私に「張さん、あなたが行きなさい。私は駄目だ」と言うのです。「なぜだ」。「恐ろしいから。この帝国主義の大物を乗せていくのは、ほんとに怖いんだ」と苦しい息をしながら、ブルブル震えているのです。それで私は、「大丈夫だよ。人間は変わるから。彼らが昔は帝国主義の手先であっても、今は中国人民の教育を受けて変わったから、怖がることはない。昔は敵でも将来はわれわれの友人になるかもしれない、心配しないでやれよ」と言ってやりました。彼はだんだん慣れて戦犯の運転ができるようになりました。

軍事裁判のとき、戦犯は管理所と法廷の間をバスで往復しました。バスを借りて夜中にも行ったり来たりしました。私も何回も夜中にきて、事務所に連絡して帰ったりしました。

参観学習のときのバスは、あれは現地で借りたんです。撫順の場合は、撫順の交通株式会社からです。参観した各地では地元で借りたわけです。

最後に私の結婚ですが、二二歳で瀋陽の自動車修理工場にいたときにしました。彼女はそこの労働者でした。

シャベル一杯の石炭に友好の願い

高金友

高金友……ガオ・チンヨウ
一九三〇年生れ。山東省出身。
一九五一年から一九八九年まで
戦犯管理所のボイラー技術者として勤務。

所長までが戦犯の意見を聞いて私たちを叱る

私は一四歳のときに、撫順城にある日本人が経営する株式会社稲業鉄工所へ行き、大体二年間働きました。鋳物など部分品を造っていました。すごく少ない給料で、初めは溶接の見習い、そのあと仕上げなど、いろいろな仕事をやりました。

日本が降伏し中国は解放されました。解放後、仕事がなく二年間家にいて、それから十八歳ぐらいで撫順市の製紙工場に入り、一年ぐらい働きました。その頃お母さんが郷里（山東省）に帰るということで、山東省まで送り、帰ってきてから撫順市のちいちゃな石油工場に勤めました。石油工場も辞め労働局の登録をしました。五一年の夏に、「あなたは撫順監獄へ行きなさい」と言われました。

管理所へ行くと、于瑞華が面接をし、「ここは戦犯管理所です。戦犯管理所のことはまだ世間には知らされていません。ここの仕事や内部の状況を漏らしてはいけません。絶対に言ってはいけません」と念を押し、注意事項をたくさん話しました。

こうして管理所のボイラー室で働き始めました。管理所は規律が非常に厳しく、いろいろな厳格な規則があります。本当はこういうところで働く気はなかったんです。ボイラー室からパイプの修理のために監房の各所に行くときなど、まず看守から許可を得て、通行証明を持たないと入れません。こ

高金友　ボイラー室で

んなことは面倒くさいし、私が工場で働いていたときはこういうことがなく、職場の中の行動は自由で、どこへでも行けるし、なんでも話せました。でも、管理所では話もろくにできません。外に行って管理所の内部のことを言ってはいけない、非常に窮屈です。こういう気持ちの悪い仕事はやりたくなかったのです。

おまけに仕事は重労働です。ボイラーの蒸気を送る面積、つまり暖房の面積が非常に広かったのです。その当時は一万六千平方メートルでした。そんな広い面積に、冬になると暖房を十分に供給しなければならない、暖房の面積が広いと石炭も相当焚かなければなりません。また、炊事場では蒸気窯で白いご飯を炊くために、毎日三回蒸気を送らなければなりません。この負担は非常に大きかったです。戦犯に対する待遇にも不満がありました。日本人戦犯は、「満州国」時代に中国人に対して非常に悪いことをしました。こんな人になぜ、こんなにいい待遇をするのか。こんなにご飯ばっかり食べさせてなにをするんだ。待遇が良すぎる。戦犯たちは私たちよりご馳走を食べている。私たちが戦犯のご馳走を食べて、戦犯には私たちが食うものをやるべきなのに、なぜ逆なのかと。また、蒸気を入れるとき室内の温度がちょっと低いことがあります。戦犯たちはそういう場合、管理所の所長、あるいは科長なんかを通じて私たちに注意をさせます。「きのうは暖房が足りなかった。それで戦犯のほうで『寒い』という意見があった」「これからボイラーをよく焚いて、暖房を十分に送らなければならない」と何回も言われました。私は納得ができませんでした。「なにが寒い。暖房は十分送ったのにまだ寒いと言う、戦犯のくせになんだかんだと意見を言う、それでまた所長までが戦犯の意見を聞いて私たちを叱る。とんでもないことだ」と思っていました。

こうしたことがあって、管理所の各部局の指導者たちは何回も私を呼んで、「毛主席と人民政府はこんなに莫大な予算を使って戦犯たちに人道主義で待遇するんだ、人道主義の精神で彼らを教育するんだと指示している。だから君たちボイラー室に働く労働者も、国家のためにもっと奮闘しなければならない。そうしないと国家がたくさんのお金を出した価値がなくなる」と話しました。私たちはだんだん「なるほど、この仕事は重要だ。私たちの責任は、冬になると暖房を十分送り、そして温かい部屋の中で彼らが十分学習をし自分を反省することができるようにすることだ」とわかってきました。

一四〇〇トンの石炭をボイラーに投げ込む

私は五三年からボイラー班の班長、責任者になりました。これ以後は計画をたてて、夏になると全面的な修理作業をし、冬になると全面的にボイラーの責任をもって暖房を送りました。夏に各室のパイプの掃除、修繕やいろいろの設備の検査、修理をきっちりやりました。「暖房を十分に送らなかったために、もしも戦犯たちが風邪をひいたり、あるいは病気を起こしたりした場合は私の責任だ。そういうことがあれば、私は自分の任務を果たしていないことになる」と、いつも注意していました。家にいても、夜ちょっと風が吹いて温度が下がって寒いという場合は、飛んできて石炭をたくさんくべて、暖房を十分に送るように指示しました。あるときのこと、暖房が入る時間なのにきません。自分の家にも暖房が入らないからそれはわかります。私はすぐに起きて着替え、ボイラー室にかけつけてみると担当者は寝ていました。彼を起こして、「早く暖房を送るように」と指示しました。

私が班長になってから、ボイラーの事故は一回も起こったことがないし、部屋の温度が不十分で戦犯が風邪をひいたこともありません。「冬でも温かい部屋で戦犯たちが学習できるようにすること、彼らの学習の邪魔をしてはいけない、これが私の任務だ」と考えて仕事をしました。

ボイラーに投げ込む石炭の量は、いちばん多い年は一四〇〇トンでした。一四〇〇トンという石炭を機械でなく、私たちがシャベルですくっては投げ込みボイラーを焚きます。石炭一四〇〇トンというのは、五トントラックで二八〇台、三〇トンの貨車で四六台です。ボイラー班は三交替制一五名です。一グループ五名で焚きました。ですから労働は非常にきつかったです。そしてまた石炭カスが出るので、そのカスを全部リヤカーで外に出します。これも重労働です。管理所のボイラーを焚く期間も一般の職場、工場よりも長かったです。一〇月二〇日ぐらいから焚きはじめ、長いときには翌年のメーデーまで焚きました。他のところは、大体一一月一五日から三月一五日までで終わりです。ここは、戦犯が寒かったら風邪もひく、あるいは老人の戦犯がいるので風邪をひいたらたいへんだと、ボイラーを焚く期間も半年ぐらいですね。ここでは冬に寒いことはなかったんです。

一九五一年に管理所に勤務してから退職するまで毎年精神的模範労働者として表彰されてきました。私たちの働くところはボイラー室です。ボイラー室で火を焚いて、暖房が入った温かい部屋で戦犯たちが反省し、そして最後に認罪をし、涙を流して「中国人に悪いことをした」と謝罪の言葉を述べるとき、私たちも非常に嬉しく思いました。私たちは直接、教育することはなかったんです。でも、シャベルで石炭をボイラーに投げ入れる、それで火を焚く。それが戦犯の教育、思想改造に役に立ったということを考えてきました。戦犯たちが帰国してからもずうっと管理所を訪れ、そのたびに私たちに知らされます。日本の戦犯たちがまた帰ってきたと。それを聞くたびに、ほんとうに私のやった仕事も無駄でなくてよかったと思いました。

部下も当初は不満の声がだいぶありました。臨時でボイラーを焚く人でも、「戦犯の暖房だ」というと「やりたくない」という。壁は三年に一回塗り替えます。あるとき、ペンキを塗る労働者が来ました。その中に一八歳くらいの女性がいたんです。彼女が「戦犯のために塗るんだ。戦犯がいるところだ」と知ると「やりたくない、辞める」と責任者に言いました。私が理由を聞くと、「私のお祖父さんは日本人に殺された、とお父さんからいつも聞かされてきた」と答えました。そうです、お父さんがしっかり教育していたのです。それでこっちに来て、「あっ、日本人だ。この人たちが私のお祖父さんを殺したんだ。私のお祖父さんを殺した人のためにこんなペンキを塗るわけにはいかない。帰る」と言ったのです。彼女は「私は生まれてからこれまで日本人に直接会ったことはないが、映画で見たことはある。映画で見ると日本人の軍隊はほんとに恐ろしい。もう悪いことばっかりする。そういう人は許すべきでない。今度は実際に戦犯を見て、たまらなくなった」といって帰りました。これは当時の普通の中国人の心理状態だったんです。私も管理所にきたときには、「こんなことやりたくない、ほかのところで仕事をしたい」と何回も要求して、退職の申請書を出しました。でも所長や科長は、私を呼んで何回も教育してくれました。「あなたは安心してやりなさい」と。その後また彼女が来たので説得をしました。「そうじゃない。これは政府のほうでこういういい条件を作って彼らを教育して改造するんだ」と。

風呂は一週間に一回です。大きい風呂にボイラーで暖めたお湯を送ります。他に「消毒釜」があったんです。夏に着物とか布団を消毒するのです。入浴するときも、自分の服をそこへ入れて消毒します。全部、蒸気でやります。宿直は一日おきにやりました。だから大変な重労働でした。

日本人戦犯が自分でボイラーを焚いたことはありません。あとになって国民党の戦犯がきたときは思想がたいへん変わっていたんですよ。国民党の将軍たちはボイラーを焚いたこともありますから。

私たちは、シャベルで一時間に普通一五〇キロの石炭をボイラーに入れます。ボイラーが二つあったので三〇〇キロです。石炭の質がいいときはちょっと少ないですが、質が悪いときは多くなります。燃えカスは外に出します。春になると向こうの方で積み上げて山にしました。今使っているのは新しい機械で自動式です。これは昔のボイラーよりもほんとうに焚きやすい。もう石炭をシャベルで投げ入れることもありません。機械が自分で石炭を入れ、カスも自分で出す。半自動式です。昔は私たちがシャベルを使ってカスを落としました。

ボイラー班は直接戦犯と向き合っていませんが、教育科の人とか看守の人は彼らがどんどん変化していくのが見えます。私は接触しないが様子を見てわかったんです。というのは、彼らが来たときは、非常に厳しく管理していました。それがだんだん外に出る数も多くなりました。それでも私たちと直接会って話はできません。廊下で出会ったときや部屋の中に入って修理をするときは会います。初めのころは顔色も悪かったです。私たちが入ると変な顔をして見ていましたが、何年かたつと、部屋に入るとちゃんと立って礼儀正しく敬礼もしてくれるし、廊下で会っても笑って頭を下げます。こういうことで、この人たちは中国人の前で反抗的な態度をとらなくなったなということがわかりました。

五一年に来まして一、二年のあとに、彼らの変化を感じるようになりました。「暖房があまり効いていない」という不満は入った当時のことで、あとはそんなことは全然聞こえてこなくなりました。

帰国した戦犯たちが、何一〇年という間、中国人民との友好のために活動しているということを、管理所の職員から何回も何回も聞きました。「ほんとに嬉しい、よかったな。中国人民と日本人民が仲良くして、今後、戦争のない世界を築きあげるために、ボイラーにシャベルで石炭を何回も何回も投げ入れた私たちの労働も役に立ったなぁ」と思うとほんとに嬉しいです。私は勤務した当初は共産党員ではありませんでしたから「もう辞めよう」と決意しましたが、所長以下あれこれ説得され「政府中央の政策に従わなくちゃいけない」といわれ、中央の、新しい中国の理論というのを自分なりに勉強したんです。所長と科長からも何回も教育を受けました。それ以外にも、私たちは毛主席が書いた『人民に奉仕する』という本を読んで、労働者の間でもお互いに学習をしました。

抗日戦争のときに八路軍兵士であった張思徳が、炭を作っていたとき、炭窯が崩れて死亡した。これは人民のために犠牲になったのだ、だから、その死は尊いと、こういう本を勉強したんです。

だんだんわかった偉大な政策

鄭英順

鄭英順……ヂェン・インシュン
一九二八年生まれ。朝鮮族。
一九五〇年まで戦犯管理所
総務科会計として勤務。
一九七八年警察大学へ転勤。金源夫人。

収穫した米を出荷して「満州国」に納めるのはなぜか

私のお父さんとお母さんは、日本帝国主義の植民地下の朝鮮に住んでいて、非常に苦しい生活をしました。お父さんは、中国に行けば土地が広いから生きる道があると、移って来ました。しかし、中国でもやはり貧しい農民には生活の道がなかったんです。

私は九歳のときに「満州国」の竜江県李三店東北国民小学校に入学しました。授業は日本語で、日本国内と同じく、朝は君が代を歌い、宮城遥拝をし、教育勅語を校長先生が読みあげました。こういう奴隷教育を受けていたので、なぜ私たちが苦しい貧しい暮らしになったのか、その原因が全然わかりませんでした。近所の人はほとんどが貧しい生活でしたから、世の中はこういうものだ、と思っていました。なぜ貧乏な人とお金持ちが別々になっているのか、それが全然わからなかったんです。しかし、腹のそこで一つ疑問に思っていたことは、農民は一所懸命農作物を作って、一年中農業をして、特に朝鮮人は米を作る、そういう農民がご飯を食べちゃいけない、作った米は収穫しても、出荷して全部「満州国」に納めなければならない。これは一体なぜか、農民が自分の手で作った米を食べられない、食べることができない、こんなになるのはなぜか、ということでした。

家庭が大変貧しいので、お父さんが、女の子は勉強しても仕方ない、学校にいくなということで、十四歳のときにはお母さんの仕事を手伝っていました。すると、小学校の韓善職先生が私のお父さんを何回も訪問して、女の子でも勉強させるのがいいんだ、勉強させなければなにもわからない、いくら苦しくても勉強に出しなさいと言ってくれたので、私はまた学校に行きました。卒業して一六歳のとき、日本人の佐藤という家に子守りに出ました。子供が三人いて威張っていました。子守りといってもなんでもさせられるんです。でも月給もなにもない、食べるだけです。一六歳のこの年はほんとうに苦労しました。

一年後に日本が敗れ、それに私の兄嫁が病死すると、お母さん一人じゃ忙しいというので私は家に帰って手伝いをすることになりました。

敗戦当時は非常に治安が乱れていて、そういうときにお父さんが殺されたのです。日本が敗れて、地方の匪賊が騒ぎ出しました。お父さんは農業していたから、稲が実って刈り取るとき、匪賊はその籾を奪うために夜中に侵入してきて、日本人から奪った銃剣で刺したのです。お父さんは負傷しましたが、お金もないし病院もない。結局死んでしまいました。お父さんが死ぬと生活を支える柱がなくなりましたので、一番上の二三歳のお兄さんが一家の中心になりました。私たち兄弟姉妹は七名、それとお母さん、一家の生活の面倒をみなければならなかったお兄さんは商売をしていたそうです。それが事故に遭って、足を負傷し、全身を火傷し、動けるようになるのに一年以上かかりました。そういう家庭ですから苦労はしましたね。これは全部植民地支配が原因です。解放後、その道が正しいと信じて革命に参加しました。その方面のイデオロギーは強いです、私の村の人たちで革命に参加しない人はいませんでした。

鄭英順

理解ができない、半分理解できる、それから理解できる

金源と一九四六年二月頃結婚しました。金源は三月頃、革命に参加し、八路軍に入ってチチハルを解放し、チチハルに行きました。金源の影響もあって、また私も革命に参加するのがいいんだというのを知って、四七年の秋に革命に参加しました。金源はチチハル市の公安局で働き、私は西満地区朝鮮民衆連盟（✦一）の仕事を始めました。その後、黒竜江省行政幹部学校に入って三カ月間訓練を受けました。すでに私は革命に参加した在職の幹部です。組織の方では私を養成するためにハルビンの朝鮮民族幹部学校に送って、一年間学習させました。卒業後、私は吉林省和竜県の税務局に派遣されました。ここで長男が生れましたが、税務局の方では子守りを雇って子供の面倒をみてくれ、私は働き続けました。そういうときに金源が撫順戦犯管理所に転勤になったので、和竜県の税務局の方から、私も撫順戦犯管理所に転勤しなさいと言われ、私は生れて三カ月の長男を連れて撫順に転勤しました。

私が撫順についたのは一九五〇年の一〇月初めだと思います。そして和竜県から子供を連れてきて半月にもならないうちに、朝鮮戦争が厳しくなり激しくなってきたんです。アメリカの飛行機が瀋陽、鞍山、撫順、本溪口などの重要な重工業の都市を空襲するから、危険だという周恩来総理の指示でハルビンに疎開することになりました。子供をつれてハルビンの疎開さきから、半月も経たないうちにチチハルの郊外の農村に移りました。そしてまた半月くらいたつと、朝鮮戦争も少し落ち着いてきたので、子供を連れて五一年春にハルビンの管理所に戻ってきました。そこでまた会計をしていたのですが、五四年の春、最後までハルビンに残っていた「満州国」の戦犯と一緒に私は撫順に戻ってきたのです。金源は先に日本人戦犯と一緒に撫順に帰ってきていました。私はその一年後に撫順に帰ってきて二五年間働きました。

私は長い日本支配下の植民地で生活をしていました。非常に苦しい生活をしていたんです。なぜ苦

しいのか、わかりませんでしたが、革命に参加して勉強し、特に朝鮮民族幹部学校で一年間学習をして、私たちが苦しかったのは日本帝国主義が朝鮮、中国を侵略して植民地にしたからである。植民地では農民は生きる道がない、苦しい原因がそこにあったということがわかってきました。そういうときに戦犯管理所に来たので、戦犯に対する私の怒りは物凄いものがありました。こんな人間のためにここで働くのか、日本人戦犯は私たちの生活を苦しめた、中国人をたくさん殺し、中国の財産もたくさん奪い取った、こんな人間たちがいま中国の監獄に入っている。しかも彼らに一日三食、ご馳走を与えている、これはどうしたことかと疑いました。私はそのときはすでに革命の幹部でしたから、政府の政策であるから仕方がない、政策に基づいてやるべきだとは思いました。しかし、腹の底には日本人戦犯に対する怒り、憎しみがあるので、仕事を本気で積極的にやることはできませんでした。私は総務科で会計の仕事をしていましたので、他の人からも私と同じ気持ちをしょっちゅう聞いて、全くその通りだと思っていました。管理所に入った間もないころ、今は彼らにご馳走はしているけど、将来は中国政府の政策で全部殺されるんだ、死刑になるはずだと考えていました。しかし五三年、五四年になって、これらの人びとはだんだんと思想が変わって自分の罪業を認めることができ、中国人民に謝罪の証言をしていることを私たちは知りました。そういうことで、人は変わるものだとは考えましたが、彼らは処罰されて当然という考えは心の底に残っていました。五六年に、彼らが寛大政策で次々と起訴免除で釈放されて日本に帰国したときには、私はなぜ彼らを一人も殺さず、死刑もださず全部帰してしまうんだろう、これはおかしいと思いました。理解ができていませんでした。私の理解のしかたは、初めは理解ができない、半分理解できる、それから理解できる、こういうことでした。

管理所の所長、科長がなんども私たちを教育して、私たちは日本人戦犯を教育し、人間に生まれ変わらせるんだ、真理は私たちの手元にある、私たちは真理のためにこうして働くのだ、という教育を受けて、私の理解も深くなっていきました。

私の仕事は会計ですから、管理所で支払うお金は全部私の手を通して支払います。お米、小麦粉、野菜、日用品、タバコ、それから衣服類、いろいろな生活物品、各種用紙、こういうものを買うとき、私は職員たちにたえずこう言いました。

「戦犯のためにあまり上等品を買わないで、使える物を買えばいいじゃないか、そんな上等品を買うと国家の財産を無駄に使うことになる。歯ブラシなんか使えればそれでいいじゃないか。なぜそんな上等な物を買うのか。わが国は非常に困難な時期にある。困難な時期に戦犯のためにそんな贅沢するのはいけない」

初めの時期は、なぜ戦犯にご馳走を食べさせて、私たちは彼らに比べてはるかに劣った食事を食べるのかという疑問がありました。一九六〇年は中国は大変困難な時期でした。「中ソ論争」、ソ連からの援助の全面的打ち切り、そしてまた三年間の大災害。このときには四五名の受刑者がまだいたのです。そんな困難な時期でも日本人戦犯に対する食事はずっと変わらず大変良かったのです。しかし、私たち職員は木の葉、木の皮を代用食品として食べていました。これは一体どうしたことかと頭の中には疑いがありました。

彼らは全部殺すべきだという考え方が強かったんです。しかし、彼らも勉強して認罪、反省、謝罪という段階をへて自分の罪業を認めるようになりました。私も彼らに対する考え方が変わってきました。四五名の者を裁判にかけているときは、死刑もあるのじゃないかという思いもありましたが、大部分は起訴免除で、死刑なし、無期刑もない、最高刑が二〇年、最低刑が八年になったと聞き、やはり中央の政策は偉大であると考えました。

戦犯が日本に帰り、すでに三八年になります。もしも、昔私が考えたようにそのとき殺してしまったならば日本と中国の間には今の友好関係はないでしょう。そして、多くの日本人民、そして戦犯やその家族、友人と中国人との今の友好はないでしょう。ですからわが中国の政策そして中国共産党の人道主義的政策は正しかった、と私はしみじみと感じています。

✦一　西満地区朝鮮民衆連盟　抗日戦争勝利後、黒竜江省チチハルで結成された朝鮮族の大衆組織。中国共産党の指導下で革命を推進した。

呉浩然とともに歩んだ道
全曽善

全曽善……チェン・ツオンシャン
一九二四年生れ。吉林省出身。
一九五〇年から一九五八年まで
総務科に勤務。呉浩然夫人

解放軍から管理所へ

呉浩然と私は一九五〇年の四月に人民解放軍から非軍事部門の東北人民政府司法部に転属しました。七月に撫順戦犯管理所が創立されるということで、呉浩然と私は一緒に戦犯管理所の方に移り、仕事を始めました。

最初、撫順の監獄に行けと言われ、戦犯管理所とは言われませんでした。これは秘密だったのです。監獄へ行ったあとで、戦犯管理所で働くことになったとわかりました。

呉浩然は日本語が上手で、日本人戦犯が入るから日本語ができる職員を置かなければならないとする上の指示に従ったわけです。しかし、心の中では日本軍国主義に怒りを抱いていました。というのは、東北地方は長い間植民地になっていて、日本人は中国に対して三光作戦を行い、中国は大変大きな損害を受けたのですから。だれもが日本帝国主義に対して怒りを抱いていたのです。私にもこんな感情が腹の底にありましたが、上の命令に従って仕事を始めなければならないと思いました。

夫の呉浩然は、一九四五年一二月に人民解放軍に参加しました。その頃は人民解放軍と言わず、東北民主連軍という名称でした。彼はもともと住んでいた地元の吉林省敦化県で、日本軍国主義が倒れたあと、東北民主連軍に参加しました。そして民主連軍の幹部、指導員になりました。指導員の地位

全曾善（呉浩然の遺影をもっている）**とその家族**

は中隊長に等しく、政治工作を行う指導者です。彼は長春での戦争に参加しました。国民党軍と東北民主連軍とは激しく闘いました。そこで彼は勇敢に闘って負傷しました。長春が解放されると、彼は軍隊とずっと一緒に移動し、江西省、湖南省の南昌まで進軍しました。そのときは大隊の幹部で、大隊長と同じ地位にありました。南昌まで行って、負傷が原因で一九五〇年の四月に非軍事部門に転属したのです。三年間解放戦争に参加し、全中国を解放して建国した翌年のことです。

私も敦化県の出身で、四二年に敦化県で彼と結婚しました。部隊に参加するときは一緒でした。以後、彼の部隊の一員としてずっと解放軍でした。私の仕事はいろいろな物資を提供する会計の仕事でした。同じ部隊ですけれど、彼とは仕事が違います。彼は兵隊を直接指揮して戦闘をしました。

呉浩然は、日本語ができるので管理教育科の教育の仕事をしました。綏芬河に行って日本人戦犯を引き受けて以来、管理教育科で働いてきました。私は総務科の仕事でした。この管理所一帯の敷地は低いので、汚水がたまりやすいのですが、排水が悪いので雨でも降れば水がいっぱいになります。ですから管理所では雨水をポンプで吸い上げて排水します。私はその排水の係でした。排水の設備は管理所の塀の外にありました。

私たちは軍隊から四歳の長女と生まれたばかりの長男をつれて撫順に来ましたが、一〇月一八日に管理所はハルビンに移動しました。所長は移動する職員に早く家族を疎開させるよう指示しました。所長の命令ですぐに切符をとって、子供二人、お婆さん、お母さん、甥っこを連れて、家族六人で敦化に疎開しました。一六日、一七日の二日間で全職員の家族は疎開しました。朝鮮戦争が始まり、爆撃される危険性があったからです。呉浩然は命をかけて戦犯を安全にハルビンに移動させるために働き、私は彼の仕事を邪魔しないようにしました。あのときは本当に、党が言ったらただちに実行しました。今では難しいです、戦時だからできたのです。

朝鮮、「満州国」を支配した日本への反感を抱いて

日本人戦犯の大物たちは、位も高く、管理所で改造教育するより獄中に閉じ込めて管理すべき人間だと思いました。「満州国」戦犯は日本人の代理人です。彼らは昔、中国を踏みにじり、中国人民をいじめ、中国人民を殺した犯罪者です。私たちは貧農で、日本植民地の「満州国」で非常に苦しい生活を営んできました。日本の支配時代、私のおじいさんは抗日運動の地下工作員でした。朝鮮が日本に侵略されて三六年という長い間植民地とされたことに対し、おじいさんは朝鮮人ですから、「反満抗日」すなわち「満州国」反対、日本帝国主義反対の立場で朝鮮の独立、解放のために戦い、日本の憲兵に逮捕されました。それで私たち一家は北京に行って隠れ住んでいました。親戚も日本の警察、憲兵に逮捕されて拷問を受け、ひどい目にあいました。だから彼ら軍国主義者に対して非常な怒り、反感がありました。しかし、人民政府の方で政策をもって対処するのだから、私たちも政府の政策を守らなければなりません。中国人民を殺した敵に対して、怒り、憎みながら、政府の政策を遂行しなければならない、それが当時の心理上の矛盾でした。個人的感情で党の政策を守らないということはいけないと、個人の感情をおさえながら仕事をしていたのです。

日本語は「満州国」時代に江清県の小学校で習いました。日本語ができないとだめでした。六年間、小学校六年生まで強制的に日本語を使わせられました。朝鮮語を使ったら五銭の罰金を取られました。当時五銭といったら相当の金です。「満州国」にいた朝鮮族はみんな同じです、強制されて日本語を習ったのです。日本語はずっと覚えていましたが、今は使わないので忘れてしまいました。

私の場合は直接戦犯と接する仕事ではありませんでした。三カ月間、医務室で働いたときつき合ったことはありますが、それ以外長い間接触したことはありません。

管理所に着いて見た戦犯たちは、悪いことをした罪人なのに非常に傲慢な態度で威張って歩いていました。それでも私は、教育をしていけば自分の罪業を告白し、罪を認めるだろうと思うようになりました。しかし、彼らを寛大に扱い、あとで全員釈放するとは考えていませんでした。彼らは自分の罪を認め、そして処刑されるだろう、あるいは死刑になるだろうと考えていました。管理所の上部の方では、政府の政策は彼らを人道主義で教育する、だから戦犯に対して悪口を言ってはいけない、罵ってもいけない、もちろん殴ることはもっといけないと教育をしました。私は戦犯に対する怒りを抑えて、政府の政策に基づいた仕事をしなさいという上司の教育を受けいれて仕事をしたのです。

仕事をとおして友人に

呉浩然は、戦犯の教育の面で非常に細かいことまで関心を向けていました。あるとき、戦犯の中には労働者出身の者が多くいるということに気がつきました。尉官以下の下士官や兵士の中で労働者出身が六〇数パーセントありました。なぜ彼らが軍国主義の道を歩んだのか、を研究しました。そして、彼らはやはり軍国主義の教育にだまされて戦争に駆り出されたのだ、だから教育をすれば目覚めが早い、覚醒が早いと確信し、尉官クラス以下の戦犯に対して非常に自信をもって教育をしました。呉浩然は尉官クラス以下の教育担当者として、呼蘭から撫順へ戻って以後もずっと働きましたが、彼らは労働者出身であるから良く教育すれば必ず変わる、変化があるということを信じていました。

彼には日曜日は全然ありません、祭日もありませんでした。管理教育科の仕事で家庭を顧みる暇がないです。正月や祭日は管理所の中で、家には帰りません。一年三六五日間、家に帰るのは食事をする時だけ、それ以外はほとんど管理所で眠り、働きました。彼は五〇年から五六年の起訴免除で戦犯が帰るまでの約六年間、管理所をもって家と考える、管理所がわが家だと言っていました。子供たちも理解してくれました。

文化大革命のときは呉浩然は管理所にいませんでした。五〇年から五八年までいて、そのあとは管理所を離れて別の所に行っていたのです。あとになって管理所が昔の仕事を整理して展示、公開することになりました。それで彼が前にいた部署だというので一九七九年に再び帰ってきました。定年退職した後も顧問としてずっと働きました。

中帰連の友人たちが管理所を訪れるときは彼を訪ねてきました。彼以外の職員はあとからきた人ばかりで中帰連の人は知りません。呉浩然がいると昔のことを話せるようでした。

戦犯帰国後も、富永さん、高橋さんたち、中帰連のすべての方々と呉浩然を通じて往来が深くなっていきました。そして、一九九二年の一〇月、中帰連の招待で呉浩然と私は日本を訪問しました。日本の各地、東京、埼玉、大阪、広島、名古屋、鬼怒川、千葉、京都などで中帰連の歓迎を受けました。二週間にわたる熱烈な歓迎で、いろいろな面で本当に心のこもったお世話をしてくださり、今でも感謝の念でいっぱいです。

中国政府の政策に従って私たちが実践した教育によって、昔の敵が友人になりました。彼らは帰国後、結婚をし、家庭を設け、子供を生み、今は幸せで平和な生活をしています。恩師である呉浩然や当時仕事や家事で苦労していた私を招待して、彼らの生活の様子を見てもらおうという企てでした。この友情は中日両国人民の真の友情で、管理所が正しく政府の政策を実行した結果生まれたものです。呉浩然も初めから最後まで日本人の教育、思想改造に励んでいました。

子供は四人で、みんな結婚しています。父からいつも戦犯のことを話してもらい、人間は変わる、昨日の敵が今日は友になると聞かされて成長しました。子供たちは日本の中帰連の方々を尊敬しています。中国と日本の友好に役立つ仕事をしたいと望んでいます。

管理所の仕事に没頭した孫明斎

趙倹書

趙倹書……ヂェア・ヂェンシュ
一九二〇年生れ。黒竜江省出身。孫明斎夫人。

撫順戦犯管理所の一〇年間

一九五〇年一一月私は管理所所長の孫明斎と結婚しました。彼が病気で亡くなる一九八八年まで三八年間生活をともにしてきました。あの人は非常に真面目で峻厳、なにか考えごとがあっても心の中にしまい込んで他人に言うことはありませんでした。他人との約束もかならず守る人でした。管理所のことは秘密であって、家に帰ってきてもほとんど言いませんでした。管理所の仕事で非常に悩んでいるのは彼の顔つきでわかりました。

あるとき、とても深刻な表情で悩んでいました。「どうしたのですか」。私が尋ねてもなにも話しません。何日かすぎてまた私は尋ねました。あまりに私が心配したので彼はついに話しました。「戦犯の一人が自殺した、これは私の責任だ。管理所の仕事は党中央と周恩来首相が私を信頼して頼んだ仕事だ。しかし私はその任務を十分に果たしていない、これは私の仕事が不十分である結果だ」。そう言って自分を責め、悩んでいました。

私たちには三人の子供が一年おきに生まれました。私は撫順市の市立病院で看護婦の仕事をしていましたので、家庭の用事をこなしながら子供の面倒を見るのはたいへんでした。ときには彼に助けてほしいと思いましたが、彼は全く家庭のことに見向きもしません。朝早くから晩遅くまで管理所で仕

趙倹書

事をしていました。祭日や正月などには一家団欒を味わいたいと思っても、彼は相変わらず管理所に行って夜遅くならないと帰ってきませんでした。子供と遊んでやろうともしません。とうとう私は怒り出しました。「なぜこんなに忙しいの、なにをしてるんですか」。彼は「私は一切の仕事を部下にやらせているが安心できないときがあるんだ、実際にこの目で仕事を見ないと安心できない」。そしてまた言いました。「正月には餅をついたり、日本料理を作ったりして戦犯たちにご馳走を出さなければならない、きちんと作られているか心配だ、見ないと安心できない」

こんな具合ですから、私は彼と結婚しても、管理所時代は祭日、正月の楽しみが全くありませんでした。子供たちも同じです。日曜日は一週間のうちで一番楽しい休日です、しかし私の家には日曜日はありません。朝食がすむと彼は管理所へ行き食事のときだけ戻り、後はいつもと同じ、忙しく働いて夜遅く帰ってくるだけでした。彼は管理所の仕事に対して驚くほどの熱意と責任感を持っていました。それは、同僚の方々からもいろいろ聞いてわかりました。その一つを紹介しますと、部下に仕事をさせる前に自分がやってみて、十分できたあとで、「これをこうやれ」と命じていたそうです。

彼はときどき「管理所の全仕事が私の両肩にかかっている」と心配していましたが、心配が現実になってしまいました。ハルビンに疎開していたとき、隣からの飛び火でしたが、ハルビン監獄が火事になったことがありました。彼は「本当に危なかった。戦犯にもしものことがあったら私の責任はどうなるんだ」と言ったそうです。その頃、家に帰ってきても食欲がなく、顔色が悪く元気がありませんでした。私は「どうしたのですか」と尋ねました。神経疲れからきているのでしょう、彼は大変重い便秘にかかり苦しんでいたのです。そうしたときでも彼は「こんな仕事はもういやだ」とは決して言いませんでした。上からの任命だからどんな困難があってもやり抜こうという態度でした。

とにかく管理所のことはどんな心配事があっても決して自分からは言いません。私が顔色で判断して、しつこく聞くと秘密のこと以外は話しました。こんな彼の毎日を見て私は考えました。この人は党中央、周総理から依頼されて一〇〇〇名あまりの戦犯の重大な仕事をしている。そして重大な責任を負っている、だから全力をあげて管理所の仕事をしなければならないのだと。

彼の力を分散させないように、私は家庭生活の一切を担当するようにしました。彼に言いました、「もう家のことは気にしないで管理所の仕事に集中して下さい」

彼の半生のうち、一九五〇年から一九六〇年までの一〇年間、彼は戦犯のための教育をしました。そして周恩来総理からあたえられた職務を充分果たしました。戦犯たちが生まれ変わり、敵から味方へ、敵から友人になって、日本へ帰国してから数一〇年間日中友好、反戦平和の活動を続けているのがその証拠です。

文化大革命（✦一）と農業労働の八年間

一九六〇年、孫明斎は管理所の仕事を解かれ、瀋陽の労働改造局の責任者として転勤しました。私も一緒に移り、瀋陽の病院の看護婦として働くことになりました。それから数年後突然、私たちに信じられないような出来事が襲いかかってきました。文化大革命です。

日本人は中国を侵略し、中国人二一〇〇万名を殺し、五〇〇〇億ドルの莫大な財産を破壊した。孫明斎はその日本人戦犯にうまいものを食べさせ、その上一人も死刑にせず全員釈放して日本へ帰した、戦犯に対するこの優遇は資本主義路線だ、修正主義だと言って批判し、まるで犯罪者のように後ろ手に縛り街中を引き回したのです。彼は管理所の総責任者でしたから、資本主義路線を実行した大物として、特にその批判、吊るしあげは大衆の前で毎日のように行われ、ものすごいものでした。彼の話などは一切聞こうとはしませんでした。そして監獄に一年くらい入れられ、そのあとは農村に送られ、労働改造のため約八年間農業をさせられました。その間、私たち家族は瀋陽にいました。私は看護婦の仕事をしていました。あの人が名誉を回復されて元の職に復帰したのは一九七五年でした。

◆一　文化大革命　毛沢東によって発動された政治運動で、一九六六年五月から七六年一〇月にかけて中国は激動した。

第六章

裁判を担った人々

歴史に残る戦犯起訴状

李放

李放……リー・ファン
一九二二年生まれ。河北省出身。抗日軍政大学卒。深県公安局長、東北工作主任。

軍事法廷の準備はじまる

一九五四年一月、最高人民検察署（五四年度に検察院に変わった）に指示がありました。

「中国共産党中央、中国政府は、日本人戦犯の取調べ、処理を行うことになった。必要な幹部、職員は中国共産党中央組織および全国の検察庁系統、公安系統から、また日本語を話せる人員を各機関から集めるように」

私たちはただちに五〇〇名くらいの工作人員を集めました。その後各部門の仕事を検討してさらに増やし、大体七〇〇名の人員を全国から集めて中華人民共和国最高人民検察庁東北工作団委員会（以下、工作団と略称）を組織しました。東北工作団は一九五四年二月に撫順に到着しました。撫順市の党委員会、市政府、管理所は工作団の仕事を応援し支持し二〇〇名の工作人員を派遣しました。総勢九〇〇名の構成です。工作団の代表は、撫順に常駐する最高人民検察院の副検察長譚政文で、主任は李放です。工作団に委員会が設けられ、李放、孫明斎など七名くらいで構成されました。工作団を指導する共産党は、総指揮委員会を設け、李甫山、李放、孫明斎、金源で構成され指揮長は李甫山です。総指揮委員金源は青年の担当です。

七〇〇名の泊まる所、食べる所、事務を取る所、また調査をするための事務所、尋問室が必要です。

李放

これを全部、非常に短期間で市の方で準備しました。撫順戦犯管理所の周囲の市の行政学校、市の山林調査会、撫順市の監獄、公安局、撫順県の公安局などの機関は速やかに、その建物を工作団にゆずって彼らは引っ越しました。事務用の机、腰掛け、車両は全部市で準備しました。

一九五四年当時の情勢を振り返ってみます。国内の情勢からいうと、中国共産党は解放戦争を勝利して一九四九年十月一日に中華人民共和国が成立しました。三大改造、つまり農業、手工業、資本主義的商工業の社会主義的改造の仕事はまだ完成していません。その後五八年には三面紅旗（総路線、大躍進、人民公社）の運動がはじまり、困難な時期でした。国外の情勢からいうと、一九五〇年、アメリカは朝鮮に戦争を発動して北朝鮮を攻め、戦火は鴨緑江にまで迫りました。その狙いは中国侵略です。中国人民は自分の国の統一と朝鮮人民を助けるために抗米援朝の志願軍を派遣し、朝鮮人民軍と一緒に戦ってアメリカ軍を打ち破りました。アメリカは仕方なく朝鮮の三八度線の板門店で停戦協定に署名をしました。日本の状況からいうと、日本も戦後この時期は非常に苦しいときでした。戦後アメリカの軍隊は日本を占領して、軍事基地を各地につくりました。日本は第二次世界大戦で力を消耗して戦争に負けたので、大変苦しいときでした。こういう情勢のなかで、中国は日本人戦犯に対する裁判を準備しました。速やかに取調べを行い処理を行うと決定しました。中国は経済面でも非常に苦しいときであり、国民の生活水準も非常に低かったときです。仕事に参加している私たち職員の食事は、ほとんどコーリャン、トウモロコシでした。着る物も粗末な衣服で、苦しい生活をしていました。人民すべてがこういう状態でした。だが、ソ連から移管された日本人戦犯に対しては、党中央、中央政府の毛主席、周恩来総理は人道主義に基づく対処と教育をし改造する政策をとるよう指示しました。「日本人は米を食べるのが民族習慣で、コーリャン飯を食べたことがない、民族の習慣を尊重し、生活を保障しなさい」ということで、私たちはコーリャン飯を食べ、日本人戦犯には、米、小麦粉製品を食べさせました。病気にかかったら治療して生命を尊重しました。戦犯の人格を尊重せよ、いろいろな面で優遇し大切にせよ、同時に、自分のやったことは悪いと反省する方向に向かって彼らを教育せよ、ということで、すでに四年という長い間の教育を続けてきました。彼ら戦犯も程度の差はあるけれど、それぞれ反省の思想ができていました。

処罰と寛大、尋問と調査を結びつける

日本人戦犯に対する戦後処理方針の一つは、厳重処罰と寛大政策を結合することです。進んで自分の罪業を認めた人には寛大に、尋問に反抗したり罪業を隠したりして供述しない人間には厳しい処罰をする、ということです。もう一つは尋問と調査を結合することです。これに基づいて私たちは日本人戦犯に対して取り調べをはじめました。例えば「満州国」関係の案件については、保管されている日本が残した文書を全部集めて、この憲兵はいつ、どこで、なにをやったかを調べます。日本人が残した資料は非常に正確で、重要な証拠です。尋問の結果、事実が明らかになると、事件のあった現地に調査室を設け、工作団から調査員を派遣して確認をします。

供述はあくまでも事実であること、拡大しても縮小してもいけないという方針で、私たちは尋問、調査を行いました。

尋問の時には、ソ連から送られてきた者と、地方から送られてきた者とで一〇〇〇名あまりの戦犯がいます。彼らを一人一人尋問するのは非常にむずかしい。そこで、対象を罪が重く、中国に勤めていた時間が長い、重要な事件の関係者にしぼりました。軍人でいうと将官・佐官クラス、憲兵、警察でいうと警正以上の者です。対象は百数一〇名でした。これを三グループに分けて全部個別に尋問しました。尋問室は三つ設けました。第一尋問室は鈴木啓久、藤田茂などの軍人関係、第二尋問室は武

部六蔵、古海忠之などの「満州国」関係、第三尋問室は警察、特務です。さらに第四室を設けました。第四室は取調べの対象でない、尉官クラス以下、階級からいうとちょっと低い、罪業からいうとちょっと軽い、こういう絶対多数の八〇〇名以上の者を、金源主任のもとで、尋問をせずに認罪をさせる運動をすすめました。

八〇〇余名の尉官クラス以下の者は、出身からいうと大体労働家庭の人が多く、ほとんどが日本軍国主義から徴兵令で兵隊に狩り出された人です。彼らに対しては、主に教育、認罪運動を行いました。自分のやったことは侵略戦争であった。日本の天皇、日本の軍国主義のためであって、日本人民のためではなかった。中国人民に対しては大きな罪業を犯した、それは悪いことである。こういう道理を十分に納得させる教育を行いました。そして自分の罪業を認めると、今度は自分が知っている上官、他人の罪業を暴露する、尋問をせず、認罪・告発運動と呼ばれる工作をやりました。この八〇〇名の人々から、尋問対象者の罪業がたくさん挙げられてきます。これを尋問するときに参考にします。こうして認罪運動と尋問を結合しました。

「満州国」戦犯も日本人戦犯と同時に尋問を始める

「満州国」の戦犯の取調べのためには、別に尋問室を一つ設けました。彼らに対しては教育をすすめました。お前たちは日本軍国主義が中国侵略するとき、漢奸（✦一）として日本の侵略政策に協力した。「満州国」軍をつくり、「満州国」で働いて人民に罪を犯した。お前たちは自分の罪業を十分に認め、真人間に生まれ変わることが大事だ。中国人民政府の方では寛大に処理するから自分の罪業をまじめに認めなさい、またお前たちが知っている日本人の罪業については全部話しなさい、と。

彼らは自分の罪だけでなく、日本人の罪業を隠せば罪になるので、一生懸命に日本人の罪業を話してくれました。話すときには誠実に話し、拡大しても、隠してもいけないと告げました。こうして、重点的な尋問対象の日本人に関する資料が、尉官クラス以下の認罪・告発運動から、さらに「満州国」の戦犯からも集められました。尋問対象者は、自分が話さなくてもすでに部下から挙げられたもの、「満州国」の戦犯から挙げられた資料がありますから隠すことができません。

尋問対象者は、ソ連で五年、中国に来て四年になりましたが、日本のファシストであり、民族魂、大和魂、武士道の精神が頭にがんとして残っていました。また六法関係、古い法律関係の知識があるので、自分の罪業を告白すると、裁判の材料になるから言うべきでないと頑固に認罪を拒否する人もいました。私たちは尋問だけでなく、それと合わせて教育にも力を入れました。彼が解決できない問題を解決してやれば自分のことを言い出すのです。教育を前提として、尋問を行うのです。教育をする私たちにとって有利な点は、国際的に第二次世界大戦以後反戦平和の勢力がだんだん強くなってきたことです。戦争についての理論がわかりやすい時代を迎えたのです。帝国主義が侵略戦争を発動するのはなかなかできない情勢です。特に私たちは日本帝国主義を抗日戦争を通じてとうとう討ち倒して勝利しました。抗米援朝戦争（朝鮮戦争）もアメリカ帝国主義が敗北して中国、朝鮮人民が勝利しました。勝敗は正義か不正義かという戦争の性質によって決まるのです。帝国主義が他国を侵略するのは不正義であるから必ず敗北する、抗日戦争は正義の戦争であるから必ず勝利するのです。こういう理論を十分に説明し納得させました。

日本は戦争を発動した結果、他国の人民に大きい災難を与えただけでなく、自国の人民も同じような被害を受けました。広島、長崎は、人類歴史の上で一番さきに原爆の被害を受けました。そればかりでなく、戦争を発動したため日本はアメリカの軍事基地の下で非常に苦しい状況におかれたのです。あなた方が将来、侵略戦争反対、平和擁護に役立つ人間になるには、自分の罪業をまず認めねばならない。こういう教育をしながら尋問をします。だんだん説得力は強くなっていきます。「日本民族の生存のため外国を侵略し、領土を拡大しなければならない」という基本的な戦争観は誤りであるとわかると、彼らもそうだ、今まで自分が頑張ってきた武士道精神とか大和民族優越感は間違いであった、悪かったと認め、自分の罪業を供述するようになります。

尋問を始める前には四年間の管理所での準備期間がありました。この間に私たちは、彼らの罪業証言、多方面から集めた資料、尉官クラス以下が自分の上官の罪業を暴露した資料を集めて検討し、この人はどういう思想であるか、どういう罪業か、なにを心配しているかということを大体把握していました。準備が整ったところで尋問にとりかかったのです。しかし、尋問のはじめのときは、認罪態度のいい人でも、原則的には自分が罪を犯して悪かったと認めますが、具体的に追及するとなかなか言わない。これはやっぱり将来刑を受ける恐れがあると思っているからです。そこで工作団は認罪をたえず激励して、これからもっと徹底的にやりなさいとすすめるようにしました。自分の罪業をあくまでも隠して頑固に認めない人には批判と説得の教育をつづけて、「間違っており、悪いことである、あなたの将来、前途に対して不利である、早く改めて認罪をしなさい」と何回も何回も尋問を繰り返しました。やがて彼らは罪を認めるようになりました。

一九五五年の秋頃に尋問が大体終わりました。九〇〇名の職員が二年以上の時間を費やして、尋問、取調べを行いました。最後に一人一人尋問対象者の罪業について結論を出しました。第一は本人の尋問に対する答弁です。いつ、どこで、どういう罪を犯したという認罪内容です。第二は証言に基づく調査結果です。犯行現場での被害者の証言、証拠、部下の証言、文書資料で明らかにします。

例えば、私は何年何月何日どこで罪を犯した、被害者はだれであると供述すると、現地で調査して、被害者を探し、被害者の証言や証拠物件を集めます。「どういうときに自分は日本のどの軍隊からあるいは警察・憲兵から逮捕され審問を受け、どういう被害を受けました」と。もう一つは部下の証言、「いつどこで私は自分の上官であるだれの命令でこういう罪を犯しました」と。そしてもう一つは「満州国」に残された文書で、「何年何月、どこで、だれを逮捕してどこに送って死刑にした」と、それには報告するために自分でサインをしています。ですから、これはもう確かです。こういう昔の文書の書類や、あっちからもこっちからも証拠、証言、証拠物を集めて、本人が書いたものと、本人が言ったものと同じかどうかを照合し、これこれはこの人が行った罪業であるという結論を下して、起訴します。本人の証言だけあって、証拠、資料、あるいは被害者の証言がない場合は起訴しません。

このような経過で最後に、自分が言った尋問記録、自分が書いた供述書、被害者の証言、部下の提供した証言、「満州国」戦犯の証言、「満州国」時代の新聞あるいは内部書類で彼の罪業を記録してあるもの、こういうものを全部本人に見せて、これは事実であるかどうか、事実であるならサインしなさいと話します。自分でこれは間違いないと一ページずつサインをして、全部にサインをしてあります。ですから、これらは自分が心から認めた罪業です。もう否定することはできません。こういうようにして大体取調べを終わります。

さらに教育し思想転換をすすめる

尋問には大体二年かかりました。そして中央が戦犯に対して、いつ裁判をし、処罰をするのか、その時期を待っていました。私たちの経験としては罪を犯した犯罪者がまず自分の罪業を認めることが、思想の変化、思想改造の前提です。自分の罪を認めない者に思想の転換はできません。まず全部の罪業を認めさせる、認罪をして新しい人間に生まれ変わろうとする者には、認罪をさらにすすめて自分の前途、将来を考えさせます。認罪を終わったあとは教育の面でもっと強化して、彼らが犯した罪業の原因はどこにあったか、どうしてこういう間違った道を通って罪を犯さなければならなかったかを教育しなくてはならないのです。この件については金源同志は非常に詳しい、彼は教育の面で優れた人です。この教育の一環として社会を見学する参観学習をさせました。本人が過去に罪を犯した土地に再び行って、その土地でどういう変化があったか、そして被害者の生活はどうであったか、それを直接自分の目で見させることによって認罪思想をもっと深めるためです。それで将来自分はどういうことをしなければならないかを考えさせるのです。

尋問が終わると、戦犯の教育と生活を彼ら自身にやらせようという新しい段階を迎えました。内部では自発的に学習をやろうという学習委員会ができ、委員長、副委員長、それから学習部、翻訳部（中国語を日本語に訳して印刷をして学習資料をつくる）、それから外国文化部を作って、自発的に勉強しました。教育の面で前よりもっと活発になり、進歩しました。参観学習ができるとわかると、内部では学習委員会がテーマをたてて自分たちで組織して学習をしました。いろいろの面で彼らは自らを教育しました。彼らはこのようにして自分たちはいかなる判決を受けても、それは当然であるということがわかってきたんです。

一九五五年の年末から五六年の春の間に中央の方から、戦犯処理を行うから各方面の準備をするよう指示されました。日本人戦犯に対する一部の起訴の準備、そして他の多くの者の起訴免除、釈放の準備をしました。

司法部の方では弁護の準備をしました。最高人民法院の方では裁判の準備を進めました。日本の担当官も管理所にいって戦犯と面会し、管理所参観を行いました。国際情勢と中日両国人民の友好のためです。寛大に処理するという党中央の精神に基づいて私たちは起訴する罪証を一つ一つ点検し、四五名の戦犯を起訴して裁判にかけるということを決定しました。

特別軍事法廷の開廷

それで四五名の被告について起訴状を書くことになりました。起訴状を書くときの原則は、本人が認めた罪業と証拠が十分である罪業だけを書きました。これを中央の政法委員会（中国共産党の指導の下に政法委員会があり、委員会の責任者は彭真同志、北京市市長）に提出しました。彭真同志と日本との友好を担当している廖承志同志（日本問題の専門家）の二人が起訴状を全部自分で見ました。彭真同志は「この起訴状の中で、本人の供述、それから証言が不十分なものは取り消しなさい。もしもまた補充することができるのだったら補充してやりなさい。関係者の証言が三つ以上ないと、取り消すか、あるいは補充をしなさい」と言いました。このように非常に詳細に起訴状を作りました。鈴木啓久のあの案件の起訴状は周恩来総理が直接見ました。総理は文章から符号まで訂正し、それを中国の語学専門家に見せて、文章上なにか誤りがないか、法律上は梅汝傲に見せて間違いないか確かめました。彭真同志は「起訴状は歴史的にいつまでも正しく、これを否定することはできないものにしなければならない」と言いました。あれから三七、八年の歳月が流れましたが、この起訴状はだれも否定できません。証拠は鉄山のごとし、いつまでも正しいと言えるでしょう。

人民代表大会常務委員会の決定に基づいて、中華人民共和国最高人民検察庁は、国家を代表して起訴する検察員を任命し、司法部の方では、被告一人に弁護人二人、この弁護人は中国で有名な弁護士、非常に経験に富んでいる弁護士を選定しました。こうして裁判の準備がだいたい終わりました。

一九五六年の六月から七月に、特別軍事法廷を瀋陽、太原両市に設け裁判を始めました。

裁判には被告以外に証人が出廷しました。被害者、被告の部下、「満州国」の戦犯などが、出廷して証言します。私たちは証人に対して事前に教育しました。証人は真面目に、歴史の事実をそのまま証言し、嘘を言ってはいけない。証人が嘘を言ったら、証人の責任問題が起こることなどを繰り返し指導しました。

瀋陽法廷の第一案件は軍人です。鈴木啓久、藤田茂ら八名、この案件の首席公訴人は王之平です。彼は軍人の法務官です。裁判長は法務官の袁光です。第二案件は、「満州国」関係者です。武部六蔵と二八名、この案件の首席公訴人・検察員は李甫山、私はこの案件の検察員として出廷しました。裁判長は賈潜です。裁判では、この被告たちは、自分が犯した罪業について全部認め、謝罪しました。人民に対する罪業を自ら非難しました。特に被害者が出廷して証言を行うときは被告は涙を流して最敬礼して申し訳ないと謝罪しました。そして被告は最後に自分の意見を供述しました。その中には、自分が日本軍国主義の命令で中国を侵略して、中国の神聖な領土で計り知れない罪を犯して中国人民に申し訳ないことをした、そして中国人民は私たちにこのように人道主義の原則で今正義の裁判を行っている、いかに処罰されても自分は絶対に従う、と述べた戦犯もいました。

この四五名に対する罰は、これも中央の日本人戦犯の処理についての決定の精神に基づいて寛大に処理することになりました。一人の死刑も出さず、一人の無期懲役も出しませんでした。最高刑二〇年、最低刑が八年、つまり八年から二〇年の刑を言い渡しました。最高刑を受けた武部六蔵は、健康状態が悪いために革命的人道主義の精神に基づいて、仮釈放で間もなく日本へ帰りました。

裁判を受けていない、一〇一七名に対しては起訴免除で寛大に釈放しました。これは最高人民検察院の方で起訴免除し、逐次、釈放命令を発表して三回に分けて釈放し帰しました。一〇一七名は感激の涙を流し、心の底から中国共産党、中国人民政府の寛大政策に感謝し、中国人民と日本人民は永遠に友好で仲良く暮らさなければならないということを決心して帰りました。

刑を受けたこの四五名も、服役中、態度がいいということで、ある者は刑期満了前に釈放され、一九六四年の二月までには全員が釈放されて帰りました。

中国共産党中央委員会、中国政府は日本人戦犯に対してこのような寛大政策で処理し、中国人民の政治を全世界に表明しました。厳粛で寛大な政策で処理をした結果、国際情勢から見て、中日両国人民の友好から見て、またこの数一〇年来の日本人戦犯の帰国後の活動から見て、これは非常に正しかった、この処理は世界の歴史上唯一無二の成功であった、と言うことができるでしょう。

「満州国」戦犯に対しては尋問を終わり起訴の準備をしていましたが、やはり裁判をしないで、彼らの思想改造の程度によって、一人一人を特赦で釈放しました。彼らには、釈放され社会に出て働いてもらいました。中国の封建社会の最後の皇帝、そして「満州国」の皇帝溥儀は、中国共産党、中国人民政府の教育を受け、皇帝から一般の庶民にという思想改造ができて、一九五九年の中華人民共和国建国一〇周年のときに特赦で釈放され、一人の市民として、社会に出て働くことができました。これは中国共産党、中国人民政府の思想改造の勝利とも言えるでしょう。溥儀の弟溥傑も釈放されて中華人民共和国人民代表大会常務委員を相当長い間担当し、人民のために非常に有益な仕事をして、最近亡くなりました。溥儀が釈放されると周恩来総理は彼に面会して激励しました。周恩来総理はまた、弟の溥傑の家庭生活のことでも非常に心配しました。奥さんは日本人ですから、一家団欒できるようにと細やかな世話をしました。

日本人戦犯も帰国したあと中国帰還者連絡会という組織を作って、この三〇数年の長い間に中日両国人民の友好と反戦平和のために頑張って大きな役割を果たしました。戦犯の教育の実践結果から証明されたのは、毛沢東主席をはじめとする中国共産党の改造政策は人類世界を改造し、犯罪人を改造したと言うことです。この改造政策は世界にとって非常に有益で、正しかったことを証明しました。毛沢東の改造政策は非常な成功をおさめました。

強調したいいくつかの点

細かく言いますと、瀋陽の裁判は、案件の順序からいうと鈴木啓久が一番で、それから古海忠之となっていましたが、実はこのとき、病気のために法廷には立ちませんでしたが、一番の重点は武部六蔵でした。「満州国」の指導をした日本の代理人として反動的地位も高いし影響が大きかったのです。

鈴木の首席検察員王之平は、日本人を直接尋問したことはないが、彼の指導下で日本、「満州国」の全戦犯の尋問が行われ、彼は尋問全部を掌握して実際的な仕事をやったのです。

尋問の中で比較しますと軍人案件が尋問しやすかったのです。軍人は武士道精神があり、反抗しても道理を充分に説明すると納得しました。というのは、軍人は政治に関らずということで、政治の面はなにもわからなかったのです。それで、日本軍国主義が中国を侵略した理由を正しく説明すると彼らは率直に悪かったと認めました。上坂勝も武士道精神が強く、全然自分の罪業を認めませんでした。私たちは長い間説得し、彼の罪業の物証を挙げて、こんなことがあるじゃないかと説明しました。彼はとうとう悪かったと、頭を下げて自分の罪業を認めるようになりました。

その次は、「満州国」関係、武部六蔵、古海忠之など、つまり「満州国」の行政、司法関係者は軍人よりちょっと尋問が難しい。でも、彼らがやったのは法律を決めたこと、政策を決めたことですから、彼らは隠そうとしても隠すことができません。軍人よりは難しいけど、比較的尋問がやりやすかったです。一番難しいのは三番目の警察、憲兵、特務です。これが軍人よりも、司法の人よりも難しかった。彼らの言動はすべて秘密です。極秘裡に罪業を重ねているから一般の人々はわかりません。自分で言わなければわからない。だから隠そうとするのです。彼らはかつていろいろな機関で、中国人を尋問した経験もあります。その経験をもって、今度は中国の尋問に反抗する。だから一番難しかったのが警察、憲兵でした。こういうことは下からの報告でわかりましたが、具体的にだれがどうだというのは話しきれません。

武部六蔵などの「満州国」戦犯起訴状は二八名分もあって長いので、系統別に大体一〇名ずつを検察員が読み上げることになり、私は三番目のを読みました。

法廷の取調べのとき、それから弁護人の弁護と、検察員の起訴、これが対立することはあまりありませんでした。取調べのとき、被告は全面的に起訴事実を認めています。弁護人の弁護もまず彼らの行った罪業を充分に確認し、その前提のもとで、この被告は命令に基づいてやったのだ、そして今の認罪の態度が良いから、このことを十分に考慮して寛大に処理してほしいということでした。これは首席検察員・李甫山の方で、日本軍国主義が中国において犯罪を行ったということを理論的に第一回から全部正確に話しています。弁護人はそれを否定する論理がなかったのです。

弁護人の弁護の重点は二つです。一つは被告の認罪態度です。国家検察院の起訴した内容、それから被害者の証人、それから部下の証人、自分がやったすべての罪業について被告は異論がない、全部認めている。中国は政策として認罪態度を最も重視しましたが、被告は自分の罪業をすべて認めているのです。もう一つは、これらの戦犯は日本軍国主義の侵略政策を自分たちが決定し、作ったのではなく、一握りの軍国主義者が戦争を策略し、計画し、発動したのであり、彼らはその命令を実行する罪を犯したのです。こういうことで刑を軽くするように要求しました。大体弁護人の弁護内容はこの二つの点が中心でした。

判決と不満

工作団が提案した被告は、はじめは四五名ではありませんでした。しかし、中央の方から多すぎると指示され、それで四五名になったのです。刑のこともはじめのうちは二〇年ではなく、死刑とか、無期という意見がありました。周恩来総理はこれを批判して、「日本人戦犯に対しては一人も死刑を出さない、無期懲役も出さない、それでもしも君たちがこれを納得できなかったとしても、これから二〇年あとになるとわかってくる」と話しました。振り返ってみると周総理の意見は正しかった。日本人戦犯を釈放して三〇年以上になりますが、このように寛大に処理したことは中日両国民友好の関係で、いろいろな面で良かったと考えています。

最初に尋問を始めたときは、軍関係は佐官クラス、「満州国」関係では科長以上全員を尋問対象にしました。当然彼らは地位が高く、罪も重い。尋問対象は一四〇名だったと思います。全員を取調べて、このなかで七〇数名を起訴対象に選びました。四五名に決めたのは、一つは、数の問題では少なくても多くても同じ、つまり代表として裁判にかけるということです。それで四五名の中に軍人、「満州国」、警察の典型的な犯罪者を取り上げることにしたのです。軍隊から師団長、旅団長、連隊長、あるいは大隊長、「満州国」からも最高幹部の武部六蔵、また県長、警察、さらに憲兵隊司令官、憲兵隊長など、各分野の代表的な者が全部入ります。彼らのうちから典型的な人の罪業を選べば、証言、証拠物件が山ほどあります。それを否定することは到底できません。ですから七〇数名よりも数を少なくして、代表的な人が入ればいいじゃないかということになったのです。

判決が下ると、こんなに寛大に処理するのは納得できない、この思いは証人ばかりじゃなく、私たち工作団の工作員、職員の中にもありました。あまりにも刑が軽すぎる、日本軍国主義が中国を侵略して、中国の人民は大変苦しんだ、そして多くの命が失われた。とりわけ東北は一四年間、植民地として日本に支配されたわけですから、東北人民から寛大すぎるという強い批判はあったのです。特に被害者が証人として出廷したときには、それが表れました。戦犯裁判に出廷して自分が証言を述べるのは非常に光栄である。中華人民共和国が成立して全人民がこの権利を手に入れた。これは全人民の誇りである。私たち公民は主人公になったのだ、と。そして証言の中には、最後に必ず自分の親族を殺した張本人を厳重に処罰して下さいという願いが込められていました。

法廷で判決が下ったあとも証人にはさまざまな思いがあったのですが、工作団の方から証人に対して、これは中国共産党の政策、国家の政策である、われわれは国として未来に向かって考えなければならない。ただ身内の個人的恨みだけを考えてはいけない、と。こういう説得をし、彼らからもあまり反抗的な意見はありませんでした。東北人民もそうです。日本人戦犯に対する裁判を通じて新聞紙上に人民を説得する文章がたくさんありました。東北人民、中国人民も政府がやっているのが正しい、政府の政策を信じる、政府の裁判は帝国主義に対する打撃である、これに勝利した人民は偉大であるというもので、あまり心配するような不満はありませんでした。

出廷する証人はほとんどが被害者です。それこそ涙を流して自分の夫が、あるいは自分の父が、親戚が殺された、と証言します。被告に対しては、個人感情からいえば被告たちを叩き殺してもいいと確信しているでしょう。でもこれは個人の感情です。やはり中国共産党の指導の下で、日本軍国主義を打倒して中国人民は勝利した、だから中国共産党と中国政府の政策を私たちは守らなければならない、このように寛大に処理するのは将来の中国と世界にとってよいことである、と話しました。彼らは自分の感情を抑えて法廷の決定を支持しました。中国共産党は全人民を説得する必要があるというので、『人民日報』の社説で、なぜ日本人戦犯に対して寛大に処理するのかという理由を十分説明しました。この社説によって人民は納得したのです。

裏づけ調査

取調べのとき、尋問と調査をします。尋問してわかった罪業を調査して裏づけ証拠を取らなければなりません。尋問と調査の結合という方針です。だから尋問室には、外に出て調査する調査組がありました。調査組は尋問室の要求によって、一つは内部の資料として、日本軍が残した資料を図書館とかいろいろな所で調べて証拠として保存します。二つは犯罪が行われた現地に行って犯罪状況を調査します。二年間にわたって大量の派遣調査を行い徹底的に調べました。上坂勝少将の罪業を調べるため山東省に入ったことがあります。済南（山東）、武漢、重慶は中国でも名高い三大炎熱地です。真夏にここへ行って調査するのは大変でした。上坂勝が部下に命じた罪業は人を殺したことで、被害者は娘さんでした。真夏に被害者の遺体を掘り出して写真を撮りました。非常に辛いことでした。また真冬の一番寒いときに東北の興安嶺に入りました。ここは非常に寒いが、証拠を取るためにはしかたありません。調査に参加した人は苦労しました。でも日本軍国主義がやった罪業を調査するというと、地方からは非常に積極的な援助を受けました。県、村に入ると県の方では全県を動員して、昔日本軍がやったこと、どういうことが起こったかを取り上げて調査員と一緒に調査しました。苦しみながらも広範な人民が協力して調査は順調にすすみ有利に展開しました。調査した証拠はそのままでは証拠にはなりません。何回も分析をします。最後には、生存している被害者や家族の遺族がいますから、彼らから知っていることを聞いて書類にし、捺印させます。村、県の方でもこの人の証言は正しいと認めて捺印します。こうして初めて証拠になります。誠実に調査し、正確な証拠を見つけ出さなければなりません。

私が今深く記憶にあるのは、工作団で平頂山事件を調査した人の話です。西露天掘り炭坑のそばから東南方平頂山という村がありました。そこに三〇〇〇名くらいの労働者と家族が住んでいました。

日本軍隊は、この平頂山は抗日軍と関係があると疑い、事件を起こして三〇〇〇名の命を奪ったのです。生存者として小さい女の子の方素栄がいました。家族は全部殺されて彼女一人が生き残ったのです。彼女が平頂山事件のことを話してくれました。私たちはそこに行って調査をし、そして埋められた遺骨を掘り出して証拠をつかみました。地下から掘り出した骨は全部、今遺骨館に安置されています。そのときは日本の警察の署長だった人が参加し、白骨を発見して掘り出しました。後に戦犯たちがそこに参観に行ったとき、方素栄さんが平頂山事件の経過を話したということを聞きました。

私の生い立ち

私は貧農の子供として生れました。当時は小学校は六年、それに二年間の高等科がありました。私はその七年まで行きました。お父さんは病気で仕事もあまりできず家は貧しく、私たち一家は借金をして生活をしていました。私は小学校をやめて小さな商店で働きました。店の商品、物を運ぶ仕事です。一九三七年「七・七事件」（盧溝橋事件）が起こりました。国民党の軍隊は日本の侵略に抵抗せず、河北省からほとんど退いてしまいました。中国共産党は、全人民に抗日戦争に積極的に起ち上がろうと呼びかけました。これに応えて多くの村では抗日救国会という名目で遊撃隊をつくり、あっちこっちで戦い始めました。それを私は自分の目で見ました。私は七年間勉強しましたから読み書きができます。皆の前で新聞を読み上げたんです。それは公開できる新聞でなく秘密のビラのようなものでした。そこには「日本軍はわれわれの土地を踏みにじり、人民を殺している、人民の家を焼きはらっている、今こそ人民は立ち上がり抗日戦争に参加せよ」とありました。こういうビラはあっちこっちでばらまかれていたのです。私はこういう宣伝を聞き、抗日戦争に参加すべきだと決意しました。小学校の先生だった候鳴凱先生は、私が愛国心があり抗日思想が深いというので入党を推薦してくれました。一九三八年八月、先生の紹介で私は中国共産党に入党しました。そのころ、区という役所がありましたが、公然と活動できない地下政府でした。そこには新党員の訓練所がありました。ここで私は毛主席の持久戦論を学びました。抗日戦争は三つの段階に分けて戦う、長い間戦わなければならないが最後の段階は勝利の段階であるということを学びました。私は共産主義に向かって前進する正しい革命党に参加したのでした。

河北省に深県という所があります。私は新党員の訓練を受けて革命理論を理解できるようになったので、十月に区の紹介で深県に行きました。そのとき、県の抗日政府が組織されたのです。ここは少数民族の回族が決起して回民部隊を組織して戦ったところです。中国の抗日部隊の中で有名な馬本斎（✦二）の部隊です。映画にもなっています。

ここの県政府でしばらく仕事をして、抗日軍政大学（✦三）に入学しました。通称抗日大学、抗日学院といって若者たちを幹部に育てる学校です。これが一九三九年の末ごろです。

まもなく八路軍は冀中で大部隊に発展して軍区を建設しました。一九四〇年七月、私は抗日軍政大学を卒業すると冀中軍区に派遣されました。そのとき、冀中軍区の司令は有名な呂正操将軍（✦四）でした。ここで私は働くことになりました。深県はあとで深南、深北に分かれました。というのは南は八路軍が活躍する根拠地、北は日本軍の占領区に変わったのです。私は深南に移りました。

深県は冀中区で最初にできた根拠地の一つです。ここでは多くの幹部を養成しました。深南県に移った私は実業科で働きました。実業科はなにをするかというと、県内の各村に合作社を作るのです。なぜ合作社が必要か。私たちは日本軍から包囲された中で生きて行かなければならないのです。抗日根拠地ではまず食糧を、そして着る物など生活必需品を自分で生産しなければなりません。合作社を組織して自給自足で戦ったのです。

抗日学院に行くときには、日本人の占領している地区を通らなければならないので危ないんです。ですから私たちは学校へ行くときも帰るときも、八路軍の保護でこっそり行ったのです。学院や県政府の周囲は全部日本軍の占領地です。私が学校から帰る途中に、日本軍から攻撃されて部落が焼かれて、壁しか残っていない所もありました。日本軍は華北大討伐という名目で毎日のように部落を襲撃しました。だから深県は二つの県になったり、一つになったりしました。あるときは日本軍が急襲して一部を占領してしまう。日本軍は深北県とはいわないんですよ、深県というのです。でも、私たちは南部の一部を占めているから深南県と名前をつけています。そういうことで、行政地区は県とか区とかすぐに、変わります。今日は日本軍からやられて占領地になった、明日は八路軍の遊撃隊に解放されて根拠地に戻るという情勢でした。

抗日戦争

一九四一年の十二月八日、日本軍国主義は太平洋戦争を始めました。彼らは戦線が長くなって大量の物資が必要になりました。河北省を含む華北全体を兵站基地に変えて戦略物資、綿花、食糧を略奪して太平洋戦線に送り出さなければならない。そのためには、どうしても八路軍と根拠地を消滅させなければならない。河北省における日本軍の討伐戦は格段に厳しくなりました。

このころ、冀中では深南県からまた新しい県ができたのです。私は辛集県建設の準備委員会の委員として転勤しました。この一帯は有名な河北の平原根拠地です。八路軍の力が非常に強かったのです。そのとき、河北省の状態は、天津とその周囲の県、北京とその周囲の県は日本軍が占領していましたが、それ以外の広い農村の県は八路軍の勢力圏でした。平原根拠地一帯には国民党の政権はありません。日本軍占領区と八路軍根拠地の間に双方が争奪する遊撃区がありました。ここでは共産党の地下政府が活躍していました。遊撃区は根拠地に変わります。日本軍はこの農村地区を非常に恐ろしい危険な所であると考えたのです。広い農村では、それぞれの県は組織も非常に徹底していました。中国共産党の県、村の委員会があり、人々は農民連合会、婦人連合会、青年連合会、労働者連合会に組織されていました。抗日組織が強いので日本軍はここに拠点をつくれませんでした。人民は共産党の指導で抗日政権を作り、根拠地を形成して戦争し、生活したのです。

一九三六年、「西安事件」（✦二）の結果、中国共産党は全中国に対して、広範な統一戦線を結成し、一切を抗日勝利のためにというスローガンを提起しました。冀中区の根拠地一帯では徹底して土地を守り、中国共産党の呼びかけを実行しました。そのときのスローガンは、お金のあるものはお金を出す。力のあるものは力を出す。鉄砲のあるものは鉄砲を出す。一切を抗日戦争のために、でした。そのスローガンが人々の腹の底に沁みわたり、なにがなんでも全力をあげて戦おうという時期でした。抗日がすべてで、人民の動員が徹底的にできました。いま歌われている中国の国歌はあの当時できた義勇軍行進曲です。全中国人民の姿を歌ったものです。それが国歌になっているのです。その国歌の歌詞に、その当時の統一戦線の姿が表れています。立ち上がれ、立ち上がれ、わが民族にとって一番危険な時期だ、立ち上がって、血と肉で新たな長城を築け、敵は攻めてくることはできない、我々は死んでも国を守る、死ぬまで戦うのだ、そういう歌詞です。抗日戦争を称えた歌がもう一つあります。「大黄河」です。黄河の怒濤のように、中国人民が北から南まで起ちあがって、日本軍と戦う姿を歌っています。

太行山、この山地は遊撃戦に有利です。でも平原になると遊撃隊は困ります。そこで夏の草が生え、またコーリャン、黍など茎の高い農作物がのびたときはそこに隠れてやります。鉄道沿線と都市の周囲は日本軍、広い平原地区は八路軍です。ですから日本軍は、八路軍が草の中にあるいはコーリャン畑の中に潜伏して遊撃戦をしかけてくるのを恐れて、鉄道沿線には高い作物を作るのを禁じました。

抗日戦争は、中国が外国から侵略されて最も危険なときには全人民が団結して戦うことができることを示しました。二つの歌は抗日戦争に決起した多くの人々が理解できる歌詞です。中国人民は、母は男の子を、妻は夫を戦場に出す。彼らが日本軍と戦い、戦死しても光栄だといい、抗日の熱情はいやが上にも高まりました。

一九四二年五月一日、日本軍は「冀中作戦（五・一大掃討）」を発動しました。「北支那」方面軍の司令官岡村寧次が五万の日本軍を動員して、河北省の冀中地区を攻めてきました。岡村は、八路軍の根拠地を消滅させる決心で攻撃してきました。それで、一部の根拠地は地下に入ったんです。党や政府の幹部は全部農民になって地下活動を行いました。八路軍の主力部隊は他の所に移動して反撃を準備しました。一部の部隊は変装して私たちとともに地下に入りました。党の県委員会は、全部地下工作、秘密の活動をすることになりました。私は県委員会の書記、県長、公安局長と一緒に働いて、公安局の仕事をやることになりました。公安局には決まった宿舎はなく、分散して、あっちにきたりこっちにきたりして活動します。私の担当は公安局連絡股（股は科の下級）です。連絡股長の仕事はなにかというと、敵の状況を調査することです。日本軍があっちこっちに拠点をつくる、私たちは日本軍の内部を調査する。調査するには小部隊を派遣したり、あるいは捕虜を尋問したりして敵の状況を調べるのです。私も変装して二、三人で、敵の地区に入って敵の様子を調査したことがあります。捕まったら死ぬこともあります。

「五・一大掃討」のときには、私たちは昼は非公然活動ですが、夜は公然活動です。日本軍は大体午前中出動して、午後には引き上げます。私たちは日本軍が帰ったあと、村の中で活動します。その当時は広く地下道を構築して地下道戦を展開しました。この戦いを描いた『地下道戦』という映画があります。私たちは抗日戦争を最後まで勝利するために非常に困難なときに頑張りました。

一九四四年八月、公安局長がいなくなったので、私は公安局長として働きました。県の公安局の任務は解放区の人民の生命財産を保護し、県の組織の安全を保障し、軍隊と連絡して情報を交換し、戦争の勝利を保証することでした。

四五年のはじめには八路軍とわが遊撃隊の勝利が確定しました。今までは双方の攻めぎあいがありましたが、四五年になると、日本軍は追われて、砲兵隊を駐屯させていた地域から撤退して鉄道沿線に兵力を集中しました。最後の段階になると日本軍は農村から逃げてほとんど石家庄、天津、北京に集中しました。広範な農村が解放区になりました。

私は日本降伏後、県の公安局長、次いで保定市にある河北省公安庁の科長、所長を経て、一九五三年に在籍の幹部を養成する中央の公安学院に行き、一年学習しました。そして河北省公安庁に在籍のまま、日本人戦犯の取り調べのため臨時に最高人民検察庁東北工作団に派遣されたのです。一九五五年度に正式に河北省から北京の最高人民検察院に転勤しました。その時の検察員は国家主席が任命しました。

中国共産党は、人民を動員し人民戦争を指導して民族解放を勝利に導きました。日本軍があれだけ攻めてきても私たちは最後まで頑張り勝利しました。この勝利はたやすく勝ち取ったのではありません。一緒に仕事をしていた同志の多くが日本軍のために命を落としました。これらの人たちの犠牲の中で勝ち取ったのです。この勝利は私たちにとって重く尊いものです。

✦一　漢奸　日中戦争中、日本人に通じ、また協力し、中国を裏切った人間。
✦二　馬本斎　回族（イスラム教徒）。河北省献県の出身。国民党軍の団長（日本の連隊長級）。「七・

七事件」後、献県を中心に広く回民義勇隊をつくり、八路軍に参加する。冀中回民支隊司令となり日本軍と数百回の戦闘をくり返し、抗日戦争勝利に貢献した。四四年病没。不屈の将軍であり、民族統一政策を貫徹した英雄として称えられている。石家庄の烈士陵園に銅像がある。

◆三　抗日軍政大学（中国人民抗日軍事政治大学、略称抗大）一九三七年、中国共産党が抗日戦争の幹部を養成するために創設した大学。のちに一二の分校をつくり二〇万名の幹部を養成した。

◆四　呂正操　遼寧省の出身。「七・七事件」当時、東北軍六九一団団長として冀中で決起、部隊を人民自衛軍に改編して各地の人民、遊撃隊と協力して日本軍を攻撃し、至る所に抗日政府を樹立する。後に八路軍冀中軍区司令員、冀中行政公署主任（冀中抗日民主政府の主席）として冀中平原の戦闘と解放区建設に重要な貢献した。第三次国内革命戦争では東北民主連軍副司令として故郷東北の解放に活躍した。中共中央委員。張学良との友誼は晩年までつづいていた。

◆五　西安事件　一九三六年一二月一二日、西安において、張学良（東北軍）と楊虎城（西北軍）が協力して、共産党征伐の督励にきた国民党の蒋介石を逮捕監禁して、逆に「国共合作」による一致抗日を求めた。共産党の努力により、二五日蒋介石は解放された。

天皇・大本営こそが元凶である

韓鳳路

韓鳳路……ハン・フォンルー
一九三〇年生れ。遼寧省出身。五六年第七三一部隊榊原秀男弁護人。

弾圧下でうけた反満、抗日の教育

私は一九三〇年生まれです。このとき東北地方はすでに日本から侵略されていました。奉天省新民県の第一国民小学校を卒業し、新民県の第一国民高等学校に入学しました。この国民高等学校の農業科で教育を受けたわけです。国民高等学校は四年制ですが、二年生の時に日本が降伏して、中国が解放されました。解放後、私は新民県師範学校に入学しました。一九四八年、私は共産党の指導する地下工作に参加しました。瀋陽では公安局の仕事をしました。七月に、学校から離れて遼北省に入り、瀋陽の国民党からの接収工作に参加しました。瀋陽では公安局の仕事をしました。一九五六年、在籍のまま中央の法政学校に入学しました。ここは幹部の養成学校です。その後、弁護士会に参加して長い間法律関係の仕事をし、今日に至っています。

満州時代に学校に行っているとき、私の遠い親戚は強制連行されたし、「労工狩り」（✦一）はたくさんありました。私自身も身をもって体験しました。

私が国民高等学校にいたとき、農業概論を担当していた張先生は反「満」抗日の思想が非常に強く、いろいろの活動をしていましたが、一九四三年の秋に日本の憲兵隊に逮捕されその後の行方は全然分からなくなりました。また数学の賈一鳴先生は、東北大学を卒業した人です。国語、中国語、日本語

韓鳳路

を担当する温永江先生は建国大学を卒業した先生です。彼らは、私たちに対して反「満」抗日の思想を話してくれました。これは私にとって啓蒙的で非常に大きな教育でした。日本帝国主義を正しく認識しなければならない、また国民党の統治も独裁統治である、私たちの道は革命の道だと教えてくれたのです。そのおかげで革命の道を歩むことができたと思っています。

ではこれから日本人の裁判について話したいと思います。

完璧な証拠、心底からの認罪

中華人民共和国特別軍事法廷が組織されて、全国人民代表大会常務委員会は、日本人戦犯に関する処理の決定を行いました。この決定に基づいて、軍事法廷は私を榊原秀男被告の弁護人に指定しました、一九五六年の四月ころです。中華人民共和国司法部・公証弁護司長王汝堯が四名の弁護士を集めて「あなたたちはこれから瀋陽特別軍事法廷で軍人であった被告たちの弁護をすることになった。この裁判は正義の裁判で、あなたたちは法律によってその弁護をすすめる」と告げました。これを聞いたとき、私は驚きました。こういう戦犯の弁護はしたくない。日本人戦犯は中国を踏みにじり、あらゆるところで犯罪を行った。だから、こういう戦犯に対して裁判をするのは中国人民の意志であり、被害者の恨みを溶かすためである、こういう裁判で私にどうして弁護などできるだろうかと思いました。でも指定されたのですから私はやらなければなりません。

五月の初めに撫順に移り住み、戦犯の罪状の点検を一つ一つ始めました。金源先生が管理教育科の科長でしたので、戦犯の大まかな状況を紹介してくれました。その文献は戦犯の罪業、供述書、証言、証拠それから尋問記録、その案件はものすごく多く何冊もありました。一巻が三〇〇~四〇〇枚で、二巻あったのです。それを初めから最後まで読み通さないと全体がわかりません。弁護人は被告の犯した罪業、その罪業の動機、また上の命令、あるいは受動的か能動的か、これを全部考察しないといけません。それで相当長い間かかって最初から最後まで読み通した上で、被告と対面をすることになりました。被告との対面はほとんど管理所で行います。あなたはこの罪業を認めるかどうか、なぜこんなことをしたか、弁護の理由を探さないと弁護はできません。私が見た中では尋問官の取り調べ記録、被告の告白した供述書、被告が罪を犯した現地に行って調査した調査書、証人の証言、繰り返して調査した調査書、こういうのがちゃんと二巻の資料の中に含まれていました。正巻、副巻の二つに分けてありました。正巻は彼の主な罪業とか経歴です、副巻はさまざまな参考的な資料です。将校に関しては「満州国」の文献が相当ありました。「満州国」で日本人が作った文書、そういう文書を探して証拠として使っています。

正副二巻全部の榊原秀男の記録を読んでみて最初に感じたのは、政府が彼についてあげた罪業は間違いない、これは全く正確であるということでした。もう一つ感じたのは、管理所の管理教育科の職員たちが被告に対し終始一貫して説得し、納得のできる教育をすすめたということです。というのは、副巻には、ソ連から移管された戦犯たち（榊原秀男被告は細菌戦犯として中国の国内で逮捕された）が監獄に入った当時の思想状態、そして教育によって思想状態がだんだん変わってきたことが克明に記録されているのでわかるのです。急に変わったのではなく、管理所が辛抱強く説得教育、認罪教育をしたので彼らが逐次認罪できたのだということを十分証明できます。私は管理所の管理教育は本当に素晴らしい、犯人に対して罵ったり、叩いたりしたということはなかった、非常に文明的な態度で接し、納得できる教育をした、犯人が自分の犯した罪を認罪できるよう教育したのだ、と思いました。

医者の使命裏切る細菌戦

榊原秀男被告は、入所当初は、全然自分の罪を認めませんでした。彼は自分の罪が人道を踏みにじった行為であり、秘密事項である、決して洩らしてはならないと決意していたので、反省は全くありませんでした。彼も相当苦労したそうです、自分は医者であって、医者の義務は人の病気を治すことだ、それが医者の使命を裏切って細菌を研究し戦争に使った、これは人類史上許しがたい行為であるとわかっていたので全然話をしないのです。頑固な人でした。しかし、管理所の熱意をこめた教育を受け、自分がやったことは悪いことだ、自分は日本帝国主義、大本営の命令でやった、責任は日本帝国主義が負うべきである、命令に基づいてやった自分にも責任があるが根本的には国家責任であるということがわかってくると、自分の犯罪を暴露し始めました。そして最後には、非常に徹底的に暴露し、自分がやった罪以外に、彼の上司の犯罪も告発しました。

二つの観点で弁護

私は榊原秀男被告の案件を読んで、さらに感じたのは、細菌戦というのがひどい犯罪で、その主犯は七三一部隊の部隊長石井四郎中将である、彼は中国において細菌を研究し細菌戦を行った、榊原秀男は彼の下で命令を実行して、細菌培養のためにいろいろ残酷な罪を犯した、これは国際法に反する罪業であるということです。

榊原秀男被告が供述した罪業には、生きた人間を解剖して細菌の試験材料に使ったこと、またペスト菌を大量に培養して中国人を殺す武器として使ったことがあります。これは本当にひどい残酷なことです。中国人民に対して非常に重大な罪を犯しました。

最後にもう一つ感じたことは、こういうひどい罪を犯したが、中国人民の教育に従って、だんだん自分のやったことがわかり、反省し認罪すると人間は変わる、人間は改造できるということです。中国人民政府の正しい政策のもとに、また中国撫順戦犯管理所の辛抱強い教育のもとに榊原秀男被告は変わっていきました。

私は全部の案件を読んで、二つの観点が生まれてきました。第一の観点は、客観情勢からみて、命令を拒否すれば彼は生きておれなかったという点では彼もまた戦争の被害者だったということです。榊原秀男被告は中国の領土において国際法に違反し、重大な罪を犯した、これは事実です。彼は、日本軍国主義に反対して闘い、命令に対して反対しなければならない客観的任務があった。にもかかわらず彼は日本軍国主義に敵対できなかった。彼の経歴をみると、東京帝国大学医学部を卒業してから、医者として何年か働きました。その後徴兵令に基づいて強制的に徴兵検査を受け、合格して軍隊に入ります。だからやはり戦争犠牲者です。

第二の観点は、毛沢東主席が言われたとおりで、人は改造できるという教えは正しいと思いました。つまり榊原秀男被告が教育を受けて認罪し反省して変わっていったということです。

私の弁護内容は、こういう二つの観点から出発して書いたのです。これは四〇日かけて資料を読んでから生まれた観点です。この案件を初めから終りまで読み通したのち、被告に面会することになりました。面会のとき、榊原秀男被告の話を聞いてわかってきたのは、彼には、自分の罪は重いから前途はないだろう、死刑、あるいは無期懲役ではなくて有期懲役であっても、中国の監獄は服役中は外へ出られない、監獄にずっと閉じこめられる、それなら死んだほうがかえっていいじゃないかという考えが強かったことです。

私は彼の間違った考え方を指摘しました。わが国の政策は、自分の犯罪を十分認め反省することができる者は寛大に処理する。刑を受けてもひきつづき思想を改造することができる、また労働を通じて身体の健康を保証することができる、だからそういう心配はいらない。寛大政策による処理をかちとらなければならないと説明しました。彼は納得しました。私との対面のときに榊原秀男被告は言いました。「私は認罪致します。本当に悪かったんです。今度の裁判を通じて、私は全中国人民に自分の罪業を反省します、人民政府に謝罪致します。そして私は寛大政策により、寛大処理を勝ち取ります」と何回も繰り返しました。また彼は、中国政府の方では私にいかなる処分をしても当然である。私はそれに十分こたえ、心から服従し、そして服役中も真面目に思想改造をし、光明ある前途をかちとらなければならないと語りました。

私は榊原秀男被告の罪業に関するすべての資料を繰り返して読み、本人と面会し本人と相談しました。こういう段階をへて第二段階は裁判です。

六月に裁判が始まりました。法廷の取り調べがあり、次いで私はこう述べました。被告が犯した罪は事実であり、証拠は十分です。これには弁解の余地はありません。彼も認めています。そして今あげた二つの観点で弁護を始めました。一つは被告が生まれた日本の客観的状況、日本は軍国主義である、そして軍国主義教育を受け、軍国主義の命令から逃れることはできなかった。第二には、被告は自分の罪業を十分に認め、心の底から反省している。こういう者に対しては、中国政府が終始一貫してとっている寛大政策に基づいて処理すべきだと弁護しました。

法廷では、張清林証人が鼠取りの籠をもってきて証言しました。「牡丹江近くで被告はこれを農民たちに配って、鼠を取れ、一世帯に何匹差し出せと強制した。そして被告たちが培養したペスト菌で私のお父さん、お母さんが殺された」と。こういうとき彼は頭を下げて、申し訳ない、その籠は私たちが配った、本物だと言ったのです。

判決では、榊原秀男被告は非常に寛大に処理されました。禁固一五年を言い渡されました。そして彼は満期前に釈放されて帰国しました。

この裁判は正義の裁判で、日本軍国主義が「満州」では一四年間、そして盧溝橋事件以降の全面的中国侵略戦争は八年間という、長い間中国人民に対して犯した罪業の裁判です。つまりこの戦犯に対する裁判は、中国人民の正義を全世界に訴える裁判です。それだからこそ中国人民にとって大きい意義があるのです。中国人民は外国から侵略されましたが、今度は人民が勝利し、外国の侵略者を処罰する、これは中国人民の願いでもあります。そしてこの裁判では、戦犯は法廷で涙を流しながら謝罪した、中国人民は中国政府の政策は正しいと確信する、人民政府は帝国主義者に対して、当たり前の処分、処理をし、自分の罪業を十分に認め反省する者には、寛大に処理する、ということを法廷から全中国人民に十分知らせることができました。ですから全中国人民がこの裁判に賛成しています。

裁判が終わりまして、私は服役中の彼と三回会いました。会うたびに彼は言いました。

「韓先生の弁護には私は感謝しております。本当にありがとうございます。私は自分の罪業はいつまでも肝に銘じます。事実これは自分がやったことですから。私は中国人民の教育を真剣に受け取って、真人間になります、そしてもし日本に帰ることになれば、自分がやったことは悪い、こういうことは人類の歴史に繰り返してはならないと話します。そして反戦平和のために自分の一生をささげたい」

私は、榊原秀男、鹿毛繁太ともう一人の弁護をしました。鹿毛からは手紙がきました。私の家が分からないので解放軍に送って調べてもらってやっと届いたのです。ですから印象が深いです。他の行政関係の人からもきましたけれど、名前は忘れました。もう何一〇年も前のことですから。

✦一　労工狩り　日本はソ連との戦争に備えて「ソ満」国境の要塞建設、東北の炭鉱、工場、さらに太平洋戦争開始以後は、日本の炭鉱、鉱山、ダム建設などの労働力を中国各地から農民たちを強制的に連行して使用した。また制度として徴用、あるいは軍事作戦で確保した捕虜を移送するなどの方法もとった。奴隷的強制労働により膨大な死者がでて、その犠牲者を埋めた万人坑がいたるところにできた。

第七章

傀儡政権の戦犯の教育を担った人々

「満州国」皇帝溥儀前半生と決別
李福生

李福生……リー・フゥーシェン
一九二五年七月生。遼寧省出身。
一九五〇年から一九七二年まで
撫順戦犯管理所で
管理員・管理教育科員を歴任

溥儀を担当

一九五〇年五月東北司法部の命令により、私は東北戦犯管理所の建設計画に参加することになりました。管理所が七月に正式に開設された際、孫明斎所長の職員名簿の中に、図らずも私が含まれていたのです。こうして私は、のちに「撫順戦犯管理所」となった管理所で二〇数年活動しましたが、そのうちの大部分の時間は、「満州国」戦犯の管理教育に対する責任者の任務に費やされました。

撫順戦犯管理所の設立当初、私は食事管理の責任者でした。一九五二年ころ、私は管理所の命令により、「満州国」戦犯に対する管理教育の責任者となりました。

私の気持ちはいささか逃げ腰気味でした。だから、孫明斎所長は私を諭すようにこう言いました。「私たちは正義と真理の側に立っており、ひたすら党の政策を強固に執行しさえすれば、たとえ彼らがいかに反動的で狡猾であっても最終的には真理の前に頭を下げるのだ」

私が彼らとはじめて接触したのは、彼らにレーニンの『帝国主義論』を学習させる準備をしているときでした。彼らに『帝国主義論』を学習させようとしたのは、根本的には、彼らに帝国主義の本質を理解させ、日本帝国主義と思想的に決別し、できるだけ早く人民の立場にたちかえらせるためでした。

李福生　監房の中で

溥儀らの思想は来所当初は絶望的で、死を恐れ、様子を探っていて、認罪を受け入れませんでした。認罪告白を促すために三つの問題について思想教育を深める決定をしました。一つは具体的な事実を暴露して、彼らに自己の罪悪を認識させる。二つは彼らが日本帝国主義と結託して売国行為を行った本質を暴露すること。三つは党の政策を反復学習し、彼らから疑いや心配を取り除き、生まれ変わった人間になる決意をさせることでした。

戦犯たちの体力を増強するために、所内では毎日、半日学習し半日労働するように組織しました。労働はハルビンのある工場の紙箱を糊付けする仕事でした。

ある日溥儀は「満州国」恩賜病院院長の憲鈞と争いを起こしました。小学校の生徒でも簡単にできる仕事ですが、溥儀には糊付けがどうしてもうまくできません。憲鈞が親切に説明し、また溥儀が偉ぶった態度を取らなければ騒ぎはおこらなかったでしょう。

溥儀は、憲鈞は自分の部下であり、自分の尊厳を犯すことはできないと思い込んでいました。他方、憲鈞は、溥儀は大戦犯であり、しかも自分ではなにもできないのだから、批判したり皮肉ったりしても反抗することはあるまい、と考えていたようです。

溥儀と憲鈞の争いを解決した経験から私が感じたことは、戦犯の教育改造工作をよりうまくやろうとするなら、彼らを組織して革命理論をよく学ばせ、彼らに単純に監房規則を遵守させるだけでなく、さらに彼らの思想的変化と彼らの「満州国」の時代、捕虜の時期、勾禁の期間などにおける相互関係等々を掌握すべきであるということでした。このようにして初めて、段取りよく具体的に彼らに思想教育を進め、認罪を促し、徹底した改造ができるに違いありません。

まず「唯我独尊」を改めること

戦犯を改造することは容易ではなく、元皇帝溥儀を改造することはもっと容易ではありませんでした。溥儀の身体には、封建主義、半封建、半植民地から資本主義、帝国主義等の種々雑多な政治観、倫理道徳観、支配観およびその生活様式が沁み込んでいました。旧中国独特の社会環境や宮廷環境で形成された唯我独尊という典型的な特性を改めさせるには、絶対に急ぎすぎてはならず、必ず順序を追って一歩一歩小さいことから進めて、初めてこれを彼に受け入れさせることができるのです。

溥儀は一九〇六年北京の醇親王家に生まれ、三歳で清朝第一〇代皇帝として即位し、三年後退位しました。一九一七年（民国六年）に復位しました。溥儀の二回目の即位は一二日間で終わり、一九二四年一一月紫禁城から追放されました。一九三二年三月、日本軍の画策により彼は「満州国」の「執政」に就任し、一九三四年三月「満州帝国皇帝」と改称し、一九四五年八月捕虜になるまで続きました。溥儀は長い間独特の社会環境に育ち、皇室の躾を受けたことによって、唯我独尊の性格と自己を卑下して人にへつらうという性格が形成されました。彼は野心に燃えると同時に、死を恐れ、猜疑心が強くて、怒りっぽい性格でした。また、彼は身の回りの世話をしてくれる者と離れて生活することができません。撫順戦犯管理所に到着して二〇数日後、管理所側は彼の改造を有利に展開するため、その一族から引き離して収監する措置をとったところ、溥儀は一族と分かれて生活することは困る、一緒に住みたいと何回も要求してきました。当時彼は独りで生活することはできず、一族と離れて生活することは確かに困難があったので、暫く一族の者と一緒に住むことを許しました。衣服の洗濯や靴下の修理などは、依然として身内の者の手で行われました。間もなく所側は、彼の改造を有効に進めようとして彼を家族から引き離すことにしました。分かれて生活するようになると、溥儀はすべて自分でやらなければと観念しましたが、衣服を洗濯しても奇麗にならず、靴下や衣服の繕いもできません。管理所で戦犯に支給した衣服でも、他の人はきれいに着ているのに、彼はすぐに駄目にしてしまいました。例えば、所が支給する白いシャツでも、彼が着ると数日でインクをかけて、花模様に変わってしまう。彼の衣服はいつもボタンがなく、ボタンをつけるにも間違ってしまい、着ている衣服はいつも歪んでいました。彼の履いている中国靴は、いつでも片方の紐がなく、両方あると思えば長短揃っていないというありさまでした。彼はなすことすべてが普通の人と大変な違いがありました。

溥儀と毓嵒

毓嵒は溥儀の甥で清朝惇親王の子孫です。毓嵒は一九歳の時、溥儀に召されて新京（現在の長春）に来て皇宮に入り、その他の貧しい「清朝皇族」とともに勉強しました。「内廷学生」といわれる青年の中で毓嵒は溥儀の最も信頼の厚い、最も忠実な甥となりました。ソ連から帰国する前、溥儀は弟や妹の夫たちと相談し、毓嵒を後継者に決めていました。帰国した当初は毓嵒の溥儀に対する忠誠心は少しも変わりませんでした。

だが次第に毓嵒の溥儀に対する態度に変化が見られるようになってきました。

管理所では彼らに一般向きの革命理論の本や新聞を与え、あわせて学習討論をさせるようにしました。さらに社会発展史を学習させました。中国封建社会の実際を認識させるため、学習に際しては理論と実践の結合に注意するように求め、また社会発展の中における個人個人の生活様式とも結びつけるように指導しました。毓嵒の思想には日を追って変化が生まれてきました。学習討論会の席で毓嵒は「私が過去宮廷で受けた教育は、完全に三綱五常の封建的道徳倫理観でした。そのため溥儀に対しては盲目的に崇拝し、彼に不忠など思いもよりませんでした。私は過去の考え方が誤っていることがわかりました」と告白しました。

毓嵒は毎日労働で外出する時には、溥儀のいる監房の前を通らねばなりませんでしたが、溥儀が珍宝を秘蔵している黒い手提箱を見るたびに、心中非常に不安を覚えました。以前ソ連で溥儀のために箱の底に隠してやったあの珍宝を取り出して政府に渡さないのは正しくないと考えました。そこである日、毓嵒は思い切って所長に言いました。「溥儀の箱の底に隠してある珍宝は、当然没収すべきです」と。その時、孫明斎所長は冷静に彼に説明しました。「没収することは容易だが、溥儀の改造にとっては不利である。彼が自分から届けるようになることの方が遥かによろしい。彼が自覚して自分から届け出るまで待とう」と。数日後、毓嵒は溥儀が依然として品物を提出していないのを見ると紙片に書いて、その珍宝を没収するよう要求しました。「溥儀が全然自覚していないなら、引っ張り出せばいいではありませんか」と。彼は食事を運ぶ時を利用して、一枚のメモを溥儀に渡しました。「私が以前あなたのために箱の底に隠してやった品物については、あなたは率直に自白すべきです。そうすれば、政府は必ず寛大に処理してくれるでしょう」と。溥儀はメモを見ると、散々思い悩んだ末、暴露されるくらいなら自分から進んで告白した方がいいと思い、箱の中に隠していた白金、黄金、ダイヤモンド、珠玉の類四六八点の貴重な物件を、そっくり戦犯管理所に提出したのでした。

溥儀と李国雄

李国雄は溥儀の侍従でした。彼の父は早くから北京頤和園に奉職し、西太后にも仕えたことがあったので、清朝末期に李国雄は一四歳で宮廷に奉職し、その後溥儀に従って紫禁城を離れて天津に行き、他の子供たちと一緒に教師について勉強しました。のちに正式に溥儀の侍従となり、溥儀にとって最も信頼のおける一人となりました。

管理所側が彼らに自伝を書かせた時、溥儀は李国雄に、天津から東北に来るまでの経緯は「いつものように」という暗示を与えました。すなわち、溥儀は東北に来て傀儡皇帝になったのは、日本人の人質になっていかんともしがたかったということを、李国雄に証明させようとしたのです。

李国雄が過去に受けた教育は、「君が死を命じたら、臣は死す」、「皇帝は真の天子である」などの忠君思想でした。しかし、『社会発展史』『帝国主義論』等の書籍を学習する中で、彼には思想上非常に大きな変化が生まれました。彼は、自分が宮中で受けた教育のすべては、封建貴族階級に服務するための作り話であると認識し始めました。さまざまな現実を目の前にして、李国雄はついに溥儀と自分とは同じ階級の人間ではなく、当然彼との間に一線を画すべきであることを認識するに至りました。それ以後、李国雄の溥儀に対する態度は疎遠になっていきました。あるとき溥儀が眼鏡の縁を壊し、李国雄に直させようとしたところ、李国雄は「直す暇がありません」と答え、溥儀は仕方なく看守に修理してもらうよう話をし、ようやく彼に直してもらうことができました。

一九五四年春、管理所内で認罪運動が展開されたとき、李国雄は「満州国」の戦犯とともに、日本人戦犯の罪業・告発の大会に参加しました。日本人戦犯が積極的に自己の罪業を告白し、また下級戦犯が上官の罪業を暴露し批判するのを見たとき、彼は当時溥儀がどのようにして日本人と結託していたかを思い出していました。彼はこれらの情況を自分で訴えなければ、溥儀と一線を画したとは言えないと感ずるようになりました。そこで彼は溥儀が天津でいかにして日本人に投降したかの経過を暴露しただけでなく、告発材料の中ではっきりと次のように明記しました。

「私は溥儀の身辺に三〇年仕え、彼の人となりをすっかり知り尽くしています。彼は乱暴で死を恐れ、特に猜疑心が強く、その上完全な偽善家で、表面では慈悲深く装い、蝿や蚊も殺そうとしませんが、使用人に対しては非人間的な扱いをし、殴る罵倒するの行いを致しました。彼が少しでも不愉快に感じたり、疲れたりしただけで、使用人を鴨居の横木に吊るしたり、手で殴ったり、足で蹴倒したりしました。人を打つ刑具もいろいろあってその時期によって異なっていました。天津の時期には木の板、馬に使う鞭、『満州国』の時期にはもっと多くのものが付け加えられました。彼が人を打つ時は特に残虐で、甥や使用人で彼に殴られなかったものは一人もおりませんでした」

溥儀は思索を繰り返したのち、はじめて、自分は二度と古い思想、古い観点で李国雄に要求したり対処したりすべきではない、とはっきり認識するに至ったのでした。李国雄は溥儀のいる小組の生活組長を担当してからは、他の人と同じように溥儀に対して要求もし、少しも特別な扱いをすることがありませんでした。溥儀は李国雄の要求に対してもはや反感をもたなかったし、生活上でも自分の力で活動できるようになり、何事も他人に依頼することもなくなりました。溥儀が自分のことを行う上で進歩したとすれば、それは李国雄の彼に対する要求や援助と切り放すことができないものでした。たとえば衣服の洗濯、靴下の修理などを溥儀はすべて自分でできるようになりました。これより、溥儀と李国雄との間には新しい型の関係が打ち立てられていったのです。一九五七年一月二六日、李国雄と溥儀の三人の甥が検察機関より起訴免除となり釈放されたとき、溥儀は李国雄らの容赦のないやり方に怨恨を抱かなかったばかりでなく、心の底から深い礼と惜別の情を述べたのでした。

溥儀と毓嵣毓嵣

毓嵣は恭親王の後裔です。父溥偉が世を去ったのち、溥儀は清朝皇帝として彼に爵位を授け、彼を「中興」の中心人物となるよう養育し、毓嵣もそれを生涯の目標として努力しました。「満州国」時代に、彼は溥儀に召し出され、新京の宮廷で勉強をし、一九四五年八月に「満州国」が瓦解してソ連の捕虜となりソ連に収監されるまで、生活をともにしました。ソ連にいたとき、毓嵣は「志を述べる詩」を書き、永遠に溥儀を忘れまいとしました。彼は敬虔な仏教徒で、一日中迷信的なものを弄びお経を念じてすごしました。ソ連から帰国した当初、彼は毓嵒や李国雄と同様、溥儀に対して無二の忠臣でした。

管理所が学習の計画をたてた時、彼は大変関心を寄せ、問題の理解がわりと早く、常に問題の核心をとらえて発言し、理論と実際を結合することができました。例えば、『社会発展史』における封建社会の学習では、溥儀に代表される反動支配階級が、社会の発展を阻害したことや人民を残酷に圧迫した罪業を批判することができました。

彼はまた自分と溥儀との関係について、自分が歩いて来た思想の根源を掘り下げることができ、次のように言いました。

「私は少年時代『満州国』に来て、旧宮廷で奴隷化教育を受け、反動的な宣伝を聞かされました。このようにして、私は、日本人は生まれつき強大で中国人は生まれつき無能であり、自分は当然運命に従うべきであると考えていました。また、人にはそれぞれ等級があり、これも天命であると思っていました。現在の私は、これらの認識はすべて誤りであることがわかりました。私はこれらの思想の根源を深く掘り下げ、徹底的に批判しなければなりません」

毓嵣は溥儀の甥で、「満州国」の時代に新京に連れて来られ、宮廷で勉強しました。一九四五年八月ソ連の捕虜となり、ソ連で収監された。五年間のソ連時代には、彼は溥儀に対して忠誠を尽くし、永久に彼のために犬馬の労を執ろうと思っていました。

撫順戦犯管理所に着いたのち、毓嵣は政府の各方面における配慮と寛大な取り扱いに対し、意外なものを感じました。彼は自分が大物の漢奸と一緒に収監されることは、「小魚に大串を刺し込まれた」と考えたのでした。しかし、学習により彼は正確に自己を見つめることができるようになりました。溥儀に対する認識にも一定の変化が表れました。彼が過去に溥儀に忠節を尽くしたのは、彼自身の私利私欲の思想の表現であり、その目的は溥儀から高官にされ、高禄を与えられるためでした。そのため、ひたすら自分のことだけを顧み、民族の興亡には無関心でした。今になって、このような思想はきわめて恥ずべきものであることが理解できたのでした。

管理所の辛抱強い改造教育の結果、溥儀の一族の態度はすべて変化してきました。この時、溥儀は初めて毓嶦の自分に対する態度が変わった原因は、他人にあったのではなく、自分が古い思想で相変らず「お高くとまっていた」ことによる、とようやく気づいたのでした。溥儀は管理所に一通の反省文を書きました。間もなく彼は管理所の係の者に三人の甥を恨んでいたころのことを話しました。

「私はかつて毓嵒がどのようなことを毓嶦にしたか、また毓嵒、毓嶦の二人が私に対してあまりにも冷淡になったのを恨みに思っていました。我々はもともと一つの家族であり、以前彼らは私に対して大変忠実であったにも拘らず、現在は逆に大勢の前で容赦なく私を吊るし上げて暴露しています。顧みれば、私の不平不満の思想は誤りでありました」

溥儀は一族の者がいずれも確実に変わったと感じるようになり、自分が思想改造に努力しないなら、おそらく一族の中でも無事にすごすことはできなくなるであろうと悟りました。

取り調べ中の溥儀

「満州国」戦犯に対する調査尋問の動員大会で、最高人民検察院東北工作団主任李甫山は、次のように話しました。

「君たちは必ずまじめに自分の罪業を述べなければならない。自分の罪業を述べるとともに、日本人戦犯およびその他の戦犯の罪業を告発しなければならない。しかし、自らの罪業を告白するにしても、他人の罪業を告発するにしても、すべて実事求是で、誇張してもいけないし縮小してもいけない。

政府の君たちに対する最終的な決定は、その犯した罪業に基づくとともに、君たちの認罪の態度に基づいて決定される。政府の政策は一貫して率直に罪を告白すれば寛大に、拒めば厳しく行われる」

戦犯の精神は異常に緊張し、そのため半数以上の者は夜眠れなくなっていました。溥儀はそのなかでも最もひどい一人でした。翌日溥儀は私に話をしたいと要求してきました。彼は低い声で私に言いました。

「李先生、私の罪は特に重大で、日本人が『満州国』で犯した罪業のすべてが、私の犯した罪業と切り離せないと思っています。国を裏切ったというだけで、私は死刑に処せられるべきでしょう。さらに私は『満州国』時代にあまたの法令を『裁可』しました。当時犯人を最も厳しく懲罰したのは『叛徒懲治法』（治安維持法）を犯した場合で、死刑判決になっていました。だから、今日政府が私に対してどんなに寛大であっても、おそらく私の犯した罪を許してはくれないでしょう」

彼が意気消沈しているので、私は辛抱強く多くの道理を話してやり、理解させようとしました。古い思想を持っていてはだめだ。歴史の事実に対しありのままに告白しさえすれば、政府と人民の寛大な決定を得ることができると。

この期間、日本人戦犯と「満州国」戦犯の取調べは同時に進められました。戦犯が積極的に罪業を告白できるようにするため、管理所は数名の認罪態度の比較的良好な日本人戦犯を選んで、大会を開いて模範的発言をさせることにし、「満州国」戦犯たちにもこれに参加させることとしました。日本人戦犯の告白は、出席した「満州国」戦犯に身震いするほどの衝撃を与えました。特に「満州国」の経済を牛耳っていた「満州国」総務庁次長古海忠之が、この大会でいかにして「満州国」官吏を操って東北農民の土地を奪い取る移民政策を行ったか、いかにして東北の資源を略奪する「産業開発五カ年計画」を企画したか、いかにして東北人民を塗炭の苦しみに落としたアヘン政策を押し進めたか、またいかにして東北の糧抹やその他の物資を搾取し略奪したか、などを詳細に告白したとき、「満州国」戦犯たちの心胆は震え上がり、針の筵に座る思いでした。特にかつて産業、経済、交通、労働を牛耳っていた「満州国」の大臣連中は、あたかも古海が自分たちの罪業を暴露したのと同じように感じとったのです。溥儀は、古海忠之が関東軍に非常に重視された男で、ソ連収監時期も相当に頑固であったことをよく知っていました。彼がどうして変わったのか思いもよらなかったのです。溥儀はそのとき驚いて恐怖にかられ、一部の日本人戦犯と同様に、古海忠之の供述した罪業を一つ一つ記録し、彼がどのように「裁可」したかを一つ一つなんとかして思い起こそうとしました。

日本人戦犯が模範的認罪大会を開いたのち、管理所内では「満州国」戦犯を集めて、この大会に対する認識と感想を話し合う座談会を持ちました。それは「満州国」戦犯の全員がこの模範的認罪大会における日本人戦犯の告白から大きな影響を受け、啓発されたからです。座談が開始されると、一部の者は先を争って発言を求め、自発的に自分の重大な罪業を告白しました。例えば「満州国」興農部大臣黄富俊は、日本人が東北人民からいかに大量の食糧を略奪し、いかに大量の労働者を飢えと寒さに追い込んだか、それに自分がいかに協力したかを自発的に告白しました。「満州国」の勤労奉仕部大臣于鏡涛は、涙ながらに自分がいかにして大勢の民間労働者を日本軍の工事に強制就労させ、工事完了後、いかにしてこれらの強制労働者を殺害したか、などを供述しました。

戦犯たちは自発的に罪業を供述するとともに、相互に暴露、告発しました。そのときの告発目標は、「満州国」司法部大臣で後に参議府参議になった張煥相に集中されました。彼は「反革命鎮圧」運動により摘発され、撫順戦犯管理所に送り込まれたのですが、その後一貫して不真面目な態度をとり、時として意識的に監房規則を破っていたからです。

溥儀は自分の家族たちが書いた告発材料を見たときには、手が震え汗を流しました。溥儀の妹の夫万嘉熙は、溥儀が日本人に媚びへつらった多くの事実を告発しました。例えば、溥儀が宮廷内で見た映画の中で、日本の天皇が画面に出てくると、身を起こして不動の姿勢をとったこと、日本兵がある地方を攻めて占領した場面では率先して拍手したことなどです。

孫明斎所長は常に溥儀と話をし、教育し、鼓舞激励し、彼に過ちを悔い改めて新しい人間になるよう決意させました。幹部の根気強い教育と皆の心を込めた協力のおかげで、溥儀はついに重苦しい古い思想を投げ捨て、自己の犯した重大な罪業を供述するようになりました。彼はその告白供述の最後で次のように書いています。「外から降りかかる災いは逃れることができるが、自分の悪によって招いた災いは逃れることができない」と。溥儀の認罪はついに新たな段階に到達しました。

参観学習

溥儀はいまだかつて労働者や農民に接触したことがなく、工場や農村がどうなっているのか知りませんでした。一九五六年二月と一九五七年六月の二回にわたって、管理所は「満州国」戦犯とともに現在の社会を参観させ、彼に生きた実社会の教育を受けさせました。

溥儀は、今回の参観は彼にとって災難となる可能性が大きいと思い、内心恐ろしくてビクビクしているようで、車の中では沈みこんでしまいました。

「満州国」戦犯の第一陣は撫順西露天掘炭鉱を参観しました。炭鉱に着くと、ガイドが露天掘りの歴史を説明しました。撫順を占領した日本帝国主義が、東北人民の反抗を鎮圧するため、炭鉱の東側で、古今東西例のない惨澹たる平頂山の大虐殺事件を引き起こして三〇〇〇余名の罪のない人民を惨殺した歴史の説明に入ったとき、溥儀をはじめ戦犯たちは、皆聞きながら詳細に記録し、ある者は慚愧の涙を流しました。

彼らが限りなく広がる炭鉱を見たとき、ある者は「撫順は炭都と称されるが、まさにその通りだ」と感嘆の声をあげました。次いで参観した鉱山託児所、幼稚園、食堂、倶楽部、医療福祉施設などは、彼らの目を大いに開かせました。

二日目、彼らは撫順郊外の台山堡農業合作社の新式農具、養鶏場、野菜貯蔵庫などを参観し、それぞれ分かれて社員家庭を訪問しました。私は溥儀と他の七名を連れて合作社員の劉おばさんの家を訪問しました。家に入るとき、彼らは皆前の方に行くことを嫌がり、座るときも社員の近くに寄ることを嫌いました。溥儀は室内のオンドルの端に座ったあと、頭を低くし、横目で室内に置いてある品物を見渡しました。劉おばさんの家は五人家族で、彼女一人が家にいました。他の四人は、二人が合作社で働き、一人は工場で働き、一人は学校に通っていました。劉おばさんは戦犯たちに対し、「満州国」時代の農民の苦しみと解放以降の農民の楽しみを話しだしました。「『満州国』時代、家に米があることが見つかるとすぐ経済犯とされました。現在の社員の家では食べる心配はなく、着る物にも事欠きません。信じられないのなら、甕の中の米を見て下さい」と蓋を開けながら語りました。そして「康徳年間にこんな物がありましたか」と。劉おばさんのこの話は戦犯たちの心を強く打ちました。溥儀は真っ先に立上がり、頭を低くして言いました。「私があなたが言った康徳です。『満州国』皇帝溥儀は私です。どうぞ、私を処罰して下さい」。そして老人の面前に跪きました。溥儀の話が終ると于鏡涛が立ち上がって言いました。「私は『満州国』時代に労工狩りをやった勤労奉仕部大臣于鏡涛です」。黄富俊も立ち上がって言いました。「私は食糧を管理した「満州国」の興農部大臣黄富俊です」。王之佑も続いて言いました。「私は兵を捕まえ、鬼子に渡した軍管司令官です」。このあと、「満州国」時代の数人の文武各大臣が一人一人跪いて彼女に厳罰を求めました。この突然の出来事に、劉おばさんはびっくりしてしまいました。しばらくしてようやく落ち着くと、彼女は「それはすべて過去のことです。あなたがたは良く勉強し、主席の話を聞いてまじめな人になればそれで良いのです」と言いました。戦犯たちは劉おばさんの話を聞き、最初は声もなく涙を流していましたが、ついには声を上げて泣き出しました。その後溥儀は、このおばさんが彼らに「まじめな人」になるように語ってくれた言葉を肝に銘じ、後半生の実践目標としたのでした。

数日の参観学習を通じて「満州国」戦犯は大きな教育を受けました。一つには中国の巨大な発展に対する正確な認識をもったことです。二つには人民政府の政策を信じ、自分の光明ある前途を見ることができたことです。彼らが接触した労働者、農民の自覚は高く、犯人を許す態度でした。そして人民大衆の生活は、確実に大きく改善されていました。

管理所では一九五七年六~七月に、今度は彼らを瀋陽、ハルビン、長春、鞍山の四都市を参観させました。これらの地方では、一八の工場、二つの農業合作社、六つの学術機関と学校、一つの病院、二つの公園、二カ所の展覧館およびハルビンの東北烈士記念館と日本軍第七三一部隊の遺跡を参観しました。この参観学習は、きわめて効果的で、改造効果も大きいものでした。

日本軍の罪業に対して認識と憎悪とをさらに深くしたこと

ハルビンでは往年の日本軍第七三一細菌部隊跡とその付近にある金星農業生産合作社および東北烈士記念館を参観しました。七三一部隊の跡は「満州国」時代、中国人民が近づくことが禁止された区域でした。「八・一五」で敗北を知ったとき、日本人はこれらの建造物に火を放って焼き、逃亡してしまいました。そののちこの付近一帯でペストが発生し、付近の住民一〇〇余名が死亡しました。人民政府はただちに医療隊を派遣して緊急救援にあたり、ようやくこの急性伝染病を撲滅することができました。

戦犯たちは付近の合作社の「室」や新しく買った配水灌漑機やトラックおよび学校、衛生所と社員の家庭などを参観しました。溥儀の組が訪問したのは、労働模範者姜淑清の家で、姜淑清は戦犯たちに「満州国」時代に身を持って経験した血の凍るような事実、および日本軍投降後ペストで多くの民衆が死亡した経過を語って聞かせました。

松花江の近くにある「東北抗日烈士記念館」は「満州国」時代の警察だった建物で、ここでは数多くの抗日愛国の志士が尋問され、拷問され、刑場に送られました。記念館に陳列されているすべての物件と事跡は、「満州国」戦犯たちに恥ずべき記憶を呼び覚ましました。その中には楊靖宇(✦一)将軍の不幸な犠牲の場面を撮影した写真がありました。日本軍は不屈の将軍の秘密を明らかにしようと、ついには将軍の腹部を切り開いてみたのです。この堅忍不抜の将軍の胃の中から見つけ出したものは、草の根と木の葉っぱだけでした。

これらの写真を目の前にして、さまざまな法令を「裁可」し、村落を強制集合させ、食糧統制を施行し、山間地の封鎖を行い、抗日連軍との連係を遮断した、溥儀や「満州国」の大臣、軍管区司令官その他の戦犯たちは、皆頭を垂れて前非を深く反省したのでした。ある者は楊靖宇将軍の遺した地図、印鑑、血のついた衣類などの遺物を見て号泣し、溥儀もまた声もなく涙を流し、烈士の霊前にたって長い間頭を上げることができませんでした。趙一曼烈士の遺像を参観したときには、勤労奉仕部大臣于鏡涛はその遺像の前に跪き、泣きながら頭を地につけて詫びました。彼はかつてハルビン警察署長であり、趙一曼烈士がここの警察署に収監されて厳しい尋問を受けたさい、彼はその尋問者の一人でした。

各地の参観を通じて、戦犯たちはわが国の経済建設の実情を一歩深く知ることができました。大伙房ダムを参観したとき、「満州国」総務庁次長の王賢諱は「一九四三年『満州国』も渾河に大型ダムを建設しようと計画したが、実現できなかった。わが国が建国後数年にして自力でこのように大規模なダムを建設できた。これはわが国の実力が強大で、国家建設を立派に行う能力を有していることを証明している」と述べました。

長春第一自動車製造工場は、別の組が参観しました。参観中戦犯たちはこの工場設計から操業まで数年しかかからなかったことに注目したばかりでなく、すべての工程が流れ作業であり、特に一部の工程の自動化が高いレベルのものであることにも驚きを禁じえませんでした。工場の幼稚園の責任者の話では、ここは日本軍の細菌部隊第一〇〇部隊（関東軍軍馬防疫廠）が細菌を培養し、わが国同胞を殺害したところであるとのことでした。

出廷した溥儀の証言

溥儀の思想改造の成果を強固にし、それを一歩進めて彼自身の前半生と徹底して決別できるよう、私たちは彼に対して多くの困難で綿密な思想工作を進め、革命理論を学習させ、肉体労働と集団活動に参加させるようにしました。彼の教育に大きい影響を与えたのは次のことだったと記憶しています。

一九五六年七月一日と二日の両日、最高人民法院特別軍事法廷が瀋陽で「満州国」総務庁長官武部六蔵と総務庁次長古海忠之ら二八名の戦犯に対する公開裁判を行ったとき、溥儀および大臣于静遠、閻伝紱、谷次亭らが証人として出廷しました。これは無論日本人戦犯の審理に必要があったからですが、それとともに溥儀たちにとって自分の前半生と徹底して決別するための過酷な試練でもありました。管理所指導部は溥儀たちに次のように話しました。

「中国はこの百年の間に帝国主義の侵略を受けたが、あなたたちは帝国主義と結託して多くの罪を犯した。今日中国政府が日本人戦犯を裁判することは、中国人民の光栄である。あなたたちが一人の中国人として法廷で証言することも、贖罪立功の機会である」。

溥儀は「法廷で必ず日本帝国主義の罪業を徹底して暴露します」と決意を述べました。

私たちは、一九四六年八月、彼がソ連のハバロフスク収容所に収監されていたとき東京に送られ、「極東軍事法廷」で証言したときの態度を彼に思い起こさせました。

「あなたはこれまで極東軍事法廷での証言は不十分であった。帰国したら処罰を受けるのではないかといろいろ心配して、なんとかして罪から逃れようとした。その結果、日本侵略者の罪業の一部を陳述しただけで、日本帝国主義の罪業を全面的に暴露できなかった、このことを残念に思っている、と話している。今回あなたは再び出廷し、証言しようとしているが、当然国家と人民に対して責任を負うべきであり、事実に基づいて証言すべきであって、自分に累が及ぶことを恐れてはならない」

溥儀はこれを聞くと、態度が非常に積極的になり、証言陳述の言葉も非常に注意深く準備し、食事のときも、歩いているときも、就寝の前もすべてその準備に熱中しました。

一九五六年七月一日に被告武部六蔵を、七月二日に被告古海忠之を裁判にかけましたが、溥儀はそのいずれにも証言のため出廷しました。彼は準備が十分であったので、陳述には説得力があり、被告は彼の証言に対していずれも「事実に相違ない」旨申し述べました。武部六蔵は病気のため出廷できなかったので、法廷の裁決を経て、別に裁判官を瀋陽中国医科大学の病室に派遣して彼に尋問を行いました。被告古海忠之は、法廷で四回頭を低く垂れ、二回は涙を流して、自分の犯罪に対して前非を悔いて告白しました。法廷が古海忠之に考えを陳述させたとき、彼は溥儀に深々と身を屈して涙ながらに、「証人の言っている証言は全く事実であります」と認めました。

溥儀は法廷で証言を行ったあと、涙を流しながら私たちに語りました。

「私は一人の中国人でありながら、中国人に対して有益なことをしたことがなかったが、今ようやく祖国と人民に対して有益なことができて、特に嬉しく思っています」

徹底した前半生との決別

溥儀は数年の改造を経過したのち、自分の前半生に対して一定の認識を持ち、『私の前半生』を書くことを決意しました。彼がより立派に、しかも全面的にその前半生を総括するため、過去に祖国と人民に与えた災難を永久に忘れないため、そして自分がどのように封建的な皇帝「人間の屑」から、一歩一歩自分の力で生活し、祖国建設に役立つ人間に改造してきたかを記録するため、戦犯管理所の幹部と私たち職員は、そのための必要条件を提供するようにしました。

溥儀は『私の前半生』を一九五七年から書き始め、一九五八年にその原稿を纏め上げました。彼はそれを纏める間、ずっと激しい思想闘争を続け、教育を繰り返すことによって、彼はついに封建主義や帝国主義と徹底して決別することができたのです。原稿完成後、群衆出版社は人を派遣してその内容の充実と修正に手を貸し、ついに出版にこぎつけました。

溥儀は幼少期、国語の先生である陸潤痒、陳宝琛、朱益藩らの封建思想の影響を深く受けました。彼らは溥儀が大清朝の事業を継承し、大清国の領土を一寸たりとも失わないことを望んでいたのです。しかし、清朝の末期においては腐敗無能により、すでに大方の領土は西欧諸列強に割譲させられてしまいました。溥儀は日本帝国主義と結託し、「満州国」の年号を「康徳」と改めました。それは、清朝の最盛期の「康熙」皇帝の徳政を継承するという意味でした。彼が日本人の力に頼り清王朝を再興するという夢は、ことごとく失敗したとは言え、自分の祖先の腐敗した生活と、自らの売国によって栄華を求めようとした罪悪史とを暴露し批判することは、感情的に受入れられなかっただけでなく、祖先に対しても申し訳ないと考えていたのです。

溥儀は幼少の頃から外国崇拝の思想に深く害されていました。彼の英語の先生チャールストンは、かつて山東省威海衛駐在のイギリスの総督でした。彼は宮廷に入って溥儀の英語の教師となると、ひたすら溥儀に多くの西欧ブルジョア階級の思想、西洋優越思想を植えつけました。当時溥儀は西洋人はなんでもすべて中国より優れており、自分の名前すら外国人の名前におよばないと思い、チャールストンに英語の名前を作らせ、「ヘンリー・溥儀」としました。

溥儀は中華民国政権が清朝の支配を覆したことに深い恨みを抱いていました。彼は「同じ中国人に与えるよりむしろ外国人に与えたほうがましだ」という考えのもとに、外国人に依拠して帝王の座を取り返す決意を固めました。あるときは英米に頼り、あるときは日本に頼りなどして定まるところがありませんでした。チャールストンは英米依存を主張し、清朝の老臣の中の親日派は日本に依存することを主張しました。その後、日本特務の脅迫と誘惑に負け、また老臣中の親日派の策謀により、溥儀は日本帝国主義に屈服することになりました。

溥儀は撫順戦犯管理所に収監されると、彼が日本帝国主義に屈服したこの醜悪な歴史をひた隠しにし、またなんとか口実をつくって弁解し、事実を隠し通そうとしました。彼が『私の前半生』を書くようになったときにも、このくだりの歴史があまりにも醜悪すぎ、人に軽蔑されるのではないかと考えて、長い間大胆に描写することをためらっていました。溥儀はずうっと仏教を信仰し、殺生せず、慈悲を旨としてきました。しかし、実際は大変横暴で、水道用のホースで数名の宦官を窒息死させ、「忠誠心」を試すため彼が吐いた痰を食べるよう命令しました。「満州国」時代、宮廷内の数一〇人の孤児を虐待し、なぶり殺しにしました。これらのきわめて残忍で醜悪な行為については、彼は書きたがらなかったのです。日本帝国主義が敗戦し投降すると、溥儀はソ連に捕虜として収容されました。彼は中国人民の審判から逃れるため、何回もスターリンに手紙を送り、ソ連に永住することを希望しました。彼は大量の宝石を隠匿し、機会があればソ連から西欧諸国に亡命しようと準備していました。溥儀はソ連から中国に移管されたあとも、これらの罪業を隠し通そうと考えていました。その他にも多くの暴露したことのないことがありましたが、それらのいずれもこの本の中で描き出そうとは思っていませんでした。

溥儀はこのようにいろいろな悩みがあったので、原稿を書く当初の態度は煮えきらないものであり、多くの歴史的事実については曖昧な表現を使っていました。こうした状況について、私たちは彼に次のように指摘しました。

一、過去を暴露するには、その醜さを恐れたり、面子を考えたりしてはいけない。醜悪な過去を憎み、これを徹底的に批判し清算してこそ、初めて真理を守り、改造の成果を強固にすることができる。

二、古い観念を清算しなければ、新しい思想は生れてこない。過去の誤った思想を徹底的に清算してこそ、初めて進歩を勝ち取ることができる。

三、自分の進む道は自分で切り開き、自分の歴史は自分で書くものである。自分の歴史がどのように書かれたかは客観的に正しく論評されるであろう。歴史はあくまで歴史であり、たとえ自分が書かなくても必ず別の人が書くようになるであろう。

私たちのこのような啓発教育により、溥儀の思想認識は高められ、消極的な態度は正しくないと考えるようになりました。彼は作品を書くことを阻害している原因を究明することによって、はじめてその態度を改めるようになりました。彼は自習時間だけでなく、夕食後の休み時間にも書き続けました。彼の記憶を助けるため、管理所ではいろいろな情況を勘案し、教育水準の比較的高い弟の溥傑に「満州国」に関する歴史を叙述する面で協力させました。彼の記憶がはっきりしない部分についてはその他の戦犯が協力してその手掛かりを提供させるようにしました。所内で解決できない資料については、私たちが瀋陽図書館に行って調べました。溥儀はある程度原稿が纏まると、管理所の幹部に提出してその審査と意見を求めました。私たちが参考意見を述べると、彼はいつもまじめにこれを聞き、ただちに筆を加えました。彼は何回も何回も推敲を重ね、ついに『私の前半生』という著名な作品を完成しました。この作品の最後を彼は次のような言葉で締め括っています。

「『人』という文字は、私が子供のころ『三字経』で覚えた最初の文字であった。しかし私は前半生において、全然その意味がわからなかった。共産党員によって犯罪者改造の政策が行われてはじめて、今日私はこの荘厳な文字の意味を理解するようになり、真の人間になることができたのです」

これは、自分の前半生に対する溥儀の深刻な総括であり、同時に後半生の新しい生活への始まりをも意味していました。

特赦前後

一九五九年九月一五日、中国共産党中央委員会毛沢東主席は、各民主党派、各人民団体責任者、著名無党派人士と著名文化教育界人士を招集し、会議を開催しました。毛主席は座談会で重要な講話をするとともに、中華人民共和国成立一〇周年を記念して、罪を認め改悛の態度良好な者の特赦を提案しました。九月一八日朝、中央人民ラジオはこの重大なニュースを劉少奇国家主席の特赦令として放送しました。上からの指示に従い、私たちは一八日早朝全戦犯を廊下に集合させて、この放送を聞かせました。全国人民代表大会常務委員会における中共中央の決定、すなわち収監中の戦犯、反革命犯、および一般刑事犯に対し、特赦を実行する旨の特別ニュースが放送されるときは、廊下では呼吸の音も聞き取れるほどの静寂さで、戦犯全員が身動きもしないでこれに聞き入っていました。アナウンサーが最後の一語を語り終わるやいなや、廊下には歓声の声が湧き上り、拍手が爆発した。

その情景は多くの爆竹を同時に点火したように響き渡り、しばし鳴り止みませんでした。ある者が声高らかに「中国共産党万歳！」「毛主席万歳！」と叫ぶと、すべての者がこれに呼応しました。

戦犯たちは学習においても労働においてもすべて以前より積極的になって来ました。

こんな状況の下でも、私たちは思想教育工作を一貫して緩めませんでした。なぜなら、特赦第一陣の人数は決して多くなく、その発表前には戦犯たちがすべて希望を持っていて、その態度の良い者はもっと良くなろうと努めるであろうが、発表後自分が入っていないことを知った場合、気持ちが落ち込むからです。

一九五九年一二月四日午前、撫順戦犯管理所は最初の特赦大会を開催しました。会場は所内の大講堂に設けられました。服役している日本人戦犯および勾留されていた「満州国」戦犯、国民党戦犯らがすべて大会に参加しました。主席台には、「撫順戦犯管理所第一回戦犯特赦大会」と書かれた大きな横断幕が掲げられました。隊列を組んで会場に入った戦犯たちは、興奮と緊張に満ちていました。所長は開会を宣言して簡単な短い講話をしました。ついで遼寧省高級法院代表が特赦人員名簿を読みあげました。最初に特赦された者こそ「愛新覚羅溥儀」その人でした。溥儀は主席台前に進んだものの、特赦通知書をまだ受け取らないうちに、感きわまって泣き崩れました。名前を読みあげられた「満州国」戦犯郭文林と国民党戦犯ら一〇人は、前に並ぶと感動して涙を流していました。

溥儀は釈放されて北京に帰ったあともずうっと戦犯管理所を懐かしく思っていました。彼は撫順戦犯管理所を「第二の故郷」と呼び、管理所の教育幹部を「恩師」と呼んでいました。彼からくる手紙は、いつも党と政府が彼を改造し新しい人間としてくれたことに感謝し、その後の状況を報告してきました。その手紙から見て、彼は確実に国を裏切り栄華を求める者から、一人の愛国者に変わったことが見て取れました。彼の言葉を借りて言うなら、「鬼から人間に」、「廃人」から「正常人」に変わったのです。

溥儀は一九六一年三月から全国政協文史専門員に就任し、一九六五年一一月になって病が重くなりました。この四年あまりの間、彼は世界五大陸三〇余の国家から来た百名以上の客人——政府首脳から普通の新聞記者まで——と会見し、彼らが提出する各種の疑問に答えました。客の中には、情熱を込めて中国共産党の改造政策を賞賛する者もあるし、懐疑の目で見ようとする者、悪意をもって挑発的に出る者もありました。溥儀はすべての機会を利用し、終始中国共産党の政策は偉大であることを宣伝し、彼がどのようにして「鬼から人間に生まれ変わった」か、「廃人」から「正常人」に変わったかを説明しました。そのことにより、国際的に非常に良い影響と大きな反響が生まれました。

ベルギーの皇太后が溥儀に会ったとき、驚きながら次のように語ったということです。

「犯罪者、特にかつての封建皇帝に対し、中国共産党が中国建設に役立つ人間に改造したというが、これは世界の歴史上かつてない奇跡です」

◆一　楊靖宇　河南省確山出身。一九二七年中国共産党入党。一九二九年東北に派遣され撫順特別支部書記、ハルビン市委員会書記、満州省軍事代理委員会書記、一九三四年抗日連軍総指揮、一九四〇年吉林省濛江（現靖宇県）で戦死。

学習が進んだ部下を見て奮起したモンゴルの徳王

孫志明

孫志明……スン・ジーミン
一九二六年生れ。山東省出身。文昇市寺山村抗日救国会主任。一九五四年内蒙古公安局職員

銃殺すべき漢奸をなぜ優遇しているのか

私は一九五四年度華北公安局から内蒙古の公安局に転勤しました。着任すると、政治防衛所（第一所）の職員として配属されました。そのときすでに徳王（✦一）などの戦犯が管理所に入っていました。これらの戦犯は、一九五一年モンゴル人民共和国から中華人民共和国に移管されてきたということです。戦犯たちと実際に接触して、この戦犯たちをなぜ優遇しているかという疑問が起こりました。これは私だけではなく、職員全体の疑問でした。彼らは私たちの敵だったのに、です。

特に徳王は自分の国を裏切って遼東を外国に売り出し、民族の利益を裏切った漢奸です。こんな人間に対して、なぜ生活面を優遇しているのか、その理由がわかりませんでした。こういった人民の大敵は死刑にすべきである、殺しても人民は賛成するだろう。しかし、なぜ彼らを銃殺にもしないでここに監禁をしていい待遇をしているんだろう、職員はみんなそう思っていました。

なぜなら、その当時の職員の生活レベルは低かったからです。わが国は長い間戦争をしていましたから、戦争が終わって間もないその頃は人民の生活は困難な時期だったのです。ですから私たち公安局の職員は食べるもの、着るもの、みんな苦労していました。でも彼らは私たちの生活状況よりずっとよかったんです。私たちがコーリャンとか粟を食べていたときに、彼らは白米と小麦粉製品を食べ

ていました。さらに、魚、ニワトリなども毎日のように食べていました。私たちが食べることをできなかったものを、です。私たちにはどうしても納得できないことでした。

公安局の指導者は、職員のこういった疑問を解決しなければなりませんでした。指導者は私たちを説得するのに大変悩んでいました。指導者は、「これは人民政府の政策である。私たちは中国共産党の政策を正しく実行しなければならない」と諭しました。そんなことで職員たちの思想状態もよくなって、戦犯、特に徳王の改造が成功したなら――もちろん容易なことではありません――中国共産党、人民政府にとって有利であるという結論に達し、彼らの教育改造に尽力するようになりました。

でも実際はなかなか難しかった。特に徳王は長い間、反抗していました。彼の独房と私たちの事務室は近く、彼が反抗するときには扉を叩きましたので、その音は事務室のみんなに聞こえていました。

虚勢を張る徳王

徳王は初めのころは一般職員とは口もききませんでした。トップの職員が呼んで話しても口をとざして話しません。彼はどんな小さなことでもパーチュジャン所長を呼んで話をするのです。それ以下の者とはいっさい話をしません。もしパー所長に会えない場合、食事をしません。絶食するのです。何回にも渡って絶食をしました。パー所長が説得すれば食事をするんです。他の職員とはまったく接触しませんでしたね。まずこの習慣を改めなければ、改造はできないと思いました。

私たちは、彼がパー所長との話を要求するとき、「所長は外出していない」と言うようにしました。毎日のように彼は「パー所長は帰ってきたか」と聞き、そのたびに私たちは「まだ帰ってこない」と答えました。そうして半月くらい経つと、仕方なく一般の職員と口をきくようになりました。彼が要求する内容は、政治的なものではないんです。羊の肉（他の肉は食べないので）をたくさんほしいとか、茶がほしいとか、そういう生活面の問題です。これは一般の職員でも解決できましたから、要求通りにして満足させました。

彼がパー所長だけを呼ぶ理由について、私たちは考えました。それは、パーチュジャンは地位が高いし、同じモンゴル族だからだろう、という結論に達しました。こういった悪い考え方を直さなければならないと思いました。一般の職員に話しても解決するということがわかってからは、パー所長を呼ぶということはなくなりました。一九五七年ころから、彼は一般職員と話をするようになり、パー所長以外の人とは話をしないという考えはなくなりました。

生活態度が変化する

私たちは彼の過去の生活習慣を十分に尊重してやらなければならないと考え、彼専属の炊事担当をつけ、彼の口に合うようにしたのですが、塩辛いだの、味が悪いだのいろいろな文句を言いました。徳王に対しては、他の戦犯より優遇しました。彼の毎月の食事代は二〇元。これは人民共和国の国家主席が使う食事代です。公安部の部長で一八元です。相当な額でした。

朝の食事は普通の中国人が食べるものと同じです。お粥と塩漬け野菜。昼は餅（小麦粉で作った主食）を好みました。おかずは肉類など二～三品です。彼は羊の肉（ソバーユ）をよく食べます。夕食はうどんなど麺類を食べます。

彼は羊の肉を非常に好みました。少なくとも一週間に一回（月に四～五回）はソーバユ（羊を一匹そのまま煮るか、あるいは半分にして煮るかしたもの）を切って食べます。部屋の中にはストーブとか夏には電気コンロのようなものがあって、食べたいときにはいつでも自分で作って食べることができました。チョウメン（粟より大きくコーリャンより小さいチョーミを煮て油で揚げて焼いたものをナイターの中でふくらませる）などをよく作って食べていました。チョウメンはストーブとナイターがあればいつでも作れます。ナイターは牛乳とジョンチャー（磚茶＝茶葉をれんがのように固めたもので、飲むときは少しずつ切って使う）を混ぜたものです。モンゴル族は一日に一食はこういうものを食べます。このように優遇されていたので、彼は他の戦犯のように腹が減ることはありませんでした。また、彼は酒もタバコもやりませんでした。

彼は着る物も他の戦犯とは違いました。監禁生活中でも羽織に似たモンゴル族の服を着て、人民服は着ませんでした。特赦されたとき（庶民として釈放されるとき）、モンゴル族の服（黒色）を作ってあげたのですが、彼は「着ない」と言いました。あとになってわかったんですが、徳王は黒い色の服を着るのは嫌だったのです。それは葬式などで着る色だったからです。それで違う色の服（空色）を作りました。

最初の数年は生活面での要求が多かったのですが、そのあとではそれも少なくなってきました。他の戦犯より自分がいい待遇をしてもらっていることがわかったのです。要求をするのはよくないと思ったんでしょう。これが彼にとっての進歩でした。それからは一生懸命節約しました。要求をして食べては捨てる、食べては捨てるの繰返しでしたが、それが変わりました。茶が好きだったんですが、そのカスまで窓に紙を敷いて干し、また茶にして飲むということをしました。一般にもこういう人はいません。また、ソーバユの食べ残しの骨も捨てませんでした。砕いて粉にして煮て飲みました。骨の中の汁を飲んだのです。ぜいたく三昧してきた王様が、だんだん節約するようになりました。そのことが彼の人生観を進歩させたと思います。

学習と討論

はじめは内蒙古公安所の中に徳王のために小さな庭を作りました。独房と専用の庭で彼はずっと一人だけの生活を続けてきました。他の戦犯との接触は一切ありませんでした。私たちは、他の人と一緒に住むことが彼の思想改造に大切だろうと考えました。徳王は進歩が遅かったからです。他の人は進歩が早く態度がよくなっていましたので、これらの人々が徳王の思想改造を助けてくれる、影響が大きいだろうと思いました。

最初は戦犯一人一人、個別教育をしましたが、のちには全員を集めて一緒に討論させたり学習させたりするようにしました。それが彼にとって大きな進歩をもたらしました。当初、集合すると他の八名みんなは、徳王が入るとパっと起立して、徳王に席を勧めました。王様として尊敬する気持ちが強かったのでしょう。私たちはこれではいけないと思いました。同じ戦犯なのですから特にそんなことをする必要はない、入ってきたら自分で席に着けばいいという教育をしました。

少し時がたつと、徳王が入ってきてもだれも気をつかわなくなりました。そうして、だんだん他の戦犯と徳王の関係が変わってきました。昔は王様と家来だったけれど、今は平等な関係、こういうことがわかってきたのです。

はじめのころは徳王は学習しませんでした。だから討論のときに発言できないわけです。他の人は学習していますから、発言が活発で自分の考えを話します。これでは面子が立たないと思ったのか、部屋で一人悩んでいました。私たちは徳王の変化を注意して観察しました。部屋に戻って本を読むようになり、また一生懸命読んでメモを作り、発言の準備をしているのを見て、彼が変わったということがわかりました。徳王もこれから変わっていくんだと私たちは喜びました。徳王は今からはじめて、まじめに学習するんだと、非常にうれしく感じました。日本帝国主義や天皇制について、彼が書いたもの（聞き書き）は残っています。

彼に与えたのはモンゴル語の新聞です。彼はそれを一生懸命読み、毛沢東の著作をまじめに読みました。発言も活発になり、内容も正しくなりました。これが彼の一つの大きな転換点だったと思います。一九五九年の建国一〇周年の少し前までは徳王はほとんど他の人に会えなかったのです。建国一〇周年で参観学習を始める前後に皆と一緒になって討論ができるようになりました。討論のテーマは新聞に載った報道の中から出します。討論のときは管理教育科の職員が同席します。その職員が司会役です。ときには彼らが自分たちで討論会を行います。そのときは彼らの中の学習組長が司会して新聞を読ませたりしながらすすめます。

討論テーマで記憶に残っているのは、人民のための公司（コンス）の問題、そして中国はこれからどういう方向に向かっていくかという大きな問題について討論したことです。非常に興味のある話題が出ますと盛り上がりました。

参観学習

一九五九年一〇月。国慶節のときに彼らに対して参観学習を始めました。徳王と李守信（✦二）は管理所に入るときは、外を見ないように目隠しをされました。ですから解放後、内蒙古がどのように変わったのか、ぜんぜんわからないわけです。そういうことで参観学習をすることはいいことだったのです。

徳王は張家口に首都を作っていましたので、フホホトに何回も来て視察をしたことがあります。「蒙疆」保安司令部はフホホトにあったのです。李守信はここにいたのです。フホホトは「蒙疆」政府（✦三）の管轄下に入っていました。李守信もよく知っているし、徳王も何回も来たからよくわかります。その頃のフホホトには大学もない小さな街でしたが、参観をするころには内蒙古大学、師範大学、農牧大学、医科大学など大学がいっぱいできて人民のために教育が施されていましたし、建物なども昔とはぜんぜん違いました。内蒙古自治政府ができて、中華人民共和国一〇周年のときでしたから、著しい変化があったのです。

その変化を見て、彼らはびっくりしました。彼らは「共産党は国を治める能力がないと思っていた」と言いました。特に都市の建設については知識も技術もない、都市を建設する能力が共産党にはないから国を治める資格がない、と思っていたのです。それが、共産党が自分の国を立派に建設し、管理し、文化経済を発展させ、学校を建てているのを目の当たりに見て、共産党こそ人民（国家）の指導者である、国を治める資格がある、と彼らははじめて言いました。

彼らは、参観学習の前には共産党はダメだ、蒋介石の国民党こそ中国を指導する資格があると、かたくなに思っていました。参観学習を通じてはじめて、その考えが間違っていた共産党のほうが国を指導する力がずっとあるということに気づいたのです。その後の討論のときに自分の過去の考え方を総合して、こういったことを発言しました。徳王ももちろんそうでした。参観学習のとき、内蒙古大学、医科大学などで実験室の設備を見て、内蒙古では今までこういった整った実験室の中でモンゴル族を教育したことはなかった。中国共産党は民族の教育に重点を置いている、と彼らは思ったそうです。モンゴルの民族服を着ているモンゴル族の学生がたくさんいました。彼らは、同じ学校で漢族、モンゴル族が差別なく学習していることを見て、中国では民族差別のないことを知ったのです。服装も自分たちの民族習慣によって自由であるし、中国では差別なく民族平等だということを実感し、それまでの自分たちの考えが間違っていた、と反省をしました。私はこれらの戦犯の思想改造の担当者ですから、参観学習には同行しました。ですから、彼らが前半生を振り返って新中国を評価する発言をするときは本当にうれしかったです。参観学習してよかったと。参観学習を通して過去を反省する気持ちが台頭してきたのをしみじみ感じました。中国共産党の戦犯に対する政策は正しいと思いました。

のちになってからは家族の面会もありました。家族の面会は一九五九年の少し前から始まったのです。徳王は、自分の家族は中国共産党によって殺されて一人もいないと思っていました。自分自身も中国共産党によっていつどこで死刑になるかわからない。いくら中国共産党が寛大政策をもって臨んでも、死刑になるのは当たり前だろうと思っていました。そんなときに家族との面会があったのです。面会にきたのは次男のオチルバトでした。彼を見て徳王はびっくりしました。「お前、まだ生きていたのか」と。「家族は全滅だと思っていた」とも。そんなことで共産党の政策に深く傾倒していったと思います。オチルバトを通じて、長男も生きていることを知りました。だから、自分にも生きる道があるだろう（殺されないだろう）という考えがはじめて生まれたのです。そんな矢先、一九五九年一〇月に特赦令がありまして、第一次特赦のときはシュンムツゥンドゥクが釈放されました。彼はチャイウサン地域の司令官でした。徳王は非常に焦りました。彼が特赦されたのだから、自分も一生懸命やらなければならない、共産党の言うことをよく守らなければ、自分も特赦されて社会へ出ることはできない。これで希望ができた、暗黒の闇の中に光明を見つけた、だから自分の態度を早く直さなければならない、と焦ったそうです。こうして自己改造の道を走り出したのです。李守信が孫科長に次のように提案しました。（ちなみに李守信は徳王より進歩が早く、正しい考え方をしていました。彼も私も山東省出身でしたので提案しやすかったのでしょう。）「内蒙古の王族に対してあまり尊敬する必要はない、尊敬すればするほど威張る。一般の人と同じように扱いなさい。そうすれば素直に納得できるはずだから」と。私は李守信の言うことは的確であると思いました。なぜなら、過去の地位を考えて優遇すると、威張るのは当然だからです。実際、徳王は威張っていました。李守信という人は「蒙彊」政府保安司令官でした。でもこの人には学問がありません。農民出身で知識はない。書類がくるとハンコを押すだけでした。そういう人がなぜ日本に利用されて司令官になれたのでしょう。

李信守の経歴

彼は祖父に連れられて山東省から東北に行き、モンゴル族の地主（盟主）に雇われて働きました。このモンゴル族の地主は李守信がまじめで勤勉な人間であるのを見て、自分の娘を彼に嫁がせた。結婚して李守信は漢族からモンゴル族になり、チベット仏教の信者になりました。チベット仏教は地元の権力者と密接な関係があります。そういうことで地元の豪族（権力者）と結託して彼は地元で有力な人間になりました。彼はよく銃を撃ちました。射撃がうまかったです。

そのころ日本が侵略してきて、徳王を王様にしました。そして銃をよく撃つし、匪族に対しても力がある。司令官に任命したらいいということで李信守は司令官になったのです。彼は徳王より年長です。日本の侵略者は利用できる愚かな人間を使おうとしたのです。民族の利益を考える知識のある人間は利用できません。そんな人は素直に忠実に日本人の言うことをきかないですから。だから、李守信などの、匪族でなにも知らない人間を使ったのです。民族の利益を考えない、学問のない人を利用するのが日本軍国主義の手段でありましょう。

釈放された徳王

特赦で釈放するのは毎年一回（原則一人ずつ）です。二回目は陳紹武という徳王の将軍でした（のちに国民党の少将）。毎回、釈放するときは全員が参加します。他の人がどんどん釈放されるのに自分は釈放されない。徳王は焦りました。早く釈放されたいという気持ちでいっぱいだったのでしょう。そして三回目に釈放されました。自分の罪を認めて反省し、誤った考え方を直したということで。釈放前の二〜三年間に彼は一生懸命『蒙漢大辞典』を作っていました。この編集は内蒙古自治政府公安所の翻訳科長だったアィヤンブフが直接指導して彼の援助を得て行われました。大体三年かけて。出版はしませんでしたが、原稿はできていました。この辞典は一般的な事典だと思うのですが徳王の民族意識を表明するものでした。自分モンゴル族である、だからモンゴル族の利益になることをなにかしようという考え方が強かったのです。一定の思想改造がすんだあと、『蒙漢大辞典』を編集し始めたのです。この原稿は特赦時、彼に渡しました。

彼は特赦されても帰る家がありません。彼の多くの妻のうちの一人と子どもがシリンゴール盟にいました。妻子は「満州国」時代からずっと離れていたそうです。オチルバトに聞けばわかると思います。徳王には数人の妻がいましたが、「何人いるのか」と聞いてみましたけれど、わからない。私生活はデタラメで、元の奥さんは放ったらかしで、どこにいるのかわからないそうでした。それで私たちはシリンゴール盟にいた妻に引っ越してフホホトに来られるようにし、家も探しました。古い家でしたので修繕をしました。五〜六間ある広い家でした。そして一家団欒することができました。

印象に残っているのは、釈放される日、徳王は非常に喜んで私とアユラ副所長と一緒に記念写真を撮ったことです。彼は今まで一般の人とそういうことはしませんでした。彼の思想は変わったのです。釈放後は内蒙古自治政府協商会議文史史料館の館員として働きました。いつ死亡したかはよく知りません。おおかた文化大革命後だと思います。

管理所の日課

午前六時起床。洗面、体操。六時半朝食。八時から学習。一〇時～一〇時半休憩。一〇時半からまた学習。一二時昼食。午後一時～二時半昼休み（昼寝）。二時半～三時半学習。三時半から休憩。さらに学習し五時終了。六時夕飯。九時の就寝まで自由行動。

徳王のいた独房は部屋と廊下があり、廊下のそばにトイレがあり、部屋と廊下の間は自由に行き来できました。部屋は二つあって一つは寝室、一つは学習する部屋でした。

風呂は特にないですから大きな桶に湯を沸かして、それを風呂代わりにしました。徳王は風呂はそんなに好きではありませんでした。夏にはそれに水をいっぱいに張りました。

散髪は一カ月に一回くらいですが、理髪師が来所して散髪します。飲み水はちゃんと沸かして各部屋に置いておきます。

着替えの服は何着もありました。一カ月に一～二回は着替えていました。洗濯は自分ではできないので、他の戦犯にやらせていました。服もはじめのころは着替えたくないと言って、あまり替えませんでした。思想が変わるにつれて着替えるようになり、洗濯も最後のほうになると自分でやっていました。散髪もはじめのころは嫌がりましたので、強制的にさせていました。

徳王は溥儀と違います。溥儀の場合はボタン一つはめられませんでしたが、彼は一般の生活は自分でやれました。地位からいっても溥儀とは違います。溥儀は清朝最後の皇帝であり、徳王は最後にはモンゴルの王様になったものの、彼は中国の一つの県の指導者ですから。自分の生活はきっちりできました。着る者も自分で買って金を払いました。

絶食と抵抗

徳王の絶食はおもしろいですよ。食べないふりして、陰でこっそり食べているんです。私たちが室内検査（衛生検査など）をしたとき、寝床の下に食べ残したものを乾かして保存しているのを見つけました。チョーミをあげたら食べ残したものをとっておく。そして絶食しているときは与えたものは食べません。けれど、腹が減るとこっそりストーブで湯を沸かして食べ残りを入れて食べるのです。

彼の絶食中、呼び出して説教しますが、その間、看守が部屋の中に入って検査をします。するとこの前は残っていたソーバユやピンがなくなっている。だから、絶食しているといっても食べていたはずです。絶食は政府に対して早く釈放しなければ自殺するという抵抗です。本気で絶食して自殺する意思はなかったようです。だから私たちは、「あなたのは絶食じゃない。こっそり食べているじゃないですか。そんなことをすると本当に体を壊してしまいますよ」と言い聞かせたことがあります。私は一九五四年にここにきましたが、そのころには絶食していました。私たちが彼の秘密をつかみ、あなたのは絶食じゃないと説教したのは、一九五五〜五六年ころです。それからは絶食はなくなりました。絶食が続くのは、長くて五日間です。

他には抵抗は特にありません。「なぜこんなに長く入れられているんだ」と口では抗議しましたが、文書ではしませんでした。彼は中国語を知っているのに必ずモンゴル語で話し、通訳させました。これは抵抗の一つでしょう。あとになってからは私たちとも中国語で話しました。

逃亡のはて

徳王の「蒙疆」政府は、日本が降伏したあと、すぐ国民党につき、広東省まで行きました。そしてアメリカのだれかはわからないのですが、徳王に軍隊を作りなさいと言ったのです。まだやる仕事はたくさんあると。李守信は天津から家族を連れてすでに台湾に逃げていました。徳王は、武装し、軍隊を組織するなら李守信が必要だといい、アメリカの許可を得て台湾に行き、李守信を連れて帰ったのです。

徳王が迎えに行くと、李守信は「帰ってなにをするのか、帰りたくない」と言いました。徳王はともかく帰って相談し、新しく軍隊を作ろうと説得したのです。広東に帰ってきた李守信は相談の結果、軍隊を作ることに同意しました。彼らは綏遠省に行き、反動家たちを武装組織する計画を練りました。国民党と結託して、国民党が許す範囲でそういうことをやったんです。

しかし、北京やフホホトも人民解放軍（共産党軍、八路軍）によって解放されると、彼らの前途は危なくなりました。彼らはモンゴル人民共和国との国境まで逃げていき、同国と会談をしてモンゴル人民共和国に入りました。許可を得て入国したものの、彼らはモンゴル人民共和国の手によって監禁されました。そしてのちになって中国に移管されたのです。この事実は、徳王が書いたものと公安が調査したものに基づくものです。どのように、なんのために移管したかということについてはわかりません。当時彼らが使っていた物は保管されていません。そういうものは価値のないものだからです。

徳王の罪業は思想改造のなかで触れています。他の罪状についてはほかの文書に記録されています。

徳王は何回か病気をしましたが、私の記憶では胆嚢だったと思います。入院して、高級幹部が使う貴重な薬をあちこち探し求めて治したのです。そうとう長い時間がかかりました。

私の生い立ち

私は山東省文昇市張家産村鎮寺山村の出身です。一九二六年八月二八日、貧農の家に生まれました。小学校四年生まで勉強しました。日本の侵略前でした。私の村を日本軍が占領したのは一九三九年の冬、一三歳のときでした。日本人は占領したあと、人を殺し、家を焼き、物を奪うという三光作戦を行いました。ひどかったです。

一五歳のとき、その年齢では日本人に捕まると殺されるから、お前は避難しろと父が言いました。それで大連にいた母の弟に連れられて、大連に逃げました。私が大連に行ったあと、日本人が郷里の村に攻めてきて、多くの家を焼き払って住民を一〇数人逮捕し、連れ去ったのです。私の家は焼かれませんでしたが、父が連れ去られました。一〇キロくらい離れた村に日本人が休憩したとき、父は「水を飲む」と言って井戸に水を汲みに行ったときに逃げて命拾いしました。でも、私をわが子のように可愛がってくれた、裏に住んでいたおじさん――私も、お父さん、お父さんと呼んで慕っていた人――が八路軍の一員で、八路軍のスローガンのビラを貼っていたのですが、日本軍に逮捕されました。そして最後には、縛られ広場に連れ出され、人々の前で軍犬によって噛み殺されたのです。その頃の山東省では日本軍が家を焼いたり、人を殺したりするのはしょっちゅうでした。私の親戚では義父が殺されましたが、ほかの村の人では死んだ人はたくさんいます。大連では一九四三年まで（一八歳まで）ガンズゥという小さな食堂で雑役の仕事をしました。その間、山東省の八路軍と日本軍は戦争状態を続けていました。激しい闘いを繰り返した後、一九四三年、八路軍によって郷里が解放されました。しかし、私の郷里の周囲五キロメートルくらいは日本軍が占領したままでした。

その年、私は家に帰り、青年抗日救国会の主任として働いていました。青年抗日救国会というのは民兵、若い青年婦女を指導して日本軍と戦う組織です。ですから、私たちは直接戦争に参加したことはありません。ただし、八路軍に食料を提供したり、弾丸を運んだりはしました。実際に私が戦争に出会ったのは一九四四年です。救国会の会議中に日本軍がやってきたのです。ともかく早く逃げたので、なにも被害はありませんでした。日本のトーチカを破壊したことはありましたが、通常は武装していませんでした。

こういうふうに日本と戦いましたが、正式に軍隊にはいったのは一九四七年です。日本が降服してから正式に人民解放軍に参加しました。私が抗日戦争に参加したのは一九四三年です。青年抗日救国会の主任になってから革命に参加したことになります。そして上級から北京に行って地下工作をしろと命令を受け、華北行政委員会の公安部で働きました。中華人民共和国が成立したあと、北京市公安局で働くことなりました。一九五四年に中央政府の命令で各地の行政委員会がなくなりました。そこで働いていた人々はあちこちに配属されました。北京、天津は職員が多いので入れません。だから河北省、内蒙古などに配属されたのです。そして私は内蒙古の公安部に来たのです。

✦一　徳王　デムチュクドンロブ。徳王は通称。モンゴル族のシリンゴール盟ストニ右旗の王族の家に生まれる。北洋軍閥に従属したのち蒋介石に降伏、一九三六年日本の支配下に「蒙古軍政府」をつくり主席、軍司令官となる。一九五〇年逮捕され、一九六三年特赦、内蒙古政治協商会議文史料館で活動。

✦二　李守信　元の名は李義。モンゴル族。熱河騎兵遊撃隊の営長（日本の大隊長級）、団長（日本の連隊長級）。一九三三年日本に降伏し、三六年徳王とともに「蒙古軍政府」をつくり、のちに軍司令官となり、日本軍の華北侵略の片棒を担いだ。六四年特赦となり内蒙古政治協商会議文史史料館員として活動。

✦三　「蒙彊」政府　内蒙古地域に日本がつくったモンゴル人の傀儡政権。一九三二年、徳王をはじめとする内蒙古各地の王公は日本の支配下に入り、国民党政府に対し自治権を要求する。三六年化徳県に「蒙古軍政府」を樹立し二個軍、七個師団を編成、察哈爾《チャハル》、錫林郭勒《シリンゴール》、烏蘭察布《ウランチャップ》、巴彦塔拉《バヤンカラ》、伊《イ》克昭《クチヤオ》の五つの盟（盟は旗・県、市を統括する行政単位）を管轄した。次いで三七年、帰綏（現在のフホホト）に「蒙古連盟自治政府」を樹立、徳王は政務院長、李守信は蒙古軍総司令となる。三九年、「蒙彊連合自治政府」に改組、河北省張家口を首都とし、帰綏には保安司令部をおき、ジンギスカン元年と称した。四一年には「蒙古自治邦政府」と称して、徳王が主席、于品卿、李守信が副主席となった。四五年日本敗戦と同時に瓦解。

あとがき

この書に収めた新井利男の論文「中国の戦犯政策とは何だったのか」は、ソ連から中国への戦犯移管決定の経緯について、日本ではじめて明らかにしたものです。さらに中ソ会談で毛沢東の通訳をつとめた師哲さんの貴重な証言によってその背景をあきらかにしています。

また撫順戦犯管理所の三一名もの元職員から聞きとりをした記録は中国にもない画期的なものです。だれもが、戦犯政策を実践する中での心理的葛藤や苦労を語っています。管理所の副所長だった曲初さんと人事係だった于瑞華さん夫妻は戦争中日本軍に一歳の娘を殺されました。他の職員も多かれ少なかれ被害を受けています。その彼らが、教育によって戦犯たちが罪を認め、悔い改めるのを目にして、自分の考え方が変わったことをそれぞれの言葉で語っています。これら職員は皆、革命に参加して新中国の建国を担った人々です。新中国の政策に従った彼らの誇りと任務を果たした充実感が伝わってきます。

職員の証言には、中国の戦犯・捕虜政策の由来も語られています。紅軍時代から徐々に形成された中国人民解放軍の規律「三大規律八項注意」の中に「捕虜をいじめてはいけない」という項があります。中国共産党軍は国民党軍、日本軍、そしてまた国民党軍と戦いましたが、捕虜に関しては一貫して「寛大政策」をとりました。一九二八年、毛沢東は「井岡山の闘争」で教育によって捕虜は変わると述べています。抗日戦争の時期には多くの傀儡軍の捕虜が八路軍兵士になり、日本人の捕虜は「反戦同盟」を結成しました。日本敗戦後は数百万人の国民党捕虜が解放軍に参加し解放軍が優勢になりました。

「一人の死刑者もださない」寛大政策はみごとに「憎しみの連鎖」をたちきりました。それを実現したのは管理所で働いた一人一人の職員です。彼らの誠心誠意の労働がなかったら、中国の戦犯政策は豊かな実りをみせることはなかったでしょう。彼らの証言から、ぜひ多くのことを汲みとってくださるようお願いします。

新井利男の資料の収集と現地調査は、「日中友好会館・日中平和友好交流計画・歴史研究支援事業」から三年間（一九九九〜二〇〇一年）の助成を受け、さらに本書の出版は二〇〇二年度の助成により、実現に至りましたことを、関係者のみなさまに、記してお礼申しあげます。

最後に、新井利男が生存中に聞けなかった、孫明斎さん、呉浩然さんの証言及び戦犯について詳述している崔さん、李福生さんの証言を『世界を震撼させた奇跡』（撫順市政協文史委員会編・中国帰還者連絡会訳・一九八九年自費出版）より提供し、いろいろアドバイスしてくださった中国帰還者連絡会の皆さん、高橋哲郎さん、金源夫人鄭英順さんにお礼申しあげます。

新井利男資料保存会

二〇〇二年一二月

年表

年	月	日	所内状況	中国状況ほか
一九四九年	一〇月	一日		中華人民共和国成立
一九五〇年	二月			中ソ友好援助同盟・相互援助条約調印（モスクワ）
	六月			朝鮮戦争はじまる
	七月	一八日	中ソ国境・綏芬河において、日本人捕虜九六九名が戦犯として、ソ連から中国に移管される	
		二一日	戦犯、未明三時撫順城駅着、撫順戦犯管理所に収容される	
		二三日	管理所、監房規則を発表する	中国政府は日本人戦犯に対する三階級の生活待遇基準を決定
	一〇月	一八日〜二〇日	朝鮮戦争激化のため、戦犯はハルビン（おもに佐官クラスより）と呼蘭（尉官クラス以下）の監獄に移動	
		二五日		抗米援朝の中国人民志願軍、朝鮮戦争に参戦
	一二月		所内で中国の新聞回覧はじまる	中央政府より管理所に対し「罵ったり手をあげたりしてはいけない。医療の完全を期し一人も死なせてはいけない」という指示がある
一九五一年	二月	一二日	所内放送開始される	
	三月	二五日	少尉クラス以下六六九名撫順管理所へ復帰し、中尉以上と病人はハルビン監獄に残る	
	七月		朝鮮戦争停戦会談ニュースと人民戦争の勝利と題する所長講話新聞と日本文献の回覧はじまる	朝鮮戦争停戦会談はじまる
	九月		学習意欲出る。文献書き写し流行する	日米単独講和（サンフランシスコ）に対し周恩来総理無効を声明
	一二月			「三反五反運動」
一九五二年	三月	一二日	土屋豊治ら一四名、朝鮮戦争で細菌戦をやったことについてアメリカに抗議文を出す	日米行政協定調印
	四月			日華平和条約調印（台北）
	五月		撫順管理所に音楽班作られる	日本・メーデー事件
		一三日	全員に全面的な身体検査実施（瀋陽医学院小組と撫順鉱務局に	

	〜六月	五日	より)	第一次日中民間貿易協定調印(北京)
	一〇月		阿部盛二ら二四二名「侵略反対平和擁護」の文章を、アジア平和会議に出席する日本代表団に提出	アジア太平洋平和会議(北京)
	一一月			米国水爆実験を開始
一九五三年	一月		ハルビン尉官クラス坦白(タンパイ)学習、撫順では毎日二時間運動(運動と娯楽のための器具増設される)	
	二月		第一回目の娯楽会を開く	
	三月			スターリン死去
	四月 〜七月	二五日 二五日	撫順組瓦生産(平瓦一三八万四〇一四枚、背瓦二万五六二〇枚) ハルビン組はボール紙による箱はり作業	朝鮮戦争休戦協定調印(板門店)
	九月	一五日	『帝国主義論』の系統的学習はじまる	
	一〇月	二三日	ハルビン組全員二一〇名撫順へ移動。これで再び全員が撫順管理所へ集結	第二次日中民間貿易協定調印(北京)
一九五四年	一月		向井初一ら六名、反省書提出	
	三月	四日	取調工作はじまる(最高人民検察院)	ビキニにて「第五福竜丸」被曝
	四月		坦白(タンパイ)の典型「宮崎」	
	五月		同　「植松」	
			グループ別認罪運動はじまる	
	六月		野外劇場建設され、音楽スポーツ盛んになる	周恩来・ネルー会談「平和五原則」
	七月			日本自衛隊発足
	一〇月		「学習委員会」発足 野外運動会実施	日中・日ソ国交回復国民会議(風見章理事長)発足
		一八日	日本国会議員団(鈴木茂三郎団長)管理所参観	
		三〇日		中国紅十字会李徳全訪日団長が日本人戦犯名簿を発表
一九五五年	二月	一〇日	日本の家族からの手紙一六五通が戦犯に渡される	
	三月	二六日	日本からの手紙一〇四二通と小包一〇〇〇余個が戦犯に渡される	
	四月			日中民間漁業協定(北京)

一九五五年	四月			アジア・アフリカ会議（バンドン）
	五月		中隊長田村貞直、思想転変の過程を発表、感動を与える	第三次日中民間貿易協定調印（北京）
	八月	二三日	大分県の戦犯家族一九名の録音を放送 日本からの訪中団続々来所	
一九五六年	一月		創作学習はじまる	
	二月			ソ連共産党のスターリン批判はじまる
		二〇日	日本人戦犯の生活の記録「人道と寛恕」の撮影開始	
		二六日	瀋陽・撫順の参観学習はじまる（第一回）	
	四月	一〇日	古海忠之（「満洲国」総務庁次長）自己批判（認罪）発表	
		一五日	参観学習（第二回）出発	
	六月		中華人民共和国最高人民法院特別軍事法廷開廷	中華人民共和国全国代表大会常務委員会、日本人戦犯に対する「寛大処理」の決定
		九日	鈴木啓久ら八名の軍人審理。判決は六月一九日	
	七月	一日	武部六蔵ら二八名の「満州国」関係文官審理、判決は七月二〇日 最高人民検察院の起訴免除、釈放の決定、六月二一日、三三五名、七月一五日、三二八名、八月二一日、三五四名、それぞれ一カ月以内に日本に帰国。受刑者四五名は、期限前釈放を含め、一九六四年（昭和三九年）四月九日を最後に全員帰国	
		二〇日	城野宏ら九名の太原関係者の判決	
一九五七年	九月	二二日～二三日		「中国帰還者連絡会」創立第一回全国大会開催
二〇〇二年	四月			「中国帰還者連絡会」解散大会。「受け継ぐ会」結成

✦カバー・本文写真：新井利男撮影・所有
新井利男資料保存会
新井とも子　石垣修　石川久枝　高橋哲郎　中川寿子　渡辺登

新井利男……あらい・としお
1941年　東京本所生まれ
1965年　東京綜合写真専門学校卒業
　　　　以後フリーの写真家に
1986年　日本写真協会新人賞「残された日本人」
1998年　平和・協同ジャーナリスト基金賞
　　　　（日本のジャーナリストに与えられる年度賞）

主な出版
『残された日本人』（径書房 1986）
『長崎市長への7300通の手紙』（径書房 写真およびアートディレクション 1989）
『右傾度87％』（径書房 共著 1990）
『侵略の証言』（岩波書店 共編 1999）

主な写真展
「カナダ移民苦難の一世紀」銀座・新宿ニコンサロン 1979
「自己証明 中国戦災残留日本人」銀座ニコンサロン 1984
「現代日本・三つの断層」パリ 1990
「もうひとつの日本」ベルリン 1992
「あゝ満州」銀座ニコンサロン 2000

教科書に書かれなかった戦争 PART42
中国撫順戦犯管理所職員の証言
写真家新井利男の遺した仕事
二〇〇三年二月一日　初版発行

編集　新井利男資料保存会
発行者　羽田ゆみ子
発行所　有限会社梨の木舎
〒一〇一-〇〇五一　東京都千代田区神田神保町一-四二
電話：〇三-三二九一-八二二九　ファクシミリ：〇三-三二九一-八〇九〇
Eメール：nashinoki-sha@jca.apc.org
ブックデザイン　加藤昌子
本文組版　石渡印刷株式会社
印刷　株式会社フクイン
［CTPスクリーニング：フェアドット 400spm］

ご注文FAX　**03(3291)8090**

梨の木舎の本

101-0051 東京都千代田区神田神保町1-42 日東ビル
TEL 03 (3291)8229
E･mail nashinoki-sha@jca.apc.org

★送料はお買上げ1000円未満は200円、1000円以上の場合は無料です。

●シリーズ　教科書に書かれなかった戦争

①教科書に書かれなかった戦争	4-8166-9512-5	アジアの女たちの会編	1650円
②アジアからみた「大東亜共栄圏」・増補版	4-8166-9511-7	内海愛子・田辺寿夫編著	2400円
③ぼくらはアジアで戦争をした	4-8166-9507-9	内海愛子編　高崎隆治 岡本愛彦・飯田進・湯浅謙・亀井文夫著	1650円
④生きて再び逢ふ日のありや ──私の「昭和百人一首」 品切		高崎隆治撰	1500円
⑤天皇の神社「靖国」・増補版	4-8166-0001-9	西川重則著	2000円
⑥先生、忘れないで	4-8166-9408-0	陳野守正著	2000円
⑦アジアの教科書に書かれた日本の戦争 ─東アジア編	4-8166-9508-7	越田稜編・著	2200円
⑧アジアの教科書に書かれた日本の戦争 ─東南アジア編	4-8166-9509-5	越田稜編・著	2500円
⑨語られなかったアジアの戦後 ──日本の敗戦・アジアの独立・賠償	4-931262-05-8	内海愛子・田辺寿夫編・著	3107円
⑩アジアの新聞が報じた自衛隊の「海外派兵」と永野発言・桜井発言・増補版	4-8166-9506-0	中村ふじゑ他翻訳・解説	2700円
⑪川柳にみる戦時下の世相	4-931262-06-6	高崎隆治選著	1825円
⑫満州に送られた女たち ──大陸の花嫁 品切	4-8166-9203-7	陳野守正著	2000円
⑬朝鮮・韓国は日本の教科書にどう書かれているか・増補版	4-8166-9602-4	君島和彦・坂井俊樹編・著	2700円
⑭陣中日誌に書かれた慰安所と毒ガス	4-8166-9306-8	高崎隆治・著	2000円

⑮ヨーロッパの教科書に書かれた日本の戦争	4-8166-9513-3	越田稜編・著	3000円
⑯山田耕筰さん、あなたたちに戦争責任はないのですか	4-8166-9402-1	森脇佐喜子著 解説・高崎隆治 推薦・内海愛子	1650円
⑰１００冊が語る「慰安所」・男のホンネ 品切	4-8166-9405-6	高崎隆治編・著	1800円
⑱子どもの本から「戦争とアジア」がみえる—300冊	4-8166-9404-8	長谷川潮・きどのりこ編・著	2500円
⑲日本と中国——若者たちの歴史認識	4-8166-9515-X	日高六郎編	2400円
㉑中国人に助けられたおばあちゃんの手からうけつぐもの	4-8166-9700-4	北崎可代著	1700円
山川菊栄賞受賞 ㉒文玉珠—ビルマ戦線楯師団の「慰安婦」だった私	4-8166-9519-2	語り 文玉珠 構成・解説 森川万智子	1700円
㉓ジャワで抑留されたオランダ人女性の記録	4-8166-9600-8	ネル・ファン・デ・グラーフ著 渡瀬勝・内海愛子訳・解説	2000円
㉔ジャワ・オランダ人少年抑留所	4-8166-9703-9	内海愛子 H・L・B マヒュー M・ファン・ヌファレン	2000円
㉕忘れられた人びと —日本軍に抑留された女たち・子どもたち	4-8166-9800-0	S・F・ヒューイ著 内海愛子解説 伊吹由歌子ほか訳	3000円
㉖日本は植民地支配をどう考えてきたか	4-8166-9605-9	戦後50年国会決議を求める会和田春樹・石坂浩一編	2200円
㉗「日本軍慰安婦」をどう教えるか	4-8166-9701-2	石出法太・金富子・林博史編	1500円
㉘世界の子どもの本から「核と戦争」がみえる	4-8166-9702-0	長谷川潮・きどのりこ編・著	2800円
㉙歴史からかくされた朝鮮人満州開拓団と義勇軍	4-8166-9802-7	陳野守正著	2000円
㉚ヨーロッパがみた日本・アジア・アフリカ ——フランス植民地主義というプリズムをとおして	4-8166-9801-9	海原峻著	3200円
㉛戦争児童文学は真実をつたえてきたか	4-8166-0005-1	長谷川潮著	2200円
㉜オビンの伝言 ——タイヤルの森をゆるがせた台湾・霧社事件	4-8166-0006-X	中村ふじゑ著	2200円

㉝ヨーロッパ浸透の波紋 ──安土・桃山期からの日本文化を見なおす	4-8166-0104-X	海原峻著	2500円
㉞いちじくの木がたおれ ぼくの村が消えた──クルドの少年の物語	4-8166-0103-1	ジャミル・シェイクリー著 野坂悦子訳 津田櫓冬画	1340円
㉟日本近代史の地下水脈をさぐる 信州・上田自由大学への系譜	4-8166-0003-5	小林利通著	3000円
㊱日本と韓国の歴史教科書を読む視点	4-8166-0004-3	日本歴史教育研究会編	2700円
㊲ぼくたちは10歳から大人だった ──オランダ人少年抑留と日本文化	4-8166-0106-6	ハンス・ラウレンツ・ズヴィッツァー著 川戸れい子訳	5000円
㊳女と男 のびやかに歩きだすために	4-8166-0203-8	彦坂諦著	2500円
㊴世界の動きの中でよむ 日本の歴史教科書問題	4-8166-0201-1	三宅明正著	1700円
㊵アメリカの教科書に書かれた 日本の戦争 近刊	4-8166-0204-6	越田稜著	予3000円
㊶無能だって？ それがどうした⁉ ──能力による差別の社会を生きるきみに	4-8166-0205-4	彦坂諦著	1500円
㊷中国撫順戦犯管理所職員の証言 ──写真家・新井利男の遺した仕事	4-8166-0206-2	新井利男資料保存会	3500円
㊸あるアメリカ兵の太平洋戦争（仮） 近刊	4-8166-0301-8	レスター・テニー著 伊吹由歌子・奥田愛子 他訳	予3000円
日本深層文化を歩く旅 日本ナショナリズムは江戸時代から	4-8166-0202-X	海原峻著	2300円
ハルモニの絵画展──15000の出会い	4-8166-9900-7	日野詢城・都築勤編・著	1200円
颯爽たる女たち ──明治生まれことばで綴る100年の歴史	4-8166-9905-8	遠藤織枝・小林美枝子 高崎みどり著	1800円
新女性を生きよ ─日本の植民地と朝鮮戦争を生きた二代の女の物語	4-8166-9903-1	朴婉緒著　朴福美訳	2000円
日本の市民から世界の人びとへ （日英対訳）　──戦争貴族の証言	4-8166-9906-6	平和遺族会全国連絡会 編・著	1500円